Die Retter des Alltages

¹Familie Knebel, Kollegen und Freunde

Sonja Knebel	Notärztin und Mutter
Bernhard Knebel	Bilanzbuchhalter und Vater
Sabine Knebel	Tochter
Max Knebel	Sohn
Holger Rettungsassistent	Helfer von Sonja,
Ruth Darmstedt	Beste Freundin von Sonja

Samstag, 11. Mai 2013

Es ist fünf Uhr morgens am Samstag als die junge Notärztin aufsteht. „Was ist los Liebling?" fragt Bernhard seine Frau.

„Schlaf weiter. Ich muss gleich zum Dienst" antwortet Sonja und geht aus dem Schlafzimmer. Nachdem sie geduscht hat zieht sie ihre Uniform, rote Hose, weiße Bluse und rote Jacke mit der Aufschrift Notärztin hinten und das Abzeichen rotes Kreuz am Jackenärmel drauf über und zieht ihre Sicherheitsschuhe an. Danach geht sie runter in die Küche, bereitet Frühstück für ihre Lieben und sich vor und geht in das Kinderzimmer, um nach ihren Kindern zu gucken. Anschließend geht sie wieder hoch ins Schlafzimmer. „So mein Schatz ich muss jetzt los. Ich habe den Frühstückstisch für euch gedeckt".

„Ich danke dir mein Schatz. Wie lange hast du Dienst?"

„Leider bis Sonntagabend. Was hast du heute mit den Kindern vor?"

„Ich gehe nachher mit den Kindern auf den Spielplatz. Das mögen sie doch so gerne".

„Pass aber gut auf Sabinchen auf und ziehe sie warm an. Sie war erst letzte Woche erkältet".

„Das weiß ich doch Liebling". Bernhard küsst Sonja auf den Mund.

„So ich muss los. Lege dich noch ein bisschen hin. Es ist noch sehr früh Tschüß mein Schatz" verabschiedet sich Sonja. Sie geben sich noch einen Abschiedskuss, dann läuft Sonja die Treppe runter und verlässt die Wohnung.

Sonja fährt zur Rettungszentrale. Nachdem sie ihren Wagen geparkt hat, geht sie in den Aufenthaltsraum, wo Holger schon einen Kaffee trinkt. „Guten Morgen Sonja" grüßt Holger.

„Guten Morgen Holger. Wie geht's dir?"

„Ganz gut nur ein bisschen müde. Wie geht es dir Sonja?" Holger schenkt Sonja Kaffee in ihrem Becher ein.

„Mir geht es auch ganz gut. Ist schon was passiert?" fragt Sonja ihn, während sie ihre Jacke auszieht und sie über ihre Stuhllehne hängt.

„Nein die Leute schlafen noch alle. Es ist erst 7.00 Uhr in der Frühe. Willst du noch einen Kaffee Sonja?"

„Nein danke" antwortet Sonja und blättert in der Tageszeitung.

„Wie geht es deiner kleinen Tochter? Hat sie die Erkältung gut überstanden?"

„Es geht ihr wieder besser. Husten tut sie noch ein bisschen". Sonja blättert die Seite der Zeitung um. „Max war letzte Woche auch schwer erkältet. Jetzt ist er wieder halbwegs gesund".

„Wie alt sind deine Kleinen jetzt? fragt Holger.

„Sabine ist anderthalb und Max wird am Donnerstag vier Jahre alt. Er ist seit Sommer im Kindergarten".

„Süß. Meine Freundin möchte ja auch welche haben aber ich bin noch nicht so weit".

„Das wird schon noch. Bist ja noch jung". In den Moment piepen Sonjas und Holgers Melder los. „Es geht los. Wir müssen uns beeilen". Sie springt auf nimmt ihre Jacke vom Stuhl und sprintet mit Holger zum Notarztwagen.

Während Holger Blaulicht und Sirene anstellt spricht Sonja per Funk. „Was haben wir?"

„Verkehrsunfall mit einem Kind an der Kirchbachstraße".

„Gut wir kommen sofort Ende" sagt Sonja und hängt das Funkgerät an den Harken. Sie fahren auf dem schnellsten Weg zum Einsatzort. Als sie an der Kirchbachstraße ankommen ist ein Rettungswagen schon zur Stelle.

Sonja rennt sofort zum verletzten Kind. „Hallo was ist passiert?" fragt Sonja den einen Rettungssanitäter.

„Der Junge ist mit seinen Inline-Skates über das Auto gefallen. Er ist jetzt schon seit zwei Minuten bewusstlos und hat eine Platzwunde am Kopf, die stark blutet" informiert Dirk der Rettungssanitäter die Notärztin.

„Wie ist denn sein Blutdruck?"

„100 zu 80". In den Moment kommt der Junge zu sich.

„Wo bin ich?" fragt er verwirrt.

„Hallo ich bin die Notärztin Sonja Knebel. Wie heißt du?" fragt Sonja ihn, während sie seine Platzwunde anguckt.

„Ich bin Scott Meyer" antwortet der Junge schwach.

„Wie fühlst du dich Scott?"

„Mein Kopf tut so weh und mir ist so schlecht" antwortet Scott, während Sonja die Diagnostiklampe nimmt und die Augenreflexe prüft.

„Du hast dir wohl eine ordentliche Gehirnerschütterung zugezogen". Sonja wendet sich an den Rettungssanitäter Dirk. „Wir nehmen den Jungen mit" informiert sie die Rettungskräfte. Dann wendet sich Sonja wieder den Jungen zu. „Tut dir noch was anderes weh als deinen Kopf?" fragt sie, während Dirk und Kai den Jungen auf die Trage legen.

„Nein" antwortet Scott. In den Moment kommt Holger zu Sonja gelaufen.

„Schnell Sonja wir haben einen Folgeeinsatz".

„Ja ich komme. Kommt ihr allein zurecht?" fragt Sonja die Rettungskräfte Dirk und Kai.

„Ja wir bringen ihn in die Professor Hess Klinik" antwortet Dirk.

„Ist okay" sagt Sonja und geht zu ihren kleinen Patienten. „So Scott. Ich muss zum neuen Einsatz. Alles Gute für dich. Die netten Rettungssanitäter bringen dich in die Professor Hess Klinik okay". Scott nickt. Schnell rennt Sonja zum Notarztwagen, der nach wenigen Sekunden losfährt, um schnell zum nächsten Einsatzort zu kommen, während Scott in den Rettungswagen geschoben wird.

Sonja und Holger fahren mit Blaulicht und Sirene zum nächsten Einsatz. Der Einsatzort befindet sich in der Beethovenstraße 10. Vor dem Haus wartet weinend Stefan auf die Notärztin. Als sie ankommen rennt Stefan zu Sonja, die gerade aus dem Notarztwagen aussteigt. „Schnell kommen sie. Helfen sie Lukas. Er ist böse gestürzt".

„Bleibe ganz ruhig. Wir kommen ja schon. Wo liegt er denn?" fragt Sonja den Jungen.

„Im Wohnzimmer. Kommen sie schnell" bittet der Junge Sonja. Nachdem Holger und Sonja ihre Notfallkoffer aus dem Kofferraum geholt haben eilen sie mit den Jungen ins Wohnzimmer, zum Patienten.

„Wie sieht es aus?"

„Der Patient blutet aus Nase und Ohr. Das deutet auf einen Schädelbasisbruch hin. Er ist daher weiterhin bewusstlos" informiert der Rettungsassistent Sonja.

„Wie ist sein Blutdruck und sein Puls?"

„Der Blutdruck ist kaum messbar. Er liegt bei 90 zu 60, Puls ist bei 62. Seine Atmung ist aber stabil".

„Gut dann lege ich ihm jetzt eine Kanüle und lasse eine Infusion mit Kochsalzlösung durch die Vene laufen, die zur Kreislaufstabilisierung dient. Er muss sofort in die Kinderklinik. Es besteht akute Lebensgefahr" Während Sonja die Kanüle legt setzt der Rettungsassistent den Jungen eine Sauerstoffmaske auf Mund und Nase. Dann heben die Rettungssanitäter ihn auf die Trage und schieben ihn eilig zum Rettungswagen.

„Ich fahre mit den Patienten" erklärt Sonja Holger und steigt in den Rettungswagen, während Holger die Notfallkoffer im Kofferraum des Notarztwagens verstaut. Unverzüglich fährt der Rettungswagen mit Blaulicht und Sirene los. Hinter ihn folgt Holger mit den Notarztwagen. Sie fahren auf den schnellsten Weg ins Krankenhaus.

Als sie im Krankenhaus Links der Weser angekommen sind wird Lukas schon von den Ärzten erwartet. Lukas wird im Schockraum geschoben.

„Was gibt es?" fragt Dr. Buchholz die Notärztin.

„Das ist Lukas Bremermann 6 Jahre alt. Schwerer Verdacht auf Schädelbasisbruch, innere Verletzungen. Ich habe ihn Adrenalin, Effortil, Novalgin gegeben"

„Gut sind seine Eltern benachrichtigt?"

„Noch nicht. Sie waren ja nicht da, aber der Nachbar hat wohl Lukas das Leben gerettet". Während Sonja den behandelten Arzt informiert untersuchen die anderen Ärzte den kleinen Jungen.

„Der Patient kommt erstmal zur Computertomografie, um sicher zu gehen ob nicht noch eine Gehirnblutung aufgetreten ist. Sonst müssten wir sofort operieren" erklärt Dr. Buchholz Sonja. In den Moment geht Sonjas Melder los. „Ich muss zum nächsten Einsatz. Ich komme nachher noch mal vorbei". Sie rennt schnell aus dem Schockraum und läuft zum Notarztwagen.

„Wo geht es jetzt hin Holger?"

„In die Starnberger Schule" antwortet Holger und fährt sofort mit Blaulicht und Sirene los. „Was ist mit den Jungen von eben?"

„Es steht kritisch um ihn. Mehr weiß man in Moment noch nicht" erzählt Sonja. Sie fahren mit Karacho zur Starnberger Schule.

„Unsere Kollegen sind mal wieder schneller als wir" stellt Holger fest, als sie den Rettungswagen mit Blaulicht vor der Schule stehen sehen.

Sonja und Holger steigen aus und holen die Notfallkoffer aus dem Kofferraum. „Kommen sie mit" bittet ein Junge Sonja und Holger.

Sie rennen mit den Jungen zum Unglücksort. Die Rettungssanitäter haben schon ganze Arbeit geleistet. Die Patientin hat schon die Blutdruckmanschette um den Arm und der eine Rettungssanitäter misst den Blutdruck von der Patientin.

„Hallo ich bin Frau Dr. Sonja Knebel, die Notärztin. Was ist passiert?"

„Die Kleine ist beim Sport mit den Kreislauf zusammengebrochen" informiert Daniel der Rettungssanitäter die Notärztin. Sonja kniet sich zu der Verunglückten.

„Hallo ich bin Sonja die Notärztin und du?"

„Tanja Michelsen" antwortet das Mädchen schwach. Sonja greift nach ihrem Stethoskop und horcht Tanja ab.

„Dein Herz schlägt viel zu schnell Süße. Wir machen jetzt ein EKG". Geschickt befestigen die Rettungssanitäter die Elektroden an Tanjas Oberkörper.

„Kann ich was zu trinken bekommen?" fragt Tanja ängstlich.

„Nein das geht leider nicht, aber ich lege dir jetzt eine Infusionskanüle" erklärt Sonja und wendet sich an den Rettungssanitäter. „Wir nehmen sie mit. Wie ist ihr Blutdruck?"

„Ihr Blutdruck ist sehr niedrig. Er liegt nur bei 95 zu 80 aber ihr Puls ist auf 140" informiert der Rettungssanitäter die Notärztin.

„Merkwürdig ist das, dass ihr Puls so rast". Während Sonja Tanja die Kanüle legt holen die Rettungssanitäter die Trage.

„Ich habe Kopfschmerzen" klagt die junge Patientin.

„Deine Kopfschmerzen werden gleich besser werden. Dir fehlt Flüssigkeit, daher auch deine Kopfschmerzen. Du bekommst jetzt von mir eine Infusion mit Kochsalzlösung und ein leichtes Schmerzmittel, dann verschwinden bestimmt deine Kopfschmerzen wieder. Wir bringen dich ins Krankenhaus St. Josef Stift". Die Rettungssanitäter heben Tanja auf die Trage. Anschließend schieben sie die Trage mit der Patientin zum Rettungswagen. „Ich fahre mit ihr" sagt Sonja Holger.

Sonja steigt hinten im Rettungswagen ein. Anschließend fahren der Rettungswagen und der Notarztwagen ohne Blaulicht und Sirene zum Krankenhaus St. Josef Stift.

Dort wird Tanja im Schockraum gefahren. Die Infusion wird am Ständer gehangen. Sonja erklärt kurz die Situation und drückt Tanjas Hand. „Alles wird wieder gut Tanja. Du brauchst überhaupt keine Angst zu haben. Die Ärzte und Schwestern sind hier alle nett. Ich muss jetzt weiter. Alles Gute" wünscht Sonja den jungen Mädchen und geht zum Notarztwagen zurück.

Sonja steigt in den Notarztwagen ein. Dann fahren sie zur Rettungszentrale zurück. Gegen 15 Uhr piepen wieder Sonjas und Holgers Melder. Sofort rennen Sonja und Holger zum Notarztwagen.

„Was haben wir?" fragt Sonja die Leitstelle.

„Sie sollen ins Gerichtsgebäude kommen. Eine Frau ist zusammengebrochen. Sie befindet sich im Aufenthaltsraum auf der Couch. Rettungswagen wird nicht gebraucht".

„Danke wir kommen". Sonja und Holger fahren mit Blaulicht und Sirene zum Gerichtsgebäude am Wall. Als sie dort ankommen steigen Sonja und Holger aus dem Notarztwagen. Nachdem Holger den Notfallkoffer aus dem Kofferraum geholt hat laufen sie in das Gerichtsgebäude rein.

Sonja und Holger werden schon von einen Polizistin erwartet. „Da sind sie ja. Kommen sie mit" bittet der Polizist ihnen.

„Hallo" grüßen Sonja und Holger. Die Notärztin und der Rettungsassistent laufen mit den Polizisten eilig in den Aufenthaltsraum. Sonja öffnet die Tür von Aufenthaltsraum. „Bitte bleiben sie draußen" bittet Sonja den Polizisten. Sie geht mit

Holger in den Aufenthaltsraum und schließt die Tür vor den Polizisten.

„Hallo ich bin Frau Dr. Sonja Knebel die Notärztin und das ist mein Rettungsassistent Holger Wagner. Was ist passiert?" fragt Sonja den Sanitäter und öffnet den Notfallkoffer.

„Das ist Frau Meier. Sie ist im Gerichtssaal zusammengebrochen, dabei haben wir auf den unteren Rücken links eine entzündliche Operationsnarbe gesehen" informiert Mark, der Sanitäter die Notärztin.

„Ich gucke mir die Operationsnarbe an" erklärt Sonja den Sanitäter und beugt sich zu Frau Meier. „Guten Tag ich bin Frau Dr. Sonja Knebel die Notärztin und das ist mein Rettungsassistent Holger Wagner. Wie geht es ihnen?" Frau Meier will sich aufrichten aber Sonja drückt sie runter. „Bleiben sie liegen" bittet sie die Patienten in ernsten Ton.

„Es geht mir schon wieder besser. Ich will wieder zurück in den Gerichtssaal".

„Gleich können sie wieder in den Gerichtssaal gehen. Erstmal möchte ich sie untersuchen" erklärt Sonja, während Frau Meier die Blutdruckmanschette um den Arm bindet und Frau Meiers Blutdruck misst. Als Sonja die Patientin gerade untersucht kommt Rechtsanwalt Stebbe zur Tür rein.

„Na wie sieht es aus Frau Doktor? Kann Frau Meier wieder an die Verhandlung teilnehmen?"

„Ja. Ich werde Frau Meier gleich noch eine Schmerzspritze und was für den Kreislauf geben, dann kann sie wieder in den Gerichtssaal gehen". Holger zieht die Spritze für Sonja auf. „Sie müssen mir aber versprechen, dass sich Frau Meier nicht mehr aufregt und nach der Verhandlung ins Krankenhaus geht".

„Ist es denn eine Operationsnarbe?"

„Ja die Operationsnarbe hat sich schlimm entzündet. Darum muss Frau Meier auch dringend ärztlich im Krankenhaus versorgt werden" erklärt Sonja ernst und zieht eine Spritze mit einen Schmerzmedikament auf.

„Hat man ihr die linke Niere rausgeholt?" Sonja tastet auf Frau Meiers Bauch.

„Ich denke schon. Warum sollte sonst da eine Operationsnarbe sein? Man muss das im Krankenhaus abklären. Können sie mich jetzt noch mal alleine mit meiner Patienten lassen?"

„Ja natürlich. Dann verabschiede ich mich jetzt von ihnen Frau Doktor" verabschiedet sich Herr Stebbe und verlässt den Aufenthaltsraum. Sonja wendet sich an ihre Patientin. „Sie müssen dringend medizinisch im Krankenhaus versorgt werden. Also versprechen sie es mir heute noch ins Krankenhaus zu gehen. Ich schreibe für den Kollegen eben einen kleinen Brief. Den geben sie im Krankenhaus ab".

„So schlecht geht es mir nicht. Das müssen sie mir selber überlassen ob ich ins Krankenhaus gehe oder nicht. Darf ich jetzt endlich gehen?"

„Gleich. Ich werde ihnen jetzt noch ein Schmerzmittel spritzen, dann können sie wieder in die Verhandlung gehen. Am liebsten würde ich sie aber sofort ins Krankenhaus bringen. Da gehören sie nämlich hin" erklärt Sonja energisch.

„Sie haben überhaupt nicht das Recht mich ins Krankenhaus zu bringen. Ich zeige sie an, wenn sie mich jetzt nicht in Ruhe lassen" motzt Frau Meier los.

„Machen sie doch was sie wollen. Jetzt können sie gehen".

„Nichts lieber als das" sagt Frau Meier sauer und springt von der Couch.

„Langsam" bittet Sonja die Patientin und gibt ihr die Hand. „Alles Gute Frau Meier. Hier ist der Arztbrief"

„Den brauche ich nicht" sagt Frau Meier sauer, wirft den Brief in den Papierkorb und verlässt den Aufenthaltsraum. Sonja und Holger schütteln nur noch die Köpfe.

„Ob das gut geht" denkt Sonja, während Holger den Notfallkoffer schließt. Anschließend nimmt er den Notfallkoffer in die Hand und geht mit ihr zum Notarztwagen zurück.

Nachdem Holger den Notfallkoffer in den Kofferraum verstaut hat steigen sie in den Notarztwagen. Sonja schnallt sich an und schließt die Beifahrertür. „Na alles okay?" fragt Holger ihr, startet den Motor und fährt los.

„Ich kann nicht begreifen dass die Patientin von eben so leichtsinnig ihre Gesundheit auf Spiel setzt und nicht ins Krankenhaus geht. Sie hat eine schwer entzündete Operationsnarbe, die dringend versorgt werden muss".

„Jeder muss wissen was er tut" beruhigt Holger Sonja, während sie die Schwachhauser Heerstraße entlangfahren.

„Wenn ich sie nicht in Ruhe gelassen hätte, hätte sie mich angezeigt".

„Was? Die wollte dich anzeigen? Spinnt die?" fragt Holger geschockt.

„Ich habe ihr nur gesagt, dass sie nach der Verhandlung ins Krankenhaus gehen muss, weil sie eine schwer entzündete Operationsnarbe hat".

„Das habe ich gehört. Gegen Dummheit des Menschen kann man nichts machen. Du brauchst dir nichts vorzuwerfen Sonja. Wenn es der Frau schlechter geht ist das ihre eigene Schuld".

„Du hast ja Recht, aber trotzdem regt es mich auf, sie nicht geholfen zu haben".

„Du hast ihr doch geholfen, aber gegen ihre Sturheit kannst du nichts machen" beruhigt Holger sie. In den Moment meldet sich der Funk. Sonja geht ran.

„Ja was ist los?"

„Neuer Einsatz in der Robert-Bunsen-Straße 6" antwortet der Mann aus der Leitstelle.

„Weiß man schon was Näheres?" informiert sich Sonja, während Holger Blaulicht und Sirene anstellt.

„Ein Junge hat starke Schmerzen".

„Gut wir sind auf den Weg". Sonja und Holger fahren mit schnellstem Tempo zum Einsatzort. Kurz vor der Horner Heerstraße muss Holger scharf bremsen, weil ihnen ein Porsche die Vorfahrt nimmt.

„Du Idiot" schreit Holger und macht Lichthupe. Der Porsche fährt rechts zur Seite, dass der Notarztwagen vorbeikommt. „Endlich begreift der Typ dass wir im Einsatz sind" sagt Holger sauer und fährt mit Tempo 120 zum Einsatzort. Als sie vor den Haus an der Robert-Bunsen-Strasse 6 ankommen springt Sonja aus dem Notarztwagen, nimmt die Notfallkoffer aus dem Kofferraum.

Sie laufen zum Hauseingang und klingeln bei Frau Lech an der Türklingel.

„Ja" meldet sich Frau Lech.

„Guten Tag hier ist die Notärztin Sonja Knebel und mein Rettungsassistent Holger Wagner. Sie haben uns gerufen?"

„Ja kommen sie schnell hoch. Zweite Etage rechts". Sonja rennt mit Holger im zweiten Stock. Sie werden von Frau Lech an der Haustür erwartet. Sie hat einen heißen Becher Pfefferminztee in der Hand.

„Hallo ich bin Frau Dr. Sonja Knebel, die Notärztin und das ist mein Kollege Holger Wagner. Wo ist der Patient?"

„Kommen sie mit" antwortet Frau Lech. Sie laufen ins Wohnzimmer. Dort sehen sie einen kleinen Jungen, der sich vor Schmerzen auf der Couch krümmt. Sonja kniet sich zu den Jungen.

„Hallo mein Kleiner. Ich heiße Sonja, bin Notärztin und wer bist du?"

„Ich heiße Benjamin" antwortet der kleine Junge vor Schmerzen.

„Wie geht es dir Benjamin?"

„Nicht sehr gut" antwortet Frau Lech anstelle von Benjamin, weil der kleine Junge wieder weggetreten ist. „Was ist denn bloß mit dir mein kleiner Schatz?"

„Du tust mir ja richtig Leid Benjamin. Holger gebe mir mal eben die Blutdruckmanschette. Du brauchst keine Angst zu haben" beruhigt Sonja den Jungen. Holger öffnet den Notfallkoffer, nimmt die Blutdruckmanschette raus und gibt sie Sonja. Sie bindet Benjamin die Blutdruckmanschette um und misst seinen Blutdruck. Benjamin kommt aus einer Art Halbschlaf zu sich, hat Mühe die Augen zu öffnen.

„Ich habe solches Bauchweh" jammert der Kleine.

„Wo hast du denn die Bauchschmerzen?" fragt Sonja ihn und zieht sein Schlafanzugoberteil hoch.

„Überall". Sonja tastet Benjamins Bauch sorgfältig ab. Anschließend horcht sie mit dem Stethoskop den Bauch ab.

„Und was ist es?" fragt seine Mutter voller Unruhe.

„Das ist keine Magenverstimmung" erwidert Sonja, während sie wieder den Bauch abtastet. „Das ist auch keine Kolik. Die Bauchdecke ist ganz hart. Bei einer Kolik wäre sie weich" erklärt Sonja ihr, zieht das Schlafanzugoberteil runter und deckt Benjamin wieder zu.

„Der Blutdruck ist sehr niedrig. Er liegt bei 90 zu 70" informiert Holger sie. Sie sieht Benjamin an.

„Warst du heute schon auf den Klo?" Benjamin schüttelt den Kopf. „Und wann war es das letzte Mal das er auf Klo war?" fragt Sonja die Mutter.

„Vor vier oder fünf Tagen".

„War der Junge in letzter Zeit irgendwie krank? Erkältung oder so was?"

„Nein er ist erst seit gestern Abend krank. Da hatte er auf einmal Bauchschmerzen".

„Hatte er Fieber?"

„Ja er hat seit heute Morgen sehr hohes Fieber. Ich habe schon Wadenwickel gemacht aber das Fieber will einfach nicht runtergehen. Und dann habe ich sie ja angerufen".

„Das haben sie genau richtig gemacht". Sonja steckt Benjamin das Fieberthermometer im Ohr. Nach wenigen Sekunden piept das Thermometer. Sie holt es aus dem Ohr und guckt drauf. „Es ist sehr ernst. Er hat über 41 Grad Fieber. Das kriegen wir nicht mehr mit Tabletten und Wadenwickel hin. Entweder ist es ein ziemlich schlimmer Virus oder es ist eine Darmverschlingung. Auf jeden Fall muss er sofort ins Krankenhaus. Packen sie ihn ein paar Sachen zusammen" bittet Sonja die Mutter von den Jungen, während Holger den Rettungswagen ruft. „So Benjamin ich horche jetzt mal dein Herz und Lunge ab. Kannst du dich aufsetzen? Ich helfe dir" erklärt Sonja und hilft Benjamin beim aufsetzen. Dann horcht Sonja Herz und Lunge von ihren kleinen Patienten ab. „Die Lunge ist frei. Darf ich dich jetzt im Hals gucken?" fragt sie Benjamin. Sonja untersucht den Jungen ganz vorsichtig. „Hat er sich erbrochen?"

„Nein" antwortet Frau Lech, die mit Anziehsachen zu Benjamin kommt. Sonja holt aus dem Notfallkoffer einen kleinen Teddy.

„Hier das Bärchen ist für dich mein Kleiner das du schnell wieder gesund wirst. Ich muss dich jetzt leider ein bisschen pieksen Benjamin. Du brauchst dringend Flüssigkeit wegen dem hohen Fieber" erklärt Sonja ihn verständlich und legt Benjamin einen Zugang, wo sie anschließend eine Infusion durchlaufen lässt.

„Darf ich Benjamin mal eben was warmes überziehen?" fragt seine Mutter.

„Ja klar. Der Kleine soll sich nicht noch erkälten. Passen sie aber mit der Kanüle auf. Ich helfe ihnen. Wir stöpseln eben die Infusion ab und machen sie gleich wieder dran wenn sie Benjamin den Pullover übergezogen haben".

„Ich habe solches Bauchweh" klagt Benjamin.

„Du bekommst jetzt was gegen deine Bauchschmerzen. Hast du auch Kopfschmerzen Benjamin?" fragt Sonja ihn, während sie ein fiebersenkendes Medikament in die Kanüle spritzt.

„Ja ein bisschen tut mir der Kopf weh aber die Bauchschmerzen sind viel schlimmer" antwortet Benjamin.

„Es wird dir gleich besser gehen". Sonja schließt die Infusion wieder an die Kanüle. Holger hält die Infusion hoch. In weiter Ferne hören sie die Sirene vom Rettungswagen.

„Er kommt endlich". Nach ein paar Minuten kommen die Rettungssanitäter mit einer Trage ins Wohnzimmer.

„Hallo" grüßen die Rettungssanitäter. Sonja erklärt kurz die Situation, dann hebt Jim der Rettungssanitäter Benjamin von der Couch und legt ihn auf die Trage. Benjamin entspannt sich etwas.

„Kommst du mit?" fragt er die Notärztin während er zugedeckt wird.

„Ja klar. Ich muss dich doch heil ins Krankenhaus bringen".

„Ich will aber nicht ins Krankenhaus. Mir geht es wieder gut" jammert Benjamin, während die Rettungssanitäter ihn auf die Trage festschnallen. Holger hält die Infusion hoch.

„Dir geht es wieder gut weil du eine Infusion mit Schmerzmittel von mir bekommen hast". Die Rettungssanitäter tragen Benjamin in den Rettungswagen.

„Darf ich mitfahren?" fragt die Mutter von den kleinen Jungen.

„Ja kommen sie. Ich bring sie zu Benjamin" antwortet Sonja ihr, während Jim Benjamin ein Pulsmesser auf den Finger steckt. „Wenn es dir schlechter geht sage Bescheid okay Benjamin" bittet Sonja den kleinen Jungen und setzt sich rechts neben Benjamin. Seine Mutter sitzt links neben ihn, hält seine Hand, während Otto die Türen vom Rettungswagen schließt. Nach wenigen Minuten fahren sie mit Blaulicht und Sirene los.

Als sie in der Professor Hess Klinik ankommen wird Benjamin sofort ins Untersuchungszimmer gefahren. Sonja erklärt kurz die Bereitschaftsärztin die Situation. „Ich habe ein geringes Schmerzmittel gespritzt" informiert Sonja ihr, während Benjamin von der Bereitschaftsärztin untersucht wird.

„Er muss sofort operiert werden. Es ist eine Darmverschlingung. Auf den Monitor ist die Stelle, an der sich der Darm verknotet hat deutlich zu erkennen" erklärt Frau Dr. Schubert ihr.

„Ich hole die Mutter" sagt Sonja und geht zu Benjamins Mutter.

„Was ist mit meinen kleinen Schatz?" fragt Benjamins Mutter Sonja besorgt.

„Kommen sie mit. Ihr Sohn muss sofort operiert werden" erklärt Sonja ihr und geht mit Benjamins Mutter in das Behandlungszimmer. Dort erklärt die Bereitschaftsärztin kurz die Situation als Sonjas Melder schrillt. „Ich muss los. Neuer Einsatz. Alles Gute für ihren Jungen".

„Danke für alles" bedankt sich Benjamins Mutter, während Benjamin in den OP gerollt wird.

Sonja rennt zum Notarztwagen und steigt ein. „Wo geht es hin?"

„Zu den Jugendherbergen am Osterdeich" antwortet Holger. „Was ist mit den Kleinen von eben?"

„Der wird grade operiert, weil er eine Darmverschlingung hat".

„Ach der Arme".

„Aber der Kleine wird wieder gesund" erklärt Sonja ihn. Nach zehn Minuten kommen sie bei den Jugendherbergen an. Holger nimmt den Notfallkoffer und geht mit Sonja in die Jugendherberge.

Der Lehrer von Christian kommt schon der Notärztin und Holger entgegen. „Guten Tag" grüßt Sonja.

„Guten Tag. Ich bin der Lehrer von Christian. Wir sind hier auf Klassenfahrt in Bremen. Mein Schüler Christian liegt mit hohem Fieber im Bett" erklärt der Lehrer, während sie in Christians Zimmer ankommen.

„Seit wann liegt er so da?" fragt Sonja.

„Vor vier Stunden ungefähr". Sonja setzt sich zu Christian.

„Hallo Christan. Ich bin Sonja die Notärztin. Was hast du für Beschwerden?"

„Alles tut mir weh, vor allem mein linker Arm. Mir ist so heiß" antwortet Christian matt.

„Zieh mal dein Pullover aus". Christian zieht seinen Pullover aus. Sonja sieht sofort Christians Wunde am Arm. „Was hast du denn hier gemacht?"

„Habe mich gestern Morgen beim reparieren des Busses verletzt". Sonja sieht sich die Wunde an, die schwer entzündet ist.

„Christian du musst ins Krankenhaus, weil du dir wohl eine schwere Blutvergiftung geholt hast" erklärt Sonja ihn und wendet sich an Holger. „Holger rufe den Rettungswagen". Er geht aus dem Zimmer. Nach wenigen Minuten kommt er wieder.

„Rettungswagen ist unterwegs".

„Okay". Nach zehn Minuten kommt der Rettungswagen mit Blaulicht. Die Rettungssanitäter kommen mit der Trage in Christians Zimmer.

„Hallo Frau Doktor was ist mit den Jungen?" fragt der eine Rettungssanitäter die Notärztin. Sonja erklärt die Situation den Rettungssanitäter.

„Der Blutdruck liegt bei 100 zu 80. Der Puls ist 80 und die Temperatur beträgt 39,6 Grad" berichtet der Rettungssanitäter Sonja.

„Dann lege dich mal auf die Trage".

„Ich kann aber laufen" erklärt Christian und steht auf.

„Okay aber ganz vorsichtig. Ich stütze dich. Wie fühlst du dich Christian wenn du stehst?" fragt Sonja ihn.

„Mir ist ganz komisch und schwindelig im Kopf".

„Das komische Gefühl kommt von deinen hohen Fieber. Möchtest du nicht doch lieber auf die Trage?"

„Nein ich kann laufen". Sonja und ein Rettungssanitäter stützen Christian zum Rettungswagen, während die Rettungssanitäter die leere Trage zum Rettungswagen schieben.

Im Rettungswagen wird Christian auf die Trage gelegt. „Wenn was ist sage mir bitte Bescheid Christian okay". Sonja steckt den Pulsmesser auf Christians Finger.

„In welchen Krankenhaus wird Christian gebracht?" fragt sein Lehrer Sonja.

"In die Professor Hess Klinik. Ist hier ganz in der Nähe. Sie fahren ab der Domsheide mit der Linie 25 Richtung Weserpark und steigen dann eine Haltestelle hinter St Jürgen Klinik aus".

"Ich danke ihnen Frau Doktor".

"Wir brauchen nicht mit Signal und Blaulicht fahren" erklärt Sonja den Rettungssanitäter. Nach wenigen Minuten fahren sie los. "So Christian ich brauche ein paar Angaben von dir. Aus welcher Stadt kommst du?"

"Aus Essen".

"Wie ist deine Adresse zuhause?"

"Langenstraße 4 in Essen".

"Wie ist dein Geburtsdatum?"

"13.08.1997".

"Danke für deine Angaben. Wie gefällt dir Bremen eigentlich?"

"Ganz gut. Wir wollen Morgen ins Universum gehen. Ich hoffe ich kann das Krankenhaus heute wieder verlassen".

"Das kann ich dir nicht versprechen. Erstmal wirst du untersucht. Wann fahrt ihr wieder nach Essen zurück?"

"Nächste Woche Mittwoch. Wir sind erst seit vorgestern in Bremen".

"Das ist schön" sagt Sonja und lächelt Christian an. Auf einmal fängt Christian Puls an zu rasen. Sonja bemerkt es auf den Monitor des Parameters. "Alles in Ordnung Christian?"

"Ich kriege keine Luft mehr" antwortet Christian und wird auf einmal bewusstlos. Sonja gibt Christian Sauerstoff durch eine Maske, während der Rettungsassistent Björn Elektroden auf Christians Oberkörper klebt, das EKG-Gerät anschließt und anschaltet. "Jan es wird ernst". Jetzt schaltet Jan Blaulicht und Sirene an und rast Richtung Krankenhaus. Sonja legt währenddessen Christian eine Kanüle am gesunden Arm und lässt ein Infusionsbeutel mit Kochsalzlösung durchlaufen.

Als sie an der Professor Hess Klinik ankommen wird Christian sofort in den Schockraum gefahren. Als Sonja den Ärzten im Krankenhaus ihren Patienten abgegeben hat geht sie wieder zum Notarztwagen zurück.

„Na was ist mit den Patienten von eben?" fragt Holger die Notärztin.

„Schwere Blutvergiftung. Muss wohl am Arm operiert werden" informiert Sonja ihn.

„Das ist nicht so gut. Ach ja schöne Grüße von deinen Mann Sonja".

„Danke ich dachte die sind alle auf den Spielplatz?" wundert sich Sonja.

„Nein Max fühlt sich nicht wohl. Sie wollen später auf den Spielplatz gehen wenn es Max wieder besser geht".

„Ich muss gleich mal eben zuhause anrufen wenn wir keinen Einsatz kriegen". Sie fahren zur Rettungszentrale zurück.

In ihrem Büro angekommen ruft Sonja gleich ihren Mann an. „Hallo Schatz was ist denn los?"

„Hallo Liebling. Max hat es wohl wieder erwischt. Er hat sich freiwillig hingelegt".

„Was ist denn mit ihm?"

„Wir wollten zum Spielplatz gehen, da klagte Max über Kopfschmerzen. Ich habe ihn dann ins Bett gebracht und Temperatur gemessen".

„Und?"

„Er hat ein bisschen erhöhte Temperatur. Jetzt schläft er gerade".

„Wenn es schlimmer wird rufe den Kinderarzt an okay" bittet Sonja ihn.

„Ja. Ist bei dir viel los Liebling?"

„Hör bloß auf. Heute ist die Hölle los. Ich liebe dich Bernhard".

„Ich dich auch".

„Ich melde mich später noch mal bei dir. Bis dann. Jetzt trinke ich erstmal einen Kaffee".

„Tue das" sagt Bernhard und legt auf. Nach dem Telefonat geht Sonja in den Aufenthaltsraum und setzt sich zu Holger.

„Was ist mit Max?" fragt Holger sie.

„Max hat Kopfschmerzen. Bernhard hat ihn ins Bett gelegt". Sie schenkt sich selbst Kaffee ein. „Willst du auch noch einen Kaffee?" fragt Sonja ihn.

„Ja. Hat Max denn Fieber?"

„Nein hat er nicht. Er hat nur erhöhte Temperatur" antwortet sie und liest in der Tageszeitung bis ihre Melder losschrillen.

Sie rennen zum Notarztwagen, steigen ein und fahren zum nächsten Einsatz. „Wo müssen wir hin?"

„Zum Baumschulenweg".

„Gut wir kommen" antwortet Sonja müde. Sie rasen mit Blaulicht und Sirene zum Baumschulenweg. „Dort steht schon der Rettungswagen" sagt Sonja und springt aus dem Notarztwagen.

Sonja steigt im Rettungswagen ein und schließt die Tür wieder von innen. „Hallo ich bin Sonja Knebel die Notärztin. Was ist mit den Patienten?"

„Der Patient lag leblos auf dem Baumhaus und hatte Schaum vor den Mund" erklärt der Rettungsassistent Stefan ihr. Der Rettungsassistent wirft Sonja einen ernsten Blick zu. „Das sieht gar nicht gut aus was?" fragt er Sonja.

„Geben wir ihn erstmal Sauerstoff. Hast du schon einen Zugang gelegt?"

„Ja schon erledigt" antwortet er. Der Rettungswagen und der kleine Notarztwagen fahren mit eingeschaltem Blaulicht los, während Sonja den Patienten untersucht. „Die Atmung wird jetzt besser" stellt Rettungsassistent Stefan fest.

„Ihr müsst in die Schule Ronzelenstraße fahren. Mehr hat die Anruferin nicht gesagt leider".

„Okay wir kommen sofort". Sie rasen mit Blaulicht und Sirene zum Einsatzort. Dort werden sie schon von einem Mitschüler erwartet.

„Kommen sie mit" bittet der Mitschüler Sonja und führt sie und Holger zum Patienten, der auf die Liege im Sanitätszimmer der Schule liegt.

„Hallo ich bin Sonja Knebel die Notärztin und wer bist du?"

„Ich bin David Korn". Inzwischen ist der Rettungswagen eingetroffen.

„Wie geht es dir?"

„Sehr schlecht" antwortet David, während Sanitäter Hendrik den Blutdruck von den Patienten misst.

„Was hast du für Beschwerden?" fragt Sonja.

„Sehr starke Magenschmerzen und Übelkeit".

„Seit wann hast du die Schmerzen?" fragt Sonja ihn und tastet Davids Bauch ab.

„Schon seit ein paar Tagen aber richtig doll ist es erst seit einer halben Stunde geworden".

„Hast du Fieber?"

„Weiß ich nicht".

„Gut dann werde ich mal eben bei dir Fieber messen" erklärt Sonja und holt das Thermometer aus dem Notfallkoffer raus und steckt es in Davids Ohr. Als das Thermometer piept holt es Sonja aus dem Ohr und guckt auf das Display drauf. „Oh ha du hast sehr hohes Fieber 41,2 Grad. Dringender Verdacht auf Blinddarmentzündung". David ist vor Schmerzen ohnmächtig geworden. Der Lehrer von David kommt ins Sanitätszimmer als Sonja den Patienten einen Zugang legt und ihn einen Sauerstoffschlauch in die Nase steckt.

„Was ist mit David?" fragt der Lehrer von dem erkrankten Schüler.

„Es besteht bei ihren Schüler den dringenden Verdacht auf akute Blinddarmentzündung. Er muss sofort ins Krankenhaus".

„In welchem Krankenhaus kommt David?"

„Sankt Joseph-Stift" antwortet Sonja und fühlt den Puls von den Jungen.

„Gut ich sage seine Eltern Bescheid" erklärt Davids Lehrer ihr. Die Rettungssanitäter schieben David zum Rettungswagen. Anschließend fahren sie mit Sirene und Blaulicht ins St-Joseph-Stift.

Im St-Joseph-Stift wartet bereits Dr. Melchinger auf David. „Dringender Verdacht auf akute Appenizites. David Korn hat das Bewusstsein verloren und hat 41,2 Grad Fieber gehabt als ich vor ca. zehn Minuten gemessen habe" erklärt Sonja den Arzt.

„Dann ab mit den Patienten in den OP" ordnet Dr. Melchinger seine Kollegen an.

Dann geht Sonja wieder zum Notarztwagen und steigt ein. Holger fährt von dem Fußweg und fährt die Schubertstraße entlang. Als sie an der Ampel der Bismarckstraße stehen klopft ein junger Mann an die Beifahrertür. Sie öffnet das Fenster. „Hallo. Kann ich ihnen helfen?" fragt Sonja den jungen Mann.

„Ja können sie meiner Freundin helfen?" fragt der junge Mann Sonja. In den Moment springt die Ampel auf grün.

„Mist. Wir müssen fahren" erklärt Sonja den jungen Mann.

„Ich fahre eben auf die Tankstelle, muss wieso tanken" sagt Holger zu ihr.

„Wir unterhalten uns gleich weiter. Fahren eben auf die Tankstelle rauf" erklärt Sonja ihn. Während der junge Mann zur Tankstelle geht hält Holger an die Zapfsäule. „Glaubst du ist das was Ernstes?" fragt Sonja ihn.

„Warum hat er nicht mit sein Handy die Rettung angerufen?" fragt Holger ihr.

„Vielleicht hat er keins" antwortet Sonja und steigt aus dem Notarztwagen.

Während Sonja zum jungen Mann geht betankt Holger den Notarztwagen. „So junger Mann. Was ist denn mit ihrer Freundin?"

„Ich weiß es auch nicht so genau. Sie ist ziemlich schwach. Kann kaum aufstehen und hat keinen Appetit".

„Ist sie erkältet oder was hat sie für Beschwerden?" fragt Sonja ihn energisch.

„Das eigentlich nicht, aber sie hat Probleme mit der Luft".

„Seit wann ist sie denn krank?"

„Seit drei Tagen, aber heute geht es ihr gar nicht gut"

„Hat sie irgendwelche Beschwerden?"

„Weiß ich doch nicht. Die sagt mir ja nichts. Liegt nur im Bett und schläft" antwortet der junge Mann patzig.

„Wie alt ist ihre Freundin denn?"

„21 Jahre".

„War sie schon beim Arzt?"

„Ja sie war bei ihrem Hausarzt".

„Was hat der gesagt?"

„Das weiß ich auch nicht. Sie hat nichts erzählt. Hat sich nur ins Bett gelegt".

„Wie heißt ihr Hausarzt?" fragt Sonja.

„Weiß ich nicht".

„Was wissen sie überhaupt von ihrer Freundin und warum haben sie ihre Freundin nicht gefragt was ihr fehlt?"

„Weil sie kaum richtig Luft bekommen hat als ich mit ihr reden wollte".

Jetzt wird Sonja noch etwas energischer. „Warum haben sie nicht den Rettungswagen gerufen?"

„Weil ich es nicht für nötig gehalten habe. Wo sie aber nur noch hiperventillert hat, habe ich es mit der Angst zu tun bekommen".

„Um Gottes Willen. Wenn einer kaum Luft kriegt muss der Hilfe haben. Was wollen sie jetzt von mir?" fragt Sonja sauer.

„Ich habe doch jetzt ein schlechtes Gefühl, das ihr was passieren könnte". Sonja schüttelt nur den Kopf.

„Wie heißt ihre Freundin und wo ist sie?"

„Connie Weber. Sie ist in meinen Gartenhäuschen an der Weser. Ich führe sie hin".

„Warten sie eben" bittet Sonja den jungen Mann und geht zu Holger. „Wann bist du mit den Wagen fertig? Wir müssen sofort zu einer Patientin".

„Ich bin fertig. Ich muss nur noch bezahlen" antwortet Holger und guckt Sonja an. „Was ist denn los Sonja?"

„Das ist ein komischer Mann. Er denkt es steht nicht ernst um seine Freundin, obwohl sie kaum Luft kriegt. Jetzt meint er es doch dass es ernst sein könnte. Ich verstehe solche Leute nicht, die nur an sich denken. Beeile dich Holger". Sonja eilt wieder zum jungen Mann. Nachdem Holger bezahlt hat fährt er mit den Notarztwagen zu Sonja und den jungen Mann. „Steigen sie hinten ein" bittet Sonja den jungen Mann. Er steigt hinten ein. Die Notärztin setzt sich auf den Beifahrersitz, während Holger Blaulicht und Sirene anstellt. Anschließend fährt Holger von der Tankstelle.

„Das ist nicht nötig dass wir mit Blaulicht und Sirene fahren müssen. So ernst wird es schon nicht sein" beschwert sich der junge Mann bei Holger und Sonja.

„Das müssen sie uns selber überlassen".

„Ist ihre Freundin alleine im Gartenhäuschen?" fragt Holger den jungen Mann.

„Ja klar wer soll sonst noch da sein? Die Alte braucht sich ja nicht so wichtig tun. Ich wollte wieso mit ihr Schluss machen, weil ich eine bessere Frau gefunden habe. Connie will ja nur schlafen. Zu mehr ist sie auch nicht zu gebrauchen". Holger und Sonja schütteln nur mit ihren Köpfen.

„Wir werden ja sehen".

„Ach ja könnt ihr Conny vielleicht nach Hause bringen? Ich will sie nicht mehr bei mir haben" fragt er frech.

„Das ist doch keine Ware. Das ist ein Mensch" antwortet Sonja entsetzt.

„Ja der nichts taugt und kann. Das war ein Fehler überhaupt das ich mit der Alten zusammen gekommen bin".

„Jetzt hören sie aber auf. Das ist eine absolute Frechheit wie sie mit ihrer Freundin umgehen" bittet Sonja den jungen Mann ärgerlich.

„Das ist nicht mehr meine Freundin".

„Wenn wir da sind hauen sie am besten ab, sonst klage ich sie noch wegen unterlassende Hilfeleistung an" ermahnt Holger ihn wütend. Als sie in den Kleingarten an der Weser ankommen sagt der junge Mann frech.

„Können sie jetzt bitte das Blaulicht und die Sirene abstellen? Sonst fühlt sich die Alte noch geehrt".

„Jetzt reicht es mir mit ihren Kommentaren". Holger hält den Notarztwagen an steigt aus und öffnet die Hintertür. „Raus aus dem Wagen" sagt er wütend und schmeißt den Mann aus dem Notarztwagen und knallt die Hintertür zu. Anschließend steigt Holger wieder in den Notarztwagen und sie fahren weiter.

„Wie wollen wir die junge Frau jetzt finden?" fragt Sonja.

„Werden wir schon finden. Wenn der Fatzke noch mehr gesagt hätte, hätte ich ihn eine geknallt" sagt Holger aufgebracht.

„So ging es mir auch". Als sie endlich im Pazellengebiet ankommen kommt ihnen ein Mann entgegen. Holger öffnet das Fenster.

„Haben sie sich verfahren Frau Doktor?" fragt der nette Mann Holger und Sonja.

„Nein das nicht, aber wir suchen eine junge Frau, die ernsthaft erkrankt ist. Sie heißt Connie Weber oder so. Kennen sie die?"

„Meinen sie die arme Kleine mit diesem Mistkerl hinten am Bach?"

„Ja das könnte auf sie passen. Wissen sie ob die junge Frau erkrankt ist?" fragt Holger den netten Mann.

„Ich habe sie die letzten beiden Tage nicht mehr gesehen. Das letzte Mal war vor drei Tagen. Da stieg sie aus dem Taxi blass, konnte sich kaum auf den Beinen halten und dann musste sie noch für diesen Mistkerl Essen kochen, weil er selber nichts kann".

„Können sie uns zu der erkrankten Frau führen?" fragt Sonja.

„Ja klar. Ich bin Herr Uwe Siebertmann und habe das Gartenhäuschen neben den Mistkerl" erzählt er und steigt hinten im Notarztwagen ein. Der Nachbar führt sie zu den Gartenhäuschen wo der junge Mann wohnt. „Danke das sie uns geholfen haben". Sonja springt aus den Notarztwagen, nimmt die zwei Notfallkoffer mit und rennt zum Eingang.

Nachdem auf ihr Klopfen niemand antwortet tritt Holger die Haustür ein und betritt zusammen mit ihr das Gartenhäuschen. Sonja und Holger finden Connie im Bett vor. Die Notärztin kniet sich zu Connie. „Frau Weber". Die Kranke setzt ein paar Mal zum sprechen an.

„Mir.....mir ist gar nicht gut" bringt Frau Weber endlich mühsam hervor. „Speiübel ist mir und ich sehe sie ganz doppelt" klagt die junge Patienten Sonja.

„Sie brauchen keine Angst zu haben. Ich helfe ihnen" beruhigt Sonja sie. „Haben sie irgendwelche Medikamente genommen?" Connie nickt den Kopf.

„Ich …ich erinnere mich nicht mehr" antwortet die junge Patientin.

„Ist nicht schlimm Frau Weber. Bleiben sie ganz ruhig" beruhigt Sonja sie und sieht sich um. Dabei entdeckt sie die Medizinpackungen auf den Fensterbrett und die halbvolle Flasche mit Gift. Sonja nimmt die Flasche, öffnet sie und riecht daran. Währenddessen verschlechtert sich Connies Zustand von Minute zu Minute. Connie öffnet mühsam die Augen.

„Das Herz" stammelt sie kaum verständlich. „Das jagt wie verrückt".

„Ich spritze ihnen was gegen das Herzrasen, die Stolperschläge und etwas zur Beruhigung. Dann geht es ihnen gleich etwas besser" erklärt Sonja die Kranke. Sie legt einen Zugang und schließt anschließend eine Infusion an die Kanüle. Dabei nimmt sie Blut ab. Sonja und Holger arbeiten in fieberhafte Eile. Holger legt Connie die Blutdruckmanschette und die Elektroden des mitgebrachten tragbaren EKG-Gerätes an, während Sonja Connie eine Nasensonde in die Nase steckt. „Holger das ist ein Mordanschlag. Rufe sofort den Rettungswagen und die Polizei für diesen Mistkerl an".

„Das habe ich schon längst gemacht".

„Was gibt es nur für Leute?" In weiter Ferne hören sie die Sirene vom Rettungswagen, während Connie von Sonja intubiert wird. Schnell holen die Rettungssanitäter die Trage, während Sonja und die Rettungssanitäter noch mal die Vitalfunktionen von der jungen Patientin überprüfen. Als die Rettungssanitäter die Trage in Connies Zimmer geschoben haben heben sie Connie auf die Trage, schnallen sie fest und tragen sie zum Rettungswagen, während Holger mit der Polizei spricht. „Ich fahre mit im Rettungswagen Holger" erklärt Sonja und steigt hinten im Rettungswagen ein.

„Ist okay. Ich fahre hinter euch her" sagt Holger und steigt im Notarztwagen. Mit Blaulicht und Sirene fahren sie los.

Als sie im Krankenhaus Links der Weser ankommen werden Sonja und Holger schon zum nächsten Einsatz gerufen, während Connie auf die Intensivstation kommt. „Das war eben makaber" gesteht Sonja Holger geschockt, während sie in den Notarztwagen steigen.

„Das stimmt das habe ich auch noch nicht erlebt. Ich denke dass der junge Kerl wegen Mordanschlag ins Gefängnis kommt" vermutet Holger und ist immer noch geschockt.

„Das hoffe ich auch. Muss der Einsatz dazwischen kommen. Ich wollte doch zuhause anrufen und wissen wie es Max geht" erklärt Sonja ihn, während sie mit Blaulicht und Sirene zum nächsten Einsatz fahren.

„Rufe doch nach diesen Einsatz an, wenn wir wieder in der Zentrale sind".

„Wenn dann mal freie Zeit ist rufe ich zuhause an. Heute ist ja viel los".

Als sie im Herdentorsteinweg einbiegen sehen ein brennendes Haus und viele Feuerwehren. Sonja steigt sofort aus und fragt einen Feuerwehrmann. „Wo ist die Verletzte?"

„Im Haus dort. Wahrscheinlich liegt die Patienten im Badezimmer" antwortet der Feuerwehrmann.

„Danke". Während Sonja ins Haus läuft kommt der Rettungswagen. Sie rennt ins Badezimmer und sieht ein Kleinkind in der Badewanne weinend liegen, während die Mutter sie mit lauwarmem Wasser absprüht. „Hallo ich bin Sonja Knebel die Notärztin. Was ist passiert?"

„Meine Kleine hat sich überall fürchterlich verbrannt" antwortet die Mutter vom Kleinkind verzweifelt, während sich Sonja die Brandwunden von dem Kleinkind ansieht.

„Wie heißt du denn meine Kleine?" fragt Sonja das Kleinkind das heftig schreit.

„Das ist Sabine" antwortet die Mutter von dem Kleinkind. Das Gesicht der Kleinen ist halb verbrannt und ihre kleinen Hände sehen auch ziemlich mitgenommen aus. „Die Arme" denkt Sonja und misst den Blutdruck vom Kleinkind, während die Rettungssanitäter ins Badezimmer reinkommen. Die Notärztin erklärt den Rettungssanitäter die Notsituation. „Sehr niedrig ist der Blutdruck von der Kleinen. Der liegt nur bei 80 zu 60" erklärt Sonja ihnen und gibt ein Rettungssanitäter ein Zeichen das er Sabines Mutter raus bringen soll.

„Komm sie wir gehen hier raus. Ihre kleine Tochter wird versorgt" erklärt Siegfried, der Rettungssanitäter die Mutter.

„Nein ich will bei ihr bleiben bitte" sagt die Mutter flehend.

„Nein sie können in Moment nichts für ihre Tochter tun" beruhigt Siegfried sie. „Beruhigen sie sich bitte" sagt der Rettungssanitäter und begleitet Sabines Mutter aus dem Badezimmer.

Im Badezimmer versorgt das Rettungsteam Sabine. „Wie sieht es aus?" fragt Jim der Rettungsassistent die Notärztin.

„Sehr schlimm. Wir brauchen den Rettungshubschrauber. Die Kleine muss sofort in eine Spezialklinik geflogen werden". Holger ruft den Rettungshubschrauber über Funk. Nach zehn Minuten hören sie den Rettungshubschrauber über die Häuser kreisen und landet schließlich auf den freien Rasen vor dem Überseemuseum. Ein Polizeiwagen holt den Notarzt und Rettungsassistent vom Rettungshubschrauber ab und fährt sie mit Blaulicht und Sirene zum Einsatzort. Der Notarzt und Rettungsassistent laufen sofort ins Haus. Sonja schildert kurz die Notsituation, während die Rettungskräfte Sabine transportfähig machen. Das kleine Mädchen wird inzwischen künstlich beatmet und ist an mehrere Infusionen angeschlossen. Schnell wird die kleine Patientin zum Rettungswagen gebracht und hinten reingeschoben.

„Ich übernehme jetzt Kollegin" erklärt der Notarzt vom Rettungshubschrauber Sonja.

„Ist in Ordnung. Alles Gute für die Kleine" wünscht Sonja.

„Darf ich mit?" fragt Sabines Mutter den Notarzt vom Rettungshubschrauber.

„Ja kommen sie" antwortet der Notarzt und stützt die aufgeregte Mutter aus dem Haus. Kurz darauf fährt der Rettungswagen mit Blaulicht und Sirene zum Rettungshubschrauber. Dort laden sie die schwerverletzte Patientin in den Rettungshubschrauber. Kurz darauf startet der Rettungshubschrauber, steigt hoch und fliegt zur Spezialklinik.

„Wo ist Niklas?" fragt Herr Schmidt plötzlich.

„Weiß ich nicht" antwortet Herr Wohlers.

„Ich vermisse meinen Sohn Niklas" sagt Herr Wohlers zum Feuerwehrmann. Er spricht über Funk mit seinen Kollegen. Nach wenigen Minuten kommt ein Feuerwehrmann mit Niklas aus dem gelöschten Haus.

„Ist das ihr Sohn?" fragt der Feuerwehrmann Herr Wohlers.

„Ja das ist er" antwortet Herr Wohlers und umarmt seinen Sohn. „Da bist du ja Niklas. Ich habe dich schon überall gesucht".

„Papa ich kann Sabine nicht finden. Sie ist tot stimmt es?" fragt Niklas und hustet ziemlich stark.

„Nein ist sie nicht. Sie ist in der Spezialklinik geflogen wurden" erklärt sein Vater.

„Nein das ist sie nicht. Sie liegt irgendwo in den Trümmern. Ich muss weitersuchen" erklärt Niklas hilflos.

„Nein" bittet sein Vater und hält ihn fest.

„Doch ich muss weitersuchen. Ich bin ihr das schuldig. Ich habe sie doch so lieb" erklärt Niklas seinen Vater weinend und hustet wieder ziemlich stark. Sonja geht zu ihm hin und kniet sich zu Niklas.

„Hallo Niklas. Ich bin Sonja Knebel die Notärztin. Ich habe deine Schwester untersucht und versorgt. Der Rettungshubschrauber hat sie in die Spezialklinik nach Hannover geflogen, wo nur Verbrennungsopfer liegen. Wie geht es dir denn?" Niklas will antworten aber sein Husten ist viel zu schlimm.

„Komme mal eben mit mir zum Rettungswagen. Da kann ich dir etwas Sauerstoff geben. Dann bekommst du gleich besser Luft". Sonja stützt Niklas zum Rettungswagen.

„Weshalb soll ich mit zum Rettungswagen kommen?"

„Weil du dir wahrscheinlich eine Rauchvergiftung geholt hast".

„Muss das sein? Mir geht es wieder besser" erklärt Niklas und hustet wieder, dabei bekommt er kaum Luft.

„Das sehe ich junger Mann. Komme bitte in den Rettungswagen mit". Niklas geht mit Sonja in den Rettungswagen. „Setze dich auf die Liege. Wie geht es dir?"

„Mir ist derartig schlecht und Kopfschmerzen habe ich wie verrückt" antwortet Niklas.

„Deine Kopfschmerzen und dein starker Husten kommen von der Rauchvergiftung, die du dir weggeholt hast. Du bekommst jetzt etwas Sauerstoff von mir". Holger misst währenddessen seinen Blutdruck. Sonja gibt Niklas Sauerstoff durch eine Maske. Anschließend horcht Sonja die Lunge und das Herz von den Jungen ab. „Atme mal tief ein". Nach zehn Minuten nimmt sie ihn die Sauerstoffmaske ab. „Na geht es dir schon besser?"

„Ja mein Kopf geht es wieder besser und schlecht ist mir auch nicht mehr" antwortet er.

„Und das Luft kriegen?" fragt Sonja und fühlt seinen Puls.

„Ist auch besser geworden. Kann ich jetzt gehen?" fragt Niklas die Notärztin.

„Ja. Das kannst du zwar, aber ich würde dich lieber gern zur Kontrolle ins Krankenhaus bringen. Mit einer Rauchvergiftung ist nicht zu spaßen" erklärt Sonja ihn.

„Nein ich will jetzt gehen" bittet Niklas ihr, steht auf und steigt aus dem Rettungswagen. Sonja kommt ihm hinterher.

„Aber wenn du noch irgendwelche Beschwerden bekommst gehe zu deinen Kinderarzt okay Niklas? Dann wünsche ich euch alles Gute".

„Danke" antwortet Niklas und rennt zu seinen Vater.

„Dann können wir ja fahren" sagt Holger, während er die Sachen in Notfallkoffer packt. Sonja geht zum Feuerwehrmann.

„Werden wir noch gebraucht?" fragt Sonja den Einsatzleiter der Feuerwehr.

„Nein ihr könnt fahren. Bis zum nächsten Mal". In den Moment piept Sonjas Melder wieder. Sie läuft zum Notarztwagen, wo Holger schon den Motor gestartet hat. Sie steigt ein, während Holger das Blaulicht und Sirene anstellt. Sonja springt noch mal aus den Notarztwagen und rennt zum Rettungswagen.

„Haben neuen Einsatz. Kommt mit" bittet sie die Rettungssanitäter und rennt zurück, während auch der Fahrer vom Rettungswagen Blaulicht und Sirene anstellt. Der Notarzt- und der Rettungswagen fahren mit Blaulicht und Sirene zum nächsten Einsatzort. „Wo geht es hin?" fragt Sonja per Funk.

„Schulhof Neustadt. Da liegt ein Jugendlicher in der Toilette".

„Danke wir sind schon auf den Weg". Sie fahren in höchstem Tempo zur Schule in der Neustadt. Sie werden schon von einem Jugendlichen empfangen.

„Kommen sie schnell. Ich habe ihn auf der Toilette gefunden. Er ist ganz bleich" erklärt der Junge Sonja und Holger,

Sonja und die Rettungssanitäter holen die Notfallkoffer und eilen zum Patienten. „Beruhige dich Junge. Wir versorgen ihn jetzt und bringen ihn dann sofort ins Krankenhaus. Wie heißt der Junge?"

„Stefan". Jim, der Rettungssanitäter, prüft Stefans Augenreflexe, während Sonja einen Zugang am Arm legt. Anschließend lässt sie eine Infusion mit Kochsalzlösung durchlaufen. Außerdem führt Sonja den Patienten eine Nasensonde in die Nase ein.

„Er muss so schnell wie möglich ins Krankenhaus. Wir behandeln ihn weiter im Rettungswagen, während wir ins Krankenhaus fahren" erklärt Sonja ihr Rettungsteam.

„Darf ich mitfahren?" fragt der Jugendliche die Notärztin, während die Rettungskräfte Stefan auf die Trage festgeschnallt haben und ihn zum Rettungswagen schieben.

„Ja ausnahmsweise". Sie steigt hinten in den Rettungswagen ein. Als Sonja und ihr Rettungsteam Stefan transportfähig gemacht haben fahren der Notarztwagen und der Rettungswagen mit Blaulicht und Sirene davon. Im Rettungswagen kommt Stefan kurz zu sich.

„Wo bin ich? Was ist passiert?" fragt der Patient verwirrt.

„Du lebst ja Stefan. Alles wird gut" beruhigt Achim seinen Freund.

„Wie geht es ihnen?" fragt Sonja ihren Patienten, aber das bekommt Stefan nicht mehr mit, weil er wieder weggetreten ist.

„Stefan halte durch" bittet Achim ihn. Während der Fahrt ins Krankenhaus werden die Vitalwerte von Stefan immer wieder überprüft.

„Verflixt der Puls ist weg. Schnell künstlich beatmen". Sie schiebt den Patienten ein Tubus in den Mund. Die sofort eingeleitende künstliche Beatmung schlägt an. „Alles klar. Die Werte verbessern sich wieder. Wir haben ihn wieder" sagt Sonja erleichtert.

Im Roten Kreuz Krankenhaus wird Stefan erstmal zur Beobachtung auf die Intensivstation gebracht. Sonja schildert kurz die Notsituation den Bereitschaftsärzten, dann verabschiedet sie sich. „Mann bin ich geschafft. Jetzt ist es gleich schon 21 Uhr" stellt sie fest. Sonja steigt zu Holger in den Notarztwagen.

„Jetzt fahren wir was essen" sagt Holger.

„Ich würde lieber zur Rettungsstation fahren. Mich beunruhigt das mit Max Kopfschmerzen".

„Okay ich setze dich beim Rettungszentrum ab und hole uns dann was zu essen".

„Ist okay" sagt Sonja müde.

„Was möchtest du essen und trinken?" fragt Holger ihr.

„Ein Big Mac und ein kleiner Salat und zu trinken eine kalte Cola Light".

„Okay". Holger bringt Sonja zur Rettungsstation, dann fährt er zu Mc Donalds. Sonja ruft sofort zuhause an, als sie in ihrem Büro ankommt. Nach ein paar Sekunden geht ihr Mann Bernhard an das Telefon. „Bernhard Knebel".

„Hallo Schatz ich bin es".

„Hallo Liebling du bist es. Na hast du gut den Tag geschafft?"

„Ja kann man wohl sagen. Wie geht es Max?"

„Wieder viel besser. Er hatte heute Nachmittag keine Kopfschmerzen mehr".

„Dann bin ich aber beruhigt. Das müssen wir aber weiter beobachten Liebling".

„Ja klar Schatz".

„Morgenabend bin ich wieder bei euch. Ich vermisse euch ja so".

„Wir dich auch. Ich glaube ich kriege eine Grippe" vermutet Bernhard.

„Warum glaubst du das?"

„Ich habe ein leichtes Halskratzen".

„Ach du Schande. Dann trinke mal einen heißen Grog und lege dich dann ins Bett. Wie geht es unserer Maus?"

„Gut. Sie redet jeden Tag ein Wort mehr".

„Toll. Ich hoffe jetzt gibt es nicht mehr soviel Einsätze als am Tag. War ja schrecklich. Einsätze am laufenden Band".

„Kann ich mir vorstellen. Da will dich noch jemand sprechen Schatz" berichtet ihr Mann Bernhard und gibt den Hörer seinen Sohn.

„Hallo Mami".

„Hallo mein Schatz. Schläfst du noch gar nicht?"

„Nö. Hast du heute viele Einsätze Mama?"

„Ja leider sehr viele. Ich habe von Papa gehört das du heute Kopfschmerzen hattest?"

„Ja Mama. Die Kopfschmerzen waren ziemlich schlimm gewesen".

„Hast du denn immer noch Kopfschmerzen mein Schatz?"

„Ja ein kleines bisschen tut der Kopf noch weh, aber nicht mehr so schlimm wie heute Morgen und Mittag".

„Dann solltest du jetzt mal ins Bett gehen mein Schatz. Gibst du mir noch mal den Papa!".

„Ja Mama" sagt Max und wendet sich an seinen Vater. „Papa. Mama will noch mal mit dir sprechen. Mama ich wünsche dir eine gute Nacht".

„Das wünsche ich dir auch Max. Träume auch ganz süß und sage Papa Bescheid wenn dein Kopf wieder so schlimm weh tut, dann bekommst du eine halbe Schmerztablette. Ich denke immer an dich und Bienchen, auch wenn ich nicht bei euch sein kann. Dann gib mir mal Papa".

„Ja Tschüß Mami. Ich liebe dich" sagt er und gibt Bernhard den Hörer.

„Geh schon mal ins Bett Max. Ich komme gleich und decke dich zu" sagt Bernhard zu seinen Sohn und wendet sich wieder den Telefongespräch zu. „So Sonja da bin ich wieder".

„Ich mache mir ziemliche Sorgen wegen Max Kopfschmerzen. Ich werde Montag mit Max zum Kinderarzt gehen. Bitte gebe ihn eine halbe Schmerztablette wenn er wieder über stärkere Kopfschmerzen klagt" bittet Sonja ihren Mann, während Holger das Essen bringt.

„Ja mache ich mein Schatz. Max Kopfschmerzen machen mir auch Sorgen. Hat Max denn gesagt das er noch Kopfschmerzen hat?"

„Ja ein bisschen tut sein Kopf noch weh. Gebe ihn sonst eine halbe Schmerztablette zur Vorbeugung Schatz".

„Ja das mache ich Liebling. Jetzt soll er erst einmal schlafen dann sehen wir weiter. Ich wünsche dir einen ruhigen Abend Liebling".

„Danke mein Schatz. Dir wünsche ich auch eine gute Nacht meinen Schatz". Sonja legt auf.

„Na wie geht es Max?" fragt Holger.

„Es geht ihn zwar besser aber er hat immer noch ein bisschen Kopfschmerzen. Ich werde Montag mit ihm zum Kinderarzt gehen. So und jetzt will ich mal was essen und etwas abspannen. Habe auch leichte Kopfschmerzen".

„Du hast bestimmt Hunger, daher die Kopfschmerzen. Guten Appetit Sonja".

„Danke dir auch". Als Sonja gegessen hat legt sie sich etwas auf das Sofa und guckt etwas fernsehen. Dabei schläft sie leicht ein.

Sonntag, 12. Mai 2013

Als um Mitternacht Sonjas Melder los geht ist sie sofort hellwach. Sie zieht sich ihre Jacke über, während Holger schon beim Notarztwagen ist. Sonja rennt zum Notarztwagen und steigt ein. „Was haben wir?" fragt Sonja ihren Rettungsassistenten.

„Ein Teenager ist bei einer Hausparty beim Kleinen Tagwerk 11 in Oberneuland zusammengeklappt" antwortet Holger und fährt mit Blaulicht in Richtung Oberneuland. „Na hast du etwas geschlafen Sonja?"

„Ja wir hatten ja ein bisschen Pause". Als Sonja und Holger an der angebenden Adresse ankommen hören sie schon laute Musik aus einem Haus. Sie steigen aus.

„Das wird wohl das Haus sein" vermutet Holger, nachdem er die Notfallkoffer aus dem Kofferraum geholt hat. Sonja klingelt an der Haustür. In den Moment kommt der Rettungswagen mit eingeschaltetem Blaulicht. Nach paar Minuten wird die Haustür geöffnet und ein junger Mann kommt raus.

„Da sind sie ja endlich" grüßt er das Rettungsteam. „Kommen sie rein".

„Was ist denn passiert? fragt Sonja ihm.

„Meine Freundin Karina ist auf den Flur auf einmal ohne Grund umgekippt".

„Hat sie vielleicht zuviel Alkohol getrunken? fragt Willi der Rettungssanitäter.

„Nein Alkohol hat sie nicht getrunken. Ihr geht es schon Tage nicht gut. Sie hat sich ziemlich erkältet" erzählt ihr Freund den Rettungskräften. Karinas Freund bringt Sonja, Holger und die Rettungssanitäter in einen Jugendzimmer hoch, wo ein junges Mädchen blass auf den Stuhl sitzt.

„Hallo" grüßt Sonja das junge Mädchen.

„Da hinten sitzt meine Freundin Karina. Ich bin wieder unten. Wenn was ist sagen sie mir Bescheid" bittet der junge Mann, geht zu seiner Freundin und beugt sich zu ihr runter. „So Schatz die Notärztin und die Rettung sind da. Jetzt wird dir geholfen".

„Danke Schatz". Anschließend geht er zur Zimmertür und schließt die Tür von außen. Sonja kniet sich zu Karina.

„Hallo ich bin Sonja Knebel die Notärztin. Sie heißen Karina gell?"

„Ja. Sie können mich ruhig duzen. So alt bin ich noch nicht".

„Okay Karina. Was ist denn passiert?"

„Mir geht es nicht besonders gut, Tage schon nicht. Ich hatte noch keine Zeit zu meinen Hausarzt zu gehen. Außerdem gehe ich nicht gleich zum Arzt wenn es mir nicht gut geht" erklärt Karina die Notärztin.

„Du siehst mir ziemlich schlecht aus Karina. Hast du das öfter das du umfällst?"

„Nein eigentlich nicht. Ich glaube mich hat es jetzt wirklich erwischt mit Grippe. Heute Morgen ging es mir noch besser und gegen Nachmittag ging es mir immer schlechter. Mich hat wohl eine böse Erkältung erwischt. Ich friere total". Sonja fest Karina auf die Stirn, die ziemlich heiß ist, während Holger Karina das Fieberthermometer ins Ohr steckt. Die Notärztin wendet sich wieder an Karina.

„Hast du Kopfschmerzen?" fragt Sonja, während Willi, der Rettungssanitäter Karinas Blutdruck misst.

„Ja tierische Kopfschmerzen habe ich. Darum bin ich auch nicht unten auf der Party" antwortet Karina und hustet ziemlich stark.

„Sehr niedrig ist ihr Blutdruck 95 zu 80" informiert Willi die Notärztin.

„Den Blutdruck müssen wir weiter beobachten" bittet Sonja den Rettungssanitäter. Dann wendet sich Sonja wieder an Karina.„Wie heißt dein Hausarzt?"

„Dr. Butschkus". Sonja schreibt sich den Namen vom Hausarzt auf.

„So Karina jetzt ziehe mal deine Bluse hoch. Ich will dich mal abhorchen". Sonja horcht Karinas Lunge, Herz und Bronchien ab. „Wie ist die Temperatur Holger?"

„39,8 Grad".

„Du hast hohes Fieber Karina. Ich kann mir vorstellen dass es dir so mies geht. Mir würde es da nicht besser gehen".

„Darum ist mir auch so schwindelig Frau Doktor? Was habe ich denn jetzt?"

„Du hast eine schwere Grippe. Ich gebe dir jetzt Novaminsulfontropfen auf die Zunge, die sind auch gegen die Kopfschmerzen und den Fieber. Du musst nur die Tropfen runterschlucken. Sie schmecken aber bitter" warnt Sonja ihre Patientin vor. Sonja wendet sich an ihr Rettungsteam. „Wir müssen das hohe Fieber runterkriegen".

„Okay" sagen die Rettungssanitäter. Sonja tropft die Novaminsulfontropfen auf die Zunge und Karina schluckt sie runter.

„Brr ekelig schmecken die Tropfen".

„Kann ich mir vorstellen. Ich werde Dr. Butschkus einen kleinen Bericht schreiben. Am liebsten würde ich dich zur Beobachtung ins Krankenhaus bringen" sagt sie und wendet sich an den Rettungssanitäter. „Willi messe noch mal Fieber, ob es schon etwas runtergegangen ist". Willi steckt das Thermometer in Karinas Ohr. Als das Thermometer piept holt Willi das Thermometer raus und guckt auf das Display.

„Das Fieber ist noch nicht runtergegangen. In Gegenteil es ist sogar weiter gestiegen. Jetzt ist es 40,3 Grad" erklärt Willi und gibt das Thermometer Sonja. Sie guckt noch mal zur Kontrolle auf das Display.

„Mm 40,3 Grad. Wir müssen dich ins Krankenhaus mitnehmen. Das Fieber ist einfach zu hoch, um dich hier zu behalten. Das Fieber müsste schon wegen den Tropfen sinken tut es aber nicht. In Gegenteil das Fieber steigt weiter an" informiert Sonja sie.

„Gut wenn es sein muss gehe ich halt mit ins Krankenhaus. Mir geht es überhaupt nicht gut" klagt Karina, während die Rettungssanitäter die Trage holen.

„Holger gebe mir mal das Infusionsbesteck. Ich gebe dir eine Infusion mit Novalgin".

„Warum?" fragt Karina die Notärztin schwach.

„Die Infusion ist gegen deine Kopfschmerzen und den hohen Fieber" antwortet ihr Sonja und legt einen Zugang am linken Arm. Sie schließt anschließend einen Infusionsbeutel an den Zugang. Inzwischen sind die Rettungssanitäter wieder mit der Trage da.

„Lege dich auf die Trage. Sollen wir dir helfen?" fragt Frank der andere Rettungssanitäter.

„Nein das geht schon irgendwie" antwortet Karina. Der Teenager steht schwankend vom Stuhl auf und legt sich auf die Trage. Frank hat eine Wolldecke mitgebracht und deckt sie damit zu. „Danke". Frank und Willi schnallen Karina fest.

„Nicht das du uns von der Trage fällst" scherzt Willi freundlich mit ihr, während Sonja den Infusionsbeutel hoch hält. Die Rettungssanitäter tragen Karina zum Rettungswagen, während sie unten zur Party geht.

„Leute stellt die Musik leise" bittet Karinas Freund seinen Kumpel. Die Musik wird sofort leiser gestellt. „Was ist mit Karina?"

„Wir nehmen Karina mit ins Krankenhaus, weil der Verdacht auf eine schwere Grippe besteht. Es kann auch eine Lungenentzündung dahinterstecken. Wir bringen sie in die Professor Hess Klinik".

„Darf ich mit ins Krankenhaus fahren?"

„Na klar. Dann komme mit"

„Grüße Karina von uns alle und sage ihr gute Besserung" bittet Max Alexander, während sich Alexander die Jacke überzieht.

„Ja das werde ich machen" verspricht er seine Freunde.

„Ich wünsche euch noch eine schöne Party" wünscht Sonja und verlässt das Haus.

„Ich melde mich" sagt Alexander, klatscht mit den Freunden ab und rennt mit Sonja zum Rettungswagen.

Im Rettungswagen misst Willi noch mal Karinas Blutdruck. „Der Blutdruck wird immer schlechter von ihr" informiert Willi Sonja.

„Das ist nicht gut. Wir zeichnen jetzt ein EKG von dir auf. Weil dein Kreislauf sehr schlecht ist gebe ich dir jetzt etwas Sauerstoff". Sonja steckt ihr ein Schlauch in die Nase, während Willi ihr den Pulsmesser am Finger steckt. Die Notärztin hört noch mal Karinas Lunge und Herz ab.

„Mir geht es so schlecht, mir ist total schwindelig und Kopfschmerzen habe ich wie verrückt" klagt Karina. Sonja guckt auf den Kontrollbildschirm vom Parameter und fest Karinas heiße Hand an.

„Du bekommst Schmerzmittel durch den Tropf hier. Es wird schon wieder" beruhigt Sonja die Patientin.

„Mir ist auch so übel und es schmerzt beim Luft holen in der Brust" klagt Karina und hustet ziemlich stark und bellend. Sonja horcht noch mal die Lunge von der Patientin ab.

„Karinas Blutdruck ist noch schlechter geworden. Er liegt nur noch bei 75 zu 80. Sie droht zu kollabieren" erklärt Willi die Notärztin. Sonja gibt Karina noch eine zusätzliche Infusion mit Kochsalzlösung. „Los wir fahren" sagt Sonja zu dem Rettungssanitäter Frank. Er schaltet Blaulicht an und fährt los. Holger folgt den Rettungswagen und schaltet Blaulicht an.

Als sie in der Professor Hess Klinik ankommen wird Karina in den Schockraum geschoben. „Na wieder im Einsatz Sonja?" fragt Dr. Neubarth.

„Ja. Wir bringen eine junge Dame mit den Namen Karina Siebert, 17 Jahre jung. Sie ist bei einer Party zusammengeklappt. Es besteht Verdacht auf eine schwere Grippe. Es kann aber auch eine Lungenentzündung dahinterstecken. Sie hustet sehr schlimm und hat Schmerzen in der Brust. Beim abhorchen ist mir ein Rasseln aufgefallen. Ich musste ihr noch eine zusätzliche Infusion mit Kochsalzlösung verabreichen, weil sie mit dem Kreislauf kollabiert ist. Sie bekommt Novalgin durch eine Infusion hier. Die Patientin hat hohes Fieber und klagt über starke Kopfschmerzen".

„Dann wollen wir mal. Ich übernehme jetzt die junge Dame. Ich danke euch" bedankt sich Dr. Neubarth. Sonja, Holger und die Rettungssanitäter verabschieden sich. Sonja geht noch kurz zu Karina.

„Ich wünsche dir alles Gute, das du bald wieder gesund wirst. Tschüß. Gute Besserung" verabschiedet sich Sonja von Karina.

„Danke dass sie mir geholfen haben" bedankt sich Karina bei Sonja.

„Das ist doch meine Arbeit Karina. Gleich wirst du erstmal untersucht" erklärt Sonja. Sie verlässt den Schockraum und geht zum Notarztwagen zurück.

„Was macht eigentlich dein Kopf Sonja?" fragt Holger ihr.

„Warum fragst du? Mein Kopf ist in Ordnung".

„Weil du doch vorn Kopfschmerzen hattest".

„Ach so nein. Mir geht es aber gut. Wollen wir gleich eine Runde Monopoly spielen?" fragt Sonja ihn.

„Ja klar. Ich bin dabei" sagt Holger und startet den Motor. Sie fahren ins Rettungszentrum zurück und spielen Monopoly im Aufenthaltsraum. Gegen vier Uhr ist das Spiel zu Ende. Sonja hat gewonnen. „Ich erwarte eine Revanche" fordert Holger sie auf.

„Ja klar nächste Woche gerne". antwortet Sonja.

„Ist okay".

„So ich lege mich jetzt etwas hin. Wir haben ja in Moment keine Einsätze mehr. Bis dann" sagt Sonja, steht auf und geht in ihr Zimmer. Im Büro legt sie sich etwas hin. Holger legt sich auch etwas hin. Gegen zehn Uhr steht Sonja auf. „Noch acht Stunden dann habe ich Feierabend" denkt Sonja, als Holger in ihr Büro kommt.

„Guten Morgen Sonja. Hast du auch ein bisschen geschlafen?"

„Ja es tat mir sehr gut" antwortet Sonja.

„Mir auch. Sind schon lange keine Einsätze mehr gewesen" stellt Holger fest. In den Moment piept Sonjas Melder.

„Wenn man vom Teufel spricht dann kommen die Einsätze" sagt Sonja, zieht ihre Jacke über und rennt zum Notarztwagen, während Holger schon den Motor startet.

„Was haben wir?" fragt Sonja per Funk.

„Eine Frau Klein ist auf der Toilette zusammengeklappt. Mehr wissen wir nicht. Die Adresse ist die Starnbergerstrasse 7 in Findorff".

„Gut wir kommen" antwortet Sonja und wendet sich an ihren Rettungsassistenten. „Los Holger auf geht es zur Starnbergerstrasse". Sie fahren mit Blaulicht zum Einsatzort. Holger und Sonja fahren zur Starnbergerstrasse. „Hier ist es" sagt Sonja. Als Holger den Notarztwagen auf den Fußweg abstellt steigt Sonja mit Holger aus. Er holt den Notfallkoffer aus dem Kofferraum und geht mit Sonja zur Haustür.

Sie klingeln bei Frau Klein an der Haustür. Nach kurzen Minuten meldet sich eine Frauenstimme. „Ja wer ist da?"

„Guten Tag. Ich bin Dr. Sonja Knebel die Notärztin. Sie haben uns gerufen?"

„Na endlich sind sie da Frau Doktor. Ich habe schon die Tasche gepackt. Kommen sie rauf in den vierten Stock links. Ist der Krankenwagen auch schon da?"

„Der Rettungswagen kommt gleich".

„Gut beeilen sie sich bitte" sagt Frau Klein eilig und öffnet mit dem Türsummer die Tür. Holger und Sonja rennen, mit dem Notfallkoffer, die Treppen nach oben und gehen in die geöffnete Wohnung.

„Hallo" ruft Sonja.

„Hier bin ich in der Wohnstube" ruft Frau Klein. Sonja und Holger gehen ins Wohnzimmer.

„Hallo. Wo ist die Patientin?" fragt Sonja irritiert.

„Die bin ich" antwortet Frau Klein.

„Wir wurden gerufen weil ein Kreislaufzusammenbruch vorliegt" erklärt Sonja verwirrt und öffnet den Notfallkoffer.

„Ja ich hatte den Kreislaufzusammenbruch. Ich konnte mich aber auf meinem Sofa retten" erzählt die Patientin.

„Okay. Wie fühlen sie sich?" fragt Sonja. Sie holt die Blutdruckmanschette aus dem Notfallkoffer und misst Frau Kleins Blutdruck.

„Ich fühle mich sehr schlecht" klagt Frau Klein der Notärztin ihr Leid.

„Der Blutdruck ist total normal. Er liegt bei 120 zu 80. Das verstehe ich nicht, warum er normal ist. Ihr Blutdruck müsste nach einem Kreislaufzusammenbruch noch instabil sein" erklärt Sonja und nimmt die Blutdruckmanschette ab. „Habe ich das richtig verstanden, dass sie vorn einen Kreislaufzusammenbruch hatten? Wie lange ist der Kreislaufzusammenbruch her?" fragt Sonja.

„Ja ich hatte aber einen Kreislaufzusammenbruch. Es ist erst zwanzig Minuten her. Wo ich wieder bei Bewusstsein war habe ich sie gleich angerufen Frau Doktor" erklärt Frau Klein.

„Komisch" denkt Sonja und misst den Puls von Frau Klein. „Der Puls ist auch normal. Er liegt bei 80 pro Minute, also völlig normal für ihr Alter" erklärt Sonja ihr.

„Wann kommt der Krankenwagen endlich?" fragt Frau Klein. Sonja überprüft die Augenreflexe von der Patientin. Jetzt flippt Holger aus.

„Der Krankenwagen kommt nicht, weil bei ihnen alles in Ordnung ist".

„Hören sie mal junger Mann wollen sie mich als Simulantin hinstellen? Das ist doch eine Unverschämtheit" motzt Frau Klein Holger an und wendet sich an die Notärztin. „Frau Doktor mir geht es echt nicht gut. Ich habe die Tasche für das Krankenhaus schon gepackt".

„Warum haben sie eine Tasche für das Krankenhaus gepackt? Na ja ich horche sie jetzt noch ab". Sie horcht die Lunge, die Bronchien und das Herz von Frau Klein ab. „Es ist alles in Ordnung. Die Lungen und das Herz hören sich gut an. Nichts deutet auf eine Erkrankung hin. Was haben sie denn für Beschwerden Frau Klein?"

„Ganz starke Kopfschmerzen habe ich und mir dreht sich alles" antwortet Frau Klein. Sonja seufzt.

„Das kann aber dann nicht organisch sein. Haben sie sich irgendwie aufgeregt?"

„Nein wieso?" fragt Frau Klein.

„Weil die ganzen Werte in Ordnung sind. Ich kann nichts finden woher ihre Beschwerden kommen könnten" erklärt Sonja ihr verständnisvoll.

„Nein das kann nicht sein. Mir geht es echt schlecht".

„Dann müssen sie Morgen ihren Hausarzt aufsuchen. Es gibt wirklich keinen Grund sie ins Krankenhaus zu bringen" erzählt Sonja verständlich und packt die Sachen im Notfallkoffer.

„Mir geht es jetzt schlecht und nicht Morgen. Ich habe tierische Kopfschmerzen".

„Dann gehen sie ein bisschen nach draußen. Es ist schönes Wetter draußen. Die frische Luft hilft bei Kopfschmerzen sehr gut" rät ihr Sonja.

„Quatsch. Sind sie wahnsinnig? Dann kippe ich ja gleich wieder um". Sonja und Holger gucken sich verständnislos an. Dann setzt sich Sonja wieder zu Frau Klein.

„Nein sie kippen schon nicht um, dafür sind ihre Werte viel zu gut für. Gehen sie ruhig nach draußen und nehmen sie sich eine Flasche Wasser mit. Wenn man zu wenig trinkt kann man auch Kopfschmerzen bekommen. Wie viel haben sie heute schon getrunken?"

„Weiß ich doch nicht. Sie haben doch überhaupt keine Ahnung Frau Doktor wie es mir geht. Bitte helfen sie mir".

„Strecken sie mal ihre Zunge raus". Sonja prüft die Zunge nach Feuchtigkeit. Anschließend kneift sie in die Haut von Frau Klein. „Genug Flüssigkeit haben sie aber. Die Haut zieht sich sofort zurück, sonst würde die Haut sich nicht so schnell zurück ziehen. Vielleicht sind sie ja wetterfühlig?"

„Nein das bin ich noch nie gewesen und das werde ich auch nie sein. Ich halte kaum noch die Schmerzen aus" jammert die alte Frau.

„Was ich ihnen anbieten kann ist, dass ich ihnen eine Kopfschmerztablette geben kann. Sie bleiben heute auf dem Sofa liegen, machen sich Kühlpressen auf die Stirn und gehen Morgen zu ihren Hausarzt" erklärt Sonja und holt aus den Notfallkoffer eine Aspirin-Tablette. „Hier" sagt Sonja und gibt Frau Klein die Tablette.

„Ich möchte aber ins Krankenhaus. Da ist es so schön. Man wird bedient. Das Essen wird an das Bett gebracht und man kann machen was man will. Ich kann mich in Ruhe ausruhen oder lesen" erzählt Frau Klein die Notärztin und den Rettungsassistenten.

„Es gibt keinen Grund sie ins Krankenhaus zu bringen" erklärt Sonja noch mal, diesmal aber energischer und steht vom Sofa auf.

„Bitte" bettelt Frau Klein. Holger schüttelt nur den Kopf.

„Nein. Ich muss ihn eigentlich den Einsatz in Rechnung stellen, aber ich lasse es heute mal sein" erklärt Sonja Frau Klein, als ihr Melder losgeht.

„Ich möchte aber ins Krankenhaus. Ich habe starke Magenschmerzen" jammert Frau Klein.

„Fahren sie doch selber ins Krankenhaus. Wir nehmen sie nicht mit und wenn sie uns das nächste Mal umsonst rufen lassen bezahlen sie den Rettungseinsatz- Der ist nicht ganz billig. Er liegt so zwischen 500 bis 2000 Euro" erklärt Holger Frau Klein sauer.

„Sagen sie ihre Beschwerden Morgen ihren Hausarzt. Ich muss zum nächsten Einsatz" erklärt Sonja.

„Ich will aber ins Krankenhaus. Wissen sie was Frau Doktor. Ich fahre selber ins Krankenhaus zur Notaufnahme. Können sie mir wenigstens ein Glas Wasser bringen?" fragt Frau Klein die Notärztin ärgerlich.

„Sonja wir müssen los" bittet Holger ihr ärgerlich und geht mit dem Notfallkoffer nach unten.

„Ich komme sofort nach" verspricht Sonja Holger genervt. Sie bringt Frau Klein das Glas Wasser und stellt es auf den Wohnzimmertisch. „Hier ist ihr Wasser. Ich muss los" sagt sie.

„Können sie mir bitte die Tablette ins Glas werfen?" fragt Frau Klein ihr.

„Können sie das nicht selber?" fragt Sonja sauer und wirft die Aspirin-Tablette ins Wasser und geht aus dem Wohnzimmer.

„Ich werde mich über sie beschweren Frau Doktor" schreit Frau Klein hinter Sonja her.

„Zeigen sie mich doch an. Trotzdem gute Besserung" ruft Sonja vor der Haustür zurück. Sie knallt die Haustür zu und eilt zum Notarztwagen.

„Die hat ja wohl eine Klatsche am Hals. Die ist nicht mehr ganz dicht" regt sich Holger auf, als Sonja in den Notarztwagen steigt.

„Die will sich über uns beschweren" erzählt Sonja. „Aber ich habe nichts gefunden. Alle Werte waren in Ordnung".

„Mache dir keine Vorwürfe Sonja. Die Alte will nur Aufmerksamkeit haben. Sie bräuchte Gesellschaft, dann ist sie nicht mehr krank" vermutet Holger.

„Da kannst du Recht haben. Wo müssen wir hin?"

„Zum Fußballplatz auf die Fritzewiese an der Berckstraße" antwortet er. Sonja schaltet das Blaulicht und das Martinshorn an. Sie fahren mit höchsten Tempo, Blaulicht und Sirene zum Fußballplatz.

Nach ca. zwanzig Minuten kommen sie an der Fritzewiese an. Dort wartet ein Junge im gelb schwarzen Fußballtrikot auf sie. „Hallo Frau Doktor. Kommen sie schnell in der Kabine". Sonja und Holger steigen aus dem Notarztwagen.

„Hallo. Was ist passiert?" Sonja zieht sich Gummihandschuhe an, während Holger den Notfallkoffer aus dem Kofferraum holt.

Dann begleiten sie den Jungen in die Kabine, während die Spieler wieder aus der Kabine kommen. Jim führt sie in der Kabine. Die Notärztin und Holger sehen einen Jungen am Boden liegen, der stark am Kopf blutet. „Ich muss jetzt leider auf das Spielfeld raus" sagt der Junge und läuft aus der Kabine. Sonja kniet sich zu den Jungen.

„Hallo. Hörst du mich?" fragt Sonja und klopft auf den Jungens Wange. Der Junge kommt zu sich. Er stöhnt nur vor Schmerzen. In den Moment kommt der Trainer in die Kabine.

„Da sind sie ja schon. Das ist Mickey Weber, unser Stürmer. Es hat ziemlichen Krach zwischen den Jungs gegeben und einer von den Jungs hat ihn gegen den Kleiderhacken geschubst".

„Hallo Mickey. Ich bin Dr. Sonja Knebel, die Notärztin. Wie geht es dir?"

„Mein Kopf schmerzt ziemlich. Mir ist schlecht und schwindelig. Ich kann nicht aufstehen weil sich sofort alles dreht".

„Bleibe ganz ruhig liegen mein Junge" bittet Sonja ihn, während sie den Jungen den Blutdruck misst. „Der Blutdruck ist ein bisschen niedrig. Er liegt bei 105 zu 80". Anschließend zeigt Sonja ihre Finger. „Wie viele Finger halte ich hoch?"

„Drei" antwortet der Junge.

„Stimmt" antwortet Sonja, während Holger Mickey den Kopf verbindet. Anschließend überprüft Sonja Mickeys Augenreflexe. Danach legt sie Mickey eine Kanüle, an der Hand und lässt anschließend eine Infusion Kochsalzlösung und einen Schmerzmittel durchlaufen. In den Moment kommen die Rettungssanitäter mit der Trage in die Kabine. Sonja erklärt den Rettungskräften kurz die Situation, dann wird Mickey auf die Trage gehoben. „Wir sehen uns gleich" sagt Sonja. Während Sonja mit Mickeys Trainer spricht wird Mickey im Rettungswagen gebracht.

Holger muntert den Jungen auf. „Ich habe als Kind auch Fußball gespielt" berichtet Holger.

„Welche Position hast du denn gespielt?" fragt Mickey Holger.

„Ich habe in der Abwehr gespielt".

„Ich schieße immer alle Tore für uns. Nur heute will mir das nicht gelingen. Mein Kopf tut tierisch weh" jammert Mickey.

„Die werden gleich bestimmt besser werden. Unsere Notärztin gibt dir gleich noch was dagegen".

„Wann darf ich wieder Fußball spielen?"

„Wenn du wieder gesund bist. Würdest du mir ein Autogramm geben?" fragt Holger den Jungen.

„Ja klar" antwortet Mickey und will sich aufrichten, aber Holger hält ihn zurück.

„Du sollst ruhig liegen bleiben. Wenn du wieder fit bist kannst du mir ein Autogramm geben".

„Will deine Kollegin auch eins haben?" fragt Mickey.

„Bestimmt. Wir fragen sie einfach" verspricht Holger seinen Patienten. Sonja steigt im Rettungswagen.

„Wir können fahren" bittet sie und setzt sich zu den Jungen.

„So dann verabschiede ich mich mal. Ich bin jetzt schon ein großer Fan von dir Mickey. Die Frau Doktor bestimmt auch nech?" fragt Holger Sonja und steigt aus dem Rettungswagen.

„Ja klar bin ich ein großer Fan von dir. Werden deine Kopfschmerzen besser Mickey?"

„Nein. Die sind total heftig".

„Dann bekommst du jetzt eine Spritze mit einen stärkeren Schmerzmittel, aber davon kann dir müde werden" erklärt sie.

„Ja Hauptsache die starken Kopfschmerzen werden besser" sagt Mickey schwach. Sonja zieht die Spritze mit dem starken Schmerzmittel auf.

„Mir ist auch so übel und schwindelig" jammert Mickey. Sie fahren die Berckstraße ohne Sonderrechte entlang.

„Ich spritze dir noch ein Mittel gegen die Übelkeit in die Infusion, dann geht es dir gleich besser" erklärt Sonja und spritzt ihn die MCP-Lösung in die Infusion.

Nach acht Minuten kommen sie in der Professor Hess Klinik an. Im Krankenhaus wird Mickey im Behandlungsraum gebracht. „Wenn haben wir da?" fragt Dr. Torben ihr.

„Hallo. Wir bringen einen jungen Fußballspieler. Das ist Mickey Weber 15 Jahre. Er wurde geschubst und fiel unglücklicher Weise gegen den Kleiderhacken. Er hat eine große Platzwunde am Kopf und klagt über heftige Kopfschmerzen. Ich habe ihn eine Spritze mit Neuralgin gegeben, Außerdem habe ich ihn eine Infusion mit Kochsalzlösung verabreicht" informiert Sonja Dr. Torben.

„Okay Sonja. Wir übernehmen deinen Patienten" sagt Dr. Torben. Sonja gibt ihn das Einsatzprotokoll. Dr. Torben wendet sich an den Jungen. „Jetzt zu dir Mickey. Wie geht es dir jetzt?"

„Mein Kopf schmerzt sehr schlimm und mir ist so übel" antwortet Mickey.

„Das kriegen wir wieder hin. Erstmal geht es mit dir zum CT" erklärt Dr. Torben den Jungen.

„Ich verabschiede mich" sagt Sonja und wendet sich an den jungen Patienten. „Dir wünsche ich alles Gute Mickey".

„Danke. Du kommst aber zum Fußballspiel mit Holger" bittet Mickey die Notärztin.

„Na klar. Ich komme mit meinen Mann, meine Kleinen und Holger, aber erstmal musst du wieder gesund werden hm".

„Okay".

Sonja geht zum Notarztwagen zurück. Im Notarztwagen wartet Holger schon auf sie. Sie steigt in den Notarztwagen und schließt ihre Beifahrertür. „Na wie geht es den Fußballstar?" Holger startet den Motor.

„Es geht ihn den Umständen entsprechend gut. Er wird grade ins CT gefahren" erzählt Sonja, während sie das Krankenhausgelände verlassen. Sie fahren zum Rettungszentrum zurück und warten dort auf den nächsten Einsatz. „Ich rufe mal eben zuhause an". Sonja geht in ihrem Büro und schließt hinter sich die Bürotür. Sie setzt sich an den Schreibtisch und wählt die Nummer von zuhause. Nach paar Minuten meldet sich Max am Telefon. „Hier ist Max".

„Hallo mein Schatz Mama hier. Wo ist denn der Papa?"

„Hallo Mama. Papa hat sich ins Bett gelegt, nachdem er mich und Schnuffi versorgt hat. Mama mir tut wieder so doll der Kopf weh".

„Das ist ja nicht so schön Max. Gibt's du mir mal den Papi mein Schatz?" Max läuft mit dem Telefon hoch ins Schlafzimmer und sieht seinen Vater in Bett schlafend liegen.

„Mama Papa schläft".

„Ist okay Max. Ich komme jetzt zu euch".

„Und deine Arbeit Mama? Mein Kopf tut so weh".

„Wir haben in Moment keine Einsätze. Lege dir einen kalten Waschlappen auf die Stirn bis ich komme mein Schatz".

„Ja mache ich. Bis gleich Mama" sagt der Kleine und legt auf. Sonja läuft aus ihrem Büro und läuft in den Aufenthaltsraum, wo Holger die Zeitung liest.

„Ich brauche eine Vertretung. Ich muss sofort nach Hause. Max hat wieder seine dollen Kopfschmerzen".

„Ach du lieber Gott. Kann dein Mann nichts machen?" fragt Holger.

„Mein Mann scheint krank zu sein. Er hat sich ins Bett gelegt, nachdem er die Kinder versorgt hat".

„Das ist kein gutes Zeichen. Ich versuche eine Vertretung für dich zu finden, aber es wird nicht leicht sein".

„Fahre mich erstmal nach Hause. Dann werden wir weitersehen". Sie zieht ihre Jacke über, während Holger mit ihren Vorgesetzten Herr Brunau spricht. Anschließend fahren sie zu Sonjas Familie.

Als Sonja die Haustür öffnet kommt ihr Max entgegen gerannt. „Mama Mama". Sonja nimmt ihn in die Arme und drückt ihn an sich.

„Na mein Schatz. Was macht dein Kopf?" fragt Sonja ihren Sohn besorgt.

„Mein Kopf tut so weh Mama" jammert Max, während Holger mit dem Notfallkoffer in die Wohnung kommt.

„Hallo Max".

„Hallo" erwidert Sonjas kleiner Sohn. Sonja trägt Max auf den Arm die Treppe hoch und fest seine Stirn an. „Papa ist im Bett Mama" erzählt Max.

„Ja ich gucke gleich nach Papa, wenn ich dich versorgt habe mein Schatz". Sonja bringt Max ins Kinderzimmer, wo Sabine im Bett rumkrabbelt. „Hallo Schätzchen" grüßt sie ihre kleine Tochter. Sie setzt Max auf seinem Bett und legt ihn den nassen Waschlappen auf die Stirn. „Das gefällt mir überhaupt nicht mit deinen starken Kopfschmerzen mein Schatz. Wir gehen Morgen zum Kinderarzt. Erstmal bekommst du eine halbe Schmerztablette und bleibst im Bett liegen". Sie holt aus dem Notfallkoffer eine Schmerztablette und bricht die Tablette in der Mitte durch. „Holger holst du mir mal eben ein Glas Wasser?"

„Ja klar". Holger holt aus der Küche ein Glas Wasser, steigt die Treppe wieder hoch und gibt das Glas Sonja in die Hand.

„Danke". Sonja gibt Max die halbe Schmerztablette. „So jetzt werden deine Kopfschmerzen hoffentlich gleich besser werden mein Schatz. Schlafe ein bisschen" bittet Sonja ihn und geht zu Sabine. „Hallo meine Süße. Na du!". Sie kitzelt Sabine den Bauch und holt ihre kleine Tochter aus dem Bett. Sonja trägt sie auf dem Arm. Sabine brabbelt vergnügt herum. „Na du scheinst deine Erkältung auskuriert zu haben meine Süße. Wollen wir mal nach Papa gucken?" fragt Sonja ihre kleine Prinzessin und wendet sich an ihren Rettungsassistenten. „Holger bleibst du bei Max?".

„Ja klar. Wir verstehen uns gell Max?" Max nickt seinen schmerzenden Kopf. Sonja geht mit Sabine ins dunkle Schlafzimmer und geht zu Bernhard, der im Bett liegt.

„Papa" ruft Sabine und will zu ihren Papa ins Bett, aber Sonja hält sie zurück.

„Nein Maus du steckst dich nur wieder an". Sie trägt Sabinchen wieder ins Kinderzimmer zurück. „Kannst du eben auf Sabinchen aufpassen?"

„Natürlich Sonja. Dann gehe mal zu deinen Mann" antwortet Holger und nimmt Sabinchen auf dem Arm. Diesmal nimmt sie den Notfallkoffer mit und trägt ihn ins Schlafzimmer. Sonja rüttelt Bernhard wach. Er öffnet mühsam die Augen.

„Hallo mein Schatz. Hast du schon Feierabend?" fragt er schwach seine Frau.

„Nein eigentlich noch nicht, aber du scheinst krank zu sein. Was ist los?" Sonja holt das Blutdruckgerät aus dem Notfallkoffer raus und bindet ihn die Blutdruckmanschette um den Arm.

„Ich weiß auch nicht was mit mir los ist. Ich fühle mich seit heute Morgen so miserabel, schlapp, müde und mein Kopf schmerzt tierisch".

„Dann kannst du dich mit Max zusammentun. Der hat auch schon wieder schlimme Kopfschmerzen". Sonja misst Bernhards Blutdruck. „Dein Blutdruck ist ein bisschen niedrig. Liegt nur bei 100 zu 80". Sie fühlt seine Stirn. „Hast du Fieber?"

„Weiß ich nicht. Ich stehe jetzt auf" erklärt Bernhard matt und will sich im Bett aufrichten. Sonja hält ihn zurück.

„Du bleibst schön liegen. Du misst jetzt erstmal Fieber". Sie holt das Fieberthermometer aus dem Notfallkoffer. In den Moment kommt Holger ins Schlafzimmer.

„Hallo Bernhard" grüßt Holger Sonjas Mann und wendet sich an Sonja.

„Hallo Holger" grüßt Bernhard zurück.

„Wir kriegen leider keine Vertretung für dich" erklärt Bernhard ihr.

„Mist. Da kann man nichts machen".

„Ich nehme eine Kopfschmerztablette dann geht es schon wieder. Geh mal arbeiten mein Schatz" bittet Bernhard seine Frau und will aufstehen.

„Nein du bleibst liegen mein Schatz. Ich rufe meine Freundin an" Sonja steckt das Thermometer in Bernhards Ohr. Nach den Piepen holt sie es wieder raus und guckt drauf. „39,5 Grad Fieber hast du. Ich bringe dir gleich Kamille und mache dir einen feuchten Halswickel". Sonja geht runter in die Küche. „Was macht Max?"

„Der schläft" antwortet Holger.

„Gut" sagt Sonja erleichtert und geht mit Kamille, Handtücher und eine Schale Wasser hoch ins Schlafzimmer.

„Max hat doch Donnerstag Geburtstag. Ich muss ihn doch noch die Eisenbahn von Playmobil kaufen" erzählt Bernhard seine Frau müde und matt.

„Du wirst erstmal wieder gesund. Ich hole sonst Morgen die Eisenbahn, wenn ich mit Max beim Kinderarzt war. Mir machen Max Kopfschmerzen Kopfzerbrechen Liebling" erklärt Sonja ihn und macht Bernhard feuchte Halswickel.

„Das macht mir auch Sorgen. Kannst du mir eine Kopfschmerztablette geben Schatz?" Sonja holt ihn eine Tablette aus dem Medizinschrank und geht wieder hoch ins Schlafzimmer. „So mein Schatz. Hier ist die Schmerztablette". Sie gibt ihn die Tablette und ein Glas Wasser in die Hand. „Schlafe jetzt ein bisschen. Das ist das Beste was man tun kann wenn man sich nicht gut fühlt. Ich schaue gleich noch mal nach dir".

„Pass auf Schatz das du nicht auch noch krank wirst" warnt Bernhard Sonja und schluckt die Tablette mit Wasser runter. Anschließend deckt er sich zu.

„Nein ich werde schon nicht krank. Mache dir nicht immer soviel Sorgen". Sonja geht aus dem Schlafzimmer und schließt die Tür von außen. Sie geht runter in das Wohnzimmer, nimmt das Telefon und ruft ihre Freundin an. Sie meldet sich nach paar Minuten, während sich Sonja auf die Lehne des Sessels setzt. „Ruth Darmstedt"

„Hallo Süße ich bin es Sonja".

„Hallo Süße wie geht es dir?"

„Es geht so. Bin voll im Stress. Kannst du mir einen großen Gefallen tun und auf Max und Sabine aufpassen?"

„Ja klar. Ist denn Bernhard nicht da?"

„Doch aber er liegt mit schwerer Angina im Bett. Max hat schlimme Kopfschmerzen".

„Ach die Armen. Ich komme sofort zu euch Süße".

„Da fällt mir ein Stein von Herzen. Ich bekomme leider kurzfristig keine Vertretung für mich. Du bist wirklich eine wahre Freundin".

„Das ist doch kein Problem Süße. Wozu sind Freunde da? Hat Max nicht Donnerstag Geburtstag?"

„Doch hat er. Du musst dich jetzt aber beeilen. Der nächste Einsatz kann jederzeit kommen. Du bist mir eine große Hilfe. Okay dann sehen wir uns gleich". Sonja legt auf.

„Bis gleich" sagt Ruth und legt auch auf. Sonja geht wieder hoch ins Schlafzimmer. „Ruth kommt gleich zu euch. Wir sehen uns heute Abend wieder" verabschiedet sich Sonja und gibt Bernhard einen Kuss.

„Steck dich nicht auch noch an. Wie lange hast du noch Dienst?" fragt Bernhard seine Frau müde.

„Bis 18:00 Uhr. Dann komme ich wieder. Schlafe dich inzwischen gesund". Sonja verlässt das Schlafzimmer. Kurz darauf ist Bernhard eingeschlafen. Sie geht ins Kinderzimmer. Holger sitzt mit Sabinchen auf den Fußboden und baut mit ihr ein Turm mit Bauklötzen.

„Meine Freundin kommt gleich" schildert Sonja Holger und sieht nach Max. Sonja fühlt Max Stirn und erneuert den Waschlappen auf seine Stirn. „Schlaf weiter mein Schatz" flüstert sie Max ins Ohr. Anschließend setzt sie sich zu Holger und Sabinchen auf den Fußboden. Nach zwanzig Minuten klingelt es an der Haustür. „Da ist sie schon". Sonja steht auf und läuft runter zur Haustür. Sie öffnet sie. „Hallo Süße" begrüßt Sonja ihre Freundin erfreut.

„Hallo Sonja. Blass siehst du aus".

„Du bist meine Rettung Ruth. Komm rein". Sie umarmen sich und geben sich ein Küsschen auf die Wangen dann geht Ruth ins Haus. Sonja schließt hinter ihr die Haustür, während Ruth ihre grüne Wolfskinjacke auszieht und sie an die Garderobe hängt. Sie gehen hoch ins Kinderzimmer. Sonja stellt Ruth Holger vor. „Das ist mein Kollege Holger und das ist meine beste Freundin Ruth".

„Hallo Ruth" grüßt Holger.

„Hallo" grüßt auch Ruth und kniet sich zu Sabine. „Hallo meine Süße". Sie küsst sie auf die Stirn. „Ich habe dir was Schönes mitgebracht süße Maus". Ruth holt aus ihrer Tasche einen großen Teddy und gibt den weichen Teddybären Sabinchen. Die Kleine umarmt sofort den Teddy. „Für Max habe ich ein kleines Spielzeugauto mitgebracht".

„Das ist schön. Du muss nicht immer was mitbringen Ruth. Außerdem hat Max Donnerstag Geburtstag" erklärt Sonja ihre Freundin und kniet sich zu ihrer kleinen Tochter. „Na was sagt man Sabinchen wenn man was geschenkt bekommt?" Sabine brabbelt irgendwas und hat strahlende Augen. „Das soll Danke heißen" erklärt Sonja Ruth lächelnd.

„Gern geschehen kleine Maus" sagt Ruth lächelnd und streichelt Sabinchen über den Kopf. Dann sehen Sonja und Ruth nach Max, der in seinem Bett schläft.

„Wenn Max Kopfschmerzen wieder schlimmer werden gebe ihn die andere Hälfte der Schmerztablette".

„Ja mache ich. Du kannst mich auf mich verlassen".

„Max Kopfschmerzen machen mich echt fertig Süße. Ich bin Notärztin und weiß nicht was meinem eigenen Kind fehlt" erzählt Sonja verzweifelt ihre Freundin.

„Wart ihr schon beim Kinderarzt?"

„Nein, aber Morgen habe ich frei, da gehe ich mit Max zum Kinderarzt. Ich hoffe der kriegt das raus was Max fehlt". Sabinchen krabbelt zu Ruth.

„Arm hoch" sagt sie und zeigt es mit ihren kleinen Armen.

„Jetzt hast du bei Sabinchen ein Stein in Herzen wegen den Teddy" erklärt Sonja und lacht. Ruth hebt Sabine auf den Arm und trägt sie mit Sonja ins Schlafzimmer. Ruth begrüßt Bernhard, der gerade wieder wach geworden ist.

„Hallo Bernhard hat es dich auch mal erwischt?"

„Hallo Ruth. Hör bloß auf. Mir geht es ziemlich mies" klagt Bernhard schwach.

„War doch nicht so gemeint. Du siehst krank aus. Ich gucke jede halbe Stunde nach dir. Wenn was ist rufe nach mir. Ich lasse die Tür etwas auf".

„Danke das du gekommen bist Ruth" bedankt sich Bernhard als Sonjas Melder losschrillt.

„Ich muss los Süße. Gute Besserung Schatz. Bis später. Bediene dich im Haus wie du willst" erklärt Sonja Ruth. Sie nimmt den Notfallkoffer und rennt aus dem Schlafzimmer, nachdem sie Sabinchen auf die Stirn geküsst hat. „Holger komm. Wir haben einen Einsatz". Sonja rennt mit Holger die Treppe runter und rennt zum Notarztwagen.

Ein paar Sekunden später fahren sie mit Blaulicht und Sirene zum Einsatzort. „Was haben wir?" fragt Sonja über Funk.

„Hallo Sonja. Erstmal entschuldige ich mich weil wir keine Vertretung für dich gefunden haben" entschuldigt sich die Frau aus der Leitstelle.

„Kein Problem. Meine Freundin passt auf meine Familie auf".

„Dann ist ja gut. Fahren sie so schnell wie möglich zum Martinianleger. Auf dem Kreuzfahrtschiff ist ein Unfall passiert. Wie ich eben erfahren habe ist ein Herz Kreislauf Stillstand beim Patienten eingetreten. Helfer sind aber schon zur Stelle".

„Wir sind auf den Weg dorthin". Sonja legt auf und wendet sich an ihren Rettungsassistenten. „Kannst du noch schneller fahren Holger? Es geht um Leben und Tod".

„Ich versuche es. Wie alt ist deine Freundin Ruth eigentlich Sonja?"

„Sie wird dieses Jahr 37 Jahre alt" antwortet Sonja. Sie fahren mit 100, Blaulicht und Sirene über rote Ampeln zum Martinianleger, während sie die blauen Gummihandschuhe überzieht. Als sie an den Martinianlage ankommen steigen sie sofort aus dem Notarztwagen. Nachdem Sonja und Holger die zwei Notfallkoffer aus dem Kofferraum geholt haben laufen sie sofort auf das Kreuzfahrtschiff,

Sie laufen auf den Außendeck und sehen schon zwei junge Leute bei den Patienten Mund zu Nase Beatmung machen. „Hallo ich bin Frau Dr. Sonja Knebel, die Notärztin. Wie ist der Name des Patienten?" fragt Sonja die Freunde des Patienten.

„Das ist unser Freund Willi Bringer" antwortet sein Kumpel Steven.

„Hat er irgendwelche Vorerkrankungen?" fragt Sonja.

„Nein. Willy ist eigentlich kerngesund. Ich weiß auch nicht was er hat" antwortet Steven.

„Danke für die Auskunft. Wir übernehmen". Inzwischen sind auch die Rettungssanitäter auf den Außendeck angekommen.

„Der Patient hat immer noch keinen Puls" stellt Holger fest.

„Wir müssen weiter Mund zu Nase Beatmung machen" erklärt Sonja den Rettungskräften und drückt auf dem Brustkorb des Patienten.

„Hier gibt es nichts zu gucken" motzt Holger die Schaulustigen an, die sich um den Verletzten versammelt haben.

„Bitte gehen sie weg. Das ist unser Freund. Ihr kennt den doch gar nicht. Ihr wollt nur Aktion sehen". Dennis, der Rettungssanitäter, holt aus dem Notfallkoffer den Beatmungsbeutel raus und gibt ihn Sonja. Sie presst den Beatmungsbeutel auf Willis Mund, während Dennis den Patienten weiter reanimiert. Holger nimmt inzwischen die Personalien auf. „Komm Junge. Komm zurück in dieser Welt. Du hast noch das ganze Leben vor dir". Sonja fühlt seinen Puls, der wieder langsam anfängt zu schlagen.

„Wir haben ihn wieder. Der Puls ist aber noch ziemlich schwach" stellt Dennis fest.

„Hauptsache ist das er wieder selbstständig atmet".

„Gott sei Dank" sagt Steven, der andere Rettungsassistent und atmet auf. Connie holt aus dem Notfallkoffer eine Spritze mit Adrenalin, zieht sie auf und gibt sie der Notärztin. Sonja spritzt Adrenalin in Willis Arm, wo schon eine Kanüle von ihr gelegt worden ist.

„So Willi sie bekommen jetzt eine Spritze für den Kreislauf" erklärt Sonja den Patienten, während Dennis bei Willi Blutdruck misst.

„Der Blutdruck kommt langsam wieder. Er liegt bei 85 zu 60" berichtet Dennis Sonja.

„Gut". Sonja schließt an Willis Kanüle einen Infusionsbeutel mit Kochsalzlösung an. „Halte mal die Infusion Holger". Er hält den Infusionsbeutel hoch, während Willi langsam zu sich kommt.

„Wo bin ich? Was ist passiert?" fragt Willi schwach und verwirrt.

„Du bist einfach umgekippt und nicht mehr aufgestanden. Dein Herz schlug nicht mehr. Die Rettungssanitäter und die Notärztin mussten dich reanimieren" erklärt ihn sein Freund Steven.

„Ich mache mir schreckliche Sorgen um dich Willi" erklärt Lena, während ihr die Tränen über das Gesicht laufen.

„Hallo da sind sie ja Herr Bringer. Wie fühlen sie sich?" fragt Sonja den Patienten.

„Mies. Kann ich aufstehen?" fragt Willi ihr.

„Nein auf keinen Fall. Sie sind noch sehr schwach". Plötzlich fängt Willi schlimm zu husten an. Er spuckt dabei ziemlich viel Blut aus und bekommt Atemnot. Sonja gibt den Patienten eine Nierenschale. „Ganz ruhig atmen" bittet Sonja den Patienten und hält den Patienten eine Sauerstoffmaske auf das Gesicht, während Connie bei den Patienten Temperatur misst. „Ganz ruhig atmen Willi" bittet Sonja ihn und stützt den Patienten.

„Er hat 41,6 Grad Fieber. Er ist in Lebensgefahr" erklärt Connie Sonja leise.

„Herr Bringer muss so schnell wie möglich ins Krankenhaus" sagt Sonja zu Conny. „Legen sie ihn kalte Umschläge auf seine Stirn, wegen dem hohen Fieber. Ich spritze Herr Bringer ein fiebersenkendes Mittel" erklärt Sonja ihr. Sie spritzt Willi Fiebermol in die Kanüle, während der Patient wieder weggesackt ist.

„Der Junge ist nicht mehr ansprechbar" stellt Dennis fest.

„Der Patient muss so schnell es geht ins Krankenhaus. Holger rufe bitte den Rettungshubschrauber, der soll in der Nähe landen. Der Junge ist in höchster Lebensgefahr". Sonja schiebt ein Tubus in Willis Mund. Unverzüglich heben die Rettungssanitäter Willi auf die Trage. Er wird inzwischen künstlich beatmet, hat ein Schlauch in der Nase und ist an zwei Infusionsbeuteln angeschlossen. Der Patient wird zum Rettungswagen geschoben. In der Ferne hören sie schon den Rettungshubschrauber, der langsam näher kommt und dann um den Einsatzort kreist.

„Dürfen wir mitfahren?" fragt Steven Sonja.

„Nein das geht leider nicht. Wir müssen uns beeilen". Sonja schließt von ihnen die Tür vom Rettungswagen. Unverzüglich fährt der Rettungswagen mit Blaulicht und Sirene vom Martinianleger los. Der kleine Notarztwagen folgt ihn mit Blaulicht und Sirene. Sonja überprüft die Vitalfunktionen von ihren Patienten.

„Wie sieht es aus?" fragt Connie Sonja, während auf den Bahnhofsvorplatz der Rettungshubschrauber niedergeht.

„Es steht kritisch um den Jungen. Ist der Rettungshubschrauber schon gelandet?" fragt Sonja den Fahrer.

„Ja gerade eben. Der Rettungshubschrauber steht auf den Bahnhofsvorplatz" antwortet Dennis von der Fahrerkabine.

„Dann Tempo". Sie fahren im schnellsten Tempo zum Bahnhofsvorplatz, wo der Rettungshubschrauber steht. Es stehen viele Passanten und Kinder um den Rettungshubschrauber. Der Rettungswagen kommt im höchsten Tempo und Blaulicht und Sirene auf den Bahnhofsvorplatz an. Holger folgt paar Sekunden mit den Notarztwagen. Sofort wird Willi aus den Rettungswagen geschoben und in den Rettungshubschrauber gebracht, während Sonja den Notarzt, vom Rettungshubschrauber, die Notfallsituation von Willi schildert. Sofort gehen die Rotoren vom Rettungshubschrauber an. „Alles Gute für den Patienten" wünscht Sonja, während die Polizisten die Leute von dem Rettungshubschrauber jagen.

Sonja steigt zu Holger in den Notarztwagen.

„Mein Gott die behindern ja die Rettung" regt sich Holger auf.

„Das kennt man doch schon" behauptet Sonja. Sie lehnt ihren Kopf zurück, während der Rettungshubschrauber hochgeht.

„Man ist der laut" stellt Holger fest.

„Das war ein harter Einsatz. Hoffentlich überlebt der Junge das".

„Da hast du Recht". Holger startet den Motor, während Sonjas Melder schrillt.

„Was ist jetzt schon wieder?" Sonja geht an den Funk. „Was haben wir?"

„Ein Hitzeschlag bei einer jungen Frau im Fitnessstudio am Hallacker 2".

„Okay wir kommen. Du kannst Blaulicht anlassen. Wir müssen sofort ins Fitnessstudio in Oberneuland". Sie fahren rückwärts vom Bahnhofsvorplatz mit Blaulicht und Sirene. Sie fahren ganz schnell zum Fitnessstudio nach Oberneuland. „Wie spät ist es eigentlich?"

„Gleich 17:00 Uhr. Wir haben ja bald Feierabend" sagt Holger erfreut.

„Endlich. Bin ziemlich geschafft" gesteht Sonja Holger, während sie sich den Bahnhof Oberneuland nähern.

„Mist jetzt sind auch noch die Schranken runter" flucht Holger wütend.

„Das darf nicht wahr sein Holger. Ich muss sofort zum Einsatz. Du hättest anders fahren sollen" reg sich Sonja auf.

„Reg dich nicht auf. Ändern kannst du ja nichts dagegen. Es tut mir Leid. Ich hätte über Kurfürstenallee fahren sollen. Jetzt ist es zu spät" entschuldigt sich Holger bei Sonja.

„Aber wenn die Patientin stirbt dann habe ich die Schuld" erklärt Sonja ärgerlich. Sie nimmt sich den Funk und spricht da rein. „Wir sind verhindert. Kommen später. Steht es ernst um die junge Frau?" fragt Sonja die Frau aus der Leitstelle, während Holger den Motor abstellt. Das Blaulicht blinkt aber weiter.

„Nein. Gott sei Dank nicht aber gucken sie sich die Frau vor Ort an".

„Ja. Ich checke die Frau durch" erklärt Sonja und hängt den Funk an. „Tut mir Leid Holger das ich eben so ausgerastet bin. War keine Absicht".

„Ich kann dich doch verstehen Sonja. Der Druck als Notärztin und noch Max Kopfschmerzen. Das ist einfach zu viel für dich".

„Da kannst du Recht haben. Ich werde heute Abend tot ins Bett fallen" vermutet Sonja und schließt kurz die Augen.

„Hast du Kopfschmerzen Sonja?"

„Nein müde bin ich. Wann kommt endlich der verdammte Zug?"

„Jetzt fängt es auch noch an zu regnen" bemerkt Holger und schaltet die Scheibenwischer an. Zehn Minuten später kommt endlich der Zug. Als der Zug vorbeigerast ist gehen die Schranken wieder auf. Holger dreht den Zündschlüssel um, aber der Motor springt nicht an.

„Was ist denn jetzt los?" fragt Sonja Holger ernst.

„Das weiß ich auch nicht" antwortet Holger. Er versucht den Motor an zu starten aber es gelingt ihn nicht. Hinter den Notarztwagen fangen die anderen Autofahrer an zu hupen. Holger gelingt es schließlich nach paar Minuten wieder den Motor zu starten.

„Endlich" sagt Sonja, während Holger mit Blaulicht und Sirene losfährt. „Was war eben mit den Wagen los? Hat er das schon öfter, das er nicht anspringt? Das können wir nicht gebrauchen".

„Eigentlich kenne ich das nicht von den Notarztwagen, aber ich stecke nicht im Motor drin. Ich werde bei nächster Gelegenheit mal vorne reingucken. Bist du jetzt beruhigt?" Sonja zieht blaue Gummihandschuhe über und nickt. Nach wenigen Minuten kommen sie vor dem Fitnessstudio an. Sonja und Holger steigen aus den Notarztwagen.

„Na endlich sind sie da" sagt eine junge Frau aufgeregt.

„Hallo. Wo ist die Patienten?" fragt Sonja, während sie den Notfallkoffer aus den Kofferraum holt.

„Hier entlang. War wohl ein bisschen viel das heutige Training für meine Freundin".

„Das wird es wohl sein" behauptet Sonja, nimmt den Notfallkoffer und rennt mit Cornelia ins Fitnesscenter. Holger öffnet währenddessen die Motorhaube vom Notarztwagen, stellt sie fest und guckt in den Motor rein.

Cornelia führt Sonja und die Rettungssanitäter ins Ruhezimmer. „Hallo ich bin Sonja Knebel die Notärztin. Wer ist die Patientin?" fragt Sonja Cornelia, während sie den Notfallkoffer öffnet. Dann setzt sich die Notärztin zu der jungen Frau auf die Sonnenliege. Sie ist aber nicht ansprechbar.

„Das ist meine Freundin Angie Steiner" antwortet Cornelia, während Sonja den Blutdruck von der Patientin misst.

„Was ist denn passiert mit ihrer Freundin?"

„Angie ist in der Dusche zusammengebrochen".

„Hatte sie schon Beschwerden vor ihrem Zusammenbruch gehabt?" fragt Sonja die Freundin von ihrer Patientin ernst und misst den Blutzuckerwert von der Patientin.

„Ja sie hat schon den ganzen Tag Kopfschmerzen gehabt".

„Und dann trainiert sie noch?" fragt Sonja verständnislos. Sie horcht Angies Lunge und Herz gründlich mit dem Stethoskop ab. Anschließend legt sie eine Kanüle am linken Handrücken, wo sie unverzüglich eine Infusion mit Kochsalzlösung durchlaufen lässt, während Richard, der Rettungssanitäter, Sonja den Tubus gibt. Sonja schiebt den Tubus in Angies Mund. Anschließend beatmet Sonja Angie mit dem Beatmungsbeutel. „Benachrichtigen sie bitte ihre Angehörigen" bittet sie Cornelia.

„Ja mache ich" verspricht Cornelia schockiert.

„Wir müssen uns beeilen" erklärt Sonja, während die Rettungssanitäter Angie auf die Trage legen und anschnallen.

„Wo bringen sie Angie hin?" fragt Cornelia Sonja, während Angie für den Abtransport fertig gemacht wird.

„St Jürgen Krankenhaus".

„Wie steht es um Angie?"

„In Moment sieht es sehr lebensbedrohlich aus. Sie muss so schnell wie möglich ins Krankenhaus gebracht werden". Sie schließt den Notfallkoffer, nimmt ihn in die Hand und rennt mit Cornelia zum Rettungswagen.

„Wird sie denn Hitzeschlag überleben?"

„Das weiß ich leider nicht, aber wir tun unser Bestes um ihr Leben zu retten" antwortet Sonja und steigt in den Rettungswagen. „Wir müssen los".

„Darf ich mitfahren?"

„Ja steigen sie vorne ein" antwortet Sonja, während Friederick die Türen von den Rettungswagen schließt. Kurz darauf fährt der Rettungswagen mit Blaulicht und Sirene los. Nachdem Holger die Motorhaube zugehauen hat und den Motor gestartet hat folgt er den Rettungswagen mit Blaulicht und Sirene. Im Rettungswagen arbeiten Sonja und die Rettungskräfte in fieberhafte Eile. „Wie ist ihr Blutdruck?" fragt Sonja den Rettungssanitäter.

„Sehr niedrig. Er liegt nur bei 75 zu 65. Der Puls ist aber ziemlich schnell. Die Temperatur ist fast auf 42 Grad" informiert der Rettungssanitäter die Notärztin.

„Die Patientin muss sich ja völlig verausgabt haben" vermutet Sonja und spritzt der Patientin ein fiebersenkendes Mittel in die Kanüle. „Wann sind wir da?"

„Jetzt" antwortet der Fahrer. Schnell fahren der Rettungswagen und der Notarztwagen zur Notaufnahme und schieben Angie aus den Rettungswagen.

„Und ab mit ihr". Die Rettungssanitäter und sie rennen schnell in die Notaufnahme mit der Patientin, während Cornelia weinend aus den Rettungswagen steigt. Holger begleitet sie zur Notaufnahme. Die Rettungssanitäter schieben die Trage mit Angie in den Schockraum. Dort werden sie schon von Dr. Neubarth und einen Kollegen erwartet. Schnell heben sie Angie auf die Liege und schließen sie an das Beatmungsgerät an. Sonja schildert kurz den Einsatz, während Schwester Melanie die Infusion am Ständer hängt.

„Sie sehen ganz schön fertig aus Kollegin".

„Das bin ich auch. Habe seit gestern Morgen Dienst" erzählt Sonja den freundlichen Arzt.

„Das kann ich mir vorstellen. Wir hatten heute Mittag eine Verrückte hier. Die wollte unbedingt ins Krankenhaus, obwohl es keine ernsten Symptome gab" schildert Dr. Neubarth Sonja.

„Jetzt sage mir nicht dass die Verrückte Frau Klein heißt?" fragt Sonja den Arzt.

„Ja genau die" antwortet der Arzt.

„Kennst du die etwa Norbert?" fragt Sonja skeptisch.

„Ja. Frau Klein ist eine altbekannte Patientin, die jeden dritten Tag hier auftaucht. Sie hat immer neue Beschwerden" erzählt Dr. Neubarth ihr.

„Glaube ich dir. Zu Frau Klein mussten Holger und ich heute Morgen hin. War unser erster Einsatz am Morgen. Sie hat gesagt dass sie einen Kreislaufzusammenbruch hatte, aber ihr Blutdruck und ihr Puls waren normal. Außerdem hat sie über starke Kopfschmerzen geklagt. Ich habe ihr eine Kopfschmerztablette in Wasser aufgelöst. Gott sei Dank haben wir dann einen neuen Einsatz bekommen, sonst wüste ich nicht mehr was ich noch tun sollte. Sie wollte unbedingt ins Krankenhaus. Mit welchen Beschwerden ist sie hier her gekommen?"

„Ich glaube mit den gleichen Beschwerden wie du sie heute Morgen aufgefunden hast Sonja. Bauchschmerzen hatte sie noch dazu bekommen" antwortet Dr. Neubarth lächelnd.

„Was habt ihr mit Frau Klein gemacht?" fragt Sonja den netten Arzt und zieht ihre Notarztjacke aus.

„Erstmal haben wir sie zur Beobachtung hier gelassen. Du solltest jetzt mal Feierabend machen. Wie geht es meinen kleinen Freund Max?" fragt Dr. Neubarth ihr.

„Nicht so gut. Max leidet in Moment unter heftigen Kopfschmerzen. Ich werde Morgen mit ihn zum Kinderarzt gehen".

„Das ist nicht gut. Dann alles Gute Kollegin und schönen Feierabend. Grüße mir meinen kleinen Freund".

„Ja ich werde Max von dir grüßen. Ich wünsche dir auch einen schönen Abend".

„Grüße mir aber auch meine kleine Prinzessin".

„Klar Norbert. Tschüss bis zum nächsten Mal" verabschiedet sich Sonja. Sie zieht die Gummihandschuhe aus und verlässt den Schockraum. Vor dem Schockraum wartet Cornelia auf Sonja.

„Frau Doktor wie geht es meiner Freundin Angie?" fragt Cornelia ihr weinend, während Sonja die Gummihandschuhe in den Mülleimer schmeißt.

„Sie wird noch untersucht".

„Wird sie durchkommen?"

„Ja ich denke schon. Am besten fragen sie meinen Kollegen".

„War sie wieder bei Bewusstsein?" fragt Cornelia besorgt.

„Nein eben noch nicht, aber es wird bald bestimmt sein. Alles Gute" wünscht Sonja, holt aus ihrer Jackentasche ein Tempotaschentuch und gibt es Cornelia.

„Danke".

Sonja geht zum Notarztwagen zurück und öffnet die Beifahrertür. „Na Holger alles klar? Wir haben endlich Feierabend. Weiß du was mir eben Dr. Neubarth erzählt hat! Heute Mittag kam Frau Klein in die Notaufnahme. Bei ihr hatten wir heute den ersten Einsatz. Erinnerst du dich?" fragt sie Holger, während sie in den Notarztwagen steigt.

„Ja du meinst die verrückte Alte".

„Ja genau die. Die hat ihren Wunsch bekommen. Liegt jetzt doch im Krankenhaus" erzählt Sonja, während sie die Beifahrertür schließt und sich anschnallt.

„Warum das denn?"

„Sie hat meinen Kollegen Bauchschmerzen vorgejammert. Und da muss man ja vorsichtig sein. Sie muss jetzt die ganzen Untersuchungen von vorne über sich ergehen lassen. Kein Wunder wenn man mehr Krankenkassenbeiträge bezahlen muss wegen solchen Patientin. Was ist los mit dir?"

„Mit mir ist alles in Ordnung, aber unser Notarztwagen macht immer mehr Schwierigkeiten. Der Motor geht dauernd aus. Jetzt ist der Motor auch schon wieder aus, habe ihn gerade erst angestellt" erzählt Holger ärgerlich und dreht den Zündschlüssel um aber der Motor springt nicht an.

„Hast du nicht vorn im Motor geguckt als ich die letzte Patientin versorgt habe?"

„Ja habe ich, aber ich habe leider keine Ahnung von Autos. Ich bin nur ein einfacher Rettungsassistent. Ich bin froh wenn der Notarztwagen wieder funktioniert" erklärt Holger die Notärztin.

„Das glaube ich dir. Ich fahre mit dem Taxi zur Rettungsstation. Ich will jetzt so schnell wie möglich nach Hause zu meinen Süßen" erzählt Sonja ihn und schnallt sich wieder ab.

„Ich versuche dich hin zu bringen" sagt Holger und versucht den Motor zu starten aber er springt nicht an. „Mist" flucht Holger und haut auf das Lenkrad. Sonja öffnet die Beifahrertür und sieht ein Rettungswagen auf sich zukommen. Er hält hinter den Notarztwagen.

„Da kommen Jim und Dirk. Ich frage sie mal eben ob sie mich zur Rettungsstation fahren können. Mache es gut Holger". Sonja steigt aus dem Notarztwagen. „Ich wünsche dir einen schönen Feierabend Holger und ärger dich nicht über den Wagen".

„Nein tue ich schon nicht. Ich wünsche dir auch einen schönen Feierabend. Grüße deine Familie".

„Ja mache ich". Sonja knallt die Beifahrertür zu und läuft zu Dirk, während Holger versucht den Motor zu starten, aber es gelingt ihn nicht. Sie klopft gegen die Fahrertür und öffnet die Fahrertür vom Rettungswagen. „Hallo Jungs" grüßt Sonja die beiden Rettungssanitäter.

„Hallo Sonja. Können wir was Gutes für dich tun?" fragt Jim.

„Ja könnt ihr mich zur Rettungsstation fahren? Der Notarztwagen ist kaputt" erklärt Sonja den Rettungssanitäter.

„Ja klar steige vorne mit ein" antwortet Jim.

„Danke". Sie geht vorne um den Wagen, öffnet die Beifahrertür und steigt vorne in den Rettungswagen ein. Inzwischen hat Holger es geschafft den Motor zu starten. Nach kurzer Zeit bleibt der Notarztwagen aber ganz stehen. Jim und Dirk fahren Sonja zur Rettungsstation. Als sie bei der Rettungsstation ankommen steigt Sonja aus. „Danke Jungs. Schönen Abend noch" wünscht Sonja sie und knallt die Beifahrertür vom Rettungswagen zu.

Sie geht in die Rettungsstation, um sich umzuziehen und sich abzumelden. „Das war es für heute" sagt sie ihren Vorgesetzten Herr Brunau.

„Wo ist Holger denn?" fragt er.

„Der ist mit den Notarztwagen liegengeblieben. Ich muss jetzt leider los. Bis Freitagabend dann. Ich wünsche ihnen noch einen schönen Abend".

„Danke. Werden sie nicht auch noch krank Frau Doktor. Sie sehen schlecht aus".

„Nein bestimmt nicht. Bin halt nur müde. Tschüß und noch einen schönen Abend Herr Brunau".

„Danke das wünsche ich ihnen auch Frau Dr. Knebel".

Sonja geht zu ihrem Wagen. Sie schließt die Fahrertür auf und steigt in ihrem Wagen.

Sonja steckt den Zündschlüssel ins Lenkradschloss und dreht den Zündschlüssel um. Der Motor zögert erst um anzuspringen aber dann springt er doch noch an. Nachdem sich Sonja angeschnallt hat und die Fahrertür geschlossen hat fährt sie vom Parkplatz. Schnell fährt sie nach Hause.

Als sie zuhause ankommt wird sie schon stürmisch von Max erwartet. „Hallo Mama".

„Hallo mein Schatz. Na wie geht es dir?"

„Mein Kopf tut immer noch ein bisschen weh".

„Wir gehen Morgen zum Kinderarzt mein Schatz" erklärt Sonja ihn und trägt ihn ins Wohnzimmer. Dort spielt Ruth mit Sabine. „Hallo Süße. Jetzt habe ich endlich Feierabend". Sonja setzt sich schachmatt auf das Sofa.

„Hallo Sonja. Na hattest du wieder viele Einsätze gehabt?" fragt Ruth ihre Freundin.

„Kann man wohl sagen und zuletzt streikte der Motor des Notarztwagens".

„Du siehst ziemlich fertig aus Süße".

„Das bin ich auch" gesteht Sonja ihre Freundin, während Max auf den Fußboden mit seinen Autos auf der Spielstraße spielt.

„Mama spielst du mit mir?"

„Nein Max. Ich bin ziemlich müde heute. Beschäftige dich mal alleine bis zum Abendbrot" bittet Sonja und unterhält sich weiter mit ihrer Freundin Ruth. „Wie geht es Bernhard?"

„Bernhards Fieber ist etwas gesunken".

„Gott sei Dank".

„Mama darf Tim zu meinen Geburtstag kommen?" fragt Max seine Mutter.

„Ja mein Schatz. Wir haben doch abgemacht dass du drei kleine Freunde einladen darfst" erklärt Sonja ihren Sohn.

„Oh toll" jubelt der Kleine. „Ich wünsche mir ja so doll die Eisenbahn von Playmobil. Bekomme ich die Mama?"

„Das wird nicht verraten mein Schatz, sonst ist es doch keine Überraschung mehr" antwortet Sonja lächelnd.

„Mama kommt Ruth auch zu meinen Geburtstag?"

„Frage Ruth doch selber. Ich gucke mal eben nach Bernhard" sagt Sonja und geht hoch ins Schlafzimmer.

„Ruth kommst du auch zu meinen Geburtstag?" fragt Max ihr.

„Wenn du mich einlädst komme ich gerne Max. Was wünscht du dir denn?"

„Das Feuerwehrauto mit Kran von Playmobil. Ich hole eben den Katalog. Dann zeige ich dir das tolle Feuerwehrauto". Max rennt hoch in seinen Zimmer. Nach einer Weile ruft Ruth nach Max, aber er antwortet nicht.

„Max wo bist du? Komme mal wieder her" ruft Ruth nach Max, während sich Sonja mit Bernhard unterhält.

„Mir geht es wieder viel besser Liebling. Das Fieber ist weg. Du siehst ziemlich fertig aus Liebling".

„Das bin ich auch. Der Abend wird nicht mehr lang bei mir. Du bleibst mir aber Morgen noch zuhause mein Schatz okay".

„Wenn du meinst" sagt Bernhard enttäuscht.

„Ja das meine ich so. Max freut sich ja so auf seinen Geburtstag. Schlafe noch ein bisschen. Ich komme auch bald". Sonja verlässt das Schlafzimmer. Leise macht sie die Tür zu. Sie geht wieder runter in das Wohnzimmer. „Bernhard geht es wieder besser. Das Fieber ist runtergegangen" erklärt Sonja Ruth und setzt sich auf das Sofa. „Wo ist denn Max?"

„Er ist vor ein paar Minuten in seinen Zimmer gerannt. Er wollte mir sein Feuerwehrauto in Katalog zeigen, aber er kommt nicht zurück" erklärt Ruth ihr besorgt. Sonja springt auf und rennt aus dem Wohnzimmer. Sie läuft hoch in das Kinderzimmer und sieht Max vor seinem Bett teilnahmslos sitzen. Max stützt seinen schmerzenden Kopf in seine Hände. Sonja kniet sich zu Max.

„Was ist los mein Schatz?" fragt Sonja ihren kleinen Sohn und setzt sich zu Max.

„Mein Kopf tut mir wieder so wahnsinnig weh" jammert der Kleine. Sonja hebt Max auf ihren Schoß.

„Wo hast du die Kopfschmerzen denn? Zeige mir mal wo es dir so weh tut". Der Kleine zeigt auf seine Stirn. „Da hast du also die Kopfschmerzen". Max nickt. Sonja nimmt Max in ihre Arme und trägt ihn ins Bett, zieht ihnen einen Schlafanzug an und kuschelt kräftig mit ihnen. „So mein Schatz du versuchst jetzt zu schlafen. Möchtest du eine gute Nacht Geschichte hören?" fragt Sonja ihn und deckt Max zu.

„Nein ich will nur schlafen und die Kopfschmerzen weghaben. Die sind so schrecklich Mama".

„Das glaube ich dir mein Süßer. Ich weiß wie es mir geht wenn ich Kopfschmerzen habe. Will dann keinen sehen" erzählt Sonja ihn.

„Kannst du mir die Kopfschmerzen nicht wegzaubern Mama?" fragt Max traurig.

„Nein das kann ich leider nicht, aber wir gehen Morgen zum Onkel Doktor. Der guckt sich das mal an" erklärt Sonja ihn und gibt ihren Sohn eine halbe Kopfschmerztablette. Als Max die halbe Tablette genommen hat wünscht Sonja ihn eine gute Nacht. „Schlaf gut mein Schatz". Sie küsst Max auf die Stirn. „Ich habe dich ganz doll Lieb mein Schatz".

„Ich dich auch Mama". Sonja macht noch das Rollo runter, dann verlässt sie das Kinderzimmer. Sie geht wieder runter in das Wohnzimmer.

„Tut mir Leid das ich dich so lange warten lasse aber ich musste Max ins Bett legen. Er hat schon wieder derartige Kopfschmerzen, dass er nur schlafen möchte. Mache mir ziemliche Sorgen um Max. Warum hat er bloß solche starken Kopfschmerzen?" Ruth nimmt Sonja in den Arm.

„Das wird schon wieder. Vielleicht bekommt Max eine Grippe oder so. Mache dir doch keine Sorgen, vielleicht hat er auch schon Migräne".

„Was ist wenn er ein Gehirntumor im Kopf hat?" fragt Sonja ängstlich und fängt an zu weinen.

„Das glaube ich nicht. Vielleicht sind es ja Verspannungen im Nacken. Da bekommt man auch tierische Kopfschmerzen".

„Max ist noch nie so früh schlafen gegangen".

„Er wird wohl auch krank. Guck mal Sabine schläft auch schon auf den Fußboden" erzählt Ruth.

„Wie süß meine Kleine ist. Ich bringe sie eben ins Bett. Kannst ja mitkommen". Sie trägt Sabine nach oben ins Kinderzimmer. Ruth kommt Sekunden später nach. Sonja zieht Sabinchen ihren Schlafanzug über und legt sie ins Bett. Sie deckt sie zu, gibt ihr einen Gute Nacht Kuss und verlässt mit Ruth das Kinderzimmer. Sie lassen die Tür etwas auf und gehen zurück ins Wohnzimmer. Die beiden Freundinnen setzten sich auf das Sofa. Ruth nimmt Sonja in den Arm. „Mal gucken was Morgen der Kinderarzt über Max starke Kopfschmerzen sagt".

„Da bin ich auch mal gespannt. Max muss schnell wieder gesund werden. Er hat ja Donnerstag Geburtstag. Ich will ihn das große

Feuerwehrauto von Playmobil, was er doch so gerne haben möchte schenken" erzählt Ruth ihre Freundin.

„Da wird Max sich aber freuen. Willst du noch ein Glas Wein Süße?"

„Nein ich wollte jetzt nach Hause fahren. Du brauchst ja auch mal Ruhe" erklärt Ruth und geht zur Garderobe. Sonja begleitet sie auf den Flur.

„Ich habe schreckliche Angst was bei Max Kopfschmerzen rauskommt und ob der Kinderarzt irgendetwas Schlimmes findet" erklärt Sonja ihre Freundin, während Ruth ihre Wolfskinjacke überzieht.

„Das wird schon wieder. Gehe du auch gleich mal schlafen Süße. Siehst schlecht aus".

„Ja mache ich auch gleich. Ich weiß nicht wie mir der Kopf steht. Komme gut nach Hause Süße. Wie spät ist es?" fragt Sonja. Ruth guckt auf ihre Armbanduhr.

„Gleich halb acht Süße". Sie umarmen sich und geben sich ein Küsschen auf die Wangen. Dann geht Ruth. Sonja geht kurz noch in die Küche, um sich eine Scheibe Brot zu machen. Als sie die Scheibe Brot mit Salami gegessen hat guckt sie noch kurz nach ihren Kindern und geht anschließend auch ins Bett. Unterhält sich noch kurz mit ihren Mann dann schläft auch sie ein.

Montag, 13. Mai 2013

Am nächsten Morgen schlafen Sonja und Bernhard ziemlich lange bis Max an das Bett seiner Eltern kommt. „Mama mir tut mein Kopf so weh" jammert Max und rüttelt Sonja wach. Nach paar Sekunden wacht Sonja auf.

„Max mein Schatz was ist los?" fragt Sonja verschlafen.

„Mama mein Kopf tut so weh". Sonja richtet sich auf.

„Soll ich dir eine halbe Schmerztablette geben mein Schatz?" fragt Sonja und guckt auf den Radiowecker. „Was gleich schon halb elf". Sonja steht vom Bett auf. In den Moment wacht Bernhard auf.

„Guten Morgen ihr Süßen" sagt Bernhard fröhlich, während Sonja sich ihren Morgenmantel überzieht.

„Morgen mein Schatz. Wie geht es dir? Ich glaube bei mir fängt auch eine Erkältung an. Habe leichtes Halskratzen".

„Das ist nicht so schön Liebling. Mir geht es wieder ganz gut. Habe kein Fieber mehr".

„Das ist gut das du wieder gesund bist Schatz. Max hat wieder dolle Kopfschmerzen. Ich rufe gleich beim Kinderarzt an, wenn ich Max versorgt habe". Sonja geht ins Kinderzimmer zu Max. „Na mein Schatz. Ich gebe dir jetzt eine halbe Schmerztablette und du legst dich noch etwas ins Bett". Sie gibt Max die halbe Schmerztablette. Anschließend legt Sonja Max ins Bett und legt ihn ein kalter Waschlappen auf die Stirn. „Es wird gleich bestimmt besser mit den Kopfschmerzen. Schlafe ein bisschen mein Schatz". Sie geht runter zum Telefon und nimmt das Telefon. Sonja geht ins Wohnzimmer und setzt sich auf den Sessel. Sie wählt die Nummer von ihren Kinderarzt. Nach wenigen Minuten hört sie ein Band. „Guten Tag hier ist die Kinderarztpraxis Dr. Stein. Wir sind leider in Moment nicht erreichbar, weil wir in Urlaub sind. Wir sind erst wieder am 20. Mai erreichbar. Bei dringenden Fällen melden sie sich bei meiner Vertretung Frau Dr. Tjarks Tel: 44 21 39. Wir danken für ihr Verständnis". Sonja drückt die Auflegetaste. „So ein Mist. Solange können wir nicht warten".

„Was ist los Liebling?" fragt Bernhard, der gerade frisch geduscht ins Wohnzimmer kommt.

„Max und Sabines Kinderarzt ist in Urlaub. Was machen wir jetzt?" fragt Sonja ihren Mann.

„Das weiß ich auch nicht Schatz" antwortet Bernhard und verlässt das Wohnzimmer. Als Sonja das Frühstück in der Küche vorbereitet klingelt das Telefon. Sie rennt zum Telefon und geht ran. „Sonja Knebel".

„Hey Süße. Ich bin es Ruth".

„Hallo Ruth" grüßt Sonja heiser.

„Süße du hörst dich heiser an".

„Ja ich habe mich wohl angesteckt. Habe leichtes Halskratzen".

„Das ist nicht so schön. Ich wollte mich nach Max erkundigen. Was sagt der Kinderarzt zu Max Kopfweh?"

„Gar nichts, denn er ist zur Zeit im Urlaub. Kommt erst nächste Woche wieder und die Vertretung ist nicht so nett zu den Kindern. Max liegt schon wieder mit starken Kopfschmerzen im Bett. Bin total verzweifelt und ratlos".

„Lass den Kopf nicht hängen Süße. Ich kann dir die Nummer von meinem Hausarzt Dr. Norden geben. Der ist sehr kinderlieb. Er hat selber fünf Kinder".

„Ja gebe mir mal die Nummer Süße. Am liebsten würde ich noch heute mit Max zum Arzt fahren". Sonja blättert ein leeres Blatt im Block um und hat einen Kugelschreiber in der Hand.

„Das wird bestimmt gehen Sonja. Dr. Norden macht alles möglich. Bei uns war er auch schon paar Mal zuhause, wo Tom hohes Fieber hatte. Was macht Max gerade?" Sonja geht mit dem schnurlosen Telefon hoch ins Kinderzimmer und guckt nach Max.

„Der schläft. Schlafen ist das Beste wenn man Kopfschmerzen hat" antwortet Sonja und geht wieder aus dem Kinderzimmer. Sie geht runter in die Küche.

„Berichte Dr. Norden das es Max sehr schlecht geht. Ich gebe dir jetzt seine Adresse und Telefonnummer". Sonja blättert ein freies Blatt auf. „Dann sage mir mal die Adresse und Telefonnummer Süße" bittet Sonja ihre Freundin.

„Das ist die Strassburgerstraße 8. Die Telefonnummer ist 0421 22 55 32. Lass dich gleich mit Dr. Norden verbinden" erklärt Ruth ihr, während Sonja die Daten aufschreibt. Sie hat sich die Adresse und die Telefonnummer notiert.

„Vielen Dank Süße. Du bist die Beste. Ich rufe Dr. Norden sofort an".

„Du solltest deine Stimme schonen. Du bist ziemlich heiser Süße. Meldest du dich wenn du bei Dr. Norden warst?"

„Ja klar sage ich dir Bescheid. Bis dann Süße Tschüß" verabschiedet sich Sonja und legt auf. Bernhard kommt in die Küche.

„Na was ist jetzt mein Schatz?"

„Ich habe eben von Ruth die Nummer von ihrem Hausarzt Dr. Norden bekommen. Da rufe ich jetzt an".

„Ja mache das. Du bist ja ganz heiser Schatz".

„Habe mich wohl bei dir angesteckt" erklärt Sonja und verlässt die Küche. Sie geht wieder in das Wohnzimmer und wählt die Nummer von Dr. Norden. Bernhard kommt hinter Sonja ins Wohnzimmer.

„Max hat ja Donnerstag Geburtstag". Sie nickt, während sie die Nummer von Dr. Norden im Telefon eintippt. Nach wenigen Sekunden meldet sich die Sprechstundenhilfe.

„Praxis Dr. Norden. Mein Name ist Dorthe Harling. Was kann ich für sie tun?"

„Guten Morgen. Ich bin Frau. Dr. Sonja Knebel. Ich möchte gerne mit Dr. Norden sprechen".

„Um was geht es denn?"

„Um meinen kleinen Sohn. Der hat schon seit Tagen unerklärliche starke Kopfschmerzen".

„Kleinen Moment bitte Frau Dr. Knebel. Ich verbinde sie jetzt zum Doktor".

„Vielen Dank". Nach kurzem Moment meldet sich Dr. Norden.

„Dr. Norden am Apparat".

„Guten Tag. Ich bin Frau Dr. Sonja Knebel".

„Hallo Kollegin. Was haben sie auf den Herzen?"

„Es geht um meinen kleinen Sohn Max. Er leidet seit gestern immer wieder unter sehr starken Kopfschmerzen".

„Das ist nicht gut. Wie geht es in Moment den Kleinen?"

„Nicht gut. Er liegt mit starken Kopfschmerzen im Bett. Ich wollte heute zu unserem Kinderarzt mit Max, aber er ist noch bis nächste Woche in Urlaub. Und so lange kann ich nicht mehr warten. Meine Freundin Ruth hat sie mir empfohlen".

„Das ist ja schön. Da haben sie Recht da sollten wir nicht lange warten um Max zu untersuchen. Können sie gleich schon kommen? So um halb zwölf?" fragt Dr. Norden sie.

„Das wäre gut"

„Dann sehen wir uns gleich".

„Ich danke ihnen"

„Na was sagt der Arzt?" fragt ihr Mann Bernhard.

„Ich soll sofort mit Max zu ihnen kommen" antwortet Sonja und legt das Telefon auf dem Tisch. Bernhard zeigt Sonja den Spielzeugprospekt, wo eine Eisenbahn von Playmobil abgebildet ist.

„Das ist gut, dass du gleich mit Max zum Arzt kannst, aber mal eben was anderes. Wie wäre diese Eisenbahn für unseren Kleinen?" fragt Bernhard sie und zeigt auf die Eisenbahn von Playmobil.

„Genau die Eisenbahn wünscht sich doch Max. Von der Eisenbahn redet er schon die ganzen Tage".

„Ja man kann sie immer weiter ausbauen und hat viele Funktionen" erklärt Bernhard seine Frau.

„Dann kaufen wir Max seine gewünschte Eisenbahn von Playmobil Schatz. Ich muss jetzt mit Max zum Arzt".

„Ich besorge die Eisenbahn gleich" erklärt Bernhard.

„Du bist doch noch angeschlagen Liebling". Bernhard kommt hinter ihr her.

„Mir geht es aber schon viel besser".

„Dann pass aber auf dich auf Schatz" sagt Sonja und geht hoch in das Kinderzimmer. Sie geht an Max Bett und weckt ihn. „Maxchen aufwachen mein Schatz" bittet Sonja ihn und zieht das Rollo hoch. Max schlägt die Augen auf und reibt sie sich. Sie beugt sich zu Max. „Na mein Schatz. Geht es deinem Kopf etwas besser?"

„Nein mein Kopf tut wahnsinnig weh Mama. Schlecht ist mir auch noch".

„Ach mein armer Schatz. Ich ziehe dich jetzt an und dann fahren wir zu Onkel Doktor". Sonja hebt ihn aus dem Bett.

„Mami Mami" ruft Sabinchen aus ihrem Gitterbett. Sonja geht zu Sabinchen, die im Gitterbett sitzt.

„Guten Morgen meine kleine Maus. Ich komme gleich mein Schatz. Ich muss mal eben dein Brüderchen anziehen. Dem geht es nämlich nicht so gut. Gebe mir mal einen Kuss meine Süße". Sonja beugt sich zu Sabinchen runter und gibt Sonja einen Kuss auf die Stirn. Anschließend geht sie wieder zu Max, der auf seinem Bett sitzt. Sie zieht Max einen blauen Pullover an und eine Jogginghose über, als Bernhard ins Kinderzimmer kommt.

„Guten Morgen meine Schätzchen" wünscht er seine beiden Kindern. Bernhard beugt sich zu Max und Sonja. „Na Max alles klar?"

Max schüttelt den Kopf. „Nein Papa".

„Schatz kannst du dich um unsere Maus kümmern?" fragt Sonja ihren Mann.

„Ja mein Liebling" antwortet Bernhard und geht zu Sabine. „Da ist ja meine kleine Maus. Na hast du gut geschlafen meine Süße?" Er hebt seine Prinzessin aus dem Bett und spielt mit ihr Bauklötze, während sich Sonja fertigmacht.

„Mama mir ist nicht gut" jammert Max und erbricht sich auf den Fußboden. Bernhard geht zu Max.

„Schatz das ist nicht schlimm". Sonja kommt angerannt.

„Ach du Schande. Max lege dich wieder ins Bett" bittet Sonja ihn und setzt sich zu Max auf das Bett, während Bernhard den Fußboden saubermacht. Sie legt Max erneut einen kalten Waschlappen auf die Stirn. „Mein armer Schatz". Bernhard läuft mit Sabinchen durch die Wohnung.

„Was machen wir jetzt mit Max?" fragt Bernhard seine Frau.

„Ich schaue gleich noch mal nach Max wenn ich meinen Tee getrunken habe. Habe ziemliche Halsschmerzen". Sie geht runter in die Küche und gießt sich Tee in ihren Becher. Sonja setzt sich an den Küchentisch. Bernhard kommt in die Küche. „Schatz ich mache mir große Sorgen um Max" erzählt Sonja ziemlich heiser ihrem Mann.

„Das tue ich auch Liebling. Du hörst dich ziemlich heiser an". Bernhard gießt sich Kaffee in seinen Becher. „Sonst frage doch Dr. Norden ob er zu uns nach Hause kommt?"

„Nein ich fahre gleich mit Max zum Arzt. Schatz haben wir noch Halsschmerztabletten im Schrank?" fragt Sonja ihren Mann verschnupft.

„Ja es sind noch welche im Medizinschrank Liebling". Sonja steht auf und verlässt die Küche. Sie geht an dem Medizinschrank auf den Flur und holt Halsschmerztabletten raus und schließt die Tür vom Medizinschrank wieder.

„Das fehlt mir jetzt auch noch das ich krank werde". Sie nimmt die Packung mit Halsschmerztabletten. Nachdem sie eine Halsschmerztablette geschluckt hat geht sie nach oben ins Kinderzimmer. Sie sieht Max schlafen. „Max aufwachen mein Schatz". Sonja setzt sich zu Max auf seinem Bett.

„Mami mein Kopf tut so verdammt weh. Ich halte es kaum noch aus und schlecht ist mir auch".

„Wir fahren jetzt zu Onkel Doktor. Ich trage dich ins Auto". Sie hebt Max auf dem Arm und trägt ihn nach unten in die Küche. „Ich fahre jetzt mit Max zum Arzt Schatz".

„Geht es Max wieder besser?"

„Nein leider nicht. Bis später meine beiden Schätze" verabschiedet sich Sonja. Bernhard und Sonja küssen sich kurz dann trägt Sonja Max aus dem Haus. „So mein Schatz. Jetzt fahren wir zu Onkel Doktor". Sie schließt die Haustür von außen und geht zu ihrem Auto.

Sonja schließt das Auto auf, setzt Max hinten rein und schnallt ihn an. „Schatz hier ist noch eine Nierenschale, falls du dich wieder übergeben musst". Sie gibt Max die Schale und schließt die Autotür. Dann steigt Sonja ins Auto.

Sie steckt den Zündschlüssel ins Lenkschloss und dreht den Zündschlüssel um. Der Motor beginnt zu stottern und geht aus. Sonja versucht es noch mal. Diesmal springt der Motor an. Sie fährt rückwärts aus der Hauseinfahrt auf die Straße im Holze. Als sie an der Ampel bei der Apfelallee steht sieht sie auf der Tankanzeige, die rot blinkt. „Nicht das auch noch. Jetzt muss ich auch noch tanken, sonst bleiben wir gleich stehen. Zum Kotzen alles" flucht Sonja sauer und guckt nach hinten zu Max. „Na alles in Ordnung Schatz?" Max hat die Augen halb zu. Die Ampel ist grün geworden und Sonja fährt los während sie auf ihre Armbanduhr guckt. „Gleich halb zwölf". Sie nimmt ihr Smartphone und ruft bei Dr. Norden an. „Hallo Frau Dr. Knebel hier. Wir verspäten uns etwas, sind aber schon auf dem Weg".

„Das ist kein Problem Frau Dr. Knebel. Fahren sie vorsichtig".

„Danke bis gleich" sagt Sonja und legt das Smartphone auf das Armaturenbrett. Sie fährt auf die Total Tankstelle rauf. „Man ist die Tankstelle voll". Sonja hält an der letzten freien Zapfsäule, stellt den Motor ab, öffnet die Fahrertür und sieht nach Max. „Bin gleich wieder da mein Schatz". Sie steigt aus, knallt die Fahrertür zu und geht nach hinten.

Sonja öffnet den Tankdeckel. Anschließend nimmt sie die Tankpistole vom Halter, steckt sie in den Tank und stellt sie fest. Dann geht sie nach vorne klappt die Scheibenwischer nach hinten und holt den Wischer mit den Eimer. Sie macht die Windschutzscheibe mit dem Wischer nass und zieht die Flüssigkeit mit dem Gummiabzieher ab. Als sie mit der Windschutzscheibe reinigen fertig ist klappt sie die Scheibenwischer an die Scheibe zurück, bringt den Eimer mit dem Wischer zurück und holt die Tankpistole aus dem Tank. Sonja hängt die Tankpistole an die Zapfsäule. „Eigentlich könnte ich schnell noch mal den Ölstand und Wasserstand checken". Sonja geht auf die Beifahrerseite und öffnet die Beifahrertür. Sie holt aus ihrer Tasche das Portmonee und schließt die Tür wieder. Sonja geht in die Tankstation, um zu bezahlen.

„Zapfsäule 3 bitte".

„Das macht 59,95 €". Sonja steckt ihre EC-Karte in den Kartenschlitz. „Geben sie bitte ihren Pin ein". Sie gibt ihren Pin in das Gerät ein, dann zieht sie ihre Karte aus dem Gerät und steckt sie ein. „Ich wünsche ihnen noch einen schönen Tag".

„Danke das wünsche ich ihnen auch" erwidert Sonja und geht aus dem Tankshop. Sonja geht wieder zum Auto, öffnet die Fahrertür, legt das Portmonee auf den Beifahrersitz und drückt den Hebel für die Motorhaube. Die Haube springt auf. Sonja will gerade wieder aussteigen als Max jammert.

„Mir ist so schlecht und mir tut mein Kopf so weh".

„Ach mein armer Schatz".

„Wann sind wir da?" fragt Max jammernd.

„Schatz ich komme gleich". Sie steigt aus, drückt die Fahrertür zu und geht nach vorne Sonja öffnet die Motorhaube und stellt sie fest. Sonja holt Papiertücher und geht wieder unter der Motorhaube. Sie checkt den Öl und Wasserstand. „Alles in Ordnung". Sonja löst die Motorhaube und haut sie zu. Zum Schluss wischt sie sich die Hände mit dem Papiertuch ab und schmeißt es in den Mülleimer. Dann öffnet Sonja die Fahrertür und steigt in das Auto.

Sie schließt die Fahrertür und steckt den Zündschlüssel ins Schloss. „So mein Schatz. Jetzt können wir los" Sonja schnallt sich an und dreht den Zündschlüssel um. Der Motor stottert und geht wieder aus. Sie versucht es noch mal, aber der Motor springt immer noch nicht an. „Komm schon". Sonja versucht es noch mal. Diesmal springt der Motor schwer aber an. „Endlich" atmet Sonja auf und fährt von der Total Tankstelle runter. Nach zwanzig Minuten halten sie vor Dr. Nordens Praxis. Sonja stellt den Motor aus, öffnet die Fahrertür, nimmt die Tasche und das Portmonee, steigt aus und knallt die Fahrertür zu.

Sonja geht nach hinten zu Max, öffnet die Tür, schnallt Max ab und hebt ihn aus dem Kindersitz. „Komm her mein Schatz". Sie trägt ihn aus dem Auto, knallt die Tür zu und schließt das Auto per Fernbedienung zu.

Sie trägt Max in die Praxis. „Hallo ich bin Frau Dr. Knebel. Ich habe vorn angerufen. Mein Sohn ist krank". Ihr läuft die Nase.

„Hallo Frau Dr. Knebel. Herzlich Willkommen. Haben sie Max Versichertenkarte dabei?" fragt Frau Harling Sonja.

„Ja". Sonja setzt Max auf dem Stuhl, holt die Versichertenkarte von Max aus ihrem Portmonee und gibt sie Frau Harling.

„Danke. Setzen sie sich ins Wartezimmer. Max wir haben Legosteine zum spielen". Max schüttelt den schmerzenden Kopf.

„Max geht es nicht gut" erzählt Sonja traurig und trägt Max ins Wartezimmer, wo noch drei Patienten sitzen. „Guten Tag" grüßt Sonja die anderen Patienten im Wartezimmer. Die anderen Patienten grüßen zurück. Sie nimmt Max auf den Schoß und kuschelt mit ihnen.

„Ist der süß ihr kleiner Sohn. Wie alt ist er?" fragt eine ältere Frau Sonja.

„Fast vier Jahre alt" antwortet Sonja und putzt sich die Nase.

„Ist er schon in Kindergarten?" fragt sie neugierig. Sonja nickt und putzt ihre Nase. „Kann er noch nicht sprechen?" fragt die ältere Frau.

„Doch ihn geht es aber nicht gut" antwortet Sonja genervt und wendet sich an ihren kleinen Sohn. „Soll ich dir was vorlesen mein lieber Schatz?" Max nickt.

„Mama mein Kopf tut so schrecklich weh". Sie küsst ihren Sohn auf die Stirn.

„Du kommst bestimmt bald dran mein Schatz". Sonja und putzt sich die Nase. Dr. Norden kommt aus seinem Sprechzimmer.

„Ich wünsche ihnen gute Besserung Frau Schneider".

„Danke Herr Doktor". Dr. Norden ruft den nächsten Patienten auf.

„Frau Meyer bitte" .Der junge Arzt sieht Max, der blass auf Sonjas Schoss sitzt. Er kommt auf sie zu. „Ist den Kleinen nicht gut?"

„Er hat tierische Kopfschmerzen und ihn ist schlecht" antwortet Sonja verzweifelt. Dr. Norden beugt sich zu Max.

„Ich versuche dich gleich von deinen schrecklichen Kopfschmerzen zu befreien mein Kleiner. Möchtest du einen Lolli haben?" fragt Dr. Norden Max und steht auf.

„Ja" antwortet Max leise.

„Welche Farbe möchtest du haben?"

"Rot". Sonja putzt sich erneut die Nase.

"Sind sie erkältet Kollegin?"

"Ich hoffe nicht". Dr. Norden holt Max einen roten Lolli, packt ihn aus und gibt ihn Max in die Hand. "Na was sagt man Max?" fragt Sonja ihren Sohn.

"Danke".

"Sie kommen gleich dran. Einen kleinen Moment noch". Dr. Norden geht ins Sprechzimmer und schließt die Tür.

"Mama der ist nett der Doktor" sagt Max und lutscht an seinen Lolli.

"Das finde ich auch mein Schatz Soll das euer neuer Kinderarzt werden?" fragt Sonja ihren Sohn verschnupft. Max nickt. Nach zehn Minuten kommt Dr. Norden mit seinem Patienten aus seinem Sprechzimmer wieder.

"Ich wünsche ihnen alles Gute Frau Meyer".

"Danke ich ihnen auch".

"So Max Knebel bitte". Sonja hebt Max auf ihren Arm und trägt ihn ins Sprechzimmer. Sie setzt ihn auf die Liege und setzt sich daneben. Dr. Norden setzt sich zu Sonja und Max. "Du bist also der kleine Max".

"Ja" antwortet Max, während Sonja sich die Nase putzt.

"Sie haben sich wohl doch erkältet Kollegin".

"Das kann sein". Dr. Norden wendet sich an Max. "Wie geht es dir in Moment Max?"

"Nicht so toll. Mein Kopf tut mir so weh".

"Wo tut dir den der Kopf weh? Zeige mir es mal Max". Der kleine Junge fest auf seine Stirn.

"Ah da hast du also die Kopfschmerzen". Dr. Norden tastet Max Stirn ab.

"Er musste sich heute Morgen übergeben" erklärt Sonja den jungen Arzt.

„Das ist gar nicht gut. Max lege dich mal auf die Liege". Dr. Norden steht auf, während sich Max auf die Liege legt. „Ist dir noch schlecht Max?" Der junge Arzt tastet Max Nasennebenhöhlen ab. Max nickt. „Ich messe jetzt mal deinen Blutdruck und Puls. War Max in letzter Zeit erkältet?" fragt Dr. Norden ihr, während er Max die Blutdruckmanschette um den Arm bindet.

„Ja er war vor zwei Wochen ziemlich erkältet". Dr. Norden misst Max Blutdruck.

„Sehr niedrig dein Blutdruck Max. Hast du noch andere Beschwerden?" Max schüttelt den Kopf. Dr. Norden fühlt Max Stirn. „Ist ein bisschen warm. Wir messen vorsichtshalber Mal Temperatur bei dir". Er steckt das Thermometer in Max Ohr. Als das Thermometer piept holt Dr. Norden es raus und liest es ab. „37,2 Grad. Ist leicht erhöht. Jetzt gucke ich in deinen Hals und horche dich ab Max". Sonja zieht Max den Pullover aus. Als Dr. Norden einen Spatel geholt hat setzt er sich zu Max. „Jetzt mache mal ganz weit deinen Mund auf und sage A". Er guckt Max in den Hals. Als Dr. Norden mit der Untersuchung fertig ist sagt er. „Im Hals ist nichts auffälliges zu sehen". Anschließend horcht er Max Herz, Bronchien und Lunge ab. „Du kannst dich anziehen Max". Dr. Norden setzt sich hinter seinen Schreibtisch, während Sonja Max beim Anziehen hilft. Anschließend setzt sich Sonja mit Max auf den Stuhl vor den Schreibtisch. „Seit wann hat Max die Kopfschmerzen?" fragt Dr. Norden sie.

„Es ist gestern angefangen" antwortet Sonja und putzt sich die Nase. „Was hat Max?" fragt Sonja verzweifelt den Arzt.

„Das weiß ich in Moment auch noch nicht. Wir müssen noch weitere Untersuchungen machen. Ich schreibe ihnen was gegen Max Kopfschmerzen auf".

„Kann er schon Migräne wie ich haben?"

„Das ist zwar ein bisschen früh, aber ich nehme es auch an. Kopfschmerzen haben viele Gründe. Wie viel trinkt Max am Tag?"

„Vier fünf Gläser vielleicht".

„Ist ein bisschen wenig. Hast du heute schon was gegessen Max?" fragt Dr. Norden ihn.

„Nein ich habe keinen Hunger".

„Ich schreibe Max Ben-u-ron-Saft auf. Da soll er 1 – 1,5 Messbecher nehmen, wenn er Kopfschmerzen hat okay".

„Doktor ich habe Donnerstag Geburtstag" erzählt Max glücklich.

„Das ist ja toll Max. Wie alt wirst du denn?"

„Vier Jahre alt. Meine Schwester ist erst anderthalb. Drei Freunde aus meinen Kindergarten kommen".

„Das ist ja schön und da kann man natürlich keine Kopfschmerzen gebrauchen da gebe ich dir Recht Max". Dr. Norden holt aus dem Schrank ein Schälchen mit Spielzeug. „Hier Max suche dir was aus". Der Kleine ist gleich hocherfreut und holt zwei Spielzeuge raus.

„Max nur ein Spielzeug nehmen".

„Lassen sie ihn doch. Schließlich hat er Donnerstag Geburtstag gell Max!". Er nickt.

„Dann bedanke dich beim Doktor".

„Danke Doktor".

„Habe ich doch gerne gemacht Max". Dr. Norden stellt das Schälchen mit dem Spielzeug wieder in den Schrank.

„Dann wollen wir mal mein Schatz" erklärt Sonja ihren Sohn.

„Wenn Max Kopfschmerzen in den nächsten Tagen nicht besser werden kommen sie bitte mit Max wieder und achten sie darauf das Max viel trinkt 1 bis 2 Liter täglich" erklärt Dr. Norden ihr, während Sonja Max auf den Arm nimmt.

„Können Max Kopfschmerzen einen Gehirntumor bedeuten?"

„Nein das glaube ich nicht, dafür ist Max zu fit, aber wir werden das noch herausfinden woher Max Kopfschmerzen kommen" beruhigt Dr. Norden sie und wendet sich an den kleinen Jungen. „Dir Max wünsche ich einen tollen Geburtstag und viele Geschenke". Dr. Norden begleitet die beiden zur Tür.

„Danke".

„Hier ist meine Visitenkarte und das Rezept. Wenn was ist egal wann rufen sie mich an".

„Danke, dass wir so schnell kommen konnten". Sonja verabschiedet sich von Dr. Norden.

„Dafür bin ich doch Arzt geworden" sagt Dr. Norden lächelnd zu Sonja. Nachdem sich Sonja von der Arzthelferin verabschiedet hat geht sie mit Max auf den Arm zum Auto. Sie öffnet das Auto per Fernbedienung, öffnet die Hintertür, setzt Max in seinen Kindersitz und schnallt ihren kleinen Sohn an.

„Na Schatz schlafe ein bisschen. Zuhause bekommst du den Schmerzsaft". Sonja haut die Autotür zu. Sie geht um den Wagen herum, um zur Fahrertür zu kommen und öffnet die Fahrertür. Sie steigt in ihrem heißgeliebten Auto.

Sonja steckt den Zündschlüssel ins Lenkschloss, schließt die Fahrertür und schnallt sich an Sie sieht nach ihrem kranken Sohn, der mit seinen Autos spielt. „So wir fahren jetzt nach Hause Liebling". Sonja dreht den Zündschlüssel um. Der Motor stottert und geht aus. „Was ist das für ein scheiß Tag" flucht sie sauer, putzt sich die Nase und dreht noch mal den Zündschlüssel um, aber der Motor springt nicht an. Sonja haut auf das Lenkrad.

„Mama was ist los?" fragt Max seine Mutter müde.

„Ist alles in Ordnung mein Schatz". Sonja dreht den Zündschlüssel um. Der Motor stottert erst paar Minuten dann springt er aber an. Sie atmet auf und fährt auf die Hauptstraße. An der Ampel holt sie Taschentücher aus der Tasche und putzt sich die Nase. Dann lutscht Sonja noch eine Halsschmerztablette. Max ist inzwischen eingeschlafen. Kurz bevor sie ihr Haus erreichen hält Sonja an der Apotheke an der Apfelallee. Sie lässt den Motor laufen, schnallt sich ab und öffnet die Fahrertür. Sie nimmt ihr Portmonee und steigt aus dem Wagen. „Schatz ich komme gleich wieder". Sonja knallt die Fahrertür zu.

Sie geht in die Apotheke rein und geht an den Tresen. „Guten Tag" grüßt die Apothekerin sie und lächelt.

„Hallo ich möchte gerne das Rezept einlösen". Sonja gibt der Apothekerin das Rezept. „Ich brauche außerdem noch Grippostad C, Meditonsil und Aspirin normal" bittet Sonja die Apothekerin.

„Welche Größe von den Aspirin 12, 24 oder 50 Tabletten?" fragt die Apothekerin Sonja freundlich.

„24 Tabletten reichen". Die Apothekerin holt aus dem Regal das Grippostad C, das Meditonsil und die Aspirinpackung. „Kleinen Moment" bittet sie Sonja und geht nach hinten. Nach wenigen Minuten kommt sie mit Max Schmerzsaft zurück. „So ist das alles?" Sonja nickt. Die Apothekerin packt die Medikamente in eine kleine Tüte und gibt sie Sonja. „Das macht 27,98 €" bittet sie Sonja. Sie bezahlt die Medikamente. „Ich wünsche ihn noch einen schönen Tag" wünscht die Apothekerin.

„Das wünsche ich ihnen auch" sagt Sonja, nimmt die Tüte mit den Medikamenten und verlässt die Apotheke. Sonja geht wieder zum Auto zurück. Sie öffnet die Fahrertür und steigt ins Auto.

„Mama wo warst du?" Sie schließt die Fahrertür und schnallt sich an.

„Ich habe dir deinen Schmerzsaft geholt mein Schatz".

„Mama mein Kopf tut immer noch so weh" jammert Max.

„Wenn wir gleich zuhause sind bekommst du den Schmerzsaft, den dir der Doktor eben aufgeschrieben hat. Dann wird es dir gleich bestimmt besser gehen Liebling. Jetzt fahren wir schnell nach Hause". Sonja, löst die Handbremse und fährt rückwärts vom Parkplatz. Sie fahren nach Hause.

„Mama fahren wir zu Mc Donalds?" fragt Max seine Mutter.

„Nein Schatz. Wir fahren jetzt nach Hause. Wir können gerne in den nächsten Tagen zu Mc Donalds fahren wenn es dir wieder besser geht, heute aber nicht" erklärt Sonja Max und putzt sich die Nase. Nach zehn Minuten kommen sie wieder zuhause an. Sie fährt in die Hauseinfahrt, stellt das Auto auf den Parkplatz vor dem Haus ab und stellt den Motor ab.

„Mama. Papas Auto ist gar nicht da". Sonja öffnet die Fahrertür und schnallt sich ab.

„Papa macht wohl Besorgungen mit Sabinchen". Sonja, nimmt die Tasche und die Tüte mit dem Medikamente, steigt aus und knallt die Fahrertür zu.

Dann geht sie zur Hintertür, öffnet sie, schnallt Max ab und hebt ihn aus dem Kindersitz. „Kannst du selber laufen Schatz?" fragt Sonja angeschlagen.

„Nein bitte trage mich Mama".

„Okay. Komm her mein Schatz". Sie hebt Max aus dem Auto und trägt ihn auf dem Arm. „Ich lege dich gleich ins Bett". Sonja knallt die Hintertür zu und trägt Max zum Hauseingang.

„Nein Mama nicht ins Bett. Ich möchte auf das Sofa in Wohnzimmer liegen".

„Okay Schatz". Sonja schließt die Eingangstür auf, geht mit Max rein und schließt die Haustür hinter sich. Sie geht mit Max ins Wohnzimmer und legt ihren Sohn auf das Sofa. „Die Bettdecke hole ich dir gleich. Soll ich auch deinen Schnuffel mitbringen Schatz?" fragt Sonja Max und legt die Tüte mit den Medikamenten auf den Tisch.

„Ja Mama". Sonja liest den Zettel von ihren Mann Bernhard. Dann geht sie nach oben in das Kinderzimmer, holt seinen Stoffhasen und Bettdecke und bringt sie mit Max Stoffhasen nach unten in das Wohnzimmer.

„Hier Schatz dein Schnuffel". Sonja deckt Max mit seiner Bettdecke zu. „Max du bekommst jetzt erstmal deinen Schmerzsaft, das deine Kopfschmerzen nachlassen". Sie setzt sich auf das Sofa, nimmt den Schmerzsaft aus der Tüte, macht die Verpackung auf und holt die Flasche aus der Packung. Sonja nimmt den kleinen Messbecher stellt ihn auf den Tisch, öffnet die Flasche und gießt den Schmerzsaft in den Messbecher. Anschließend hilft sie Max bei der Medizin schlucken.

„Der schmeckt ja nach Erdbeere". Max nimmt seinen Schnuffel in seinen Arm, während Sonja die Flasche wieder zudreht und auf den Tisch stellt.

„Das ist gut dass dir der Schmerzsaft schmeckt. So Schatz schlafe ein bisschen". Sonja küsst Max auf die Stirn. Dann steht sie vom Sofa auf. Sie holt kurz oben aus dem Badezimmer einen kalten Waschlappen und hält ihn unter Wasser. Dann streckt Sonja ihre Zunge aus und sieht in den Spiegel. „Der Hals ist nur ein bisschen rot". Dann verlässt sie das Badezimmer. Sie läuft die Treppe runter, geht ins Wohnzimmer und legt den nassen Waschenlappen Max auf die Stirn. Sonja setzt sich wieder auf das Sofa, holt aus der Tüte das Meditonsil raus und öffnet die Packung, Sie holt die Flasche und den Beipackzettel raus und blättert den Beipackzettel durch. „Anfängliche Symptome wie Halsschmerzen, Kopfschmerzen, Husten, 16 Tropfen nehmen" liest sie und steht vom Sofa auf. Sonja holt aus der Küche einen Teelöffel und brüht sich einen Becher mit Tee auf. Dann geht sie wieder ins Wohnzimmer und setzt sich auf das Sofa.

„Mama was nimmst du da?"

„Mir geht es nicht so gut Schatz. Bevor ich aber richtig krank werde nehme ich Tropfen zur Vorbeugung einer Erkältung ein".

„Tut dir auch der Kopf weh Mama?"

„Nein mein Kopf tut mir nicht weh". Sie tropft die Medizin auf dem Löffel und schluckt sie. „Jetzt schlafe ein bisschen Max okay".

Max nickt. „Mama wollen wir zusammen kuscheln?"

„Ja können wir machen mein Schatz". Sonja legt sich zu Max auf das Sofa, deckt sich mit zu und kuschelt mit ihm, als das Telefon klingelt. „Wer ist das?" Sie steht vom Sofa auf, nimmt das Telefon vom Tisch und geht ran. „Sonja Knebel". Sie lehnt die Wohnzimmertür an und geht auf den Flur.

„Guten Tag Frau Doktor. Hier ist Herr Brunau".

„Guten Tag Herr Brunau".

„Es tut mir Leid das ich Sie in ihre Freizeit stören muss Frau Doktor. Können sie heute für ihren Kollegen Dr. Norbert einspringen? Er ist leider kurzfristig erkrankt".

„Ich muss erst auf meinen Mann warten. Meinen Sohn ist krank und ich bin auch leicht angeschlagen".

„Was hat denn ihr Sohn?"

„Kopfschmerzen".

„Ach der Arme. Und was ist mit ihnen Frau Doktor?"

„Habe mich ein bisschen erkältet. Ich werde auf meinen Mann warten und dann komme ich".

„Ich danke ihnen Frau Doktor. Sie sind uns eine große Stütze. Dann bis nachher".

„Okay bis später" verabschiedet sich Sonja und legt auf. Leise geht sie wieder in das Wohnzimmer, legt sich zu Max auf das Sofa und deckt sich zu. Sie schläft für kurze Zeit ein. Nach einer Stunde kommt Bernhard mit Sabinchen nach Hause. Sonja hört Türschüssel an der Haustür. Schnell steht sie auf, verlässt das Wohnzimmer, lehnt die Wohnzimmertür an und läuft zur Haustür. In den Moment geht die Haustür auf. Bernhard kommt mit Sabinchen in das Haus.

„Hallo Schatz" grüßt Bernhard seine Frau und küsst sie. Er hat einen großen Karton in der Hand. Sonja nimmt Sabinchen auf dem Arm.

„Hallo meine Süße" grüßt Sonja die Kleine.

„Ich habe die letzte Eisenbahn von Playmobil bekommen" berichtet Bernhard ihr und zieht seine Jacke aus.

„Super. Dann stellen wir den Karton in unser Schlafzimmer hinter der Tür". Bernhard trägt den Karton nach oben ins Schlafzimmer und versteckt den Karton hinter der Tür. „Schatz mein Auto muss in die Werkstatt. Das springt kaum noch an. Ich musste ja noch tanken, dabei habe ich den Öl und Wasserstand geprüft, aber es war alles in Ordnung".

„Ich werde mir dein Auto nachher ansehen". verspricht Bernhard.

„Ich danke dir. Komm mit ins Wohnzimmer Liebling. Max schläft auf dem Sofa. .Ich muss gleich für einen Kollegen einspringen Schatz". erzählt Sonja und geht mit Bernhard ins Wohnzimmer. Sie setzt Sabine zu Max auf das Sofa.

„Muss das sein das du schon wieder den Bereitschaftsdienst übernimmst Sonja?" fragt Bernhard sie und sieht die Medikamente auf den Tisch stehen. „Dir geht es doch auch nicht gut das sehe ich doch". Bernhard setzt sich in den Sessel.

„Geht schon. Mir passt das auch nicht das ich jetzt zum Dienst muss, aber es geht nicht anders" erklärt Sonja ihren Mann. Sie stellt die Tassen auf den Tisch, schenkt Kaffee ein und setzt sich auf das Sofa, während sich Sabine mit ihren Bauklötzen beschäftigt. Max schläft auf dem Sofa.

„Was ist jetzt mit Max?"

„Max gefällt den neuen Arzt, weil er sehr nett ist" erzählt Sonja ihn.

„Dir aber irgendwie nicht oder Schatz?"

„Ich weiß auch nicht". Sonja trinkt Kaffee aus ihrem Becher.

„Was hat der Arzt gegen Max Kopfschmerzen gesagt?" fragt Bernhard ihr, während sich Sonja die Nase putzt.

„Er hat Max untersucht. Es müssen noch weitere Untersuchungen gemacht werden. Max Blutdruck ist sehr niedrig. Dr. Norden hat Max Ben-ron Schmerzsaft aufgeschrieben". Sonja niest zweimal hintereinander.

„Gesundheit Schatz".

„Danke". Sonja putzt sich die Nase.

„Hilft Max der Schmerzsaft?" fragt Bernhard ihr.

„Ja Max geht es schon etwas besser. Er sagt dass der Saft nach Erdbeere schmeckt. Dr. Norden vermutet auch, dass Max wie ich Migräne hat". Sonja und putzt sich erneut die Nase.

„Dich hat es aber erwischt mit einer Erkältung Schatz".

„Da kannst du recht haben Schatz. Habe mich wohl auch erkältet. Ich habe noch Grippostad C, Meditonsil und Aspirin aus der Apotheke besorgt. Ich muss mich jetzt umziehen". Sonja verlässt das Wohnzimmer. Bernhard kommt hinter ihr her.

„Wann bist du wieder da?"

„Morgenfrüh. Muss Spätdienst und Nachtschicht übernehmen, aber dafür habe ich Donnerstag, an Max Geburtstag, frei". Sie zieht die rote Hose über.

„Und deine Erkältung?" fragt Bernhard seine angeschlagene Frau besorgt.

„Ich habe Gott sei Dank keine Beschwerden wie Kopf und Halsschmerzen". Sonja zieht ihre Notarztjacke über. „Darf ich deinen Wagen nehmen Schatz?"

„Ja natürlich Schatz. Ich gucke mir deinen Wagen nachher mal an" verspricht Bernhard ihr.

„Danke Liebling. Gebe Max heute Abend noch mal den Schmerzsaft wenn er wieder über stärkere Kopfschmerzen klagt okay Schatz. Ich muss los". Sonja geht zur Haustür. „Ach ich wollte mich eben noch von Max und Sabine verabschieden". Sie und Bernhard gehen ins Wohnzimmer. Sonja beugt sich zu Max, der immer noch schläft. „Mama muss arbeiten". Sonja küsst ihn auf die Stirn. Anschließend hebt sie Sabine in die Luft. „Tschüß meine kleine Maus" verabschiedet sie sich von ihrer kleinen Prinzessin und setzt Sabine wieder auf den Boden zu ihren Bauklötzen. Sonja gibt Bernhard einen Kuss. „Ich muss jetzt los. Ich rufe dich nachher an und achte ein bisschen auf Max".

„Ja mache ich. Passe ein bisschen auf dich auf Schatz". Bernhard gibt Sonja seine Autoschlüssel.

„Danke Liebling". Sonja geht zur Haustür und öffnet sie. Sie geht raus, schließt die Haustür und geht zu Bernhards Wagen.

Sie öffnet die Fahrertür, steigt ein und steckt den Zündschlüssel in das Schloss.

Sonja schließt die Fahrertür und schnallt sich an. Anschließend dreht sie den Zündschlüssel um. Der Motor springt sofort an. Sonja fährt rückwärts aus der Hauseinfahrt und fährt auf die Straße im Holze. Nach zwanzig Minuten kommt sie in der Rettungsstation an die Osterholzer Dorfstraße. Sie parkt das Auto auf dem Parkplatz und stellt den Motor aus. Sonja steigt aus dem Auto und geht in die Rettungsstation rein.

Sie geht in den Aufenthaltsraum rein. Dort wartet schon Holger auf sie. „Hallo Sonja. Na geht es Max wieder besser?" Sonja setzt sich und putzt sich die Nase. „Erkältet?"

„Etwas. Max geht es wieder besser. .Ist der Notarztwagen wieder in Ordnung Holger? Mein Wagen macht auch große Probleme. Springt kaum noch an. Bernhard will nachher mal den Wagen angucken. Öl und Wasserstand habe ich heute beim Tankstop schon geprüft, ist aber alles in Ordnung".

„Ja der Notarztwagen ist wieder in Ordnung. Die Benzinpumpe war kaputt gewesen. Das kann an deinen Wagen auch kaputt sein" vermutet Holger.

„Da kannst du Recht haben Holger. Willst du auch einen Latte trinken?" fragt Sonja ihn und steht auf.

„Ja ich nehme auch mal einen". Sonja geht zum Kaffeeautomaten, der auch in Aufenthaltsraum steht, schmeißt Geld rein und drückt auf den Knopf Latte Macchiato. Nach wenigen Sekunden kommt der Becher mit Latte raus.

„Holger hier ist dein Latte". Sonja schmeißt noch mal Geld in den Automaten.

„Danke Sonja". Als Sonja auch ihr Latte Macchiato hat gehen sie wieder an ihren Tisch zurück und setzen sich.

Hatschi Hatschi Hatschi niest Sonja.

„Gesundheit Sonja. Na ist deine Erkältung doch schlimmer?"

„Das hoffe ich nicht. In Moment hält sich meine Erkältung noch in Grenzen. Leichte Halsschmerzen habe ich seit heute Morgen. Habe mir aber schon Meditonsil und Grippostad C aus der Apotheke geholt und genommen, falls die Erkältung schlimmer wird".

„Wenigstens ist der Notarztwagen wieder in Ordnung". Holger trinkt den Latte Macchiato und geht aus dem Aufenthaltsraum. In den Moment schrillen die Melder von Sonja und Holger los. Sonja trinkt noch schnell ihren Becher aus, schmeißt den Becher in den Mülleimer und rennt zum Notarztwagen.

Holger sitzt schon in Notarztwagen und hat den Motor gestartet. Sonja steigt auf der Beifahrerseite ein, schnallt sich an und schließt die Beifahrertür. Sie ruft die Rettungsleitstelle. „Wagen 23 Sonja hier was haben wir?"

„Kreislaufzusammenbruch bei Karstadt in der Innenstadt. Rettungswagen ist schon am Unfallort".

„Gut wir kommen". Sonja schaltet Blaulicht und Sirene an. Nach fünfzehn Minuten kommen sie bei Karstadt in der Innenstadt an. Sie parken hinter den Rettungswagen. Sonja zieht schnell ihre

Gummihandschuhe über, steigt aus den Notarztwagen und knallt die Beifahrertür zu, während Holger die zwei Notfallkoffer aus dem Kofferraum holt.

Anschließend laufen sie ins dritte Obergeschoß. Sie sehen dass die Patientin auf einen Stuhl sitzt. Die Rettungssanitäter knien neben der Frau. Die Notfallkoffer sind schon aufgeklappt. Sonja kniet sich zu der Patientin. „Hallo ich bin Frau Dr. Sonja Knebel, die Notärztin. Wie ist ihr Name? Was ist passiert?"

„Hallo ich bin Claudia Meiner. Ich war auf der Rolltreppe zum vierten Stock. Auf einmal wurde mir so schwindelig, dass ich von der Rolltreppe gefallen bin".

„Waren sie bewusstlos?" Sonja prüft die Augenreflexe von ihrer Patientin.

„Das weiß ich nicht genau. Ich glaube schon".

„Ja sie war für einige Minuten bewusstlos. Wir haben sie zitternd auf den Stuhl gesetzt und haben den Notruf gewählt" berichtet die Verkäuferin die Situation.

„Das haben sie richtig gemacht". Sonja wendet sich wieder ihrer Patientin zu. „Wie geht es ihnen jetzt Frau Meiner? Tut ihnen was weh?"

„Ja mir tut die Brust und der Kopf weh".

„Das ist ja nicht so gut. Kriegen sie einigermaßen Luft oder haben sie Probleme damit?" Sonja lässt sich von dem Rettungssanitäter das Blutdruckgerät geben.

„Ja das Luft kriegen tut ziemlich weh" klagt die Patientin, während Sonja ihr die Blutdruckmanschette um den Arm legt.

„Das ist nicht so gut. Ich messe mal eben ihren Blutdruck" erklärt Sonja ihr und misst den Blutdruck von der Patientin. „Ihr Blutdruck ist niedrig, aber er ist nicht besorgniserregend. Er liegt bei 105 zu 80. Ich gebe ihnen gleich was gegen ihre Schmerzen". Sonja wendet sich an ihren Rettungsassistenten. „Holger bereite mir eine Infusion mit Dolomin vor".

„Die Kundin ist voll auf das linke Knie geknallt" berichtet eine andere Kundin die Notärztin.

„Ich danke ihnen für die Auskunft. Jetzt treten sie bitte zurück. Wir brauchen Platz für die Versorgung der Patientin" bittet Sonja die schaulustigen Leute und wendet sich ihrer Patientin zu. „Ich lege ihnen jetzt einen Zugang, wo ich ihnen gleich was gegen die Schmerzen rüber gebe. Sie brauchen keine Angst zu haben" Sonja packt die Kanüle aus. Als sie die Kanüle in den Handrücken von Frau Meiner sticht wird die Patientin ohnmächtig. „Mist. Schnell Holger gebe mir die Infusion rüber". Der Rettungsassistent reicht Sonja die Infusion rüber. Sonja schließt die Infusion an den Zugang an. Holger hält die Infusion hoch. Anschließend klopft Sonja leicht an die Wange von Frau Meiner, während die Rettungssanitäter mit dem Rettungsstuhl die Rolltreppe hochkommen. „Frau Meinert". Nach wenigen Sekunden schlägt Frau Meiner wieder die Augen auf.

„Frau Doktor. Was ist passiert?" fragt die Patientin verwirrt.

„Da sind sie ja wieder Frau Meinert". Holger misst den Blutdruck von Frau Meiner.

„Der Blutdruck ist schlechter geworden. Der Blutdruck liegt nur noch bei 90 zu 70" informiert Holger sie.

„Nicht so gut. Das EKG legen wir im Rettungswagen an" erklärt Sonja Holger und wendet sich an ihre Patientin. „Frau Meiner wir nehmen sie jetzt mit ins Krankenhaus". Die Rettungssanitäter und Holger packen ihre Sachen zusammen. „Können sie auf den Rettungsstuhl klettern?"

„Ich versuche es". Die Patientin will hochkommen, aber das Auftreten schmerzt ihr so doll, dass sie in den Stuhl zurück fällt. „Mein Knie tut beim auftreten so weh".

„Ich gucke mir ihr Knie gleich an" verspricht Sonja die nette Dame, während die Rettungssanitäter Frau Meiner in den Rettungsstuhl heben. Die Notärztin guckt sich das Knie an, was sehr geschwollen ist. „Sieht nicht gut aus" schildert Sonja leise den Rettungssanitäter und wendet sich an ihrer Patientin. „So dann bringen wir sie jetzt in den Rettungswagen. Erstmal bekommen sie ein bisschen Sauerstoff in die Nase" erklärt Sonja Frau Meiner, während sie einen Schlauch in Frau Meiners Nase schiebt und sie zudeckt. „Ist zwar ein bisschen unangenehm der Schlauch aber so bekommen sie bisschen mehr Sauerstoff". Die Patientin wird vom Rettungssanitäter festgeschnallt. „Los geht's". Sie fahren mit dem

Fahrstuhl nach unten. „Na ist alles soweit in Ordnung Frau Meiner?" erkundigt sich Sonja bei ihrer Patientin. Frau Meiner nickt. Die Rettungssanitäter schieben sie zum Rettungswagen und heben die Patientin in den Rettungswagen.

Sonja und ein Rettungssanitäter steigen mit nach hinten zur Patientin in den Rettungswagen ein und schließen die Türen vom Rettungswagen. „So Frau Meiner. Wir helfen ihnen jetzt auf die Trage zu kommen". Sonja hebt mit den Rettungssanitäter die Patientin auf die Trage und decken sie mit einer Wolldecke zu. Die Infusion wird an den Hacken, an der Decke gehangen. „So Frau Meiner. Sie bekommen jetzt einen Pulsmesser am Finger gesteckt. Dadurch können wir ihre Vitalfunktionen überprüfen. Ich werde ihn jetzt Elektroden auf ihre Brust kleben, dass wir das EKG schreiben können" erklärt Sonja Frau Meiner und klebt Elektroden auf Frau Meiners Brust.

„Man wird ja überall verkabelt".

„Das ist nur zu ihrer Sicherheit Frau Meiner. Sie brauchen wirklich keine Angst zu haben" beruhigt Sonja die aufgeregte Patientin, während Dirk die Daten von Frau Meiner aufschreibt. „Wie geht es ihnen in Moment Frau Meiner?" Sonja guckt auf den Kontrollbildschirm.

„Das Schmerzmittel wirkt" antwortet Frau Meiner.

„Gut dann können wir fahren. Wenn was ist Frau Meiner sagen sie mir sofort Bescheid" bittet Sonja Frau Meiner und setzt sich neben der Patientin. „Die Patientin ist stabil. Wir fahren trotzdem mit Sonderrechte. Der Zustand kann sich jederzeit wieder ändern". Holger öffnet die Seitentür vom Rettungswagen und steigt mit Stefan aus, knallt die Tür zu. Holger steigt im Notarztwagen und der Rettungssanitäter in den Rettungswagen. Nach wenigen Minuten fahren der Rettungswagen und der Notarztwagen mit Blaulicht und Sirene los. Sonja und der Rettungssanitäter sitzen bei der Patientin.

„Ist mein Zustand so Ernst das wir mit Blaulicht und Sirene fahren müssen?" fragt Frau Meiner sie.

„Nein das nicht, aber wir wollen so schnell wie möglich sie ins Krankenhaus bringen. Außerdem ist der Verkehr ziemlich dicht".

„Mein Knie ist schlimm gell?"

„Wir müssen die Untersuchungen im Krankenhaus abwarten. Was machen ihre Schmerzen?"

„Nicht so gut. Der Kopf schmerzt doch ganz schön heftig".

„Nicht gut. Ich spritze ihnen ein Schmerzmittel in die Infusion. Dirk ziehe mir mal eine Ampulle mit Novalgin auf" bittet Sonja den Rettungssanitäter und steht auf. In den Moment passiert es. Der Rettungswagen muss eine Vollbremsung machen, weil ein Fußgänger kurz vor den Rettungswagen über die rote Ampel gelaufen ist. Sonja knallt voll mit dem Kopf gegen das Regal. Sie blutet heftig aus einer Wunde am Kopf.

„Sonja" ruft Dirk erschrocken und holt sofort Tücher aus dem Schrank. Er legt Tücher auf Sonjas Platzwunde. Der Rettungswagen hält sofort an die Seite.

„Bist du wahnsinnig Stefan? So eine Vollbremsung hinzulegen" schreit Sonja ihn an.

„Ich kann da nichts für. Ein Volldepp ist mir fast vor den Rettungswagen gelaufen" entschuldigt sich Stefan, während sich Sonja vor Schreck auf den Stuhl setzt. Sie ist leichenblass geworden. „Ist bei euch alles in Ordnung?" fragt Stefan seine Besatzung.

„Geht so. Fahr jetzt weiter Stefan" antwortet der Rettungssanitäter und wendet sich an die Notärztin. „Ist alles in Ordnung bei dir Sonja?"

„Blutet nur ein bisschen". Sonja hält die Tücher an die blutende Kopfwunde. „Fahr endlich weiter" bittet Sonja den Fahrer. Der Rettungswagen fährt wieder mit Blaulicht und Sirene los. Der kleine Notarztwagen folgt ihn mit Blaulicht und Sirene.

„Das blutet aber ziemlich stark Sonja. Zeige mal her" bittet der Rettungssanitäter Sonja erschrocken und guckt sich Sonjas Platzwunde an. „Sieht nicht gut aus". Er gibt der Notärztin neue saubere Papiertücher und schmeißt die gebrauchten Tücher in den Mülleimer. „Hast du Kopfschmerzen?"

„Etwas schmerzt der Kopf" antwortet Sonja und wendet sich an ihre Patientin. „Wie geht es Ihnen Frau Meiner?" Sie spritzt mit der einen Hand Schmerzmittel in die Infusion. Mit der anderen Hand hält sie Papiertücher gegen die stark blutende Platzwunde.

„Es geht so. Das war ein ziemlicher Schock eben, wo sie Frau Doktor gegen das Regal geknallt sind. Ihnen geht's aber nicht gut Frau Doktor oder? Sie sehen ganz blass aus".

„Machen sie sich mal keine Sorgen um mich". Sonja drückt Tücher auf ihre stark blutende Platzwunde. Nach paar Minuten kommen sie in Krankenhaus Mitte an. Die Rettungssanitäter heben die Trage mit Frau Meiner aus dem Rettungswagen. Sonjas Wunde blutet immer noch ziemlich stark.

Sie schieben Frau Meiner zur Notaufnahme. „Was ist denn mit dir passiert Sonja?" fragt Holger geschockt als er Sonja sieht. „Das sieht nicht gut aus. Das muss bestimmt genäht werden".

„Ich weiß dass die Platzwunde wahrscheinlich genäht werden muss. Bin bei der Vollbremsung mit dem Kopf gegen das Regal gehauen. Es hat sofort angefangen zu bluten" erklärt Sonja, während sie zum Schockraum mit der Patientin laufen. Dort werden sie schon von Dr. Frei erwartet.

„Hallo Sonja. Was hast du denn gemacht?"

„Hallo Alexander. Bin eben bei der Vollbremsung mit dem Kopf gegen das Regal im Rettungswagen gehauen".

„Hast du Kopfschmerzen?"

„Ja etwas schmerzt mein Kopf" antwortet Sonja und wendet sich an ihre Patientin. „Das ist Frau Claudia Meiner. Sie ist wegen einem Kreislaufzusammenbruches bei Karstadt von der Rolltreppe gestürzt, Ihr Blutdruck ist aber stabil im Rettungswagen gewesen. Sie klagt über Brust, Kopfschmerzen und besonders über Knieschmerzen" berichtet Sonja.

„Gut heben wir sie rüber. 1. 2. 3 Hauruck. Informieren sie den Orthopäden, Neurochirurgen. Ich gucke erstmal gleich nach dir Sonja". Er beugt sich zu der Patientin. „Hallo ich bin Dr. Frei, ihr behandelter Arzt. Wie geht es ihnen?" fragt er, während zwei Ärzte in den Schockraum kommen.

„Geht so. Das Schmerzmittel wirkt was mir die Frau Doktor gespritzt hat".

„Das kriegen wir alles wieder hin Frau Meiner. Meine Kollegen kümmern sich jetzt um sie. Erstmal gehen sie zum Röntgen" erklärt

Dr. Frei ihr und unterhält sich kurz mit seinen Kollegen. Anschließend kommt er zur Notärztin zurück. „So jetzt zu dir Sonja" spricht Dr. Frei Sonja an und führt sie in ein anderes Behandlungszimmer.

„Was macht dein Kopf?" Der Arzt prüft Sonjas Augenreflexe.

„Mein Kopf schmerzt etwas" antwortet Sonja, während sich Dr. Frei die Platzwunde anguckt.

„Ich muss deine Platzwunde nähen Sonja. Lege dich auf die Liege. Ist dir schlecht?"

„Nein Gott sei Dank nicht".

„Warst du bewusstlos?"

„Nein" antwortet Sonja und legt sich auf die Liege.

„Außer der Platzwunde hast du ziemliches Glück gehabt". Nachdem Dr. Frei Sonjas Platzwunde genäht hat und mit einen Pflaster versehen hat prüft er noch mal die Augenreflexe und misst den Blutdruck von Sonja. „Dein Blutdruck ist in Ordnung Sonja. Erstmal gibt es keine Hinweise auf ein Schädelhirntrauma. Es hätte auch anders ausgehen können. Dann schreibe ich dich mal krank Sonja" erklärt Dr. Frei und will eine Krankschreibung aus den Schrank holen.

„Nein Alexander du kannst mich nicht krankschreiben. Ich habe heute die Vertretung von meinen erkrankten Kollegen übernommen. Habe noch Dienst bis Morgenfrüh. Mir geht es gut, außer, dass mir leicht der Schädel brummt".

„Okay. Sonja verspreche mir aber, wenn deine Kopfschmerzen schlimmer werden, was angehen kann, melde dich okay".

„Ja mache ich" verspricht Sonja den Arzt, während Dr. Frei zwei Kopfschmerztabletten aus seiner Schublade holt und die Schmerztabletten ihr in die Hand gibt.

„Nur für den Notfall"

„Danke Alexander. Ich muss los. Bis später vielleicht" verabschiedet sich Sonja und verlässt das Behandlungszimmer.

„Gute Besserung Sonja" wünscht Dr. Frei seine Kollegin.

„Danke Alexander". Sonja geht aus dem Behandlungszimmer und geht zurück zum Notarztwagen.

Sie steigt in den Notarztwagen ein. „Na alles klar Sonja? Hast du Kopfschmerzen?" Holger stellt den Motor an. Sie fahren von dem Krankenhausgelände. Sie schnallt sich an.

„Ja leichtes Schädelbrummen habe ich schon, aber kein starkes. Kannst du mich eben zu einer Apotheke fahren?"

„Ja klar". Nach zehn Minuten kommen sie an der Apotheke Hollerallee an. Holger parkt den Notarztwagen auf den Seitenstreifen, während Sonja sich abschnallt und die Tür öffnet.

„Bin gleich wieder da" erklärt sie, steigt aus und knallt die Beifahrertür zu.

Sonja überquert die Graf Molke Straße und geht in die Apotheke rein. Dort ist es leer. Sie geht an den Tresen. „Guten Tag. Was kann ich für sie tun?" fragt die Apothekerin Sonja.

„Hallo. Ich hätte gerne eine Packung Aspirin-Tabletten".

„Welche Tabletten? Meinen sie die Sprudeltabletten, die man in Wasser auflöst?" fragt sie Sonja.

„Nein die normalen Aspirin". Die Apothekerin geht an das Regal, wo die Schmerzmittel stehen.

„Welche Größe 6, 12 oder 24 Stück?"

„Geben sie mir mal die 24iger Packung". Die Apothekerin holt die Aspirinpackung aus dem Regal, bucht sie im Computer ein und gibt sie Sonja.

„Das macht 12,80 Euro".

„Okay" sagt Sonja holt das Geld aus ihrem Portmonee und gibt es der Apothekerin.

„Danke. Sie bekommen 2,20 Euro zurück".

„Danke. Dann wünsche ich ihnen noch einen schönen Tag" wünscht Sonja und tut das Kleingeld in ihr Portmonee rein.

„Ebenfalls. Na ob es langsam mal Sommer wird?"

„Man kann es sich nur wünschen. Der Winter war schon recht lang" erklärt Sonja ihr und geht aus der Apotheke raus.

Sonja überquert wieder die Graf Molke Straße, geht zum Notarztwagen zurück und öffnet die Beifahrertür. Sie steigt wieder in den Notarztwagen ein, schließt die Beifahrertür und greift nach der Mineralwasserflasche. Anschließend holt sie eine Aspirintablette aus der Packung und schluckt sie mit Wasser runter, während Holger an der Ampel hält.

„Hast wohl doch stärkere Kopfschmerzen als du gesagt hast Sonja?"

„Die Kopfschmerzen sind noch auszuhalten. Ich nehme die Tablette als Vorsorge, dass ich nicht noch mehr Kopfschmerzen bekomme. Das kann ich nicht gebrauchen".

„Glaube ich dir Sonja". Sie fahren Richtung Rettungsstation, als ihre Melder los schrillen. Sonja telefoniert sofort mit der Leitstelle.

„Wagen 23 Sonja hier. Was haben wir?".

„Ein ertrinkendes Kind im Horner Bad. Rettungswagen ist schon unterwegs dorthin".

„Okay. Wir fahren sofort dorthin". Sie hängt das Funkgerät am Harken auf, schaltet Blaulicht und Sirene an. Auf schnellen Weg fahren sie zum Horner Bad. Als sie nach wenigen Minuten am Horner Bad ankommen steigen sie aus den Notarztwagen, nehmen die Notfallkoffer und rennen ins Horner Bad rein.

Sonja und Holger laufen mit dem Notfallkoffern an den Kassen, kleines Baby- und Kinderschwimmbecken vorbei. Der Bademeister kommt ihnen entgegen. „Kommen sie schnell". Sie laufen beim Tiefschwimmbecken vorbei und sehen am Schwimmbadrand das bewusstlose Kind, was von dem anderen Bademeister reanimiert wird. Sonja und Holger eilen zu dem bewusstlosen Kind.

„Ich übernehme" sagt Sonja und übernimmt die Reanimation des bewusstlosen Kindes, während die Rettungssanitäter angelaufen kommen.

„Hallo" grüßen sie. Die Rettungssanitäter übernehmen sofort die Reanimation, während Sonja Elektroden auf der Brust des Kindes klebt, einen Zugang legt und das bewusstlose Kind an das Parameter anschließt. Sonja schaltet das Parameter ein.

„Kompletter Herz und Kreislaufstillstand. Wir brauchen den Rettungshubschrauber. Holger funke den Rettungshubschrauber an, der soll sofort kommen". Unverzüglich rennt Holger zum Notarztwagen um den Rettungshubschrauber an zu funken.

„Versuchen wir es mit Elektroschocks Frau Doktor?" Sonja holt den Defibrillator aus dem Notfallkoffer.

„Okay. Versuchen wir es". Sonja spritzt Adrenalin in die Kanüle des Kindes, während Finn das Kind mit dem Beatmungsbeutel beatmet. Anschließend drückt Sonja die Defi-Paddles auf die Brust des Kindes. „Weg vom Kind" warnt sie die Rettungskräfte. Das Kind bäumt sich auf, als die Elektroschocks durch das Kind gehen.

„Nichts" sagt der Rettungssanitäter.

„Versuchen wir es mit 240 Volt". Der Rettungssanitäter stellt den Defi auf 240 Volt. Sonja drückt die Defi-Paddles wieder auf die Brust des Patienten. „Und weg" ruft Sonja. Das Kind bäumt sich wieder auf. Die Elektroschocks zeigen immer noch keine Reaktion. „Immer noch keine Herztätigkeit. Ich versuche es jetzt noch mal mit 360 Volt" erklärt Sonja, während Holger angelaufen kommt.

„Der Rettungshubschrauber ist unterwegs" berichtet Holger, während sie immer noch kein Glück mit den Elektroschocks haben.

„Weiter Reanimation machen". Sie spritzt weiter Adrenalin in die Kanüle des Patienten. Holger geht zu dem Bademeister und fragt.

„Kann der Rettungshubschrauber hier in der Nähe landen?"

„Ja der Rettungshubschrauber kann auf die Liegewiese hinter der großen Wasserrutsche landen. Ich lasse sie sofort räumen" verspricht der Bademeister den Rettungsassistenten und rennt zur Liegewiese hinter der Wasserrutsche. Das Kind wird immer noch von den Rettungskräften reanimiert.

„Der Kleine ist mehr tot als er lebt" bespricht Sonja mit den Rettungssanitätern die Situation. Dann spritzt sie den Jungen weiter Adrenalin in die Kanüle, während der eine Rettungssanitäter das Kind weiter beatmet und der andere Rettungssanitäter bei dem Kind Herzdruckmassage macht.

Der Bademeister räumt inzwischen die Liegewiese von den Gästen für den Rettungshubschrauber frei. Er tippt einen Badegast an, der sich auf seinen Badetuch gemütlich hingelegt hat. „Bitte verlassen sie die Liegewiese".

„Warum soll ich die Liegewiese verlassen? Bin doch gerade erst zum Schwimmbad gekommen".

„Der Rettungshubschrauber landet hier gleich. Es hat einen schlimmen Badeunfall gegeben".

„Das ist immer das Gleiche. Die Jugendliche haben selber Schuld. Sie springen von jeder Gelegenheit ins Wasser" beschwert sich der Badegast bei den Bademeister.

„Ja das kann schon sein, aber bitte verlassen sie jetzt die Liegewiese. Es geht um Leben und Tod". Der Badegast steht auf, nimmt seine Sporttasche und das Badetuch und verlässt die Liegewiese.

In den Moment hören sie den Rettungshubschrauber. Er kreist paar Runden über das Horner Bad und landet anschließend auf die leere Liegewiese. Der Notarzt und der Rettungsassistent laufen zum verunglückten Kind, während der Pilot die Rotoren vom Hubschrauber abstellt. Inzwischen kommen der Notarzt und der Rettungsassistent an der Unfallstelle an. „Hallo ich bin Dr. Stein. Was ist passiert?"

„Ich bin Frau Dr. Sonja Knebel, die Notärztin. Der junge Mann ist im Wasser ertrunken. Sein Herz schlägt nicht mehr. Ich habe ihn Adrenalin und zwei Hes gegeben, aber das Herz will einfach nicht mehr schlagen. Ich habe es auch mit Elektroschocks versucht, aber nichts rührt sich".

„Wir reanimieren weiter". Er hört das Herz ab und prüft die Augenreflexe. Nach zehn Minuten schlägt immer noch nicht das Herz von den jungen Patienten. „Ich sehe leider kaum noch eine Chance für den Kleinen. Ich versuche es jetzt noch mal mit 480 Volt Kollegin" erklärt Dr. Stein, setzt die Defi-Paddles auf die Brust des Kleinen, während Sonja der Defibrillator auf 480 Volt stellt.

„Wegtreten" bittet Sonja das Rettungsteam. Das Kind bäumt sich wieder auf. Auf einmal fängt ganz langsam wieder das Herz an zu schlagen.

„Wir haben ihn wieder. Schnell zum Hubschrauber mit ihnen" bittet Dr. Stein die Rettungssanitäter.

„Gott sei Dank" atmet Sonja auf. Die Rettungssanitäter legen den jungen Patienten auf die Trage und machen den Patienten transportfähig. Anschließend schieben sie den Jungen schnell zum Rettungshubschrauber. Als sie beim Rettungshubschrauber ankommen heben sie den jungen Patienten in den Rettungshubschrauber, während der Pilot die Rotoren von dem gelben ADAC-Rettungshubschrauber anstellt.

„Wir müssen sofort mit den Kleinen in die Klinik. Ich danke ihnen Kollegin für die Erstversorgung des Patienten" bedankt sich Dr. Stein bei Sonja.

„Wird er es schaffen?"

„Das kann ich ihnen nicht sagen Frau Doktor. Wir tun alles um sein Leben zu retten. Ob er durchkommt wissen wir nicht. In Moment schlägt ja das Herz von den jungen Patienten und das ist ein gutes Zeichen. Wir müssen abwarten. So wir müssen starten".

„Viel Glück" wünscht Sonja. Sie tritt vom Rettungshubschrauber zurück. Als der Notarzt die Schiebetür geschlossen hat hebt der Rettungshubschrauber mit lauten Krach und viel Wind ab. Die Luftmatratzen fliegen von dem Wind der Rotoren weg. Als der Rettungshubschrauber die Höhe erreicht hat fliegt er weg. Sonja, Holger und die Rettungssanitäter packen die Sachen zusammen.

„Wird der junge Patient es überleben Sonja?"

„Das weiß man noch nicht ob der junge Patient es überlebt, aber die Ärzte tun alles was in ihrer Macht steht". Dann schließt Sonja und Holger die Notfallkoffer, heben die beiden Notfallkoffer hoch und tragen sie zum Notarztwagen. Als Sonja und Holger die Notfallkoffer in Kofferraum verstaut haben steigen sie in den Notarztwagen, während der Rettungswagen wegfährt.

Holger startet den Motor. Anschließend fahren sie die Vorstraße zurück. „Für mich wäre es einen Albtraum wenn eines meiner Kinder da liegen würde".

„Das glaube ich". In den Moment fangen Holger und Sonjas Melder an zu schrillen. Sonja meldet sich sofort bei der Leitstelle.

„Wagen 23 hier. Wir wurden angepiept?"

„Ja ist richtig. Fahrt sofort in die Carl-Friedrich-Gauß-Straße. 6. Dort ist eine Frau beim Fensterputzen von der Leiter gestürzt. Rettungswagen ist schon unterwegs".

„Ist sie bewusstlos?"

„Wurde uns nicht gemeldet" antwortet der Mann von der Leitstelle, während Sonja das Blaulicht und Martinshorn anstellt.

„Okay wir sind auf den Weg dorthin Ende" sagt Sonja und hängt das Funkgerät ein.

„Was macht eigentlich dein Kopf Sonja?"

„Es geht. Mein Schädelbrummen hält sich in Grenzen". Sonja zieht Gummihandschuhe über, während sie die Leher Heerstraße entlangfahren. Als sie in die Wilhelm-Röntgen-Straße einbiegen schaltet Holger die Sirene ab. Mit eingeschaltetem Blaulicht fahren sie in die Carl-Friedrich-Gauß-Straße rein. Als sie der Hausnummer 6 nähern winkt ihn ein kleiner Junge zu. Holger hält direkt vor den Hauseingang der Hausnummer 6 auf der Straße. Er lässt das Blaulicht an und steigt aus, während Sonja schon den Notfallkoffer aus dem Kofferraum holt.

„Hallo ich bin Benny. Kommen sie schnell. Mama ist verletzt".

„Hallo Benny. Wir helfen deiner Mutter" muntert Sonja den kleinen Jungen auf.

Holger und Sonja schnappen sich die Notfallkoffer und laufen eilig mit Benny ins Haus Nr. 6. Benny schließt die Haustür auf und sie gehen in das Treppenhaus. „Wir fahren mit den Fahrstuhl hoch" erklärt Benny und hält den beiden die Fahrstuhltür auf.

„In welchen Stock wohnt ihr denn Benny?" fragt Sonja den Jungen freundlich, während sie in den Fahrstuhl steigen.

„8 Stock".

„Was ist denn mit deiner Mama passiert Benny?"

„Mama hat in Wohnzimmer Fenster geputzt. Dabei hat sie wohl das Gleichgewicht verloren und ist von der Leiter gestürzt. Ich habe Angst um Mama".

„Das brauchst du nicht. Wir helfen deiner Mama. Wer hat uns den gerufen?" fragt Sonja den kleinen Jungen.

„Ich habe den Notarzt gerufen" antwortet Benny voller Stolz.

„Toll gemacht mein Kleiner. Wie alt bist du den?"

„Ich bin letzten Monat 5 Jahre alt geworden".

„Das ist schön Benny. Du hast genau richtig gehandelt".

„Habe ich in Kindergarten gelernt".

„Damit hast du deiner Mama sehr geholfen" erklärt Holger. Als sie endlich in 8 Stock ankommen laufen sie schnell in die Wohnung. Benny hat schnell die Wohnungstür aufgeschlossen. Benny stürmt mit Holger und Sonja ins Wohnzimmer.

Sonja und Holger sehen eine junge Frau, ca. 32 Jahre alt auf dem Sofa liegen.

„Hallo ich bin Frau Dr. Sonja Knebel, die Notärztin und das ist mein Assistent Holger Wagner. Wie ist denn ihr Name? Was ist passiert?" fragt Sonja die junge Frau, öffnet den Notfallkoffer und holt das Blutdruckgerät raus.

„Ich bin Maike Wagershausen. Ich bin beim Fenster putzen von der Leiter gestürzt. Ich hoffe dem ungeborenen Baby ist nichts passiert". In den Moment hören sie die Sirene vom Rettungswagen.

„Benny kannst du eben die Rettungssanitäter holen?" fragt Holger den Jungen.

„Ja" antwortet er und rennt aus dem Wohnzimmer.

„Sie sind also schwanger. In welchen Monat sind sie den?" Sonja misst den Blutdruck von der Patientin.

„Ich bin in der 36. Woche. Das Baby kommt aber jetzt schon" vermutet die Patientin aufgeregt.

„Ganz ruhig Frau Wagershausen. Wir kriegen das schon hin. Was tut ihn weh?"

„Hier wo die Rippen sind tut es wahnsinnig weh und wenn ich Luft hole. Das Baby kommt" sagt sie und hält sich den dicken Bauch. Sonja prüft die Augenreflexe und horcht sie ab.

„Wo ist der Mutterpass?"

„Da hinten auf den Regal" antwortet Frau Wagershausen und will sich aufrichten, aber Sonja hält sie zurück.

„Schön liegen bleiben Frau Wagershausen" bittet Sonja die junge Frau.

„Mir ist auf einmal so komisch. Die Wehen kommen".

„Holger bereite mir sofort eine Infusion mit Kochsalzlösung vor und rufe den Babynotarzt". Sonja klebt das EKG auf der Brust der Patientin und schaltet das Parameter ein. Sie guckt auf den Bildschirm. „Ich gebe ihnen jetzt ein bisschen Sauerstoff". Sonja schiebt ein Schlauch in Frau Wagershausens Nase. Nachdem sie einen Zugang gelegt hat schließt sie die Infusion an den Zugang. Holger hält die Infusion hoch. „Ruhig und gleichmäßig atmen Frau Wagershausen. Das Baby braucht Sauerstoff. Jetzt pressen und Hecheln". In den Moment kommt Benny mit den Rettungssanitätern ins Wohnzimmer.

„Hallo" grüßt Dirk, der Rettungssanitäter. Sie knien sich zu der Patientin. Sonja erklärt den Rettungssanitäter kurz die Situation. Dann wendet sich die Notärztin an den kleinen Jungen.

„Benny kannst du mir Handtücher bringen? So fünf Stück?" Der Kleine rennt aus dem Wohnzimmer, holt fünf Handtücher und gibt sie Sonja.

„Hier" sagt er und gibt ihr die Handtücher.

„Danke. Du bist eine große Hilfe".

„Was ist mit Mama?" fragt Benny traurig. Sonja nickt Holger zu. Der Rettungsassistent geht auf den kleinen Jungen zu und beugt sich zu ihm herunter.

„Deine Mama geht es nicht so gut. Du gehst jetzt mit mir mit nach unten okay. Lass die Ärztin ihre Arbeit machen". Er nimmt Benny an die Hand und geht mit ihm aus dem Wohnzimmer.

„Warum hat Mama so viele Schläuche und Kabel?" fragt Benny Holger.

„Deine Mama ist ein bisschen krank, aber unsere Ärztin macht sie bestimmt wieder gesund. Komm ich zeige dir mal den Notarztwagen unten" verspricht Holger ihn und geht mit Benny aus der Wohnung.

„Schön ruhig atmen. Nehmen sie meine Hand" bittet Sonja die junge Frau und guckt nach den Baby. „Es kommt. Noch ein bisschen pressen. Stopp nein Hecheln" gibt Sonja Anweisungen und macht es der Patientin vor. „Ruhig. Hecheln und noch mal hecheln. Gleich ist das Baby da und weiter hecheln. Wie soll denn das Baby heißen?" fragt Sonja die junge Frau, um die Patientin von den Schmerzen abzulenken.

„Jan Hendrik".

„Das ist ein schöner Name Jan Hendrik. Sie haben es gleich geschafft. Noch mal hecheln. Es kommt" sagt Sonja erfreut und hilft bei der Entbindung. Nach wenigen Minuten kommt das Baby. „Der Erdenbürger ist da" sagt Sonja erleichtert und schneidet die Nabelschnur ab. Sie untersucht kurz das Baby. „Hallo kleiner Mann. Willkommen auf dieser Welt" grüßt sie das Baby und wickelt das Baby im Handtuch ein. Unverzüglich gibt Sonja Frau Wagershausen ihr Baby. Die junge Mutter strahlt wie ein Honigkuchenpferd und kuschelt mit ihrem Baby. „Herzlichen Glückwunsch zu ihren Sohn" wünscht Sonja die junge Mutter und prüft Frau Wagershausens Blutdruck. Frau Wagershausen kuschelt sich an das Baby.

„Hallo mein Schatz" sagt die frischgebackene Mutter zu ihrem Baby. „Danke Frau Doktor. Haben sie auch Kinder?"

„Ja ich habe zwei kleine Kinder". Sonja guckt auf den Bildschirm des Parameters. In den Moment kommen Holger und Benny mit dem Babynotarzt ins Wohnzimmer gelaufen. Sonja erklärt kurz den Babynotarzt die Situation, während Benny auf seine Mutter stürmt.

„Mama".

„Ja mein kleiner Held komm mal her". Benny läuft zu seiner Mutter. „Das ist dein Brüderchen Jan Hendrik" stellt seine Mutter das neue Baby vor, während die Rettungssanitäter die Trage ins Wohnzimmer schieben.

„Hallo Brüderchen. Ich bin dein großer Bruder Benny. Ich werde immer auf dich aufpassen kleiner Mann".

„Ich muss mal eben ihnen ihr Baby wegnehmen um es zu untersuchen" bittet der Babynotarzt und nimmt das Baby aus Frau Wagershausen Armen. Er trägt es zum Küchentisch und untersucht es, während Frau Wagershausen auf die Trage gelegt wird. Nach zehn Minuten kommt der Babynotarzt mit dem Baby zurück und gibt es der Patientin zurück. „Sie haben ja einen süßen Sohn. Er ist vollkommen gesund" erklärt der Babynotarzt und legt das Baby auf Frau Wagershausens Brust. Als die Patientin transportfähig ist tragen sie die Patientin runter zum Babynotarztwagen.

„So dann verabschiede ich mich von ihnen".

„Danke für alles" bedankt sich Frau Wagershausen bei der Notärztin und den Rettungsassistenten. Die Patientin wird in den Babynotarztwagen geschoben. Das Baby liegt auf der Brust der Mutter und schläft. Sonja streichelt das Baby über den Kopf.

„Süß ihr Kleiner" sagt Sonja zur jungen Mutter und beugt sich zu Benny. „Machs gut mein Kleiner".

„Tschüß Frau Doktor. Ich will ja später Feuerwehrmann werden".

„Da hast du aber noch ein bisschen Zeit dir das noch zu überlegen. Du wirst bestimmt ein guter Feuerwehrmann Benny" sagt Sonja und steigt aus dem Babynotarztwagen. „Mein Kollege übernimmt sie jetzt" erklärt Sonja und schließt die Tür vom Babynotarztwagen. „Endlich wieder ein Happy End" sagt sie glücklich und geht zum Notarztwagen zurück, während der Babynotarztwagen rückwärts aus der Carl-Friedrich-Gauß-Straße fährt. Anschließend fährt er links die Robert Bunsen Straße rein.

Sonja steigt in den Notarztwagen zu Holger. Er hat inzwischen das Blaulicht ausgemacht. Der Rettungswagen fährt auch weg. Holger fährt rückwärts aus der Carl-Friedrich-Gauß-Straße. „Das Baby ist total süß" schwärmt Sonja ihn vor. „Fast wie meine Kleinen". Sie fahren die Wilhelm-Röntgen-Straße entlang.

„Das glaube ich dir. Was macht dein Kopf Sonja?"

„Geht. Ich schlucke aber jetzt doch lieber noch eine Aspirintablette. Der Schädel brummt schon schlimmer als vorhin". Sonja schluckt die Aspirintablette mit Wasser. Sie fahren links die Leher Heerstraße entlang. „Der kleine Benny hat wirklich sehr geholfen. Da sollten sich Erwachsene ein Beispiel dran nehmen" sagt sie und lehnt den Kopf an die Rückenlehne. Sie fahren zur Rettungsstation zurück.

Als sie nach einer halben Stunde in der Rettungsstation ankommen geht Sonja in ihrem Büro. Sie tippt die Einsatzprotokolle in den PC. „Dieser blöde Schreibkram ödet mich an". Nach zwei Stunden kommt Holger in Sonjas Büro und sieht, dass Sonja ihren Kopf mit den Händen abstützt.

„Sonja möchtest du auch was von Mc Donalds haben? Hast du Kopfschmerzen?" fragt Holger besorgt die Notärztin. Sonja nickt. „Dann lege dich doch etwas hin".

„Ja werde ich auch gleich machen wenn ich den Bericht zu Ende geschrieben habe und ich mit meinen Mann gesprochen habe. Nein ich will nichts von Mc Donalds haben. Habe keinen Hunger. Hast du vielleicht eine Sprudeltablette für mich?"

„Ja ich hole dir eben eine Tablette". Holger verlässt Sonjas Büro. Er geht in den Aufenthaltsraum, holt aus dem Schrank ein Glas und schließt die Schranktür wieder. Holger gießt Mineralwasser ins Glas, holt aus den Medizinschrank eine Packung Kopfschmerztabletten, holt eine Sprudeltablette raus und wirft die Sprudeltablette in das Glas. Holger rührt mit den Löffel um. Anschließend geht er zurück in Sonjas Büro. Holger stellt das Glas auf ihrem Schreibtisch. „Hier Sonja die Sprudeltablette. Vielleicht sollte ich dich ins Krankenhaus fahren damit die Ärzte dich durchchecken können. Wahrscheinlich musst du eine Nacht zur Beobachtung im Krankenhaus bleiben. Hast dir wohl doch mehr zugezogen als angenommen".

„So schlimm sind die Kopfschmerzen wieder nicht. Ich lege mich gleich etwas hin dann wird es schon wieder gehen". Sonja trinkt das Glas mit der Sprudeltablette aus. „So jetzt rufe ich meinen Mann an und dann lege ich mich hin". Sie nimmt den Hörer ab.

„Gut dann lasse ich dich mal in Ruhe. Wenn was ist melde dich Sonja okay".

„Ja mache ich". Sonja wählt die Nummer von Zuhause und wartet. Holger verlässt ihr Büro.

„Bernhard Knebel".

„Hallo Liebling hier ist Sonja".

„Hallo mein Schatz".

„Wie geht es euch? Ich vermisse euch".

„Uns geht es sehr gut".

„Und was machen Max Kopfschmerzen?"

„Die sind viel besser geworden. Der Schmerzsaft hilft Max sehr gut".

„Dafür habe ich jetzt starke Kopfschmerzen Liebling".

„Warum hast du Kopfschmerzen Schatz? Ist die Erkältung doch schlimmer geworden Liebling?"

„Nein die Erkältung ist kaum noch da. Ich hatte einen kleinen Unfall".

„Was ist denn passiert?"

„Bin bei einer Vollbremsung mit dem Kopf gegen das Regal im Rettungswagen gestoßen. Habe mir dabei eine Platzwunde geholt, die genäht werden musste".

„Ach du Schande. Nicht dass du dir eine Gehirnerschütterung geholt hast?"

„Nein, da kann ich dich beruhigen Schatz. Ich habe außer den starken Kopfschmerzen keine anderen Symptome die auf ein Schädelhirntrauma hindeuten. Ich habe vor drei Stunden bei einer Geburt geholfen. Es wurde ein kleiner Junge geboren". In den Moment platzt Holger in ihrem Büro.

„Schnell Sonja neuer Notfall. Ich gehe schon mal zum Notarztwagen".

„Ja ich komme" verspricht Sonja ihn und wendet sich wieder dem Telefongespräch zu. „So ich muss leider aufhören. Wir haben einen neuen Einsatz bekommen Liebling. Tschüß. Grüße unsere Mäuse von mir". Sonja steht auf und zieht ihre Notarztjacke über.

„Pass auf dich auf Liebling".

„Ja mache ich" antwortet Sonja. Sie legt den Hörer auf, rennt aus ihrem Büro, schließt die Bürotür und rennt zum Notarztwagen, während Holger schon mit der Leitstelle telefoniert.

Als Sonja im Notarztwagen eingestiegen ist und die Beifahrertür geschlossen hat fährt Holger mit Blaulicht und Sirene los. „Wo geht es hin?" fragt Sonja ihn, während sie sich anschnallt und gähnt.

„Ein schwerer Busunfall am Neustädter Hafen. Der Rettungshubschrauber, die Feuerwehren und mehrere Rettungswagen sind schon unterwegs zum Unfallort".

„Wie viele Verletzte sind es?" Sonja zieht blaue Gummihandschuhe über.

„Zehn Verletzte darunter sind drei Schwerverletzte" antwortet Holger, während sie auf der Neuenlander Straße mit Blaulicht und Sirene fahren. „Du konntest dich ja gar nicht hinlegen Sonja. Geht es denn mit deinen Kopf?"

„Geht schon. Wie kommt es bloß immer zu solchen schweren Unfällen?"

„Unaufmerksamkeit, schnelles Fahren und Rücksichtslosigkeit" antwortet Holger. Als sie die Senator-Apelt-Straße entlangfahren sehen sie einen umgekippten Bus mit der Nr. 63 auf der Straße liegen. Die Feuerwehren und zwei Rettungswagen sind schon an der Unfallstelle. Holger hält direkt von dem Rettungswagen, lässt Blaulicht an, wie auch die anderen Rettungsfahrzeuge. Die Polizei sperrt gerade die Unfallstelle ab. Sonja springt aus dem Notarztwagen und rennt zum umgekippten Bus.

Die Notärztin klettert in den Bus und fragt den Rettungssanitäter, der einen Patienten versorgt. „Hallo ich bin Frau Dr. Sonja Knebel, die Notärztin. Wie sieht die Lage aus?"

„Drei Schwerstverletzte und mehrere Leichtverletzte" antwortet der Rettungssanitäter. Sonja krabbelt durch den Bus bis sie zu einem Mann der blutüberströmt auf den Boden liegt.

„Bleiben sie ganz ruhig liegen. Wir helfen ihnen gleich. Ich bin Frau Dr. Sonja Knebel, die Notärztin. Bewegen sie mal die Füße und die Hände". Sonja macht vorsichtig eine kurze intensive Untersuchung der vitalen Funktionen, sowie eines Gesamtstatus des Patienten. Der Mann bewegt die Füße und Hände, während zwei Rettungssanitäter mit Notfallrucksäcken in den Bus krabbeln. „Gut dass ihr kommt. Wie ist ihr Name?" fragt Sonja den verletzten Mann.

„Kurt Becker". Holger krabbelt zu Sonja. Den Notfallrucksack nimmt Holger vom Rücken und öffnet ihn. Sonja holt eine Kanüle aus dem Rucksack.

„Holger bereite mir eine Infusion mit Dolomin und einen leichten Beruhigungsmittel vor". Sie beugt sich zum Patienten. „Herr Becker ich lege ihnen jetzt einen Zugang. Das piekst kurz ein bisschen" erklärt Sonja den Mann und legt den verletzten Mann einen Zugang in den Handrücken, während Holger die Infusion vorbereitet und sie Sonja gibt. Die Notärztin stöpselt die Infusion an die Kanüle an. Der Rettungsassistent hält die Infusion hoch, während sie den Blutdruck von den Patienten misst. Anschließend sagt sie zu dem Rettungssanitäter. „Der Patient hat einen sehr niedrigen Blutdruck. Er liegt nur bei 80 zu 60. Verdacht auf innere Verletzungen. Der muss sofort hier rausgeschafft werden und ins Krankenhaus gebracht werden" ordnet Sonja den Rettungssanitäter an. Zum Patienten sagt sie. „Sie werden hier gleich von den Rettungssanitäter rausgeholt und ins Krankenhaus gebracht okay Herr Becker" beruhigt ihn Sonja, während zwei Rettungskräfte mit einer Trage in den Bus krabbeln. Sonja krabbelt inzwischen weiter zu einer jungen Frau, während die anderen Rettungskräfte die Leichtverletzten versorgen und aus den Bus schaffen.

„Ich habe solche Bauchschmerzen" klagt die junge Frau der Notärztin.

„Hallo ich bin Frau Dr. Sonja Knebel, die Notärztin. Sie bekommen gleich was gegen ihre Bauchschmerzen" verspricht Sonja die Patientin und tastet den Bauch der Patientin ab. Der Bauch fühlt sich sehr hart an, was auf eine schwere Bauchverletzung hindeutet. „Holger bereite mir eine Infusion mit Hes, eine Infusion mit Fenter und die dritte Infusion mit Desperten vor, es muss aber schnell gehen. Wie ist eigentlich ihr Name junge Frau?"

„Klara Smith. Ich wollte eigentlich mit meiner Freundin ins Theater gehen und jetzt dieser blöde Unfall. Ich habe solche dollen Bauchschmerzen".

„Frau Smith ich muss ihn jetzt drei Zugänge legen weil sie ganz dringend Flüssigkeit brauchen. Es wird ein bisschen pieksen. Sie brauchen keine Angst haben" erklärt Sonja ihr, während Holger die Infusionen vorbereitet. Als sie die drei Zugänge gelegt hat schließt sie schnell die drei Infusionen an, während Holger den Blutdruck von der Patientin misst. „Ihnen wird es gleich besser gehen. Ich gebe ihnen ein sehr starkes Schmerzmittel durch die Infusion" beruhigt Sonja die jungen Frau, während auf der gesperrten Stromer Landstraße der gelbe ADAC-Rettungshubschrauber runtergeht. „Die Patientin muss sofort ins Krankenhaus gebracht werden. Es besteht dringender Verdacht auf ein schweres Bauchtrauma und einer schweren Milzfraktur". In den Moment krabbelt der Notarzt vom Rettungshubschrauber in den Bus.

„Hallo Sonja. Schön dich zu sehen. Wie schlimm steht es um die Verletzten?" fragt der Notarzt Sonja.

„Hallo Bernie" grüßt Sonja ihrem Kollegen. „Die junge Patientin heißt Frau Smith. Sie muss sofort in die Klinik. Es besteht Verdacht auf ein schweres Bauchtrauma und einer schweren Milzfraktur. Habe ihr drei Infusionen mit Hes, Fenter und Desperten verabreicht. Die Bauchschmerzen halten sich durch die Schmerzmittel noch in Grenzen" berichtet Sonja den Notarzt vom Rettungshubschrauber.

„Gut wir übernehmen die Patientin" sagt der Notarzt, beugt sich zu der jungen Frau. „Wir helfen ihnen jetzt Frau Smith und bringen sie hier raus". Anschließend kümmert sich Sonja um einen anderen Verletzten.

„Hallo ich bin Frau Dr. Sonja Knebel, die Notärztin. Wie geht es ihnen?" fragt sie einen jungen Patient, während Frau Smith vom Notarzt und den Rettungssanitäter aus dem Bus getragen wird.

„Ich habe solche Knieschmerzen Frau Doktor". Es treffen noch mehr Rettungswagen und ein Notarztwagen am Unfallort. Sogar ein zweiter Rettungshubschrauber landet auf der Stromer Landstraße, während der gelbe ADAC- Rettungshubschrauber die Rotoren anlässt.

„Das ist nicht so gut. Zeigen sie mal ihr Knie her" bittet Sonja den Patienten und tastet das Knie ab, während Holger den Blutdruck von den Verletzten misst. „Ihr Knie ist böse angeschwollen. Wie ist sein Blutdruck?"

„Sein Blutdruck liegt bei 115 zu 80".

„Ihr Blutdruck ist wenigstens in Ordnung" erklärt Sonja den Patienten und wendet sich ihren Rettungsassistenten zu. „Holger bereite mir eine Infusion mit Novalgin Lösung vor". Sonja wendet sich an den Verletzten. „Wie heißen sie junger Mann?"

„Marius Steiner".

„Herr Steiner. Ich lege ihnen jetzt einen Zugang. Darüber bekommen sie ein starkes Schmerz und Beruhigungsmittel. Es pickst ein bisschen, ist aber gleich wieder vorbei" erklärt Sonja ihn. Sie legt den Zugang in den Handrücken des Verletzten. Dann lässt sie darüber die Infusion laufen. „Ihre Schmerzen werden gleich besser werden". Der gelbe ADAC-Rettungshubschrauber geht in die Luft und fliegt ins nächste Krankenhaus.

„Was ist mit mir Frau Doktor?"

„Es besteht dringender Verdacht, dass sie sich die Kniescheibe im linken Knie gebrochen haben. Weitere Ergebnisse werden die weiteren Untersuchungen im Krankenhaus ergeben". Dr. Phil, der Notarzt krabbelt zu Sonja.

„Hallo Kollegin was können wir tun?" fragt Dr. Phil Sonja.

„Kümmern sie sich mal um diesen jungen Mann. Der Mann heißt Marius Steiner. Es besteht Verdacht auf Kniescheibenbruch im linken Knie. Ich habe den Patienten eine Infusion mit einer Dolominlösung und etwas Desperten zur Beruhigung verabreicht" informiert Sonja ihren Kollegen.

„Okay wir kümmern uns um den jungen Mann. Die zweite Hubschrauberbesetzung kümmert sich um den Busfahrer, der sehr schwerverletzt ist. Er war sehr schwer eingeklemmt. Die Rettungskräfte mussten ihnen eben reanimieren".

„Ich wünsche ihnen alles Gute Herr Steiner, dass alles wieder mit ihrem Knie gut wird" wünscht Sonja den jungen Mann und wendet sich an ihren Kollegen. „Bringt ihn ja sicher ins Krankenhaus".

„Aber immer doch. Tschüss Kollegin ich wünsche ihnen noch einen schönen Tag" wünscht Dr. Phil Sonja

„Danke ebenfalls. Ich muss jetzt wirklich weitermachen" sagt Sonja und krabbelt zur letzten Verletzten die im Bus liegt. Sie stellt fest, dass die Frau schwerverletzt und bewusstlos auf den Boden liegt. Nachdem die Rettungskräfte die bewusstlose Frau vorsichtig umgedreht haben prüfen Sonja und Holger die Vitalfunktionen der Frau. Sonja tastet und fühlt den Bauch ab, während Holger das Parameter anschließt. „Mist schweres Bauchtrauma. Der Bauch wird immer härter. Holger gebe mir sofort eine Infusion mit Hes". Sonja legt einen Zugang in den Handrücken der bewusstlosen Frau.

„Das EKG ist in Ordnung" berichtet Holger ihr und gibt ihr die Infusion rüber. Sonja schließt die Infusion an die Kanüle und drückt auf die Infusion, so das Hes in Strahlen in die Kanüle fließt. „Sie hat schwere innere Verletzungen, darum ist auch kaum der Blutdruck messbar". Holger hat der Verletzten eine Sauerstoffmaske aufgesetzt. „Wir nehmen sie mit" sagt Sonja, während die Rettungssanitäter eine Trage in den Bus schieben.

„Frau Doktor kommen sie mal?" ruft ein anderer Rettungssanitäter, der außerhalb des Busses ist.

„Was ist denn? Ich kann jetzt nicht. Wir haben hier eine schwerverletzte Patientin". Dann wendet sich die Notärztin ihrer Patientin zu.

„Herr Wohlers, ein Verletzter, klagt über heftige Kopfschmerzen. Er will trotzdem arbeiten gehen" ruft der Rettungssanitäter die Notärztin zu.

„Setze ihn in den Rettungswagen und passe auf ihn auf. Ich komme gleich" ruft Sonja zurück. .Sie hebt mit die Schwerverletzte auf die Trage zu legen. Dann holen die Feuerwehrleute die schwerverletzte Frau aus dem Bus. Holger und Sonja nehmen die Rucksäcke auf den Rücken und krabbeln aus dem Bus raus.
„Trage die schwerverletzte Patientin schon mal in den Rettungswagen und schließt sie an die Überwachungsgeräte an. Ich komme gleich". Sonja geht zum roten Rettungswagen, öffnet die Hintertür und steigt ein. Die Hubschrauberbesatzung tragen den Busfahrer in den Rettungshubschrauber. Anschließend startet der Rettungshubschrauber, steigt in die Höhe und fliegt von der

Unfallstelle, während die Feuerwehren den kaputten Bus aufrichten. Die anderen Rettungswagen fahren mit Blaulicht und Sirene von der Unfallstelle weg. Die Notärztin schließt die Tür von den Rettungswagen.

„Da sind sie ja endlich Frau Doktor" grüßt der junge Mann Sonja.

„Ja tut mir Leid. Ich habe eine Schwerverletzte im anderen Rettungswagen liegen. Da muss ich schnell wieder hin. Wie ist ihr Name?" fragt Sonja ihn, während sie ihn die Blutdruckmanschette um den Arm legt und seinen Blutdruck misst.

„Kurt Wohlers" antwortet der junge Mann.

„Der Blutdruck ist okay. Er liegt bei 120 zu 80. Wie geht es ihnen?" fragt die Notärztin den jungen Mann und prüft seinen Puls.

„Nicht so gut. Heftige Kopfschmerzen habe ich Frau Doktor. Ich muss aber gleich zur Arbeit fahren". Sonja strahlt den jungen Mann mit der Taschenlampe in die Augen, um die Pupillenreflexe zu kontrollieren.

„Geht das Arbeiten denn überhaupt mit ihren Kopfschmerzen? Sind sie irgendwo mit den Kopf gegen gehauen?"

„Ja als der Bus umgekippt ist bin ich gegen das Fenster geflogen und mit den Kopf gegen das Fenster geschlagen".

„Waren sie bewusstlos?" fragt die Notärztin den jungen Mann.

Er schüttelt den Kopf. „Nein".

„Haben sie eine Platzwunde davon getragen? Sehen sie doppelt? Ist ihnen schlecht und schwindelig?" fragt die Notärztin ihren Patienten und notiert sich die Daten von den Patienten auf den Unfallprotokoll.

„Nein mir geht es sonst außer den starken Kopfschmerzen gut. Bekomme ich was gegen die Kopfschmerzen Frau Doktor?"

„Ja sie bekommen gleich was gegen ihre Kopfschmerzen. Ich würde sie aber lieber zur Beobachtung ins Krankenhaus bringen lassen. Es können noch später Gehirnblutungen auftreten" erklärt Sonja ihn und holt aus dem Notfallrucksack vier Schmerztabletten. Sie gibt dem jungen Mann die Tabletten. „Eine Tablette nehmen sie jetzt und die anderen nach Bedarf" erklärt Sonja den jungen Mann und gibt ihn ein Becher mit Wasser. Herr Wohlers schluckt die Tablette mit Wasser runter.

„Nein ich will nicht ins Krankenhaus. Bei mir stimmen doch die ganzen Werte. Ich habe noch jede Menge Arbeit vor mir".

„Wenn sie arbeiten können mit ihren Kopfschmerzen dann gehen sie halt arbeiten. Sie müssen mir aber einen Zettel unterschreiben dass sie auf eigener Verantwortung nicht ins Krankenhaus gebracht werden wollen" bittet Sonja ihren Patienten und gibt ihn das Notfallprotokoll. Der junge Mann unterschreibt das Formular und trinkt den Becher leer. „So Herr Wohlers. Wenn sie stärkere Kopfschmerzen oder andere Beschwerden bekommen fahren sie sofort ins Krankenhaus oder zu ihren Hausarzt" bittet die Notärztin den jungen Mann, während sie den Notfallrucksack schließt. In den Moment öffnet Holger die Tür vom Rettungswagen.

„Schnell Sonja du muss kommen. Der Bauch der Patientin wird immer härter" berichtet Holger die Notärztin.

„Ja ich komme" sagt Sonja und springt auf. Sie nimmt den Notfallrucksack auf dem Rücken und steigt aus dem Rettungswagen mit dem jungen Mann. „Alles Gute Herr Wohlers". Sonja schließt die Tür von den Rettungswagen.

„Danke Frau Doktor".

„Passen sie auf sich auf" bittet Sonja den jungen Mann, während die Feuerwehr die Straße reinigt. Ein Abschleppwagen ist auch schon am Unfallort. Sonja rennt mit Holger zum anderen Rettungswagen, öffnet die Tür vom Rettungswagen und steigt in den Rettungswagen ein. Sie schließt die Tür vom Rettungswagen und wendet sich an den Rettungssanitäter. „Wir fahren sofort ins Rote Kreuz Krankenhaus". Holger steigt im Notarztwagen ein. Mit Blaulicht und Martinshorn verlassen der Rettungswagen und der Notarztwagen die Unfallstelle. Sonja drückt die Infusion weiter, dass die Hes in Strahlen in die Kanüle der Patientin läuft.

„Der Blutdruck ist sehr schwach, aber wieder messbar" berichtet Bruno, der Rettungssanitäter ihr. Sie fühlt den Bauch der Patientin.

„Der Bauch wird immer härter. Lukas fahre mal bisschen schneller". Nach fünfzehn Minuten kommen sie in der Notaufnahme des Roten Kreuz Krankenhauses an. Schnell werden die Türen vom Rettungswagen geöffnet. Die Rettungskräfte heben die Schwerverletzte aus dem Rettungswagen. „Schnell wir müssen uns beeilen. Es besteht der dringende Verdacht auf Milzriss und stumpfes Bauchtrauma". Sie rennen mit der Schwerverletzten in die Notaufnahme.

In der Notaufnahme ist es voller Leute, die auf die Ärzte warten. „Bitte machen sie Platz" bittet Sonja eindringlich die Leute die im Wege stehen. Sie rennen durch die Menschenmenge zum Schockraum. „Platz da". Sie eilen in den Schockraum. Dr. Felix erwartet sie schon mit seinem Team von Internisten, Neurochirurgen und Narkoseärzten. „Hallo. Wir bringen eine Schwerverletzte Frau ca. 45 Jahre alt. Es besteht dringender Verdacht auf Milzriss und stumpfes Bauchtrauma. Die Verletzte ist nicht bei Bewusstsein. Habe ihr drei Infusionen Hes in Strahlen gegeben" informiert Sonja den diensthabenden Arzt, während die Pfleger und Ärzte die Schwerverletzte auf die Krankenhausliege heben und anschließend von den Ärzten untersucht wird. Dr. Felix tastet den Bauch der Patientin ab.

„Sie haben recht Kollegin. Schwester Annegret rufen sie in OP an, dass wir gleich mit einer Schwerverletzten kommen" erklärt er die Krankenschwester. „So ich muss in den OP. Es ist heute viel los in der Notaufnahme".

„Ja habe ich schon gesehen. Ich muss auch los. Dann alles Gute für die Patientin" wünscht Sonja, während die Rettungssanitäter die Trage aus den Schockraum schieben.

„Das kann sie gebrauchen. Wird eine schwere Operation werden".

„Ja das kann ich mir vorstellen. Es war schon ein Wunder das wir sie lebend hier hergebracht haben. Dann bis später vielleicht" verabschiedet sich Sonja und verlässt den Schockraum. Sonja geht durch die Menschenmenge, die in der Notaufnahme immer noch auf die Ärzte warten zurück zum Notarztwagen, während die Schwerverletzte in den OP gerollt wird.

Sie öffnet die Beifahrertür und steigt in den Notarztwagen ein.

Sonja schließt die Beifahrertür und schnallt sich an. „War das eben ein schrecklicher Verkehrsunfall Holger. Die ganze Notaufnahme ist voller Menschen" berichtet Sonja Holger, während sie das Krankenhausgelände verlassen.

„Die Ursache, warum der Unfall passiert ist, ist noch unklar" erzählt Holger ihr. Sie fahren zur Rettungsstation zurück. Er parkt den Notarztwagen auf den Parkplatz vor dem Gebäude. „Da wären wir". Holger stellt den Motor ab. Nachdem sich Sonja abgeschnallt hat öffnet sie die Beifahrertür und steigt aus.

Sonja haut die Beifahrertür zu. „Du findest mich in meinen Büro".

„Okay". Sie rennt in das Rettungszentrum. Nachdem Sonja sich einen Becher Kaffee besorgt hat geht sie in ihrem Büro und legt sich etwas auf ihrem Sofa. Ihr Kopf schmerzt sehr heftig. Sonja schläft für kurze Zeit ein bis ihr Melder losschrillt. Sie schreckt hoch, nimmt schnell zwei Kopfschmerztabletten und schluckt sie mit dem Rest kalten Kaffee runter. „Brr". Anschließend zieht sie ihre Notarztjacke über und öffnet die Bürotür. Sie geht aus dem Zimmer und knallt die Bürotür zu. Sonja rennt zum Notarztwagen.

Sonja steigt in den Notarztwagen. Ihr geht es immer noch nicht gut. Ihre starken Kopfschmerzen machen sie fertig. Sie schließt die Beifahrertür und meldet sich per Funk bei der Leitstelle, während Holger im Notarztwagen einsteigt und die Fahrertür schließt. Er startet den Motor und schnallt sich an. „Was ist los?" fragt Sonja den Mann aus der Leitstelle.

„Unfall auf der Baustelle an der Schwachhauser Heerstraße, beim Concordiatunnel".

„Gut sind auf dem Weg". Sonja hängt das Funkgerät ein, während Holger das Blaulicht einschaltet und von dem Gelände der Rettungsstation fährt. Als er auf die Osterholzer Heerstraße einbiegt schaltet er das Martinshorn an. Mit eingeschalten Blaulicht und Sirene fahren sie zum Unfallort. „Das staut sich hier schon alles" stellt Sonja fest als sie in der Kirchbachstraße ankommen und den Stau sehen.

„Da hast du Recht. Es gibt einfach zu viele Autos" meint Holger zu der Notärztin.

„Hast du Licht an? Es ist ein dunkler regennasser Tag".

„Ja habe ich". Nach zehn Minuten kommen sie an der Unfallstelle an. Sonja zieht schnell die Gummihandschuhe über, öffnet die Beifahrertür und steigt aus. Die Notärztin knallt die Beifahrertür zu und rennt zum Verunglückten, während Holger die Notfallkoffer holt und zu Sonja läuft.

„Hallo mein Name ist Frau Dr. Sonja Knebel, die Notärztin. Was fehlt ihnen?"

„Ich kann nicht mehr aufstehen. Das Bein tut sehr weh".

„Wie ist ihr Name?"

„Jochen Siebert".

„Was ist passiert Herr Siebert?"

„Bin vom Gerüst gefallen" antwortet er, während der Rettungswagen mit Blaulicht und Sirene kommt und sich vor den Verletzten stellt.

„Okay. Sind sie einfach nur so vom Gerüst gefallen oder ging es ihnen nicht gut bevor sie von den Gerüst gefallen sind?"

„Nein mir ging es sehr gut. Ich war wohl kurz unaufmerksam und habe das Gleichgewicht verloren. Darum bin ich wohl vom Gerüst gefallen". Die Rettungssanitäter holen die Notfallkoffer raus und laufen zum Verletzten, während die Notärztin das Bein vom Verletzten abtastet.

„Hallo. Können wir helfen?" fragt Ferdinand, der Rettungssanitäter.

„Ja das ist Herr Siebert. Er hat sich einen Unterschenkelbruch des linken Beines zugeführt" erklärt Sonja den Rettungssanitäter. Dirk der andere Rettungssanitäter misst den Blutdruck von den Patienten, während sie einen Body Check bei den Verletzten macht. „Tut ihnen noch was anderes weh außer dem Bein? Haben sie Kopfschmerzen?"

„Nein gar nicht".

„Gut. Kriegen sie einigermaßen Luft Herr Siebert?"

„Ja".

„Gut. Sie bekommen jetzt was gegen ihre Schmerzen im Bein und etwas zur Beruhigung. Dafür muss ich ihnen einen Zugang legen" erklärt Sonja den Mann und holt aus dem geöffneten Notfallkoffer eine Kanüle. Sie bindet den Patienten das Stauband um, reibt den Handrücken mit Desinfektionsmittel ein und packt die Kanüle aus. Sonja sticht sehr vorsichtig in Herrn Siebert Handrücken. „Dirk gebe mir mal Pflaster, das mir nicht die Kanüle rausrutscht". Dirk gibt Sonja Pflaster und klebt die Pflaster auf die Kanüle. Anschließend lässt Sonja darüber eine Infusion laufen. Dirk hält die Infusion hoch.

„Wann kann ich wieder arbeiten?" fragt Herr Siebert ihr.

„Erstmal muss ihr Bein verheilen Herr Siebert". Sonja prüft die Augenreflexe von den Verunglückten. „Sie kommen gleich ins Krankenhaus Sankt-Josef-Stift. Dort werden sie erstmal untersucht. Was machen ihre Schmerzen?" fragt Sonja ihren Patienten, während die Rettungssanitäter die Trage holen.

„Geht so. Muss ich im Krankenhaus bleiben Frau Doktor?"

„Das weiß ich nicht, aber ich denke schon. Fragen sie einfach den Arzt im Krankenhaus". Sonja polstert das verletzte Bein. Die Rettungssanitäter heben Herr Siebert auf die Trage und schieben ihn in den Rettungswagen, als Holger angerannt kommt.

„Schnell Sonja neuer Einsatz" erklärt Holger ihr.

„Ich komme sofort". Sonja verabschiedet sich von Herrn Siebert. „Ich muss mich leider verabschieden Herr Siebert. Wir haben einen Folgeeinsatz bekommen. Ich wünsche ihnen alles Gute".

„Danke Frau Doktor".

Sonja rennt zum Notarztwagen und steigt ein. Nach wenigen Sekunden fahren sie vom Unfallort mit Blaulicht und Sirene. „Was haben wir?" fragt Sonja ihn, der schon mit der Leitstelle telefoniert hat.

„Ein junger Mann ist zusammengeschlagen wurden".

„Wie furchtbar. Und wo?" fragt Sonja ihn erschrocken.

„In der Obernstraße gegenüber von Karstadt".

„Mein Gott. Was sind das bloß für Menschen die einen Menschen so zusammenschlagen, dass sie schwerverletzt am Boden liegen bleiben" sagt Sonja empört. Sie fahren mit Höchsttempo zur Obernstraße. Mit ihnen kamen auch drei Streifenwagen mit Blaulicht an.

„Da laufen die Mistkerle. Gleich vier Stück" sagt Holger wütend.

„Man o Man" sagt Sonja wütend, während sie vor Fielmann halten. Holger lässt das Blaulicht an. Sonja sieht den verletzten Jungen blutend auf den Boden liegen. Daneben sitzt weinend ein junges Mädchen. Nachdem sie die Notfallkoffer aus dem Kofferraum geholt haben rennen Sonja und Holger zum verletzten Jungen.

„Machen sie mal Platz" bittet Sonja sauer einem Mann, der sie hindert zu den verletzten Jungen zu kommen, während der Rettungswagen mit Blaulicht und Sirene ankommt. Der Rettungswagen stellt sich hinter den Notarztwagen.

„Der Junge sieht ja übel zugerichtet aus" stellt Holger fest.

„Hallo ich bin Frau Dr. Sonja Knebel, die Notärztin. Was ist passiert?" fragt Sonja das Mädchen.

„Die haben alle auf meinen Freund eingeschlagen" antwortet das Mädchen weinend.

„Wie heißt ihr Freund?" fragt Sonja, während sie sich zum Verletzten kniet.

„Das ist Mike Kleinert 18 Jahre alt. Ist kaum noch bei Bewusstsein" antwortet Kathy, eine Polizistin, weil das Mädchen kaum was sagen kann, weil sie so weint.

„Du muss den Hals überstrecken sonst erstickt er an die Zunge" erklärt Sonja den jungen Rettungssanitäter Max. In den Moment kommt ein erneuter Polizeiwagen.

„Wo sind die Täter?" fragen die Polizisten Kathy. Sonja und die Rettungssanitäter kümmern sich um den verletzten Jungen.

„Dahinten lang" antwortet Kathy die Polizistin sauer. Die Polizisten rennen weg.

„Schließe das EKG an" bittet Sonja den jungen Rettungssanitäter Max.

„Alles klar" antwortet Max und schaltet das Parameter ein, während Sonja ganz vorsichtig Mikes Oberkörper abtastet.

„Der Blutdruck liegt bei 60 zu 40" informiert Alexander, der Rettungsassistent die Notärztin.

„Das ist sehr wenig. Alexander lege einen Zugang. Es besteht der Verdacht auf eine Rippenserienfraktur und vermutlich Verletzungen der inneren Organe" vermutet Sonja, während Alexander einen Zugang legt. Anschließend lassen sie eine Infusion mit Kochsalzlösung laufen. Weil das Mädchen so weint nimmt es Kathy in die Arme.

„Ja jetzt guckt ihr. Hättet ihr geholfen wäre es nicht passiert ihr Deppen" schreit das Mädchen weinend die Schaulustigen an.

„Kathy bringe mir mal das Mädchen. Sie steht kurz vor einen Schock" bittet die Notärztin die Polizistin. Kathy bringt das Mädchen zu Sonja. „So setzen sie sich zu mir".

„Blutdruck stabilisiert sich wieder. Ich glaube er kommt zu sich" vermutet der junge Rettungssanitäter Max.

„Okay. Ich habe ihren Freund was gegen seine Schmerzen gespritzt" erklärt Sonja den Mädchen, während der verletzte Junge die Augen aufschlägt.

„Er ist stabil. Wir können den Patienten jetzt transportieren" berichtet Max erfreut.

„Ich hole die Trage" sagt Leon, läuft los und holt die Trage. Plötzlich fängt der verletzte Junge an zu husten und zu röcheln. Dabei kommt jede Menge neues Blut aus seinem Mund.

„Was hat er?" fragt das Mädchen die Notärztin.

„Zur Seite" bittet Sonja energisch das Mädchen und rennt zum Kopf des verletzten Jungen, während Kathy das Mädchen beruhigt. „Bereitest du den Beatmungsschlauch 118 Tubus für den Ernstfall vor Alex". Alexander bereitet den 118 Tubus vor. Der junge Mann röchelt ziemlich. Die Notärztin beruhigt den Jungen. „Ganz ruhig atmen" bittet Sonja den verletzten Jungen.

„Was ist eben mit den Patienten passiert?" fragt der junge Rettungssanitäter Max die Notärztin.

„Einer der gebrochenen Rippen hat in die Lunge gestochen. Es besteht akute Lebensgefahr. Wir müssen uns beeilen".

„Er kann kaum noch atmen" bemerkt das junge Mädchen ängstlich.

„Nein er atmet ganz flach" beruhigt Sonja das Mädchen und wendet sich an den verletzten Jungen. Sie spricht ihn behutsam zu. „Mike atmen sie ganz ruhig und flach. Ich gebe ihnen jetzt noch was zur Beruhigung, dann fahren wir sie ins Krankenhaus" erklärt Sonja und spritzt den verletzten Jungen ein starkes Beruhigungsmittel in die Kanüle. „Wenn sie unterwegs keine Luft mehr bekommen helfen wir ihnen. Keine Sorge. Ihre Freundin ist schon die ganze Zeit bei ihnen". Der verletzte Junge will was sagen aber Sonja hält ihn zurück. „Nicht sprechen und ganz flach atmen. So ist es gut Pss" beruhigt die Notärztin ihren Patienten und wendet sich den Mädchen zu. „Möchten sie mit uns fahren? Das wird ihr Freund beruhigen" erklärt Sonja den Mädchen, während der verletzte Junge auf die Trage geschnallt wird.

„Ja ich möchte mitfahren" antwortet das Mädchen. Die Rettungskräfte schieben Mike zum Rettungswagen, als die Polizisten mit den Tätern kommen. „Sind das die Typen?" fragt Holger das Mädchen. Das Mädchen nickt. Mike wird in den Rettungswagen geschoben. Sonja guckt die Täter sauer an.

„Toll was ihr da angerichtet habt. Vier gegen einen ist doch gemein oder?" fragt sie die vier Täter sauer und steigt in den Rettungswagen. Max schließt die Türen vom Rettungswagen.

„Sonja kann ich dich kurz sprechen?" fragt Holger die Notärztin.

„Klar ich komme gleich wieder" sagt sie zu den Rettungskräften. Sonja öffnet die Seitentür vom Rettungswagen, steigt aus und haut die Seitentür zu.

Holger nimmt die Notärztin beiseite. „Wie geht es den Jungen?"

„Er wird es schaffen aber ich könnte kotzen vor Wut".

„Ja ich kann dich verstehen Sonja. Ich fahre hinter euch her". Sonja steigt in den Rettungswagen und schließt die Tür vom Rettungswagen. „So Mike ich werde ihnen jetzt einen Pulsmesser auf den Finger stecken" erklärt Sonja den Jungen, steckt ihn den Pulsmesser am Finger und setzt sich neben ihnen.

„Wir können fahren" bittet Sonja Max, der den Rettungswagen fährt. Mit Blaulicht und Sirene fahren der Rettungswagen und der Notarztwagen vom Unfallort. Die Leute gucken den

Rettungswagen und den Notarztwagen nach. Auf den halben Weg ins Krankenhaus Mitte röchelt Mike nur noch und bekommt kaum noch Luft. Eine Menge neues Blut spritzt aus seinen Mund und sein Puls rast. „Ganz ruhig Mike. Wir sind ja bei dir" beruhigt ihn Sonja und wendet sich an Max. „Max sofort anhalten". Max hält auf den Fußweg am Ostertorsteinweg, lässt das Blaulicht an, steigt aus und knallt die Fahrertür zu. Max steigt hinten mit in den Rettungswagen und schließt die Tür. „Shirin können sie bitte vorne einsteigen?" bittet Sonja das Mädchen, während Alexander die Intubation vorbereitet.

„Ja muss er sterben?" fragt das Mädchen die Notärztin.

„Nein ich erleichtere ihn nur das Luft kriegen. Sie brauchen also keine Angst haben". Shirin öffnet die Seitentür vom Rettungswagen, steigt aus, knallt die Seitentür zu und steigt vorne auf die Beifahrerseite ein, während Sonja den verletzten Jungen intubiert. „Wir können fahren". Max steigt aus dem Rettungswagen, schließt die Hintertür, steigt vorne wieder ein und startet den Motor. Mit Blaulicht und Sirene fahren sie ins Krankenhaus Mitte. Dort werden sie schon von einer Ärzteschar erwartet. Sonja öffnet die Seitentür vom Rettungswagen und steigt aus dem Rettungswagen. Sie erklärt kurz die diensthabende Ärztin die Situation, gibt das Einsatzprotokoll dem Oberarzt, während die Rettungssanitäter den verletzten Jungen aus dem Rettungswagen tragen und ihn in die Notaufnahme schieben.

Sonja verabschiedet sich von dem Mädchen. „Ich wünsche ihnen alles Gute für sie und ihren Freund. Das ihr Freund den Überfall gut verkraftet".

„Danke". Anschließend steigt Sonja in den Notarztwagen, während das Mädchen in die Notaufnahme rennt. Sie fahren zurück zum Rettungszentrum.

„Mensch war das ein harter Fall" sagt Holger.

„Ja da hast du recht. Er wird später psychologische Hilfe brauchen. So was verarbeitet man nicht so einfach. Weiß du was Holger. Ich lasse mich jetzt von Dr. Haase ablösen. Habe immer noch heftige Kopfschmerzen. Unser Dienst würde noch drei Stunden gehen. Das halte ich nicht mehr durch".

„Mache das Sonja. Du siehst auch ganz schön kaputt aus. Wenn die Kopfschmerzen nicht besser werden gehe zum Arzt oder fahre ins Krankenhaus". Sie fahren auf das Gelände der Rettungsstation.

„Ich lege mich gleich zuhause hin, dann wird es schon wieder besser. Ich sage jetzt Dr. Haase Bescheid. Ich wünsche dir noch einen schönen Tag Holger. Bis dann".

„Ich wünsche dir gute Besserung Sonja".

„Danke kann ich brauchen. Dr. Haase ist auch ein netter Kollege". Sonja schnallt sich ab, öffnet die Beifahrertür, steigt aus und knallt die Beifahrertür zu.

Dann geht Sonja in den Aufenthaltsraum, wo Dr. Haase am Tisch sitzt und Einsatzberichte in seinen Notebook tippt. „Hallo Philipp" grüßt Sonja ihn und schließt die Tür von dem Aufenthaltsraum.

„Hallo Sonja. Schön dich zu sehen" grüßt ihr Kollege und guckt Sonja dabei an. „Was hast du denn gemacht?"

„Ich hatte gestern einen kleinen Unfall. Bin bei einer Vollbremsung voll gegen das Regal im Rettungswagen gehauen".

„Ach du Schande. Wie geht es dir denn jetzt?" fragt Dr. Haase ihr.

„Nicht sehr gut. Ich habe immer noch heftige Kopfschmerzen Philipp. Darum frage ich dich ob du mich jetzt schon ablösen kannst? Ich halte die Kopfschmerzen nicht mehr aus".

„Klar löse ich dich ab. Ich möchte dich aber gerne mal eben durchchecken. Gehen wir in deinen Büro Sonja?" fragt der Notarzt Sonja.

„Meinetwegen". Sie gehen in Sonjas Büro.

„So Sonja setze dich mal auf die Liege" bittet Dr. Haase sie und schließt die Tür von Sonjas Büro. Sonja setzt sich auf die Liege, während ihr Kollege eine kleine Taschenlappe nimmt und ihr in die Augen guckt, um ihre Pupillen zu kontrollieren. „Die Pupillen reagieren normal. Ist dir schlecht und schwindelig?" Philipp bindet ihr die Blutdruckmanschette um.

„Nein ich habe nur heftige Kopfschmerzen". Dr. Haase misst ihren Blutdruck.

„Bisschen wenig Sonja dein Blutdruck. Er ist nur bei 105 zu 80. Siehst du Doppelbilder?" Sonja schüttelt den Kopf. Anschließend zieht Dr. Haase das Pflaster ab, um die Wunde zu betrachten. „Die Platzwunde sieht gut aus. Ich klebe dir jetzt noch ein neues Pflaster auf die Wunde. Ab Morgen kannst du das Pflaster weglassen". Der junge Arzt holt aus der Schublade ein neues kleineres Pflaster raus und klebt es auf die Wunde. „Fertig Sonja. Wenn bis Morgen deine Kopfschmerzen nicht besser werden fahre bitte ins Krankenhaus. Dann muss du dir eine Computertumorgrafie unterziehen, ob du dir nicht was Schlimmeres zugezogen hast okay".

„Du machst mir ja Angst Philipp. Ich lege mich gleich wenn ich zuhause bin auf das Sofa". Sonja steht von der Liege auf. „Übernimmst du jetzt meinen Dienst Philipp?"

„Mach das du verschwindest Sonja. Brauchst du noch was gegen die Kopfschmerzen?"

„Nein ich habe noch Kopfschmerztabletten zuhause".

„Gut. dann löse ich dich jetzt ab. Ich wünsche dir gute Besserung". Er öffnet die Tür von Sonjas Büro und geht raus.

„Ich danke dir Philipp. Ich wünsche dir einen schönen Abend".

„Ja danke und du legst dich hin" Er schließt die Tür. Anschließend zieht sich Sonja um. Sie zieht Jeans, Turnschuhe und Pullover an und ihre hellblaue Wolfskinjacke über. Sie verlässt anschließend das Büro und schließt die Tür ab, während Dr. Haase mit Holger zum Einsatz fährt. Anschließend läuft sie durch den Aufenthaltsraum und schließt die Tür.

Sonja geht zum Parkplatz wo ihr Auto steht, schließt die Fahrertür auf, öffnet die Fahrertür und steigt ein. Sie steckt den Zündschlüssel ins Lenkschloss, schließt die Fahrertür und legt ihre Tasche auf den Beifahrersitz. Anschließend dreht sie den Zündschlüssel um. Der Motor springt sofort an. Sonja fährt rückwärts aus der Parklücke und verlässt anschließend das Gelände der Rettungsstation. Auf der Osterholzer Heerstraße staut es sich. „Das auch noch" regt sich Sonja auf. In den Moment fängt es an zu gießen. Sonja schaltet die Scheibenwischer an und reiht sich in der Schlange ein. Sie massiert sich die Schläfen. „Da habe ich jetzt keine Lust zu lange im Stau zu stehen. Sie fährt auf die Tankstelle rauf und wendet dort. Sonja fährt über Sebaldsbrück nach Hause. Nach einer halben Stunde fährt sie in die Hauseinfahrt rein. Dann hält Sonja auf den Parkplatz vor ihrem Haus und stellt den Motor aus. Sie öffnet die Fahrertür, nimmt ihre Tasche, steigt aus und haut die Tür zu.

Dann geht sie zum Hauseingang, schließt die Haustür auf und geht in die Wohnung. „Hallo meine Süßen". Sie schließt die Haustür und zieht ihre Wolfskinjacke aus. Sonja hängt sie an die Garderobe und geht ins Wohnzimmer. Als Sonja im Wohnzimmer reinkommt spielen die Kinder mit Bernhard Bausteine. „Hallo meine Lieben".

„Hallo Mama" ruft Max und läuft zu Sonja, während sie ihren Mann Bernhard einen Kuss gibt.

„Hallo mein Schatz. Hast du nicht noch Dienst Schatz?" fragt Bernhard seine Frau, während Sonja Max auf den Arm genommen hat.

„Hallo Sabinchen" grüßt Sonja und küsst sie auf die Stirn. „Nein. Ich wurde von Dr. Haase abgelöst. Ich habe immer noch heftige Kopfschmerzen". Sie setzt sich mit Max auf das Sofa. Bernhard richtet sich auf und setzt sich zu Sonja.

„Mensch Schatz. Dann lege dich auf das Sofa. Du siehst ziemlich kaputt aus". Bernhard holt eine Wolldecke, während Max auf Sonjas Schoß sitzt.

„Und du mein Schatz. Wie geht es dir?" fragt Sonja ihren kleinen Sohn Max.

„Gut geht es mir Mama. Spielst du mit mir und Sabinchen?"

„Nein Max jetzt nicht. Ich will mich ein bisschen hinlegen. Bin ziemlich kaputt und habe heftige Kopfschmerzen". Sonja legt sich auf das Sofa. Bernhard deckt sie zu, während Max traurig zu Sabinchen geht, um mit ihr Bauklötze zu spielen.

„Schade" sagt er traurig.

„Max Mama geht es nicht so gut. Wir spielen gleich weiter, wenn ich Mama versorgt habe". Sonja nimmt Sabinchen auf dem Arm.

„Papa was ist mit Mama?"

„Mama hatte gestern einen Unfall. Dabei ist sie mit den Kopf bei der Vollbremsung gegen das Regal im Rettungswagen gehauen." erklärt Bernhard seinen kleinen Sohn.

„Arme Mama. Tut dein Kopf doll weh?" Max rennt zu Sonja, die auf dem Sofa mit Sabinchen liegt.

„Ja ziemlich tut mir der Kopf weh Max. So Max du nimmst jetzt deine Schwester mit und spielst noch ein bisschen mit Papa. Ich lege mich inzwischen hin okay. Nachher mache ich uns ein tolles Abendbrot".

„Ja komm Schnuffi lassen wir Mama mal in Ruhe schlafen" sagt Max zu seiner kleinen Schwester. „Gute Besserung Mama" wünscht der Kleine Sonja und geht mit Sabinchen zu den Bauklötzen zurück.

„Danke mein Schatz".

„Mama ich habe doch Donnerstag Geburtstag nech?" fragt Max seine Mutter und verschwindet aus dem Wohnzimmer. Er holt seinen Schmerzsaft aus der Küche, geht wieder ins Wohnzimmer und gibt den Schmerzsaft seine Mutter.

„Ja du hast Donnerstag Geburtstag mein Schatz". Bernhard erscheint im Wohnzimmer.

„Mama hier ist mein Schmerzsaft. Vielleicht hilft er dir ja auch gegen dein Kopfweh" erklärt Max seine Mutter und stellt ihr das Schmerzsaft auf den Tisch.

„Ach wie süß Max. Nein der Schmerzsaft ist nur für Kinder und nicht für Erwachsene. Aber danke Max dass du an mich gedacht hast. Bringe ihn wieder in die Küche mein Schatz". Max geht wieder in die Küche und bringt seinen Schmerzsaft zurück auf das Regal. Anschließend kommt er wieder zurück.

„Soll ich dir eine Kopfwehtablette holen?" fragt Max seine Mama.

„Nein mein Schatz. Ich habe vor kurzem erst eine Tablette genommen, aber es ist lieb gemeint. Gehe jetzt spielen".

„So ihr Mäuse wir spielen oben im Kinderzimmer weiter, dass Mama sich ausruhen kann. Geht schon mal rauf" bittet Bernhard die Kinder. Max nimmt Sabinchen an die Hand und geht mit ihr nach oben.

„Ich komme gleich" erklärt Bernhard Max und Sabinchen und wendet sich an Sonja. „Brauchst du noch was Schatz?"

„Nein".

„Brauchst du eine Aspirin Tablette?"

„Nein vielleicht später. Ich möchte einfach etwas schlafen". Sonja küsst Bernhard auf den Mund.

„Okay. Wenn du was brauchst rufe mich. Bin oben im Kinderzimmer". Bernhard geht zum Telefon. „Das Telefon nehme ich mit nach oben. Damit du nicht gestört wirst". Er nimmt das Telefon und geht nach oben. Sonja hört wie er die Tür vom Kinderzimmer schließt. Dann schläft sie ein. Als Sonja um 22:00 Uhr aufwacht sitzt ihr Mann Bernhard auf den Sessel und guckt fernsehen.

„Hallo Schatz. Wo sind die Kinder?" fragt Sonja ihren Mann verschlafen.

„Die schlafen schon seit zwei Stunden" antwortet Bernhard, während sich Sonja aufrichtet.

„Wie spät ist es denn?" fragt Sonja ihn und setzt sich auf das Sofa.

„Kurz nach 22:00 Uhr".

„Was schon so spät. Ich wollte euch doch ein tolles Abendbrot machen".

„Ich habe dir paar Schnittchen mit Wurst und Käse gemacht. Außerdem eine Schüssel mit Tomaten mit Mozzarella fertig gemacht. Steht in der Küche. Die Kinder und ich haben schon gegessen".

„Ihr hättet mich doch wecken können". Bernhard geht in die Küche. Er kommt mit den Tablett wieder und stellt die Schnittchen und die Schüssel, mit den Tomaten und den Mozzarella, auf den Wohnzimmertisch. Außerdem hat er Sonja Tee gemacht und legt Besteck und eine Serviette auf den Tisch.

„Nein das wollten wir nicht. Du hast so schön geschlafen Liebling. Guten Appetit mein Schatz".

„Danke Liebling". Sie küssen sich. Anschließend isst Sonja das leckere Essen. Bernhard guckt fernsehen.

„Geht es dir denn wieder besser Schatz?"

„Ich glaube mir fehlte Schlaf. Daher auch die Kopfschmerzen. Mir geht's wieder ganz gut. Wie war es mit Max heute?" Sonja steckt sich eine Tomate mit Mozzarella in den Mund.

„Sehr gut. Habe Max heute noch zuhause gelassen. Er hat die ganze Zeit mit mir und Sabinchen gespielt".

„War gut dass du ihn noch zuhause gelassen hast. Hatte er noch Kopfschmerzen?" fragt Sonja ihn besorgt und isst die Schnittchen auf.

„Ja so um 16:00 Uhr hatte Max wahnsinnige Kopfschmerzen. Da habe ich ihnen seinen Schmerzsaft gegeben" erklärt Bernhard seiner Frau.

„Das gefällt mir überhaupt nicht mit Max Kopfschmerzen Schatz. Hat der Schmerzsaft seine heftigen Kopfschmerzen gelindert?" fragt Sonja ihren Mann und isst die letzte Tomate mit den Rest Mozzarella auf.

„Ja nach einer halben Stunde haben seine Kopfschmerzen nachgelassen und es war wieder alles in Ordnung". Bernhard trägt den leeren Teller und die Schüssel in die Küche zurück. Er sortiert sie in den Geschirrspüler ein und kommt wieder ins Wohnzimmer.

„Trotzdem müssen Max Kopfschmerzen weiter durch Dr. Norden abgeklärt werden". Sonja trinkt den Rest Tee aus ihrem Becher.

„Du hast ja Recht Schatz. Wann hast du wieder einen Termin bei Dr. Norden Schatz?"

„Ich werde Morgen bei Dr. Norden anrufen um einen schnellen Termin für Max zu bekommen". Sonja steht auf. Sie faltet die Wolldecke zusammen und packt sie auf das Sofa, während Bernhard den Fernsehen ausmacht.

„Mach das Schatz. Muss du Morgen arbeiten?"

"Ja leider schon. Mal sehen wie es mir Morgen geht".

"Hast du doch noch Kopfschmerzen Schatz?"

"Etwas brummt mein Schädel noch". Sie bringt den Becher und die Thermoskanne in die Küche, sortiert den Becher in die Geschirrspülmaschine, spült die Thermoskanne aus und verlässt die Küche. Sonja geht ins Wohnzimmer zurück und setzt sich auf das Sofa. "Muss du Morgen arbeiten Schatz?" fragt sie ihrem Mann.

"Ja ich habe jede Menge Arbeit vor mir. Dein Auto ist übrigens wieder in Ordnung".

"Was war denn mit meinen Auto?" fragt Sonja ihren Mann interessiert.

"Der Schlauch zwischen der Zündung und des Motors hat sich gelöst. Ich habe ihn wieder richtig rangemacht. Wenn der Wagen wieder nicht anspringt musst du einfach den Schlauch wieder dranmachen".

"Danke Schatz, aber wenn das noch mal passiert bringe ich den Wagen in die Werkstatt Schatz. Ich habe die Faxen dicht. Es kann doch nicht sein das der Schlauch immer abreißt" regt sich Sonja auf.

"Da hast du Recht mein Bärchen" erklärt Bernhard.

"Das Auto ist erst zwei Jahre alt Schatz"

"Schatz lass uns schlafen gehen".

"Okay". Sonja macht das letzte Licht im Wohnzimmer aus und verlässt mit Bernhard das Wohnzimmer. Sonja und Bernhard gucken noch kurz zu den Kindern ins Kinderzimmer. Max und Sabinchen liegen in ihrem Betten. Max hat die Decke beim Schlaf runtergeschmissen. Sonja hebt die Bettdecke auf und deckt Max zu. "Nicht das du dich noch erkältest mein Schatz. Schlaf gut und träume süß" flüstert Sonja und gibt ihren Sohn einen Kuss auf die Stirn. Anschließend geht sie zu Sabinchen rüber, während Bernhard Max auch einem guten Nachtkuss gibt. Sonja deckt Sabinchen auch richtig zu, denn ein Bein ist nicht unter die Decke gewesen. "Schlaf gut meine Maus und träume süß" flüstert Sonja ihrer kleinen Tochter zu und gibt Sabinchen einem guten

Nachtkuss auf die Stirn. Bernhard tut das gleiche. „Wir haben euch beide ganz doll lieb". Sonja verlässt mit Bernhard das Kinderzimmer und macht die Tür ran. Anschließend gehen die beiden ins Schlafzimmer und schließen die Tür. Sonja geht ins Badezimmer, während Bernhard sich den Schlafanzug anzieht. Nach zehn Minuten kommt Sonja aus dem Badezimmer. „Na schläfst du schon mein Schatz?"

„Nein ich gehe jetzt ins Bad". Sie zieht sich auch ihren Schlafanzug an, steigt ins Bett und deckt sich zu. Anschließend nimmt sie ihr Krimi, der auf den Nachttisch liegt, und liest bis Bernhard aus dem Badezimmer kommt. „Du hast mir heute gar nicht viel von deinen Einsätzen erzählt Schatz". Bernhard macht das Oberlicht aus und steigt ins Bett. Er deckt sich zu.

„Es war ein sehr schwerer Unfall am Neustädter Hafen".

„Habe ich bei Buten un Binnen gesehen. Da hast du ja geschlafen Schatz".

„Ja. Das schlimmste was ich heute erlebt habe war das ein Junge schwer zusammen geschlagen wurde. Vier gegen einen. Das war ziemlich gemein" erzählt Sonja ihn.

„Ist der Junge schwer verletzt?"

„Es reicht. Rippenserienfrakturen wo eine kaputte Rippe in die Lunge gegangen ist. Wahrscheinlich ein mittleres Schädelhirntrauma und jede Menge Prellungen. Was er wohl brauchen wird ist psychologische Hilfe".

„Das ist natürlich schlimm was mit den Jungen passiert ist, aber du konntest ihn ja retten. Jetzt zu Max Geburtstag. Wer kommt am Nachmittag Schatz?"

„Max drei Freunde Tim, Knut und Stefan, dann meine Freundin Ruth, meine Eltern, deine Eltern und meine Schwester. Kommt dein Bruder auch?"

„Ja Hendrik kommt auch"

„Das ist toll. Wie alt ist er denn jetzt dein Bruder?"

„Er wird in Dezember 25 Jahre alt. So Sonja ich versuche jetzt zu schlafen. Ich muss Morgen arbeiten".

„Okay. Ich lese noch einen Kapitel. Schlaf gut" wünscht Sonja. Sie geben sich einen Gute Nacht Kuss, dann macht Bernhard seine Nachttischlampe aus und legt sich hin. Sonja nimmt ihr Buch und liest. Nach einen Kapitel legt sie das Lesezeichen rein und klappt das Buch zu. Sie legt das Buch auf ihrem Nachttisch, knipst das Nachttischlämpchen aus und legt sich hin. Nach paar Sekunden sind beide eingeschlafen.

Dienstag, 14. Mai 2013

Den ganzen Dienstag liegt Sonja mit starken Kopfschmerzen im Bett. Sie hat sich am Morgen bei Herr Brunau krank gemeldet. Dann ist sie wieder ins Bett gegangen. Bernhard hat Max mit Sabinchen mittags vom Kindergarten abgeholt. Am Nachmittag guckt Bernhard nach seiner Frau. Sonja ist gerade wach geworden. „Hallo Schatz. Wie geht es dir?" fragt er sie besorgt.

„Mir geht es ziemlich mies. Mein Kopf schmerzt wie verrückt" antwortet Sonja verschlafen.

„Das ist nicht gut. Du machst mir Sorgen Schatz. Bitte gehe zum Arzt. Brauchst du eine Kopfschmerztablette?"

„Ja bringe mir mal zwei Aspirin Tabletten Liebling".

„Ich hole sie dir eben. Komme gleich wieder" erklärt Bernhard und geht aus dem Schlafzimmer. Als Sonja die zwei Kopfschmerztabletten geschluckt hat legt sie sich wieder schlafen.

Mittwoch, 15. Mai 2013

Am Mittwochmorgen um halb sieben klingelt der Wecker im Schlafzimmer. Sonja will sich aufrichten, kann es aber nicht weil ihr Kopf immer noch derartig schmerzt. „Verdammter Mist" flucht sie.

„Was ist los Schatz?" fragt Bernhard seine Frau verschlafen.

„Ich habe immer noch rasende Kopfschmerzen Liebling".

„Jetzt reicht es Schatz. Du gehst heute zu Sybille, die soll dich mal durchchecken. Ich melde dich heute bei der Arbeit krank". Bernhard richtet sich auf und steht vom Bett auf.

„Ich brauche nur zwei Kopfschmerztabletten dann geht es schon wieder".

„Nein Schatz. Du bleibst erstmal im Bett liegen. Ich hole dir zwei Kopfschmerztabletten und das Telefon. Keine Widerrede Schatz". Er verlässt das Schlafzimmer. Sonja bleibt verdutzt im Bett liegen. Bernhard geht nach unten in die Küche, holt ein Glas aus dem Schrank, schließt die Schranktür wieder und füllt das Glas mit Wasser. Anschließend nimmt er aus dem Medikamentenschrank zwei Aspirin Tabletten, schließt wieder den Medizinschrank, nimmt das Glas mit den zwei Aspirin Tabletten und verlässt die Küche. Bevor er wieder die Treppe nach oben steigt nimmt er das Telefon in die Hand, steigt die Treppe hoch und geht ins Schlafzimmer. „So mein Schatz. Hier ist das Glas Wasser mit zwei Aspirin Tabletten. Andere Schmerztabletten haben wir nicht mehr Schatz. Lasse dir bitte neue Kopfschmerztabletten von Sybille aufschreiben".

„Ja mache ich Schatz" antwortet Sonja und schluckt die zwei Aspirin Tabletten mit Wasser.

„Ist dein Chef schon da?" fragt Bernhard ihr und setzt sich auf den Stuhl, neben dem Bett.

„Ja er ist meistens schon um 7:00 Uhr da. Danke Schatz dass du mich krankmeldest bei meinen Chef. Gestern war er nicht so begeistert, wo ich mich krank gemeldet habe. Ich würde mich wieder überreden lassen den Dienst trotz Schmerzen zu machen" schildert Sonja müde.

„Das ist doch unverantwortlich Schatz. Du bist doch nicht richtig konzentriert wenn du Schmerzen hast" erklärt Bernhard ihr und wählt die Nummer von Sonjas Vorgesetzten. „Du versprichst mir aber Schatz das du heute zu Sybille gehst okay! Die soll dich für Ende dieser Woche krankschreiben". Bernhard hält den Hörer am Ohr. Sonja nickt.

„Ja mache ich Schatz" verspricht sie Bernhard müde. Nach paar Sekunden hebt Herr Brunau ab.

„Rettungsstelle Mitte Brunau mein Name. Was kann ich für sie tun?"

„Guten Morgen Herr Brunau. Ich bin Bernhard Knebel der Mann von Frau Dr. Sonja Knebel".

„Hallo Herr Knebel. Was kann ich für sie tun?"

„Ich muss leider meine Frau heute noch mal krankmelden. Sonja hat immer noch rasende Kopfschmerzen. Lag gestern nur im Bett. Sie hatte ja am Montag den Unfall im Rettungswagen" schildert Bernhard ihn.

„Ja habe ich schon gehört. Das hört sich nicht gut an. Sie sollten mit ihrer Frau ins Krankenhaus fahren. Nicht dass sich ihre Frau ein Schädelhirntrauma oder sogar eine Gehirnblutung geholt hat".

„Sonja geht heute noch zu unsere Hausärztin" verspricht Bernhard Herr Brunau.

„Gut dann weiß ich Bescheid. Sagen sie ihrer Frau gute Besserung von mir".

„Ja mache ich. Schönen Tag noch Herr Brunau".

„Ebenfalls. Wiederhören" sagt Herr Brunau und legt auf. Bernhard legt auch auf und legt das Telefon auf das Bett.

„Was hat er gesagt?" fragt Sonja ihren Mann.

„Das ich dich ins Krankenhaus fahren soll, falls du ein Schädelhirntrauma oder sogar eine Gehirnblutung erlitten hast. Ich soll dir gute Besserung von ihnen ausrichten. So ich muss mich jetzt fertig machen Schatz. Du bleibst im Bett liegen". Bernhard sucht seine Klamotten aus dem Kleiderschrank.

„Jawohl Chef". Sonja legt sich wieder hin. Sie fühlt sich immer noch miserabel. Ihr Kopf schmerzt sehr heftig. Während Bernhard im Badezimmer beschäftigt ist schläft Sonja wieder ein. Als sie nach einer halben Stunde wieder aufwacht geht es ihr ein bisschen besser. Das Pochen hinter der Stirn ist etwas besser geworden. Bernhard kommt angezogen ins Schlafzimmer und setzt sich zu Sonja auf das Bett.

„Na Schatz hast du etwas geschlafen?" Sonja nickt. „Geht es dir etwas besser?"

„Geht schon Liebling" antwortet Sonja und setzt sich auf.

„Aber du gehst heute zu Sybille versprochen Schatz!".

„Ja mache ich. Sybille soll mir neue Migränetabletten aufschreiben. Ich glaube nämlich das ich mal wieder einen Migräneanfall habe Schatz".

„Das kann schon sein Schatz. Ich mache mir ja nur Sorgen weil doch erst Montag der Unfall war. Du hast erst seit dem Unfall starke Kopfschmerzen bekommen".

„Ich rufe nachher Sybille an Schatz. Ich muss heute auch noch Kuchen backen für Max Geburtstag Morgen" erklärt Sonja und hält sich die Stirn, weil es hinter der Stirn wieder ziemlich pocht.

„Übernehme dich nicht Schatz. Ich mache Frühstück in der Küche". Er nimmt das Telefon und steht vom Bett auf.

„Ich gehe jetzt duschen". Sonja steht vom Bett auf, sucht Kleidung aus dem Schrank, geht ins Badezimmer und schließt die Tür, während Bernhard in die Küche geht. Er deckt den Frühstückstisch als das Telefon klingelt. Er geht an das Telefon und meldet sich.

„Bernhard Knebel".

„Hallo Bernhard. Ruth hier".

„Hallo Ruth. Wie geht es dir?"

„Gut. Wie geht's euch?"

„Mir und Sabinchen geht es ganz gut. Sonja und Max geht es nicht so gut. Sie leiden Beide unter starken Kopfschmerzen in Moment".

„Ach du Schande. Ist Sonja denn da?"

„Ja ist sie. Sie ist oben im Schlafzimmer. Willst du sie haben?" fragt Bernhard stürmt mit den Telefon nach oben ins Schlafzimmer. „Schatz Ruth ist am Telefon. Sie will dich gerne sprechen" berichtet Bernhard seine Frau, während Sonja sich gerade die Socken anzieht.

„Dann gebe mir mal das Telefon Schatz" bittet Sonja Bernhard und greift nach dem Telefonhörer. „Kannst du eben die Kinder wecken?"

„Klar".

„Danke Liebling". Sonja wendet sich an ihrer Freundin, während Bernhard das Schlafzimmer verlässt. Sie setzt sich auf das Bett. „Hallo Ruth. Was gibt es?"

„Hallo Süße. Ich habe schon von deinen Mann erfahren dass es dir nicht so gut geht".

„Ich habe nur etwas Kopfschmerzen".

„Das ist nicht so gut. Wie geht es Max?"

„Na ja es geht so. Max hatte gestern Nachmittag wieder starke Kopfschmerzen. Ich lag auch gestern den ganzen Tag im Bett und hatte heftige Kopfschmerzen" erzählt Sonja ihre Freundin.

„Ach du Arme. Hast du wieder einen Migräneanfall Sonja?"

„Ja das wird es wohl sein. Mir ist was Blödes passiert Süße. Das muss ich dir erzählen. Ich hatte Montag einen kleinen Unfall".

„Was ist passiert?" fragt Ruth erschrocken.

„Ich bin bei einem Einsatz im Rettungswagen mit dem Kopf bei einer Vollbremsung voll gegen das Regal gestoßen. Habe eine Platzwunde davon getragen, die genäht werden musste".

„Um Gottes Willen Süße. Daher können auch deine starken Kopfschmerzen herrühren. Das muss nicht Migräne sein. Wie geht es dir in Moment?"

„Ich habe Gott sei Dank kein Schädelhirntrauma".

„Aber Kopfschmerzen hast du oder?"

„Etwas. Ich habe eben zwei Aspirin Tabletten geschluckt. Ich hoffe die helfen".

„Es kann doch trotzdem ein Schädelhirntrauma sein. Hast du das schon abgeklärt?" fragt Ruth ihre Freundin.

„Ja Dr. Haase mein Kollege hat mich gestern durchgecheckt" erzählt Sonja und zieht ihre Jeans über.

„Ist dir denn schwindelig und schlecht?"

„Willst du jetzt meinen Job machen? Nein schlecht und schwindelig ist mir nicht aber der Kopf dröhnt mir ganz schön seit dem Unfall von vorgestern. Deshalb hat mich Bernhard heute bei der Arbeit krankgemeldet".

„Das ist gut dass dich Bernhard heute krank gemeldet hat. Warum ich anrufe. Hast du Lust heute Mittag zum Essen zu mir zu kommen?"

„Das ist keine schlechte Idee. Muss erst Max zum Kindergarten bringen, dann kurz zu meiner Hausärztin das sie mir neue Kopfschmerztabletten aufschreibt. Die Aspirin Tabletten helfen mir nicht mehr. Anschließend komme ich mit Sabinchen zu dir. Was gibt es zu Essen?"

„Wird nicht verraten Süße" antwortet Ruth, als Bernhard mit Sabinchen auf den Arm ins Schlafzimmer kommt.

„Schatz wo ist der Schmerzsaft von Max?" fragt Bernhard seine Frau, während Sonja Sabinchen einen Kuss auf die Stirn gibt.

„Morgen meine Knuddelmaus" sagt Sonja lächelnd zu ihrer Tochter. „Auf dem Küchenregal über die Geschirrspülmaschine müsste der Schmerzsaft stehen Liebling. Hat Max schon wieder Kopfschmerzen?" fragt Sonja ihren Mann besorgt. Bernhard nickt und verlässt mit Sabinchen das Schlafzimmer. „Ruth ich muss aufhören. Max hat schon wieder Kopfschmerzen. Muss nach ihnen sehen. Wir sehen uns ja nachher".

„Okay Süße bis später" verabschiedet sich Ruth und legt auf. Sonja steht vom Bett auf, nimmt das Telefon und verlässt das Schlafzimmer. Als Sonja ins Kinderzimmer kommt gibt Bernhard Max seinen Schmerzsaft.

„Dir wird es gleich besser gehen mein Schatz" verspricht Bernhard den Kleinen.

„Erstmal Guten Morgen mein Schatz" grüßt Sonja ihren kleinen Sohn und küsst ihn auf die Stirn. Sie stellt fest dass Max sehr blass aussieht. „Du gefällst mir heute überhaupt nicht mein Schatz. Komm mal her". Sonja hebt Max auf dem Arm.

„Ich kümmere mich um Sabinchen" erklärt Bernhard und nimmt Sabinchen auf den Arm.

„Danke das du dich um Sabinchen kümmerst Schatz". Sonja fühlt Max Stirn, die aber kalt ist, während Bernhard mit Sabine das Kinderzimmer verlässt. „Ich nehme dich jetzt mit ins Wohnzimmer und lege dich auf die Couch das ich dich beobachten kann". Sonja hebt Max auf ihrem Arm.

„Schnuffel muss mit Mama".

„Natürlich kommt dein Schnuffel mit" verspricht Sonja ihn und nimmt den Stoffhasen aus Max Bett. „Grüß dich Schnuffel. Du musst mir heute helfen. Du musst auf Max aufpassen. Denn geht es nämlich nicht so gut" spricht Sonja mit Max Stoffhasen. Anschließend trägt sie Schnuffel mit Max aus dem Kinderzimmer. Sie trägt Max ins Wohnzimmer auf die Couch und deckt ihn mit der Wolldecke zu. „Hier ist dein Schnuffel". Sonja gibt ihn den Stoffhasen.

„Danke Mama. Mein Kopf tut so schrecklich weh".

„Der Schmerzsaft wirkt leider erst in ein paar Minuten. Muss noch paar Minuten warten dann wird es dir besser gehen. Ich hole dir einen kalten Waschlappen Schatz" verspricht Sonja ihn, während Bernhard mit Sabinchen ins Wohnzimmer kommt. Bernhard setzt Sabinchen auf den Fußboden zu ihren Bauklötzen.

„Schatz ich muss zur Arbeit. Habe Sabinchen zu ihren Bauklötzen gesetzt. Schatz rufe bitte gleich Sybille an". Bernhard geht zu Max der auf den Sofa liegt. „Machst gut mein Kleiner. Bis heute Abend. Freust du dich schon auf deinen Geburtstag morgen?"

Der kleine Junge nickt. „Ja natürlich Papa". Bernhard küsst Max auf die Stirn, als Sonja mit einem Waschlappen zurückkommt und ihn Max auf die Stirn legt.

„So mein Schatz. Gleich wird es dir besser gehen".

„Gehe doch lieber mit Max heute noch zu Dr. Norden Schatz" bittet Bernhard sie und verabschiedet sich von Sabinchen. „Tschüß meine kleine Maus". Bernhard küsst sie auf die Stirn.

„Nein ich werde Max mit zu Sybille nehmen. Sie ist auch Ärztin". Sonja begleitet Bernhard aus dem Wohnzimmer. Sonja und Bernhard gehen zur Haustür.

„Übernehme dich nicht Schatz. Du siehst ganz schön blass aus".

„Ich übernehme mich schon nicht. Die Kopfschmerzen nerven mich einfach. Ich habe heute noch einiges zu erledigen".

„Schatz bitte gehe gleich zu Sybille oder rufe sie zumindest an".

„Das mache ich gleich. Erstmal werde ich nach Max gucken, wie es ihnen geht. Der Schmerzsaft hilft ihn immer ganz gut". Bernhard öffnet die Haustür und sie verabschieden sich mit einem Kuss.

„Liebe Grüße an Sybille". Er geht zu seinen Wagen, schließt die Fahrertür auf, öffnet sie und steigt ein. Bernhard holt den Schwamm raus, steigt wieder aus, haut die Fahrertür zu und befreit die Scheiben von der Feuchtigkeit.

„Schatz du muss noch tanken. Ich habe es vorgestern übersehen das die Tankuhr schon fast auf rot steht. Das habe ich erst gemerkt wo ich hier war. Tut mir Leid Schatz". Sie geht zu Bernhards Wagen.

„Das ist kein Beinbruch Schatz" antwortet Bernhard. Dann öffnet Bernhard wieder die Fahrertür und steigt ein. Er legt den Schwamm auf das Armaturenbrett, schnallt sich an, steckt den Zündschlüssel ins Lenkradschloss und startet den Motor, der sofort anspringt. „Bis heute Abend Schatz und schone dich ein bisschen".

„Ja mache ich" verspricht Sonja und haut die Fahrertür zu. Dann fährt Bernhard rückwärts aus der Hauseinfahrt, während sie vor der Haustür stehen bleibt und winkt. Als Bernhard nicht mehr zu sehen ist geht sie ins Haus, schließt die Haustür und geht ins Wohnzimmer, wo sich die Kinder aufhalten. „So Papa ist zur Arbeit gefahren. Max schlafe ein bisschen. Ich gehe jetzt mit Sabinchen in die Küche frühstücken. Wenn was ist Max rufe mich okay". Sonja nimmt Sabinchen auf dem Arm und verlässt mit ihr das Wohnzimmer. Leise zieht sie die Wohnzimmertür ran. Sie geht mit Sabinchen in die Küche. Sonja stellt das Radio leise an. „Na Maus was möchtest du essen?" Sabinchen zeigt auf das Nutellaglas. „Ah du willst ein Brot mit Nutella Maus?" Sie setzt Sabinchen auf dem Hochstuhl. Anschließend nimmt sie eine Scheibe Weißbrot aus dem Brotkorb und schmiert auf die Scheibe Brot Nutella. Zum Schluss schneidet sie das Brot klein und stellt es Sabinchen auf den Tisch des Hochstuhls „So Maus hier ist dein Brot mit Nutella. Ich binde dir vorher aber dein Lätzchen um". Sonja bindet Sabinchen das Lätzchen um. „Guten Appetit Maus". Sie nimmt das Telefon und setzt sich zu Sabinchen an den Frühstückstisch. Sonja wählt die Nummer ihrer Freundin, die auch ihre Hausärztin ist und hält den Hörer an ihr Ohr. Nach paar Sekunden meldet sich eine Arzthelferin.

„Gemeinschaftspraxis von Herrn Dr. Butschkus, Frau Dr. List, Herrn Dr. Schaumlöffel und Frau Stichweh. Was kann ich für sie tun?" fragt die Sprechstundenhilfe höflich.

„Hallo Sonja Knebel hier. Ich möchte ganz dringend einen Termin bei Frau Stichweh haben".

„Kleinen Moment bitte. Ich hätte noch einen Termin in einer Dreiviertelstunde, also um 8:45 Uhr. Geht das bei ihnen?"

„Ja perfekt. Dann komme ich um viertel vor neun vorbei. Nur ich müsste meine Kinder mitbringen".

„Das ist gar kein Problem Frau Knebel. Wir haben hier Kinderspielzeug und Bücher" antwortet die Sprechstundenhilfe.

„Okay dann ist ja gut. Dann sehen wir uns gleich". Sonja legt auf. Anschließend schmiert sich Sonja auch ein Nutellabrot, isst es am Frühstückstisch und summt ein Lied mit was gerade im Radio gespielt wird. In den Moment erscheint Max in der Küche. „Na wenn haben wir denn da Sabinchen? Ist das der Max?"

„Ja" antwortet Sabinchen und zeigt auf Max mit ihren verschmierten Händchen voller Nutella.

„Wie siehst du denn aus Bienchen?" Sie steht von Frühstückstisch auf, reißt Zebra Wisch und Weg Tücher ab und macht Sabinchens Hände und Gesicht sauber, während Max sich auf den anderen freien Stuhl setzt. Als Sonja Sabinchen das Gesicht und die Hände vom Nutella befreit hat geht sie zu Max. „Schatz. Wie geht es dir?" Sie fest auf Max Stirn. Hinter Sonjas Stirn pocht es wie wild.

„Mein Kopf geht es viel besser Mama".

„Möchtest du auch ein Nutellabrot haben?" fragt Sonja ihren kranken Sohn und massiert sich ihre linke Schläfe.

„Nein. Darf ich in den Kindergarten Mama? Tut dir dein Kopf weh Mama?" Sonja nickt.

„Natürlich darfst du in den Kindergarten mein Schatz. Ich ziehe dich jetzt an und bringe dich mit Sabinchen zum Kindergarten. Hast du denn noch Kopfschmerzen Max?"

„Nein" antwortet Max, während Sonja Sabinchen auf den Arm hebt. Gemeinsam verlassen sie die Küche. Sie steigen die Treppe zum Kinderzimmer rauf. „Mama habe ich Morgen Geburtstag".

„Ja mein Schatz". Sonja merkt dass es ihr gar nicht gut geht. Ihr Kopf schmerzt ununterbrochen und heftig.

„Mama Tim, Knut und Stefan kommen Morgen zu meinen Geburtstag. Das haben sie mir gestern im Kindergarten erzählt. Ich freue mich so Mama".

„Das ist ja toll. Das kannst du auch Schatz". Sonja geht mit den Kindern ins Kinderzimmer und setzt Sabinchen auf den Boden zu ihren Bauklötzen. „Spiel mal ein bisschen Maus". Dann geht sie an Max Kleiderschrank und holt die rote Hose raus. „Möchtest du die rote Jeans und dazu den blauen Pullover mit Spidermann anziehen?"

„Ja" antwortet Max aufgeregt, während Sonja die Sachen aus dem Kleiderschrank rausholt.

„Nicht so laut Max". Sie hilft Max beim Anziehen. „So ab ins Badezimmer mit dir" bittet Sonja ihren Sohn und geht mit ihm ins Badezimmer. Sie gehen zum Waschbecken. Sonja füllt den Zahnputzbecher mit Wasser, macht Putzi-Zahnpasta auf die Zahnbürste und gibt sie Max. „Richtig putzen Schatz". Während Max Zähne putzt schluckt Sonja zwei Aspirin Tabletten mit einem Schluck Wasser herunter. Nach zwei Minuten spuckt Max den Mund aus.

„Mama hast du Kopfweh?"

„Ja habe ich. Trödel nicht solange rum Max. Wir müssen uns heute etwas beeilen. Ich muss gleich noch Sabinchen fertig machen". Sonja verlässt das Badezimmer.

Sonja geht zurück ins Kinderzimmer. Sie geht an den Kleiderschrank von Sabinchen, holt eine Jeanslatzhose und einen roten Pullover aus dem Kleiderschrank. „So Maus dann ziehen wir dich mal an. Max beeile dich ein bisschen" ruft Sonja zu Max.

„Ja bin gleich fertig" schreit Max zurück, während Sonja Sabinchen wickelt. Anschließend zieht sie Sabinchen den roten Pullover und die Latzhose über. „Na Maus jetzt noch die Schuhe anziehen dann bist du fertig" erklärt Sonja ihre kleine Tochter, während Max ins Kinderzimmer kommt.

„Mama kannst du mir die Turnschuhe zu binden?"

„Klar. Sie kniet sich zu Max, um die Turnschuhe zu zubinden, während Sabinchen auf den Boden krabbelt. „Lass es heute ruhiger angehen mein Schatz" bittet Sonja ihn und bindet ihn die Turnschuhe zu.

„Ja mache ich".

„Ich werde auch deine Kindergärtnerin Bescheid sagen dass sie ein bisschen auf dich achten soll, weil es dir heute Morgen nicht gut ging". Sonja schnappt sich Sabinchen vom Boden, hebt sie auf ihrem Arm und verlässt gemeinsam mit Max das Kinderzimmer. Der kleine Junge rennt die Treppe runter, läuft zur Garderobe, nimmt seine Jacke vom Harken und zieht sie über, während Sonja mit Sabinchen die Treppe runterkommt. Sie läuft zur Garderobe, nimmt die Jacke von Sabinchen vom Harken, zieht sie Sabinchen über und trägt Sabinchen mit in die Küche, während Max ungeduldig hinter Sonja herkommt. Nachdem sie das Radio ausgestellt hat kommt Sonja mit Sabinchen aus der Küche. „Max hier ist deine Kindergartentasche". Sie bindet Max die Kindergartentasche um den Hals.

„Danke Mami". Sonja setzt Sabinchen in den Buggy rein.

„Wir müssen aber jetzt endlich los ihr Süßen". Sie zieht ihre Wolfskinjacke über, öffnet die Haustür, schiebt den Buggy mit Sabinchen raus und schließt die Haustür ab.

Anschließend schiebt sie den Buggy zu ihrem Wagen, während Max schon vorauseilt. Als sie am Wagen ankommen, öffnet Sonja die Türen mit der Handfernbedienung. Dann öffnet sie die Hintertür, hebt Sabinchen aus dem Buggy, trägt sie in das Auto und setzt sie in den Kindersitz, schnallt sie an und knallt die Hintertür zu. Nachdem sie die Kinder im Auto angeschnallt hat und den Buggy im Kofferraum gepackt hat steigt auch Sonja ins Auto. setzt sich rein und holt den Fensterwischer aus der Klappe unter dem Armaturenbrett. Sie steigt wieder aus dem Auto und haut die Fahrertür zu.

Dann geht sie nach vorne zur Windschutzscheibe, klappt den Scheibenwischer zurück und zieht die Feuchtigkeit mit den Wischer ab. Nachdem sie die Scheiben von der Feuchtigkeit befreit hat steigt sie wieder ins Auto.

Sonja steckt den Zündschlüssel ins Lenkradschloss, packt den Wischer in die Klappe, haut die Klappe zu, schnallt sich an und dreht den Zündschlüssel um. Der Motor beginnt zu stottern. „Komm schon" bittet Sonja ihren Kia genervt und guckt auf die Uhr, die schon halb neun zeigt. Nach wenigen Minuten hört das stottern des Motors auf und er fängt an zu laufen. Sie schließt die Fahrertür. Sonja fährt rückwärts aus den Hauseingang auf die Straße im Holze und würgt beim anfahren den Motor ab. „Scheiße" flucht Sonja und dreht den Zündschlüssel um. Der Motor springt sofort wieder an.

„Mama Scheiße sagt man nicht das hast du uns immer gesagt".

„Ja da hast du auch Recht Max. So was sagt man nicht, aber ich war halt eben wütend auf mich" entschuldigt sich Sonja bei Max, während Sabinchen in ihrem Kindersitz eingeschlafen ist. Sonja fährt die Leher Heerstraße entlang.

„Mama Sabinchen schläft".

„Lass sie schlafen Max" bittet Sonja ihn genervt und biegt in die Seiffertstraße ein. Nach fünf Minuten parkt Sonja das Auto auf dem Parkplatz des Kindergartengeländes. Sie stellt den Motor aus, öffnet die Fahrertür, schnallt sich ab, steigt aus dem Wagen und haut die Fahrertür zu.

Anschließend öffnet Sonja die Hintertür und schnallt Max ab. „Leise Max. Nicht das wir Sabinchen aufwecken" bittet sie Max, während er aus dem Wagen steigt. Sonja schließt leise die Hintertür und geht mit Max in das Haus. Als Sonja und Max im Kindergarten ankommen bringt Sonja Max zur Garderobe, hilft ihn die Jacke und die Turnschuhe auszuziehen. Dann zieht sie ihn die Hausschuhe über. „So Schatz jetzt bringe ich dich noch in deine Marienkäfergruppe und dann muss ich auch los". Sonja bringt ihn in seine Gruppe. Dort wird Max schon von der Kindergärtnerin erwartet.

„Hallo Max. Tim wartet schon sehnsüchtig auf dich" erzählt die Kindergärtnerin Max und wendet sich an Sonja. „Hallo Frau

Knebel" grüßt Max Kindergärtnerin, während sich Max von seiner Mutter verabschiedet.

„Tschüß Mama". Sonja küsst Max auf die Stirn.

„Viel Spaß Schatz" wünscht Sonja und begrüßt die Kindergärtnerin. „Hallo Frau Grünwald. Max soll es heute ruhig angehen. Ihm ging es heute Morgen nicht so gut" erklärt Sonja die Kindergärtnerin ernst.

„Ist es dann nicht besser Max heute zuhause zu lassen?"

„Max wollte unbedingt in den Kindergarten. Ich habe hier meine Handynummer aufgeschrieben, falls was mit Max ist. Bin gleich bei meiner Freundin, also nur über Handy erreichbar" erklärt Sonja die Kindergärtnerin.

„Haben sie heute mal frei?"

Sonja nickt. „Muss ja auch mal sein".

„Ist in Ordnung Frau Knebel. Wir benachtrichtigen sie falls was mit Max ist".

„Ich muss los" erklärt Sonja und guckt noch mal nach Max, der mit seinen Freunden spielt.

„Ich wünsche ihnen einen schönen freien Tag" wünscht die Kindergärtnerin Sonja.

„Danke. Ich hole Max heute Nachmittag wieder ab". Sonja verlässt den Kindergarten. Sie eilt zum Auto zurück, öffnet die Fahrertür und steigt ein.

Sonja schnallt sich an und guckt auf die Uhr. „Mist schon zehn vor neun". Sie schließt die Fahrertür und dreht den Zündschlüssel um. Der Motor beginnt wieder zu stottern und springt dann an. Sie fährt rückwärts vom Kindergartengelände auf die Straße. Beim anfahren würgt sie wieder den Motor ab. „Mist. Das ist heute nicht mein Tag" flucht sie leise und dreht den Zündschlüssel um. Der Motor springt leider nicht an. Sie versucht den Motor noch mal zu starten aber der Motor stottert nur und geht wieder aus. „Komm blöder Wagen jetzt spring endlich an. Ich habe es eilig" flucht Sonja und dreht den Zündschlüssel um. Diesmal springt der Motor nach langen stottern endlich an. „Dich bringe ich in die Werkstatt". Sie fährt den

Luisenthal lang. An der Horner Heerstraße biegt sie rechts ab und fährt die Horner Heerstraße entlang, wo viel Verkehr herrscht. Es staut sich an der Vorstraße. Sonja muss halten weil es sich vor der Ampel staut. Nach wenigen Minuten geht es weiter. Sie fährt die Lilienthaler Heerstraße lang bis sie in Lehster Deich einbiegt, fährt dann aber gleich wieder rechts in die Feldhauerstraße und sieht dass ein Ford vom Parkplatz fährt. Nachdem der Ford gefahren ist fährt Sonja auf den Parkplatz, stellt den Motor aus, schnallt sich ab und öffnet die Fahrertür. Sie steigt aus und knallt die Fahrertür zu.

Sie geht um den Wagen zur Hintertür, öffnet sie, schnallt Sabinchen ab, die gerade wach geworden ist, hebt Sabinchen aus dem Auto und nimmt sie auf dem Arm. „Na Maus. Bist du wieder wach?" Sonja haut die Hintertür zu und schließt das Auto mit ihrer Fernbedienung zu. Dann geht sie zwischen den Autos zum Eingang der Praxis.

Sonja öffnet die Praxistür und tritt ein. „Guten Morgen" grüßt Sonja und schließt die Praxistür. Sie geht an den Empfangstresen. „Hallo Sonja Knebel mein Name. Ich habe einen Termin bei Frau Stichweh. Ich entschuldige mich für die Verspätung aber das Auto hat Probleme gemacht".

„Das ist kein Problem Frau Knebel. Haben sie ihre Versichertenkarte dabei?" fragt die Arzthelferin Sonja.

„Warten sie". Sonja setzt Sabinchen auf den Empfangstresen, holt ihr Portmonee aus der Jackentasche, öffnet es, holt ihre Versichertenkarten raus und gibt sie der Arzthelferin. Anschließend nimmt sie ihre Tochter wieder auf dem Arm.

„Danke". Die Arzthelferin, liest die Versichertenkarte im Computer ein und gibt sie Sonja wieder, als Frau Stichweh aus ihrem Sprechzimmer kommt. Nachdem Frau Stichweh sich von ihrer Patientin verabschiedet hat geht sie zum Empfangstresen und sieht Sonja mit Sabinchen auf dem Arm. Sie läuft zu Sonja.

„Das gibt es doch nicht Sonja bist du es wirklich?" fragt Frau Stichweh ihre Freundin erfreut.

„Ja ich bin es. Hallo Sybille. Schön dich zu sehen".

„Ja das finde ich auch. Ist die kleine Maus deine Tochter?" Sonja nickt. „Du siehst schlecht aus Sonja. Fehlt dir was?"

„Ja, sonst wäre ich nicht hier".

„Okay ihr kommt gleich dran. Setze euch solange ins Wartezimmer" bittet Frau Dr. Stichweh. Sonja geht mit Sabinchen ins Wartezimmer, während Frau Stichweh mit einer Patientin in ihr Sprechzimmer geht.

„Maus soll ich dir was vorlesen?" Die Kleine nickt. Sonja guckt nach den Kinderbüchern. „Wie wäre es mit dem Buch, der kleine Bär?" Sabinchen nickt. Sie nimmt ihre Tochter auf dem Arm und liest ihr das Buch, der kleine Bär, vor. Als Sonja das Buch Sabinchen zur Hälfte vorgelesen hat erscheint Frau Stichweh im Wartezimmer.

„Frau Dr. Sonja Knebel bitte". Sonja nimmt ihre kleine Tochter auf dem Arm, legt das Buch auf den Tisch und geht aus dem Wartezimmer. Sie gehen ins Sprechzimmer. Frau Stichweh schließt die Tür hinter sich und setzt sich hinter ihrem Schreibtisch, während sich Sonja auf den Stuhl setzt und Sabinchen auf ihrem Schoß nimmt. „Was ist los Sonja?" fragt Frau Stichweh Sonja ernst und besorgt.

„Ich hatte am Montag einen kleinen Unfall".

„Was ist passiert Sonja?"

„Ich hatte einen Rettungseinsatz. Bei der Fahrt ins Krankenhaus mussten wir eine Vollbremsung machen. Dabei bin ich mit meinen Kopf voll gegen das Regal gehauen. Habe eine Platzwunde davon getragen, die genäht werden musste. Seit dem Unfall habe ich ununterbrochene starke Kopfschmerzen".

„Um Gottes Willen Sonja. Warst du schon beim Arzt?"

„Nein Sybille darum bin ich doch zu dir gekommen. Gestern lag ich nur im Bett weil ich solche dollen Kopfschmerzen hatte".

„Warum hast du mich nicht angerufen? Ich wäre zu dir gekommen".

„Ich habe gedacht dass die Kopfschmerzen so wieder weggehen. Sind sie aber leider nicht. Vorgestern hat mich mein Kollege angeguckt, der auch Notarzt ist".

„Was hat er festgestellt?"

„Das es wahrscheinlich ein Schädelhirntrauma ist, aber das glaube ich nicht weil ich kein Schwindelgefühl, Übelkeitsgefühl und Seestörungen habe".

„Ich werde dich jetzt mal untersuchen". Die junge Ärztin steht auf und kommt hinterm Schreibtisch hervor. „Setz dich mal auf die Liege Sonja". Sie nimmt Sabinchen auf dem Arm und geht mit ihr zur Liege und setzt sich auf die Liege, während Frau Stichweh eine Schüssel mit Spielzeug aus dem Schrank holt und sie auf den Boden stellt. „So Süße komm mal auf meinen Arm". Frau Stichweh hebt Sabinchen auf ihrem Arm. „Du darfst dir ein Spielzeug aussuchen und mit nach Hause nehmen Maus. Ich muss mal eben deine Mama untersuchen" erklärt sie die Kleine und setzt sie auf den Fußboden. Dann wendet sich Frau Stichweh Sonja zu..

„Ich habe doch auch mit Migräne zu tun Sybille. Kann das ein Migräneanfall sein Sybille? Bernhard hat mich heute schon krankgemeldet".

„Das werden wir gleich wissen, wenn ich dich untersucht habe. Wo sitzen denn die Kopfschmerzen Sonja?" fragt Frau Stichweh ihre Freundin.

„Hinter der Stirn da pocht es wie sonst was. Kaum auszuhalten" antwortet Sonja, während Frau Stichweh ihr mit einer Taschenlampe in die Augen guckt, um die Pupillenreflexe zu kontrollieren. „Vielleicht sind das ja auch die Sorgen um Max".

„Was ist denn mit Max?" Frau Stichweh guckt ihre Freundin besorgt an.

„Max hat seit einigen Tagen immer wieder starke Kopfschmerzen. War schon mit ihnen beim Kinderarzt, aber er hat nichts Besonderes festgestellt. Er hat Max Schmerzsaft verschrieben, aber der Grund ist noch nicht für seine Kopfschmerzen gefunden worden".

„Das ist nicht so gut. Dann bringe Max doch mal zu mir. Vielleicht habe ich ja eine Lösung" beruhigt Sybille sie und bindet ihr die Blutdruckmanschette um. „Aber erstmal kümmere ich mich um dich Sonja". Frau Stichweh misst Sonjas Blutdruck, der sehr niedrig ist. „Dein Blutdruck ist nicht so besonders Sonja. Er liegt nur bei 105 zu 80".

„Das ist ja komisch" sagt Sonja, während sich Sybille wieder hinter ihrem Schreibtisch setzt.

„Warst du letzter Zeit erkältet?"

„Nicht direkt. Ich habe Montagmorgen Halskratzen und später am Tag Niesanfälle und Nasenlaufen gehabt, aber sonst fehlte mir nichts. Habe mir dann aus der Apotheke Meditonsil und Grippostad C besorgt und gleich zuhause eingenommen. Dann waren die Beschwerden schnell wieder weg. Die Kopfschmerzen sind erst nach dem Unfall aufgetaucht Sybille" erklärt Sonja, während Sabinchen die ganze Schale mit Spielzeug umgeschmissen hat.

„Das mit deinen Kopfschmerzen gefällt mir überhaupt nicht Sonja. Ich möchte dich vorsichtshalber zum CT schicken".

„Meinetwegen". Sonja guckt zu Sabinchen. „Maus warum hast du die ganze Schale umgekippt?" Sonja steht auf, kniet sich zu ihrer Tochter, sammelt das Spielzeug wieder ein und packt es in die Schale zurück.

„Lass sie doch" sagt Frau Stichweh lächelnd und notiert sich die Beschwerden in Sonjas Krankenakte.

„Sybille kannst du mir stärkere Kopfschmerztabletten aufschreiben?" Sonja nimmt Sabinchen auf ihren Schoß.

„Gleich. Ich will dir mal eben ein Termin im Krankenhaus besorgen Sonja dann schreibe ich dir was auf". Die Ärztin wählt die Nummer von der Radiologie im Sankt-Josef-Stift und nimmt den Hörer ab. Nach wenigen Minuten meldet sich die Radiologie.

„Radiologie Sankt Josef Stift Frau Breuer".

„Guten Morgen Frau Stichweh hier. Ich möchte gerne für meine Patientin einen schnellen CT-Termin haben".

„Um was geht es denn?" fragt sie die Ärztin.

„Meine Freundin hat seit Montag ununterbrochene starke Kopfschmerzen, die ich abgeklärt wissen will".

„Ich muss mal eben gucken. Da ist ein Patient abgesprungen. Kleinen Moment bitte". Nach wenigen Minuten meldet sich die

Sprechstundenhilfe wieder. „Ich hätte noch einen Termin am nächsten Montag um 9:00 Uhr frei".

„Den Termin nehmen wir".

„Wie ist denn der Name der Patientin?" fragt die Arzthelferin die Hausärztin.

„Frau Dr. Sonja Knebel" antwortet Frau Stichweh und notiert den Termin auf den Zettel.

„Okay also am nächsten Montag um 9:00 Uhr" sagt die Arzthelferin.

„Ich danke ihnen". Frau Stichweh legt auf. „So Sonja. Der CT-Termin ist am nächsten Montag um 9:00 Uhr" erklärt Frau Stichweh ihr und gibt den Zettel ihrer Freundin.

„Ich danke dir Sybille".

„Wir machen gleich für den nächsten Tag bei mir einen Termin. Geht es am Dienstag um 10:00 Uhr Sonja?"

„Ja das geht".

„Okay dann haben wir das auch. Ich schreibe dir stärkere Kopfschmerztabletten auf Sonja. Wie wäre es mit Aspro 320? Da kannst du jede zwei Stunden zwei Tabletten nehmen, aber nicht mehr als 24 Tabletten am Tag und für heute und Morgen schreibe ich dir Coffetylin auf. Das sind starke Tabletten gegen Migräne für eine kurzfristige Anwendung. Da darfst du 1 – 3 täglich eine Tablette nehmen. Nur die Tabletten machen ziemlich müde. Nächste Woche sehen wir weiter". Frau Stichweh druckt das Rezept aus.

„Danke Sybille. Ich soll dir liebe Grüße von Bernhard ausrichten. Wie geht es dir und deine Familie?"

„Danke sehr gut geht es uns allen. Grüße Bernhard lieb zurück". Sie gibt Sonja das Rezept. „Soll ich dich krankschreiben?"

„Ja aber nur für gestern, heute und Morgen".

„Gut". Frau Stichweh legt eine leere Arbeitsunfähigkeitbescheinigung in den Drucker und druckt sie aus. „Na Sabinchen hast du dir jetzt ein Spielzeug ausgesucht?" Sonjas kleine Tochter hält ein kleines Pferdchen hoch.

„Ja hat sie Sybille".

„Hast wohl viel mit den Kleinen zu tun hm Sonja?" fragt Frau Stichweh ihre Freundin und gibt Sonja die Krankmeldung.

„Kann man wohl sagen. Max wird Morgen vier Jahre alt".

„Schön, dann feiert mal schön. Sonja wenn irgendwas ist rufe mich an egal wann es ist". Frau Stichweh steht auf und kommt um den Schreibtisch herum, während Sonja Sabinchen auf den Arm nimmt.

„Danke Sybille".

„Und deiner Kleinen hier geht es gut?" fragt Frau Stichweh Sonja und streichelt Sabinchen über den Kopf.

„Blendend geht es Sabinchen. Ich muss leider los Sybille".

„Kein Problem. Wir sind hier auch fertig" sagt Sybille und öffnet die Tür. Frau Stichweh begleitet die beiden aus ihrem Sprechzimmer.

„Danke für alles Sybille".

„Dafür bin ich ja Ärztin geworden Sonja genau wie du. Ich wünsche dir gute Besserung und einen schönen Tag".

„Vielen Dank. Wir sehen uns dann am Dienstag".

„Tschüß kleine Maus" verabschiedet sich Frau Dr. Stichweh von Sabinchen. Sonja geht mit Sabinchen zur Praxistür, während Frau Stichweh schon wieder einen neuen Patienten hat.

„Ich wünsche ihnen noch einen schönen Tag" wünscht Sonja die Arzthelferin und öffnet die Praxistür.

„Danke das wünsche ich ihnen auch". Sonja geht aus der Praxis.

Anschließend schließt Sonja die Praxistür. Sie geht mit Sabinchen auf dem Arm zu ihrem Wagen zurück, schließt den Wagen mit der Fernbedienung auf, öffnet die Hintertür, setzt Sabinchen in den Kindersitz, schnallt sie an und haut die Hintertür zu. Dann geht sie zur Fahrertür, öffnet sie und steigt in den Kia.

Sonja steckt den Zündschlüssel ins Lenkradschloss, schnallt sich an, schließt die Fahrertür und dreht den Zündschlüssel um. Der Motor fängt an zu stottern und geht aus. „Komm schon" sagt Sonja zu ihren geliebten Kia und dreht den Zündschlüssel um. Der Motor fängt an zu stottern und geht nach langen stottern wieder aus. „Mann" flucht Sonja wütend und haut auf das Lenkrad. Dann versucht sie es noch mal den Motor zu starten. Diesmal springt der Motor an. Sonja fährt rückwärts aus der Parklücke. Beim anfahren würgt Sonja den Motor erneut ab. „Diese scheiß Karre" flucht Sonja kopfschüttelnd und dreht den Zündschlüssel um. Der Motor fängt an zu stottern, dann springt er endlich an. Sie biegt links in Lehester Deich ein und fährt zur Ampel und bleibt stehen, weil die Ampel rot zeigt. Als die Ampel auf grün schaltet fährt Sonja nach rechts auf die Borgfelder Heerstraße und wendet an der Kreuzung, wo der Spielzeugladen Flädertüt an der Ecke ist und fährt etwas die Borgfelder Heerstraße entlang. Nach wenigem Meter biegt sie nach rechts auf den Apothekenparkplatz ein. Sie findet noch einen leeren Parkplatz und fährt dort rein. Sie stellt den Motor ab, schnallt sie ab und öffnet die Fahrertür. „Maus du bleibst eben im Auto. Ich komme gleich wieder" erklärt Sonja, steigt aus, knallt die Fahrertür zu und geht zur Apotheke.

Sonja öffnet die Tür der Apotheke und geht rein. „Guten Morgen" grüßt Sonja und geht an den Tresen. Eine Apothekerin kommt auf sie zu.

„Guten Tag. Was kann ich für sie tun?" fragt sie. Sonja gibt ihr das Rezept. Die Apothekerin läuft nach hinten um die Medikamente zu holen. Nach wenigen Minuten kommt die Apothekerin zurück. „So hier ist das Aspro 320 und das Coffetylin. Hat der Arzt gesagt wie sie die Tabletten nehmen müssen?"

„Gut dann macht das zehn Euro" erklärt die Apothekerin und packt die Medikamente in eine Plastiktüte, während Sonja ihr Portmonee rausholt. Sie öffnet das Portmonee und holt ein zehn Euro Schein raus und gibt es der Apothekerin. Dann schließt sie das Portmonee und tut es in ihre Wolfskinjacke.

„Danke". Die Apothekerin packt die Quittung in die Tüte und gibt die Tüte Sonja. „Danke". Sonja nimmt der Apothekerin die Tüte ab.

„Ich wünsche ihnen einen schönen Tag" wünscht die Apothekerin.

„Ebenfalls". Sonja öffnet die Tür, geht raus und schließt die Tür wieder.

Sie geht zu ihrem Wagen zurück und guckt auf ihre Uhr. „Gleich halb elf. Ich habe noch etwas Zeit. Fahre eben bei der Werkstatt vorbei" überlegt Sonja, öffnet die Fahrertür und steigt in den Wagen ein.

Sonja packt die Tüte auf den Beifahrersitz, schnallt sich an, schließt die Fahrertür und guckt zu Sabinchen. „Na Maus ist alles in Ordnung mit dir?" Sie kitzelt Sabinchen am Bauch. Die Kleine lacht los. Anschließend dreht Sonja den Zündschlüssel um. Der Motor fängt an zu stottern und säuft ab. „Das gibt es doch nicht. Was ist bloß mit den blöden Wagen los?" Sonja versucht erneut den Motor zu starten, aber der Motor säuft sofort wieder ab. Sie dreht noch mal den Zündschlüssel um. Der Motor fängt an zu stottern und springt dann endlich an. Sonja fährt vorwärts aus der Parklücke und verlässt den Apothekenparkplatz. Sie fährt die Lilienthaler Heerstraße lang. „Na Maus. Wir fahren gleich zu unserer Freundin Ruth". Sie guckt auf die Tankuhr, die mal wieder auf rot steht. „Das kann doch wohl nicht wahr sein. Ich habe doch erst Montag getankt" flucht Sonja und fährt auf die Total Tankstelle. Sie hält an der Zapfsäule und stellt den Motor aus. Sonja öffnet die Fahrertür, schnallt sich ab, zieht den Zündschlüssel ab, steigt aus und knallt die Fahrertür zu.

Sonja geht zum Tank, öffnet die Tankklappe und den Tankstutzen und steckt die Tankpistole in den Tank. Nach zehn Minuten holt sie die Tankpistole raus und hängt die Tankpistole an die Zapfsäule an. Anschließend schließt sie den Tankstutzen und haut die Tankklappe zu. Dann geht Sonja in den Shop rein.

„Die zehn bitte und eine Tüte Gummibärchen".

„Das macht 52,95 Euro". Sonja steckt die EC-Karte in den Schlitz. „Geben sie bitte die Geheimnummer ein". Sie tippt ihren Pin ein. Nach wenigen Sekunden holt sie ihre EC-Karte raus und steckt sie in ihrem Portmonee ein. Der Tankwart gibt ihr die Quittung.

„Vielen Dank. Schönen Tag noch" wünscht Sonja den Tankwart.

„Das wünsche ich ihnen auch". Sonja geht aus dem Shop.

Sie geht zu ihrem Wagen zurück, öffnet die Fahrertür und steigt in den Wagen ein. Sonja steckt den Zündschlüssel ins

Lenkradschloss und dreht sich zu Sabinchen um. „Gucke mal Süße. Ich habe dir eine Tüte Gummibärchen besorgt, weil du so lieb bist". Sie öffnet die Gummibärchentüte und gibt die Gummibärchentüte Sabinchen.

„Danke Mama" sagt Sabinchen auf einmal.

„Sag das noch mal Maus!" bittet Sonja ihre kleine Tochter und dreht den Zündschlüssel um. Der Motor fängt an zu stottern und säuft ab.

„Danke Mama" sagt Sabinchen noch mal.

„Das ist ja toll Maus dass du Danke sagen kannst. Du hast gerade ein neues Wort gelernt. Da werden Max und Papa staunen". Sonja dreht den Zündschlüssel um. Der Motor springt kurz an und geht aber gleich wieder aus. Sie versucht es noch paar Mal aber der Wagen springt nicht mehr an. Auf einmal klopft es an der Seitenscheibe der Fahrertür. Sonja öffnet die Fahrertür.

„Haben sie Probleme mit ihrem Wagen?" fragt der Tankwart sie.

„Ja der Motor will nicht mehr anspringen".

„Öffnen sie mal die Motorhaube". Sonja schnallt sich wieder ab, drückt den Hebel für die Motorhaube, steigt aus und knallt vor Wut die Fahrertür zu, während der Tankwart die Motorhaube ihres Wagens öffnet und sie feststellt.

Sie geht mit unter die Motorhaube. „Der Wagen macht nur noch Probleme" erzählt Sonja ihn. Der Tankwart checkt den Motor.

„Ihr Wagen muss dringend in die Werkstatt".

„Ja ich wollte da gleich vorbeifahren falls mein Wagen wieder anspringt. Mein Mann hat schon den Motor gecheckt und festgestellt dass sich der Schlauch zwischen Zündung und Motor gelockert hat".

„Das stimmt der Schlauch ist ziemlich locker und sie verlieren Öl und Kühlwasser" erklärt der Tankwart ihr.

„Ich bin Notärztin und kann den Ölstand und das Kühlwasser checken, aber ich habe sonst von Autos keine Ahnung".

„Das ist ja nicht schlimm. Versuchen sie mal den Motor zu starten" bittet der Tankwart ihr, als ihr Smartphone klingelt. Sonja geht an das Smartphone.

„Ja Sonja hier" meldet sich Sonja genervt, während sie die Fahrertür öffnet und einsteigt. Sie dreht den Zündschlüssel um.

„Hallo Sonja Sybille Stichweh hier. Wo habe ich dich gerade gestört?" fragt Frau Stichweh ihre Freundin, während der Motor immer noch nicht anspringt.

„Hallo Sybille. Bin gerade auf der Tankstelle. Mein Wagen springt nicht mehr an".

„Das kenne ich Sonja. Ich habe selber mit meinem Auto das Problem gehabt und habe es manchmal auch noch. Was machst du jetzt?"

„Mir hilft grade der Tankwart den Wagen zu starten. Was gibt es denn Sybille?" Sonja dreht genervt den Zündschlüssel um. Der Motor fängt an zu stottern.

„Der Motor hört sich nicht gut an Sonja" stellt Frau Stichweh von Telefon fest.

„Das weiß ich. Soll ich vielleicht eine Reanimation machen oder den Motor einen Zugang legen Scherz. War nicht so gemeint Sybille" entschuldigt sich Sonja bei ihrer Freundin.

„Macht doch nichts Sonja. Ich kann dich ja verstehen dass du genervt bist. Ich rege mich auch immer furchtbar auf wenn mein Caddy nicht anspringt. Warum ich anrufe Sonja. Kannst du Morgenfrüh zur Blutentnahme kommen?" In den Moment springt der Wagen wieder an. Sie steigt aus den Wagen und knallt die Fahrertür zu.

„Mein Wagen ist wieder angesprungen Sybille" erklärt Sonja ihre Freundin erfreut und geht zum Tankwart.

„Das ist ja gut Sonja, aber lange fahren würde ich mit den Wagen nicht mehr".

„Warte mal eben Sybille" bittet Sonja ihre Freundin und wendet sich an den Tankwart. „Wie haben sie das hinbekommen das der Wagen wieder anspringt?"

„Ich habe den Schlauch festgemacht, aber es reicht nur für eine kurze Fahrt. Ich klebe ihn noch ein bisschen Klebeband rüber. Der Wagen sollte aber jetzt an bleiben bis sie bei der Werkstatt sind" erklärt der Tankwart ihr.

„Vielen Dank. Ich fahre sofort zur Werkstatt". Sonja holt aus ihrem Portmonee einen zehn Euro Schein und gibt ihn dem Tankwart.

„Besten Dank. Das hätte nicht nötig getan. Dafür putze ich ihnen gleich noch ihre Windschutzscheibe".

„Danke. Ohne sie wäre ich hilflos gewesen" erklärt Sonja den Tankwart und geht wieder an das Smartphone. „So Sybille hier bin ich wieder". Sie geht zur Fahrertür, öffnet sie und steigt in den Wagen ein.

Sonja schnallt sich an und schließt die Fahrertür, während der Tankwart die Motorhaube zuhaut. Dann klappt der Tankwart die Scheibenwischer zurück, und macht die Scheibe mit dem Schwamm nass. „Du glaubst es nicht Sybille aber jetzt putzt der Tankwart noch meine Windschutzscheibe. Ich habe ihn zehn Euro für sein Bemühen gegeben".

„Das ist doch schön. Ich müsste auch mal mit meinem Auto zur Waschanlage fahren, weil es halt so dreckig ist. Läuft der Motor noch?" fragt Frau Stichweh sie, während der Tankwart die Feuchtigkeit mit den Gummiabzieher abzieht.

„Ja natürlich läuft der Wagen noch. Ich werde sobald der Tankwart meine Windschutzscheibe geputzt hat zur Werkstatt fahren. Ich kommen Morgen zur Blutentnahme Sybille. Um acht Uhr bin ich da. Kannst du mir Blut abnehmen?" fragt Sonja ihre Freundin, während der Tankwart den rechten Scheibenwischer an die Scheibe zurückklappt.

„Ja klar. Was macht eigentlich dein Kopf Sonja?"

„Mein Schädel brummt wie sonst was. Ich werde wenn ich bei meiner Freundin bin zwei Tabletten nehmen". Der Tankwart klappt den linken Scheibenwischer an die Scheibe zurück und winkt Sonja zu. Er geht wieder in den Shop rein.

„Passt aber bitte auf dich auf wegen den Tabletten, die sind sehr stark. Bitte nehme erstmal nur eine. Du kannst immer noch später eine zweite Tablette nehmen".

„Ja mache ich. Ich muss jetzt los. Bis Morgen Sybille" verabschiedet sich Sonja und drückt die Austaste. Sie legt ihr Smartphone auf das Armaturenbrett. Dann fährt sie von der Total Tankstelle auf die Leher Heerstraße. Nach paar Metern fährt Sonja auf das Werkstattgelände rauf und hält links auf den Parkplatz. Sie stellt den Motor ab. „So Maus ich bin gleich wieder da". erklärt Sonja ihre kleine Tochter, während sie die Fahrertür öffnet. Sie schnallt sich ab, steigt aus dem Wagen und knallt die Fahrertür zu.

Sie guckt auf ihre Uhr, die halb zwölf zeigt. „Mist die Zeit rennt heute weg". Sonja geht in die Werkstatt. Dort kommt sie schon Herr Sperling entgegen. „Guten Tag Sonja Knebel mein Name" grüßt Sonja den Mechatroniker.

„Hallo. Was kann ich für sie tun?" fragt Herr Sperling.

„Ich habe große Probleme mit meinen Wagen. War eben auf der Tankstelle und wollte den Motor starten aber er sprang nicht an".

„Dann gucke ich mir mal ihren Wagen an" verspricht Herr Sperling und begleitet Sonja aus der Werkstatt. Sie geht mit dem Mechaniker zum Wagen, öffnet die Fahrertür, beugt sich runter, um den Hebel für die Motorhaube zu drücken.

„Lassen sie erstmal" sagt Herr Sperling und steigt in den Wagen. Er dreht den Zündschlüssel um. Der Motor fängt an zu stottern und säuft ab. Er versucht es noch mal, den Motor zu starten aber jetzt springt der Motor überhaupt nicht mehr an. Herr Sperling drückt den Hebel für die Motorhaube und steigt aus dem Wagen. Der Mechatroniker geht nach vorne, während Sonja die Fahrertür zuknallt und mit nach vorne geht.

Herr Sperling öffnet die Motorhaube und stellt sie fest. Sonja geht auch mit unter die Motorhaube. „Wie sieht es aus?"

„Ihr Motor ist sehr dreckig. Der braucht dringend eine Motorwäsche. Außerdem verliert er Öl und Kühlwasser. Den Wagen müssen wir erstmal hierbehalten" erklärt Herr Sperling. „Wir werden den Wagen einmal durchchecken".

„Okay. Wie teuer wird das so?"

„So ca. 500 Euro. Falls wir was finden kostet es natürlich mehr" antwortet Herr Sperling.

„Ist okay. Können sie mich dann anrufen?" fragt Sonja den Mechatroniker.

„Ja klar". Herr Sperling holt aus dem Kittel ein leeren Zettel und einen Kugelschreiber. „Wie ist ihr Name?"

„Sonja Knebel".

„Ihre Anschrift und die Telefonnummer oder Handynummer?"

„Ich gebe ihn die Handy und die Telefonnummer. Das ist die 0421 34 66 22, die Handy-Nr. ist 0171 1139552. Die Anschrift ist Im Holze 3 in 28355 Bremen".

„Gut das hätten wir". Sonja geht zum Kofferraum, öffnet ihn und holt den Buggy raus. Sie klappt den Buggy auf. Dann schließt sie den Kofferraum und schiebt den Buggy zur Hintertür. Sonja öffnet die Hintertür. „Maus komme her". Sie holt ihre Tochter aus dem Auto und setzt sie in den Buggy rein. Drei junge Mechaniker gehen zu Sonjas Wagen und gehen unter die Motorhaube. Sonja knallt die Hintertür zu. Anschließend holt sie die Tüte mit den Medikamenten und ihr Smartphone vom Beifahrersitz und packt sie in Buggy rein. Dann gibt Sonja noch dem Mechaniker die Autoschlüssel.

„Wann kann ich den Wagen wieder abholen?"

„Ich rufe sie an" antwortet Herr Sperling.

„Ist okay. Dann wünsche ich ihnen noch einen schönen Tag".

„Danke Ebenfalls".

„Dann können wir ja los Maus". Sonjas Auto wird in die Werkstatt geschoben. Sie schiebt den Buggy mit Sabinchen zur Ampel. Als die Ampel auf grün umschaltet schiebt Sonja den Buggy zur Haltestelle und guckt auf die Anzeigentafel. „In zwei Minuten kommt der 34 Linienbus". „Jetzt fahren wir zu Ruth Maus. Wie es wohl Max geht". Nach ca. zwei Minuten kommt der Bus angefahren. Sonja schiebt den Buggy in den Bus und stellt den Buggy fest. Sie geht zum Fahrkartenautomaten und zieht sich eine Fahrkarte und geht zu Sabinchen zurück. Als die Straßenbahn endlich kommt und die Fahrgäste in Bus gestiegen sind fährt der Bus los. Sonja ist inzwischen ziemlich genervt. Ihr Kopf schmerzt auch so heftig. Nach fünf Minuten kommen sie endlich in der

Wilhelm-Röntgen-Straße an. Sie hebt den Buggy mit Sabinchen aus dem Bus. „Macht bitte mal Platz. Ich muss aussteigen" bittet sie die Schüler. Die Schüler gehen aus dem Weg. Sonja setzt den Buggy mit Sabinchen auf den Fußweg auf. Dann schiebt sie den Buggy zur Ampel und geht über die Straße. Dann wartet sie kurz, weil die Ampel auf rot steht. Nach wenigen Sekunden schaltet sich die Ampel auf Grün. Sonja schiebt den Buggy über die Wilhelm-Röntgen-Straße und geht mit Sabinchen zum Blumenladen in den Einkaufsladen Rewe. Sie kauft für ihre Freundin Ruth eine kleine Orchidee. Dann gehen sie endlich zu Ruth. „Da wird sich Ruth freuen. Sie mag gerne Orchideen Maus" erzählt Sonja ihre kleine Tochter. Sabinchen will gerne ihre Jacke ausziehen. „Ist dir warm mein Schätzchen?" Die Kleine nickt mit dem Kopf. Sie zieht ihrer kleinen Tochter die Jacke aus. „Wir sind gleich bei Ruth Mäuschen". Sonja schiebt den Buggy die Robert Bunsen Straße entlang. Nach zehn Minuten klingeln sie bei Ruth an die Haustür. Ruth meldet sich sofort an der Sprechanlage.

„Ja wer ist da?"

„Hier sind Sonja und Sabinchen".

„Endlich seid ihr da" grüßt Ruth die beiden und drückt den Summer. Sonja drückt die Haustür auf und schiebt den Buggy durch die Haustür.

Sie schiebt den Buggy mit Sabinchen zum Fahrstuhl und öffnet die Fahrstuhltür. Sonja schiebt den Buggy mit Sabinchen rein und drückt auf den fünften Stock. Nach wenigen Minuten sind sie im fünften Stock angekommen. Sonja drückt die Fahrstuhltür auf und wird schon von ihrer Freundin Ruth erwartet.

„Hallo ihr Lieben" grüßt Ruth die beiden und umarmt Sonja.

„Hallo Ruth" grüßt Sonja, während die Fahrstuhltür automatisch zuknallt. Sie tragen den Buggy mit Sabinchen die Treppen hoch. Ruth öffnet die Tür zu den Außenwohnungen. Sonja schiebt den Buggy zur Wohnungstür von Ruth.

„Kommt rein. Ich habe schon auf euch gewartet Süße" erklärt Ruth ihr, während Sonja den Buggy in die Wohnung schiebt. Sie lässt den Buggy auf den Flur stehen und hebt Sabinchen aus dem Buggy. Sonja trägt sie auf dem Arm.

„Mein Wagen ist kaputtgegangen. Jetzt ist er im Auto Center Sperling". Sonja gibt Ruth die Orchidee, während Ruth die Haustür schließt.

„Danke für die schöne Orchidee. Wie ist dein Auto kaputt gegangen?" fragt Ruth ihre Freundin und hilft Sonja Sabinchens Schuhe und Hose auszuziehen.

„Erzähle ich dir gleich. Hast du vielleicht ein Glas Wasser?"

„Klar. Geht schon mal ins Wohnzimmer". Sie sieht Sonja an. „Geht es dir nicht gut Süße? Du siehst schlecht aus". Ruth geht in die Küche.

„Habe schon den ganzen Tag heftige Kopfschmerzen. Frau Stichweh hat mir starke Schmerztabletten verschrieben". Ruth füllt ein Glas mit Wasser und gibt es Sonja.

„Das ist nicht gut dass du heftige Kopfschmerzen hast. Was hat die Ärztin zu deinem Kopfschmerzen gesagt?"

„Kannst du mir eben Sabinchen abnehmen?" fragt Sonja ihre Freundin.

„Klar gebe mir mal die süße Maus". Sonja gibt ihr Sabinchen auf dem Arm.

„Sybille will Morgen von mir Blut haben und am Montag muss ich vorsichtshalber zum CT in die Radiologie in Sankt Josef Stift" berichtet Sonja ihr und zieht ihre Wolfskinjacke aus. Sie hängt sie an die Garderobe. Sonja nimmt das Glas und geht mit Ruth und Sabinchen ins Wohnzimmer.

„Was möchtest du trinken Süße?"

„Ich schlucke mal eben eine Schmerztablette dann nehme ich ein Glas Rotwein". Sonja holt die Tüte mit den Medikamenten aus dem Buggy und kommt ins Wohnzimmer zurück, während Ruth zwei Rotweingläser und ein Saftglas auf den Tisch stellt.

„Was hast du von der Ärztin bekommen?" Ruth hat immer noch Sabinchen auf dem Arm.

„Sie hat mir Aspro 320 und Coffetylin verschrieben. Das sind sehr starke Kopfschmerztabletten für Erwachsene" erklärt Sonja und holt eine Aspro 320 Tablette raus. Anschließend schluckt sie die Tablette mit Wasser runter. Ruth schenkt den beiden Rotwein in den Gläsern.

„Für Sabinchen habe ich Apfelsaft eingeschenkt". Ruth setzt Sabinchen auf das Sofa. Sonja und Ruth setzen sich auf die beiden Sofas und stoßen auf ihre Freundschaft an. „Prost auf unsere Freundschaft" sagt Ruth und stößt mit Sonja an. Anschließend läuft Ruth aus dem Wohnzimmer.

„Der schmeckt echt gut" stellt Sonja fest. Nach paar Minuten kommt Ruth mit Bausteinen wieder.

„Hier Süße. Das sind noch Bausteine von Tom. Kannst du gerne mitspielen Maus". Ruth kippt die Bausteine auf dem Fußboden aus und setzt Sabinchen zu den Bausteinen. Sie setzt sich anschließend zu Sonja auf das Sofa.

„Sie spielt liebend gern mit Bausteinen. Heute hat Sabinchen das erste Mal Danke gesagt. Das war total süß".

„Das ist ja toll Süße. Du klingst so genervt Süße".

„Das bin ich heute auch. Ist heute einfach nicht mein Tag. Das Auto sprang zuletzt nicht mehr an. Mir hat aber ein netter Tankwart geholfen den Wagen wieder in Gang zu kriegen und dann die ganze Zeit die heftigen Kopfschmerzen".

„Das glaube ich dass du genervt bist. Was ist denn mit deinen Wagen?" fragt Ruth ihr und trinkt Rotwein aus ihrem Glas.

„Ich weiß es nicht genau. Irgendwas mit dem Schlauch zwischen den Motor und der Zündung. Außerdem verliert der Wagen Öl und Kühlwasser. Zu allerletzt ist der Motor so verdreckt das er eine Motorwäsche braucht. Das wird eine hohe Rechnung Ruth" schildert Sonja ihr und trinkt aus ihrem Glas.

„Das kann ich mir vorstellen Süße".

„Mama" ruft Sabinchen und hält einen Baustein hoch.

„Na Maus möchtest du einen Turm bauen?" fragt Sonja ihre Tochter und steht vom Sofa auf. Sie setzt sich zu ihrer Tochter auf den Fußboden, um mit Sabinchen einen Turm zu bauen. „Endlich habe ich mal Zeit mit Sabinchen zu spielen". Sonja baut mit ihrer Tochter einen Turm aus Bauklötzen.

„Das habe ich auch so geliebt wo Tom noch so klein war. Jetzt hat er nur noch Fußball im Kopf".

„Wie alt ist dein Sohn jetzt?"

„Tom ist schon 15 Jahre alt Süße".

„Ja stimmt. Du warst ja 22 Jahre alt wo du deinen Sohn bekommen hast. Weiß ich noch Ruth. Wir wohnten ja zusammen in der WG mit Maja und Tina. Hast du mit ihnen noch Kontakt?"

„Nein mit Tina habe ich keinen Kontakt mehr. Sie ist glaube ich nach München gezogen. Mit Maja chatte ich öfters Süße. Das waren wilde Zeiten" erinnert sich Ruth.

„Da hatten wir nur Partys im Kopf. Bin aber trotzdem noch eine gute Notärztin geworden" stellt Sonja lachend fest, während Sabinchen den Turm umschmeißt. „Bravo Maus" ruft Sonja. Ruth geht in die Küche um das Essen vorzubereiten. „Brauchst du Hilfe Süße?"

„Nein spiele du mal mit Sabinchen" ruft Ruth ihr zu und deckt den Mittagstisch. Nach zehn Minuten kommt Ruth wieder in das Wohnzimmer. „Essen ist gleich fertig". Ruth kniet sich zu Sonja und Sabinchen. „Wie geht es Max eigentlich? Sind seine Kopfschmerzen weg?"

„Na ja es geht. Heute Morgen hatte er noch Kopfschmerzen. Dann habe ich ihnen seinen Schmerzsaft gegeben. Danach waren sie wieder verschwunden". Sonja baut einen neuen Turm auf. „Aber die Kopfschmerzen können jederzeit wieder auftreten und das macht mir Sorgen".

„Was sagt denn Dr. Norden zu Max Kopfschmerzen?"

„Es müssen noch weitere Untersuchungen gemacht werden, aber er vermutet Migräne wie ich sie habe".

„So früh. Der arme Max" sagt Ruth, als Sonjas Smartphone klingelt. Sonja holt es aus ihrer Hosentasche und geht ran.

„Ja".

„Hallo Schatz. Hier ist Bernhard".

„Hallo Liebling. Was gibt es?" fragt Sonja ihren Mann, während Sabinchen den Turm umschmeißt.

„Ich wollte fragen wie es dir geht? Was hat Sybille gesagt? Was war das jetzt?" fragt er erschrocken.

„Deine Tochter hat gerade den Bauklotzturm umgeworfen" antwortet Sonja lächelnd und geht in den Flur, während Ruth sich um das Essen kümmert.

„Grüsse meine Maus von mir".

„Ja mache ich. Sybille hat mir starke Kopfschmerztabletten aufgeschrieben. Ich muss Montag zum CT ins Krankenhaus".

„Was vermutet sie denn?"

„Sie will mich nur zur Vorsicht zum CT schicken, falls ich doch ein Schädelhirntrauma habe, was ich aber nicht glaube".

„Das ist auch vernünftig so. Wie geht es dir mein Schatz?"

„Die Tabletten haben gut geholfen. Mein Kopf geht es schon wieder besser. Du Liebling das Auto ist in der Werkstatt".

„Warum das denn?" fragt Bernhard entsetzt.

„Das Auto ist nicht mehr angesprungen. Dann habe ich es zum Auto Center Sperling gegeben. Als Herr Sperling im Motor geguckt hat stellte er fest dass der ganze Motor verdreckt ist und außerdem läuft Öl und Kühlwasser aus".

„Ach du Schande. Wo bist du jetzt?"

„Ich bin bei Ruth mit Sabinchen. Max holen Sabinchen und ich heute Nachmittag ab und fahren mit dem Bus nach Hause. Das wird eine sehr teure Rechnung Liebling" vermutet Sonja.

„Das ist doch egal. Hauptsache der Wagen wird wieder repariert und er funktioniert wieder einwandfrei. Mache dir darum keine Gedanken".

„Ist okay. Hast du viel zu tun Liebling?" fragt Sonja ihren Mann.

„Ja ziemlich. Muss heute noch sechs Abschlüsse machen. Wie geht es Max?"

„Wieder gut. Habe ihn vorn Schmerzsaft gegeben und kurz danach waren seine Kopfschmerzen wieder verschwunden. Liebling was hat Max bloß? Warum kriegen die Ärzte es nicht raus was Max fehlt? Ich werde noch wahnsinnig".

„Beruhige dich Schatz. Die Ärzte werden das schon noch raus finden was Max fehlt. Mache dich nicht verrückt".

„Sybille hat mir erzählt, dass sie sich Max mal anschauen will. Ich muss Morgenfrüh zur Blutentnahme, da nehme ich Max mit".

„Mach das Liebling. Ich muss leider Schluss machen Schatz. Grüße Ruth ganz lieb von mir".

„Ja mache ich. Bis später Liebling" verabschiedet sich Sonja und legt auf. Dann steckt sie das Smartphone in die Hosentasche und geht in die Küche. „Liebe Grüße von Bernhard".

„Danke. Lass uns noch etwas ins Wohnzimmer gehen. Das Essen dauert noch etwas" bittet Ruth ihre Freundin. Sonja und Ruth gehen wieder in das Wohnzimmer. Sonja setzt sich wieder auf dem Fußboden zu Sabinchen. Ruth setzt sich auf den Stuhl. In den Moment öffnet Ruths Sohn Tom die Haustür und kommt in die Wohnung.

„Hallo Mama" grüßt Tom seine Mutter.

„Hallo Tom. Komm ins Wohnzimmer. Wir haben Besuch". Tom kommt ins Wohnzimmer gelaufen.

„Hallo zusammen".

„Hallo Tom. Mensch bist du groß geworden. Das letzte Mal habe ich dich vor drei Jahren gesehen. Da warst du noch ein 12 jähriger Junge".

„Hallo Sonja und wer ist die kleine Dame?" fragt Tom und kniet sich zu Sabinchen.

„Das ist meine kleine Tochter Sabinchen".

„Ich dachte du hast einen Sohn?" fragt Tom Sonja verwirrt, während Ruth in die Küche geht.

„Einen Sohn habe ich auch. Max heißt er und wird Morgen vier Jahre alt".

„Wie alt ist Sabinchen denn?"

„Sabinchen ist anderthalb. Wird im November zwei Jahre alt".

„Das ist ja toll. Freut sich Max schon auf seinen Geburtstag morgen?"

„Na klar. Es wird Morgen eine kleine Geburtstagsparty geben. Ich muss nachher noch Max Geburtstagskuchen backen".

„Viel Spaß dabei. Arbeitest du noch als Notärztin?" fragt Tom Sonja, als Ruth ins Wohnzimmer kommt.

„Ja klar".

„Wie schaffst du das mit den Kindern Sonja?" fragt Tom sie interessiert.

„Meistens arbeite ich erst abends bis zum Morgen, sonst passt Bernhard auf die Kinder auf. Er arbeitet dann von zuhause aus".

„So ihr könnt dann Essen kommen. Isst du mit Tom?" fragt Ruth ihren Sohn, während Sonja ihre Tochter auf den Arm nimmt.

„Nein. Ich habe gleich Fußballtraining. Ich esse später". Tom steht auf.

„Okay Sohnemann". Sie gehen in die Küche, während Tom in seinen Zimmer geht und die Tür schließt. „Setz dich Süße. Sabinchen sitzt auf den Stuhl".

„Ich nehme sie lieber auf den Schoss" erklärt Sonja und nimmt ihre Tochter auf ihren Schoss. Ruth holt einen köstlichen Nudelauflauf aus dem Backofen und stellt ihn auf den Tisch.

„Sehr heiß. Pass auf Süße" bittet Ruth Sonja.

„Sieht lecker aus" bemerkt Sonja, während Ruth das Essen auf den Tellern verteilt.

„Guten Appetit" wünscht Ruth.

„Danke dir auch" sagt Sonja und fängt an zu essen. Nebenbei füttert Sonja Sabinchen mit etwas Nudelauflauf. „Schmeckt sehr gut".

„Vielen Dank Süße. Schön, dass es euch schmeckt". Tom kommt in die Küche. Er hat einen Trainingsanzug an und trägt eine Sporttasche in der Hand.

„Muss jetzt zum Fußballtraining Mama. Sieht lecker aus der Nudelauflauf".

„In welchen Verein spielst du Tom?" fragt Sonja Tom interessiert.

„In der A-Jugend von Werder Bremen. Ich will ja Fußballprofi werden".

„Toll. Max will auch gerne Fußball spielen im Verein. Ich habe ihn schon bei TV Eicher Horn angemeldet. Das Fußballtraining soll im Juni losgehen".

„Bei TV Eicher Horn bin ich auch Fußball spielen angefangen. Dann wird Max in die Pampersliga spielen. So nennen wir die Minis. Die rennen alle hinter einen Ball hinterher. Sieht total süß aus. So ich muss los". Tom bindet sich seine Sporttasche um.

„Wann bist du wieder hier?"

„Gegen 18:00 Uhr. Tschüß zusammen" verabschiedet sich Tom.

„Tschüß Tom. Ich hoffe wir sehen uns bald mal wieder".

„Bestimmt" sagt Tom und verlässt die Küche.

„Tschüß mein Sohn" ruft Ruth. Tom umarmt seine Mutter.

„Tschüß Mama. Ich wünsche euch noch einen schönen Nachmittag". Tom öffnet die Haustür, geht raus und haut die Haustür zu. Als Tom weg gegangen ist setzt sich Ruth wieder an den Tisch.

„Möchtet ihr noch was essen?" fragt Ruth Sonja und Sabinchen.

„Nein danke. Sabinchen und ich sind total satt. Der Nudelauflauf hat sehr lecker geschmeckt".

„Ich bin auch satt. Den Rest bekommt Tom heute Abend. Der braucht das nach seinem Fußballtraining". Sie räumt den Nudelauflauf ab und stellt ihn in den Backofen zurück, während Sonja die Teller zusammenstellt. „Danke Süße. Lass uns wieder ins Wohnzimmer gehen" bittet Ruth die beiden, während Sonja Sabinchen auf den Arm nimmt.

„Na Maus muss du mal eine neue Windel haben?" fragt Sonja ihre Tochter und verlässt die Küche mit Sabinchen auf dem Arm. Sie geht mit Sabinchen auf dem Arm ins Wohnzimmer. Nachdem Sabinchen eine neue Windel gebraucht hat bauen sie wieder einen Turm, während Ruth die Küche aufräumt. Danach kommt Ruth in das Wohnzimmer.

„Was macht dein Kopf Sonja?"

„Es geht. Die Tablette hat gut geholfen".

„Das ist gut dass deine Kopfschmerzen besser geworden sind. Möchtest du noch ein Glas Rotwein?"

„Aber nur wenn du auch noch ein Glas mittrinkst".

„Klar. Trinke ich noch ein Glas mit" antwortet sie und schenkt Rotwein in den Gläsern. „Ich habe Max das große Feuerwehrauto von Playmobil gekauft". Ruth setzt sich auf das Sofa.

„Maus spiele mal alleine". Sonja geht zu Ruth und setzt sich auf das Sofa. „Über das Feuerwehrauto wird sich Max sehr freuen".

„Batterien habe ich auch gekauft für das Feuerwehrauto" erzählt Ruth, als Sonjas Smartphone wieder klingelt. Sonja holt das Smartphone aus ihrer Hosentasche und geht ran.

„Ja".

„Hier ist Heike Grünwald Max Kindergärtnerin".

„Hallo Frau Grünwald. Was gibt es?"

„Ihr Sohn Max ist zusammengebrochen".

„Was? Um Gottes Willen" sagt Sonja erschrocken. Sie ist leichenblass geworden. „Was ist mit Max?"

„Max ist beim Spielen zusammengebrochen. Er leidet wieder unter heftigen Kopfschmerzen. Ihr Sohn fühlte sich nach den Mittagessen nicht mehr gut" erzählt die Kindergärtnerin.

„Ich komme sofort" verspricht Sonja Max Kindergärtnerin. Sie steht vom Sofa auf und rennt zur Garderobe. Sonja nimmt ihre Wolfskinjacke und zieht sie über, während sie noch telefoniert.

„Ich habe den Rettungswagen gerufen. Ich habe es mit der Angst zu tun bekommen" erklärt Frau Grünwald Sonja.

„Das haben sie genau richtig gemacht. Ich komme sofort. Bis gleich". Sie legt auf. Ruth hat währenddessen Sabinchen auf den Arm genommen und geht mit ihr zu Sonja auf den Hausflur.

„Süße was ist passiert? Du bist leichenblass im Gesicht".

„Ich muss sofort zum Kindergarten. Max ist zusammengebrochen. Kannst du Sabine nehmen?" fragt Sonja Ruth verstört.

„Ja natürlich Süße. Was ist mit Max?" fragt Ruth sie, während Ruth auch ihre Wolfskinjacke überzieht.

„Er hat wieder seine starken Kopfschmerzen bekommen. Hätte ich ihn bloß zuhause gelassen wäre der Zusammenbruch nicht passiert" macht sich Sonja schwere Vorwürfe.

„Mache dir doch keine Vorwürfe Sonja. Max ging es doch ganz gut" beruhigt Ruth sie „Was machen sie jetzt mit Max?"

„Max kommt wohl ins Krankenhaus. Ich muss los" erklärt Sonja ihr und küsst Sabine auf die Stirn. „Maus du bleibst ein bisschen bei Ruth. Heute Abend holt dich Papa ab". Sie eilt zur Haustür und öffnet sie.

„Willst du meinen Wagen nehmen?"

„Das wäre toll Ruth" antwortet Sonja und stürmt aus der Haustür. Ruth läuft mit Sabinchen hinter Sonja her.

„Weiß was. Ich fahre dich eben zum Kindergarten. Du bist zu aufgeregt um Auto zu fahren. So lasse ich dich nicht hinter das Steuer Süße" erklärt Ruth und haut die Haustür zu.

Nachdem sie endlich aus dem Haus gelaufen sind rennen sie schnell zu Ruths Auto. Sonja setzt Sabinchen hinten rein, schnallt sie an und setzt sich auf den Beifahrersitz, während Ruth schon den Motor gestartet hat. Anschließend fahren sie los. „Was ist bloß mit Max los?" fragt sich Sonja.

„Das werden die Ärzte im Krankenhaus klären Süße" beruhigt Ruth ihre Freundin.

„Ich hoffe es" sagt Sonja beunruhigt. Als sie zehn Minuten später auf den Kindergartenparkplatz fahren, sehen sie schon den Rettungswagen, mit blinkenden Blaulicht und offenen Hintertüren stehen. „Maus du bleibst bei Ruth. Papa holt dich nachher ab. Tschüß Ruth" verabschiedet sich Sonja, öffnet die Beifahrertür und steigt aus.

„Tschüß Sonja und alles Gute für Max. Sagst du mir Bescheid was mit Max los ist?"

„Ja mache ich. Kannst du vielleicht Bernhard verständigen?"

„Ja mache ich".

„Danke du bist eine wahre Freundin". Sie haut die Beifahrertür zu und läuft zum Eingang. Sonja rennt ins Spielzimmer. „Hallo wo ist Max?"

„Hallo Frau Knebel" grüßt Antje und wendet sich an die Kinder. „Kinder spielt mal eben alleine. Bin gleich wieder zurück. Kommen sie mit" bittet Antje Sonja.

„Was ist denn passiert?" fragt Sonja Antje besorgt.

„So genau weiß ich es nicht. Ich weiß nur, dass Max im Spielhaus zusammengebrochen ist" berichtet Antje während sie laufen. Sonja und Antje gehen in den Ruheraum. Dort sieht Sonja wie Max von den Rettungssanitätern auf die Trage geschnallt wird.

„Ich muss wieder zu den Kindern" entschuldigt sich Antje und verlässt den Ruheraum.

„Hallo Sonja was machst du denn hier?" fragt Rettungssanitäter Dirk.

„Das ist mein kleiner Sohn Max den ihr da versorgt" antwortet Sonja traurig. Sie läuft panisch zu Max und beugt sich zu Max runter.

„Mama. Mir geht es so schlecht".

„Ich bin ja jetzt bei dir Schatz. Was ist denn passiert?" fragt Sonja Frau Grünwald, während Max aus dem Ruheraum geschoben wird.

„Max ist gegen die Leiter gestürzt. Er hat vor dem Unfall unter starken Kopfschmerzen gelitten" erzählt die Kindergärtnerin, während sie neben der Trage herlaufen. „Sein Freund Tim hat gesagt das ihren Sohn schwindelig und schlecht war. Max hatte solche wahnsinnigen Kopfschmerzen das er geweint hat. Dann haben mich Benjamin und Tim geholt. Als ich kam stieß Max mit den Kopf gegen die Leiter, weil ihn so schwindelig geworden ist. Max blieb für einige Sekunden bewusstlos liegen. Anschließend haben wir Max im Ruheraum getragen und haben ihn auf die Couch gelegt bis der Rettungsdienst kam".

„Ach mein armer Schatz. Wie geht es dir?" fragt Sonja ihren Sohn.

„Mein Kopf tut so wahnsinnig weh und mir ist so schlecht".

„Du bekommst gleich was im Rettungswagen gegen deine Schmerzen und der Übelkeit" verspricht Dirk ihn beruhigend. Wir rufen jetzt doch noch den Notarzt dazu. Wir schieben ihn jetzt erstmal zum Rettungswagen".

„Steht es Ernst um meinen Sohn?"

„Ich denke schon. Lars fordert gerade den Notarzt nach" erzählt Dirk Sonja, während sie Max zum Rettungswagen schieben. Die Kinder rennen zu Max. „Max was ist mit dir?" fragt Tim seinen Freund traurig.

„Max muss schnell ins Krankenhaus gebracht werden Tim".

„Hat er dolle Kopfschmerzen?" fragt der kleine Knut.

„Leider ja" antwortet Sonja und eilt mit den Rettungssanitäter und Max aus dem Kindergartengebäude.

„So Kinder kommt ins Spielzimmer zurück. Lass die Rettungssanitäter ihre Arbeit machen" bittet Frau Grünwald den Kindern. „Gute Besserung für Max Frau Knebel" wünscht die Kindergärtnerin.

„Danke das können wir brauchen" bedankt sich Sonja, während die Rettungssanitäter Max in den Rettungswagen schieben.

„Kommt Kinder wir gehen zurück ins Spielzimmer" bittet Frau Grünwald die Kinder und führt die sie in das Kindergartengebäude zurück, während die Rettungssanitäter die Türen vom Rettungswagen schließen. Die Kindergärtnerin hat die Kinder ins Spielzimmer gebracht. Jetzt kleben die kleinen Gesichter an die Scheibe und gucken nach draußen zum Rettungswagen.

„Warum fahren sie nicht?" fragt Tim ängstlich die Kindergärtnerin.

„Max muss wohl noch untersucht werden. Er bekommt bestimmt im Rettungswagen ein starkes Schmerzmittel gegen sein starkes Kopfweh" erklärt Frau Grünwald Tim und den anderen Kindern. „Komm spiele mit uns Tim".

Währenddessen kümmern sich die Rettungssanitäter rührend um Max im Rettungswagen. „So Max du bekommst jetzt einen Pulsmesser auf den Finger gesteckt, das wir deine Vitalfunktionen überprüfen können. Wie geht es dir in Moment?" fragt Lars, der andere Rettungssanitäter Max.

„Schlecht" antwortet Max weinend.

„Warum gibt ihr Max nichts gegen seine Kopfschmerzen?" fragt Sonja Dirk besorgt.

„Wir müssen auf den Notarzt warten. Der müsste aber gleich da sein".

„Soll ich sonst einen Zugang legen?" fragt Sonja ihn.

„Nein Sonja du bist außer Dienst und außerdem ist es dein Sohn. Das geht nicht" erklärt Dirk ihr.

„Ich weiß ja. Wann kommt endlich der verflixte Notarzt?" fragt Sonja sich. In den Moment hören sie Martinshorn, das immer näher kommt, während Lars die Blutdruckmanschette um Max Arm gebunden hat.

„Die Blutdruckmanschette pumpt sich jede paar Minuten automatisch auf, um deinen Blutdruck zu messen Max" erklärt der Rettungssanitäter den kleinen Jungen und wendet sich an Sonja. „Der Blutdruck ist leider immer noch sehr niedrig. 90 zu 80, aber der Notarzt ist ja gleich hier. Die Sirene höre ich schon von den Notarztwagen". Nach paar Minuten fährt der Notarztwagen mit Blaulicht und Sirene auf den Kindergartenparkplatz. Er hält hinter den Rettungswagen. Die Kinder stürmen wieder zum Fenster und gucken raus.

„Der Notarzt ist da. Ist wohl doch ernst" vermutet Tim traurig.

„Komm Tim wir spielen weiter".

„Nein ich bleibe am Fenster".

„Dann bleibe halt am Fenster stehen Tim. Max kannst du aber in Moment nicht helfen" erklärt Frau Grünwald den Kleinen, während der Notarzt im Rettungswagen steigt.

„Wenn der Rettungswagen mit Max mit Blaulicht und Sirene wegfährt steht es Ernst um Max. Dann stirbt er vielleicht. Das war auch bei Notruf Haferkante so" erzählt Tim traurig.

„Antje kannst du eben alleine mit den Kindern spielen? Ich muss Tim trösten".

„Klar".

„So Tim komme mal mit" bittet die Kindergärtnerin Tim und nimmt den kleinen Jungen an die Hand. Sie gehen zum Rettungswagen.

Währenddessen untersucht Dr. Nick Max im Rettungswagen. „So Max was machen deine Kopfschmerzen?"

„Sind sehr schlimm" antwortet Max weinend.

„Nicht gut kleiner Mann. Ich muss dich jetzt mal kurz pieksen Max. Du bekommst gleich ein starkes Schmerzmittel, was dich sehr müde macht durch die Vene. Ich erkläre dir das aber alles haargenau. Wie ist sein Blutdruck?"

„Immer noch sehr niedrig 95 zu 70. Sein Puls ist normal" antwortet Dirk.

„Mama bleibe bei mir" bittet Max ängstlich seine Mutter.

„Ja ich bin doch bei dir mein Schatz" erklärt Sonja, während sich der Notarzt zu Max setzt.

„So Max ich binde dir jetzt einen Stauschlauch um. Machst du eben ein bisschen den Ärmel deines Pullovers hoch". Sonja hilft Max den Ärmel seines Pullovers hochzuschieben. Anschließend bindet der Notarzt den Stauschlauch um. „Jetzt reibe ich deinen Handrücken mit etwas Desinfektionsmittel ein. Wird ein bisschen kalt werden also nicht erschrecken" erklärt der junge Notarzt und sprüht ein bisschen Desinfektionsmittel auf Max linken Handrücken. „Jetzt wird es ein kleinen Pieks geben mein Freund. Ich sage dir aber Bescheid. Du muss nur ganz ruhig deine Hand halten okay. Deine Mama hilft dir mit deine Hand zu halten" erklärt der Notarzt ihn. „Wie alt bist du Max?"

„Morgen werde ich vier Jahre alt. Mama mir ist so komisch".

„Das wird gleich besser" beruhigt Sonja ihn.

„So Max jetzt kommt der Pieks. Dirk stelle den Jungen eine Nierenschale hin, falls er sich übergeben muss" bittet Dr. Nick den Rettungssanitäter. Als der Notarzt mit der Kanüle in den Handrücken sticht schreit Max auf und fängt an zu weinen.

„Alles gut mein Schatz" beruhigt Sonja ihn.

„Der Pieks ist geschafft kleiner Held. Jetzt kommt noch ein Pflaster auf die Kanüle, dass sie nicht wieder rausrutscht" erklärt ihn Dr. Nick. Lars, der Rettungssanitäter gibt Max ein kleines Bärchen.

„Der Bär ist nur für kleine Helden" erklärt Lars und legt das Bärchen auf Max Brust.

„Was sagt man Schatz?" fragt Sonja Max.

„Danke" bedankt sich Max schwach.

„Du hast also Morgen Geburtstag Max?" fragt der Notarzt ihn.

„Ja habe ich" antwortet Max und würgt auf einmal. „Mama ich muss spucken". Sonja hält Max die Nierenschale hin, während er sich übergibt.

„Der Blutdruck wird immer kritischer. Jetzt schon 80 zu 65. Er ist kaum noch messbar" informiert Dirk den Notarzt.

„Gar nicht gut. Du machst uns Sorgen junger Mann. Dirk bereite mir eine Infusion mit Kochsalzlösung vor. „So junger Mann du kriegst jetzt ein Schlafmittel, das du deine Schmerzen nicht so spürst. Du wirst gleich ein bisschen schlafen" erklärt Dr. Nick Max und spritzt den kleinen Jungen das Schlafmittel in die Kanüle. Anschließend stöpselt er die Infusion mit Kochsalzlösung an die Kanüle und hängt die Infusion am Harken. Max schläft nach wenigen Sekunden ein. „Gleich wird es deinen Sohn besser gehen" erklärt der Notarzt Sonja. Der junge Notarzt spritzt Max ein Schmerzmittel und MCP-Tropfen in die Infusion.

„Was vermutest du Rainer? Ist es ein Schädelhirntrauma?"

„Ich vermute schon. Die starken Kopfschmerzen die Max vor den Unfall hatte passen aber nicht zusammen. Das muss im Krankenhaus abgeklärt werden". Es klopft an der Tür vom Rettungswagen. Sonja öffnet die Seitentür vom Rettungswagen.

„Hallo Frau Grünwald".

„Tim wollte wissen wie es Max geht?" fragt sie Sonja.

„Leider nicht sehr gut Tim. Max muss jetzt ganz schnell ins Krankenhaus gebracht werden".

„Steht es ernst um Max?" fragt Tim sie verzweifelt.

„Nein aber Max tut so schlimm der Kopf weh, dass es erstmal im Krankenhaus abgeklärt werden muss". In den Moment mischt sich der junge Notarzt ein.

„Ich möchte ja nicht das Gespräch stören aber wir müssen jetzt fahren. Max Kreislauf ist sehr instabil".

„Okay Tim lasse uns zurückgehen" bittet Frau Grünwald Tim. „Sagen sie Max gute Besserung".

„Darf ich Max Morgen besuchen kommen? Schließlich hat er Morgen Geburtstag" erklärt Tim, während der Rettungswagen und der Notarztwagen die Motoren starten.

„Nein. Erstmal besuche Max nicht Tim. Max muss es erst wieder besser gehen. Wir müssen jetzt aber los" erklärt Sonja ihn und schließt die Seitentür vor Tim und Frau Grünwald. Nach wenigen Sekunden fahren der Rettungswagen und der Notarztwagen mit Blaulicht und Sirene davon.

„Guck es ist doch Ernst" sagt Tim zu Frau Grünwald und rennt in das Kindergartengebäude.

Im Rettungswagen überprüft Dr. Nick die Vitalfunktionen von Max. Als sie in die Graf- Molke-Straße einbiegen kommt Max zu sich. „Na Max geht es dir ein bisschen besser?" fragt der Notarzt den kleinen Jungen.

„Ja ich bin nur so müde" antwortet Max verschlafen.

„Die Medikamente machen dich so müde. Schlafe noch ein bisschen mein Schatz" bittet Sonja ihren Sohn und unterhält sich weiter mit den Notarzt.

„Der Blutdruck ist wieder besser. Er liegt wieder bei 100 zu 90" erklärt Dr. Nick seine Kollegen, während Max wieder einnickt.

„Gott sei Dank" sagt Sonja und küsst den schlafenden Max auf die Stirn. Nach fünf Minuten kommen sie bei der Professor Hess Klinik an.

Die Rettungssanitäter schieben Max in den Schockraum. Dort wartet schon Frau Dr. Claudia Siemers auf den kleinen Patienten. „Wir bringen hier dir den fast vierjährigen Max Knebel. Er ist mit seinem Kopf gegen eine Leiter gestoßen. Weil er ziemliche Kopfschmerzen und Übelkeit hat habe ich Max ein Schlafmittel gegeben. Außerdem habe ich Max eine Infusion mit Dolomin, MCP und Kochsalzlösung verabreicht. Sein Blutdruck war zuletzt bei 100 zu 90" informiert Dr. Nick die Kinderärztin.

„Hat er sich übergeben?" fragt die Ärztin den Notarzt.

„Ja dreimal sogar" antwortet der junge Notarzt.

„Dann legen wir ihn auf die Liege" bittet Frau Dr. Siemers die Rettungssanitäter. Sie legen Max auf die Liege und verabschieden sich, nachdem Dirk die Infusion am Ständer gehangen hat. Dr. Nick überreicht der Ärztin das Einsatzprotokoll und verabschiedet sich.

„Alles Gute für deinen Sohn Sonja" wünscht der Notarzt ihr.

„Ich danke dir für die Genesungswünsche für Max Rainer. Die kann Max gebrauchen. Ich wünsche dir einen schönen Tag" wünscht sie ihrem Kollegen.

„Das wünsche ich dir auch Sonja". Der Notarzt verlässt den Schockraum. Sonja setzt sich zu Max und hält seine Hand.

„Sie sind die Mutter von den Jungen?" Sonja nickt. Ihr kommen die Tränen wie sie ihren Sohn so hilflos auf die Liege sieht. Frau Dr. Siemers prüft Max Augenreflexe. In den Moment wacht Max auf und fängt an zu weinen.

„Mama Mama" jammert der Kleine.

„Ich bin ja da mein Schatz" beruhigt ihn Sonja und nimmt Max auf dem Arm.

„Na kleiner Mann wer weint denn da so schrecklich? Du brauchst nicht zu weinen. Wir tun dir hier nichts. Wir wollen dich nur gesund machen" beruhigt ihn auch die Stationsärztin. „Wie geht es dir denn in Moment Max?"

„Mein Kopf tut immer noch so weh" antwortet Max weinend.

„Ich gebe dir jetzt noch mal was gegen deine Kopfschmerzen Max. Schwester Sybille geben sie mir mal den Schmerzsaft rüber". Schwester Sybille tropft den Schmerzsaft in einen kleinen Becher und gibt ihn Frau Dr. Siemers rüber. „So Max trinke mal den kleinen Becher aus. Da ist Schmerzsaft für dich drin" erklärt sie und gibt den Kleinen den Becher. Max trinkt den Becher aus und gibt ihn Sonja.

„Brr schmeckt nicht" sagt Max weinend. Sonja schmeißt den Becher in den Abfalleimer.

„Wenn die Medizin bitter schmeckt hilft sie meistens".

„Das sage ich auch immer zu meinen Töchtern" erzählt die Ärztin lächelnd.

„Mama ich will schlafen. Bin so unendlich müde" sagt Max und lehnt sich an die Brust von Sonja.

„Dann lasse uns auf die Station gehen. Können sie ihren Sohn tragen Frau Knebel?" fragt die Ärztin sie.

„Ja selbstverständlich" antwortet Sonja, während Frau Dr. Siemers die Infusion vom Ständer nimmt und sie Sonja gibt. Anschließend verlassen sie den Schockraum. Sie gehen rüber zur Kinderstation. Nach wenigen Minuten sind sie auf der Kinderstation 3. Frau Dr. Siemers geht ins Schwesternzimmer.

„Hallo. Ich brauche ein Bett für einen vierjährigen Jungen. Haben wir noch ein Bett frei?" fragt Frau Dr. Siemers die Stationsschwester Christina. Sie guckt in den PC.

„In Zimmer 333 ist noch ein Bett frei. Wir sind sonst ziemlich belegt".

„Danke. Das Bett nehmen wir" sagt die Ärztin und geht aus dem Schwesternzimmer. Sie geht zu Sonja und Max. „Kommen sie mit" bittet die Ärztin Sonja und Max. Gemeinsam gehen sie über den Flur zu Zimmer 333. Als sie vor den Zimmer ankommen öffnet die Ärztin die Tür. Sie gehen in das Zimmer. Frau Dr. Siemers macht die Folie vom Bett ab. Sonja legt Max ins Bett und deckt ihn zu. Kurz darauf schläft Max wieder ein. Die Infusion hängt die Ärztin am Bettgestell, oberhalb von Max. „Max bekommt zusätzlich weiter Schmerzmittel und Kochsalzlösung durch die Infusion hier".

„Warum bekommt er noch Kochsalzlösung?" fragt Sonja besorgt.

„Weil sein Kreislauf sehr instabil ist. Ich untersuche Max nachher wenn er wieder wach ist".

„Wie lange muss Max hier bleiben?" fragt Sonja die Ärztin.

„Erstmal muss Max Blutdruck stabil bleiben und es muss ihn besser gehen. Wir müssen einige Untersuchungen machen bevor ich eine eindeutliche Diagnose feststellen kann" erklärt Frau Dr. Siemers Sonja und steckt ein Pulsmesser auf Max Finger.

„Er hat Morgen doch Geburtstag, da kann er doch nicht im Krankenhaus liegen. Ich wollte ihn eigentlich nachher wieder mitnehmen" erklärt Sonja Frau Dr. Siemers.

„Das geht wohl erstmal nicht. Wir müssen doch erst einmal herausfinden was Max fehlt. Außerdem besteht Verdacht auf ein

Schädelhirntrauma Frau Knebel. Ich untersuche Max aber nachher noch, vielleicht geht es ihn dann ja besser".

„Ich verstehe. Darf ich bei meinen Sohn bleiben?"

„Ja natürlich dürfen sie bei ihrem Sohn bleiben. Können sie mir den Anmeldebogen ausfüllen?" fragt die Ärztin ihr und gibt Sonja den Anmeldebogen.

„Ja natürlich" antwortet Sonja, während die Ärztin zur Tür geht.

„Ich schaue später noch mal nach Max" sagt sie und verlässt das Zimmer.

„Mein armer Schatz. Was ist bloß los mit dir? Ich habe dich doch so lieb" flüstert Sonja Max zu und Tränen laufen über ihrem Gesicht. „Du muss ganz schnell wieder gesund werden". Sie küsst Max auf die Stirn. Dann füllt Sonja den Anmeldebogen aus. Als sie fertig ist legt sie den Anmeldebogen mit dem Klemmbrett auf den Tisch und hält Max Hand, wo die Kanüle drinsteckt fest. Nach einer halben Stunde wacht Max auf.

„Mama wo bin ich?" fragt Max seine Mutter und fängt wieder an zu weinen.

„Schatz nicht weinen. Ich bin ja bei dir. Du bist im Krankenhaus, weil du im Kindergarten zusammengeklappt bist".

„Darf ich aufstehen?" fragt Max Sonja und will sich aufrichten. Sie hält ihn zurück.

„Bleibe liegen Schatz. Du hast dir wohl ein Schädelhirntrauma zugezogen. Hast du noch Kopfschmerzen?"

„Ja etwas tut mir der Kopf noch weh. Mir ist auch etwas schwindelig. Tut den dein Kopf noch weh Mama?" fragt Max seine Mutter verschlafen.

„Nein mir geht es gut Max. Du machst mir aber ziemliche Sorgen mein armer Schatz".

„Morgen ist doch meine Geburtstagsparty Mama" sagt Max zu seiner Mutter traurig, als Stationsschwester Christina ins Zimmer kommt.

„Erstmal wirst du wieder gesund mein Schatz. Du bist nicht umsonst im Kindergarten zusammengeklappt. Deine Geburtstagsparty holen wir nach wenn du wieder gesund bist" verspricht Sonja ihn.

„Hallo ich bin Stationsschwester Christina. Habe heute sehr viel zu tun. Darum komme ich jetzt erst" entschuldigt sie sich.

„Hallo ich bin Frau Dr. Sonja Knebel die Mutter von Max".

„Du bist der Max. Wie geht es dir?" fragt die Stationsschwester ihn.

„Nicht gut" antwortet Max, als Schwester Conny ins Zimmer stürmt.

„Christina kannst du schnell kommen? Hendrik ist im Badezimmer zusammengeklappt".

„Ich muss sofort dort hin. Wir sehen uns später" erklärt Stationsschwester Christina und eilt zur Tür. Sie rennt raus und schließt die Zimmertür.

„Wir müssen deine Geburtstagsparty verschieben Schatz" erklärt Sonja ihren Sohn.

„Nein ich will nach Hause" bittet Max Sonja und fängt wieder an zu weinen. Sonja nimmt Max auf den Arm und kuschelt mit ihm.

„Wir gucken mal was die Frau Doktor nachher sagt Schatz".

„Mama mein Kopf tut wieder so weh" jammert Max. Sonja legt ihn wieder in das Bett und steht auf.

„Ich werde eben die Schwester fragen, ob du noch was gegen die Kopfschmerzen bekommst! Bleibe schön liegen". Sie geht zur Tür, öffnet sie, geht raus und schließt die Zimmertür. Sonja geht in das Schwesterzimmer, wo eine Schwester Daten in den PC eingibt. „Entschuldigen sie Schwester. Mein Sohn Max Knebel hat heftige Kopfschmerzen. Können sie ihnen Schmerzsaft geben?"

„Hallo ich bin Schwester Katja. Ja klar bekommt Max Schmerzsaft wenn er solches starke Kopfweh hat. Sie können aber auch klingeln" erklärt Schwester Katja Sonja und öffnet den Medizinschrank. Schwester Katja gibt Sonja einen Becher mit Schmerzsaft in die Hand. „Ich komme eben mit um mich vorzustellen". Schwester Katja geht mit Sonja aus dem

Schwesternzimmer. Sie schließt die Tür vom Schwesternzimmer ab. Anschließend gehen sie zu Max ins Zimmer. „Heute ist die Hölle los. Haben heute viele Neuaufnahmen bekommen".

„Glaube ich" sagt Sonja und öffnet die Tür von Max Zimmer. Schwester Katja und Sonja gehen ins Zimmer. Sie sehen dass sich Max im Bett erbrochen hat. Der kleine Junge weint bitterlich. Die Notärztin rennt zu Max, während sich Schwester Katja zu Max beugt.

„Hallo Max. Ich bin Schwester Katja. Geht es dir so schlecht, dass du so weinen muss?"

„Ja mein Kopf tut immer schlimmer weh und ich habe das ganze Bett voll gespuckt. Das tut mir Leid".

„Das mit dem Bett ist nicht schlimm mein Schatz. Eher machen wir uns um dich Sorgen" beruhigt sie ihren kranken Jungen. Sonja nimmt Max auf dem Arm und gibt ihn dem Becher mit den Schmerzsaft.

„Trinke den Becher aus Schatz". Max trinkt den Becher aus.

„Brr schmeckt nicht" sagt Max weinend.

„Max ich beziehe eben dein Bett neu. Das ist gar nicht schlimm. Das kann jeden passieren. Hauptsache dein Kopfweh wird besser" beruhigt Schwester Katja Max und bezieht das Bett neu. Sonja fest Max auf die Stirn.

„Sag mal Max kann das sein das du hohes Fieber hast?"

„Ich messe mal eben Temperatur in Max Ohr" erklärt Schwester Katja und steckt das Fieberthermometer in Max Ohr. Nach wenigen Sekunden piept das Thermometer. Schwester Katja holt es raus und guckt auf das Display des Thermometers. „Sie haben recht Frau Knebel. Max hat sehr hohes Fieber, fast an die 40 Grad. Ich rufe sofort die Stationsärztin. Bitte legen sie Max ins Bett zurück" bittet Schwester Katja Sonja und eilt aus dem Zimmer.

„Mama ich habe solches dolles Kopfweh und mir ist so heiß" jammert Max.

„Das dir so heiß ist liegt am hohen Fieber mein Schatz und die dollen Kopfschmerzen kommen von dein Schädelhirntrauma. Ich lege dich jetzt ins Bett zurück". Sonja legt Max ins Bett und deckt ihn zu.

„Ich friere so doll Mama" klagt Max. Sonja nimmt die dicke Bettdecke vom anderen Bett und legt die Decke auf die andere Bettdecke.

„So Schatz. Jetzt wird dir gleich wärmer werden. Du frierst so weil du sehr hohes Fieber hast. Die Ärztin kommt aber gleich. Du tust mir so Leid mein armer Schatz". Sonja setzt sich auf Max Bett und hält seine heiße Hand fest.

„Mama bleibe bei mir" bittet Max seine Mutter erschöpft.

„Ich bin immer bei dir mein Schatz" beruhigt ihn Sonja. Sie kann kaum ihre Tränen zurückhalten. Nach wenigen Minuten kommt Schwester Katja mit Frau Dr. Siemers in Max Zimmer.

„Hallo" grüßt die Ärztin, geht zu Max und beugt sich zu ihnen und fühlt seinen Puls. „Hallo Max von dir hört man nichts Gutes. Dein Puls rast ja. Du hast starke Kopfschmerzen und hohes Fieber hat mir Schwester Katja erzählt". Max nickt. „Ich möchte dich gerne mal abhorchen. Kannst du dich mal aufsetzen Max?" fragt die Ärztin ihn, während Schwester Katja die Infusionsflasche austauscht. Sonja hilft Max beim aufsetzen.

„Aua Mama. Mein Nacken tut so weh. Ich kann ihn nicht bewegen, weil er so schmerzt".

„Seit wann tut dein Nacken so weh?" fragt die Kinderärztin Max.

„Seit heute Mittag".

„Warum hast du mir nichts gesagt Schatz?" fragt Sonja ihn besorgt.

„Ich habe gedacht, dass es nicht so wichtig ist".

„Süßer das ist sehr wichtig das du deiner Mama sagst was dir weh tut. Sie macht sich sehr große Sorgen um dich" erklärt Frau Dr. Siemers ihn. Sonja nimmt Max auf dem Arm, so dass die Ärztin es leichter hat Max abhorchen zu können. „War Max vor einiger Zeit krank oder erkältet?" fragt sie Sonja.

„Ja im Januar hatte er eine Mittelohrentzündung und vor zwei Wochen hatte er eine deftige Erkältung gehabt".

„Wir müssen Max sofort ein Schlafmittel geben, um eine Lympfballfunktion vorzunehmen. Dabei wird Max Hirnwasser aus dem Rückenmark entnommen und untersucht. Max muss danach acht Stunden ruhig liegen, sonst bekommt er wahnsinnige Kopfschmerzen" erklärt Frau Dr. Siemers Sonja und löst das Bett.

„Kopfschmerzen hat er doch schon" antwortet Sonja.

„Wir bringen Max jetzt ins Untersuchungszimmer" erklärt die Kinderärztin, während Schwester Katja das Bett mit Max aus dem Zimmer schiebt.

„Darf ich mit ins Untersuchungszimmer kommen Frau Dr. Siemers?" fragt Sonja die Kinderärztin und hält Max Hand beim Gehen. Die Ärztin nickt Sonja zu. „Es steht Ernst um Max. Habe ich Recht?" fragt Sonja sie voller Angst.

„Ja wie es sich anhört und auch die Beschwerden die ihr Sohn hat deuten alles auf eine lebensbedrohliche Meningitis, also Hirnhautentzündung hin" erklärt Frau Dr. Siemers Sonja, während sie im Untersuchungszimmer ankommen.

„Mama bleibe bei mir. Ich habe solche Angst".

„Ich bin doch bei dir mein Schatz" erklärt Sonja ihren kranken Sohn, während Schwester Katja das Bett beim Fenster abstellt und das Bett feststellt.

„Können sie Max eben auf die Liege legen?" fragt die Ärztin Sonja.

„Klar. Komme mal her Schatz". Sonja nimmt Max auf dem Arm, trägt ihn zur Liege und legt ihn auf die Liege. Sie setzt sich mit Max auf die Liege und hält seine Hand fest, während die Ärztin die Spritze mit dem Schlafmittel vorbereitet. Anschließend kommt die Ärztin zu Max und Sonja.

„So Max du schläfst gleich ein bisschen. Ich spritze dir jetzt ein Schlafmittel in die Kanüle. Nach paar Minuten wirst du ziemlich müde werden und einschlafen, so das du die Untersuchung verschläfst" erklärt sie Max und spritzt das Schlafmittel in seine Kanüle. „Du bist sehr tapfer kleiner Mann".

„Ich bin doch schon groß" sagt Max stolz und müde. „Mama mir ist so komisch". Kurze Zeit später schläft Max ein.

„Was passiert jetzt mit Max?" fragt Sonja die Kinderärztin besorgt.

„Max wird gleich das Hirnwasser aus dem Rückenmark entnommen und untersucht. Dann legen wir ihnen zur ständigen Überwachung seiner Vitalfunktionen auf die Intensivstation" erklärt Frau Dr. Siemers ihr, während Schwester Katja noch mal Fieber gemessen hat.

„Das Fieber ist gestiegen" sagt sie.

„Auf wie viel ist das Fieber gestiegen?" fragt die Ärztin Schwester Katja besorgt.

„Auf fast 41 Grad" antwortet Schwester Katja.

„Das ist schlecht". Frau Dr. Siemers spritzt ein fiebersenkendes Mittel in die Infusion, als der EKG-Monitor piept.

„Was ist mit meinem Kind los?" fragt Sonja erschrocken.

„Max Blutdruck ist abgefallen und der Puls rast unnatürlich schnell. Das wird sein Herz nicht lange durchhalten können. Darum lege ich ihn in ein künstliches Koma, wenn er auf die Intensivstation liegt" erklärt Frau Dr. Siemers ihr. Sonja fängt an zu weinen.

„Beruhigen sie sich bitte Frau Knebel. Der Puls rast nur so weil ihr Sohn sehr hohes Fieber hat. Wir entnehmen Max jetzt das Hirnwasser, dann kommt Max auf die Intensivstation" erklärt die Ärztin Sonja.

„Darf ich kurz telefonieren gehen? Ich kann das nicht sehen wie hilflos Max auf der Liege liegt" erklärt Sonja unter Tränen die Ärztin, während sich die Ärztin steril anzieht.

„Ja machen sie das mal. Nicht dass sie uns noch umkippen".

„Danke. Bin gleich wieder da" sagt Sonja und verlässt das Untersuchungszimmer. Sie eilt auf den Flur, nimmt ihr Smartphone aus der Hosentasche, wählt die Nummer von Bernhards Firma und wartet ab bis eine junge Frau am anderen Ende den Hörer abnimmt.

„Fachbüro für kaufmännische Komplettbetreuung Ebs Steiner mein Name" meldet sich die junge Frau freundlich.

„Hallo Frau Dr. Sonja Knebel hier. Ich muss dringend meinen Mann sprechen".

„Hallo Frau Knebel. Ich verbinde sie sofort mit ihrem Mann. Kleinen Moment bitte".

„Danke". Sonja wartet bis ihr Mann sich meldet. „Nach paar Sekunden meldet Bernhard sich.

„Hallo Schatz".

„Hallo Liebling" grüßt Sonja ihren Mann traurig.

„Du klingst so traurig Schatz. Ruth hat mich vorn angerufen und erzählt was mit Max passiert ist. Wie geht es Max?" Sonja fängt wieder an zu weinen.

„Nicht sehr gut. Ihn wird gerade Hirnwasser aus dem Rückenmark entnommen und untersucht. Dann kommt er auf die Intensivstation".

„Warum? Was ist mit Max? Warum wird Max Hirnwasser entnommen?" fragt Bernhard erschrocken.

„Es besteht großer Verdacht, dass Max eine Hirnhautentzündung hat. Daher hat er auch seit Tagen immer wieder seine Kopfschmerzattacken. Seit heute Mittag hat er Nackenschmerzen, hat er mir aber nicht gesagt. Darum kam auch Max Kinderärztin darauf dass Max eine Hirnhautentzündung haben könnte".

„Ach du Schande. Bleibst du in der Klinik bei Max Schatz?"

„Ja ich bleibe auch über Nacht bei Max. Kannst du Max Freunde anrufen, um die Geburtstagsparty abzusagen? Max muss erst wieder gesund werden".

„Schatz natürlich mache ich das. Ich rufe auch deine und meine Eltern und unsere Geschwister an. Das ist doch selbstverständlich Schatz".

„Danke Liebling". Sonja putzt sich die Nase.

„Schatz du muss aber noch Sybille anrufen das du Morgen nicht zur Blutentnahme kommst. Wie geht es denn deinen Kopf Sonja?"

„Liebling um mich geht es hier nicht. Unser Sohn Max ist sehr krank. Ja ich werde Sybille gleich anrufen. Mein Kopf tut in Moment nicht mehr weh. Ich mache mir schreckliche Sorgen um Max" erzählt Sonja unter Tränen.

„Beruhige dich Schatz" bittet Bernhard sie.

„Ich muss jetzt aufhören Liebling. Ich will gleich wieder zu unseren Sohn. Liebe Grüße an Sabinchen und Ruth. Knuddel unsere Maus von mir".

„Ja mache ich. Grüße unseren Sohn und gebe ihn ein Küsschen von mir. Wenn was ist melde dich sofort Schatz" bittet Bernhard sie.

„Ja mache ich. Tschüß Liebling. Ich liebe dich".

„Ich dich auch Schatz" erwidert Bernhard und legt auf. Sonja drückt die Austaste auf den Smartphone und wählt Sybilles Hausnummer. Nach wenigen Minuten meldet sie sich.

„Sybille Stichweh".

„Hallo Sybille, hier Sonja" grüßt sie unter Tränen.

„Hallo Sonja. Was ist los? Du klingst so traurig".

„Max ist heute Mittag im Kindergarten zusammengeklappt und liegt jetzt auf der Intensivstation".

„Ach du Schande. Haben die Ärzte schon was rausgefunden?"

„Es besteht großer Verdacht dass Max sich eine Hirnhautentzündung geholt hat. Max wird gerade Hirnwasser aus dem Rückenmark entnommen. Ich habe solche Angst Sybille, dass es Max nicht schafft" erklärt Sonja ihre Freundin und fängt an zu weinen.

„Ach Mensch Sonja das tut mir so Leid mit Max. Hat Max Kinderarzt denn kein Blut abgenommen wo ihr da wart?"

„Nein hat er nicht. Du Sybille ich wollte auch meine Blutentnahme Morgenfrüh absagen. Ich will bei Max im Krankenhaus bleiben" erzählt Sonja ihre Ärztin und putzt sich die Nase.

„Das ist doch selbstverständlich Sonja. Was machen deine Kopfschmerzen?"

„Ich habe in Moment keine Kopfschmerzen mehr. Die Aspro 320 Tabletten helfen sehr gut. Wo habe ich dich jetzt weggeholt Sybille?"

„Ach das ist nicht schlimm. Ich putze gerade meine Fenster im Haus. Die Jungs sind bei ihren Freunden".

„Ich will jetzt wieder zu Max".

„Ja das verstehe ich Sonja. Wenn was ist kannst du mich immer anrufen egal wann" bittet Sybille ihr an.

„Danke Sybille".

„Halte mich auf den Laufenden" bittet Sybille ihr.

„Ja klar. Dann putz schön weiter deine Fenster. Tschüß Sybille" verabschiedet sich Sonja und legt auf. Dann eilt sie in das Untersuchungszimmer, aber da ist niemand mehr. Sie läuft auf die Intensivstation zu Max. Sonja muss klingeln um auf die Intensivstation zu kommen. Nach paar Sekunden meldet sich eine Stimme.

„Ja wer ist da?"

„Sonja Knebel hier. Ich möchte gerne zu meinen Sohn Max Knebel".

„Kleinen Moment". Kurz darauf summt die Tür der Intensivstation. Sonja drückt sie auf und geht rein. Die Tür geht alleine wieder zu. Ihr kommt Schwester Monika entgegen. „Hallo ich bin Schwester Monika. Sie müssen den grünen Kittel überziehen". Als Sonja den grünen Kittel übergezogen hat bringt Schwester Monika sie zu Max. Der Kleine wird inzwischen künstlich beatmet und hängt an viele Schläuche dran. Sie fängt wieder an zu weinen als sie ihren Sohn sieht.

„Mein armer Schatz" flüstert Sonja ihrem Sohn zu, setzt sich zu Max und hält seine Hand fest. „Warum musste es nur so weit kommen mein Schatz. Warum konnte man nicht vorher erkennen was dir fehlt. Ich hätte deine Kopfschmerzen ernster nehmen müssen, aber stattdessen habe ich lieber Einsätze gefahren. Was bin ich nur für eine Mutter" macht sich Sonja schwere Vorwürfe, als Frau Dr. Siemers zu Max kommt.

„Sie sind eine gute Mutter. Machen sie sich doch keine Vorwürfe Frau Dr. Knebel. Das hätte keiner ahnen können dass es so schlimm kommt" beruhigt die Ärztin Sonja.

„Ich hätte es doch erkennen müssen dass es Max immer schlechter geht. Dann schicke ich Max noch in den Kindergarten. Bin doch Notärztin" erklärt Sonja die Ärztin weinend.

„Das würde doch jede Mutter machen ihr Kind in den Kindergarten schicken, wenn es ihn gut geht. Max war ja auch schmerzfrei. Machen sie sich keine Vorwürfe Frau Dr. Knebel".

„Haben sie rausgekriegt was Max fehlt?" fragt sie Max Kinderärztin unter Tränen. Schwester Nina gibt Sonja Taschentücher.

„Danke".

„Der Verdacht auf eine Hirnhautentzündung hat sich leider bestätigt. Max hat eine lebensgefährliche Hirnhautentzündung. Wir geben ihnen hochdoziertes Antibiotikum durch die Vene. Weil das Fieber so hoch ist und das Herz jagt haben wir ihren Sohn ins künstliche Koma gelegt, damit sich sein Körper erholt" erklärt die Ärztin Sonja.

„Mist ist das. Er hat sich so auf seinen Geburtstag Morgen gefreut und jetzt liegt er im Koma. Wird er die Hirnhautentzündung überleben?"

„In Moment kann ich ihnen das nicht sagen. Wir müssen abwarten".

„Darf ich bei meinen Sohn bleiben?" Sonja küsst Max auf die Stirn.

„Selbstverständlich Frau Dr. Knebel. Sie dürfen so lange bleiben wie sie wollen. Tun sie mir aber einen Gefallen denken sie an ihre eigenen Kräfte, nicht das sie mir auch noch zusammenbrechen Versprochen!". Sonja nickt unter Tränen. „Ich schaue Morgen wieder nach Max. Ich wünsche ihnen schon mal eine gute Nacht Frau Dr. Knebel".

„Danke das wünsche ich ihnen auch Frau Doktor". Sonja hält Max Hand, wo die Kanüle drin steckt, fest. „Warum du Max? Du muss es schaffen. Du hast noch das ganze Leben vor dir mein Schatz. Dein Leben kann jetzt nicht schon zu Ende sein. Morgen wirst du erst vier Jahre alt". Sonja weint in ihr Taschentuch.

Inzwischen klingelt Bernhard bei Ruth an der Wohnungstür. Tom öffnet ihn. „Hallo Bernhard" grüßt der Teenager Sonjas Mann.

„Hallo Tom".

„Komm rein. Sabinchen wartet schon auf dich" erklärt Tom ihn und schließt die Wohnungstür hinter sich.

„Danke". Bernhard geht ins Wohnzimmer. Sabinchen läuft ihm entgegen.

„Papa Papa" ruft das kleine Mädchen ihren Vater zu.

„Hallo meine Süße" grüßt Bernhard seine kleine Tochter und nimmt sie auf dem Arm, als Ruth ins Wohnzimmer kommt. „Hallo Ruth".

„Hallo Bernhard hast du was von Sonja gehört wie es Max geht?" fragt Ruth ihn.

„Ja habe ich. Max geht es leider nicht sehr gut. Er liegt auf der Intensivstation. Es besteht großer Verdacht, dass Max eine Hirnhautentzündung hat. Sonja ist total verzweifelt und fertig, als ich heute Nachmittag mit ihr telefoniert habe".

„Ach du Schande. Darum hat Max auch ständig Kopfschmerzen in den letzten Tagen gehabt".

„Ja genau. Morgen hat Max Geburtstag und er liegt schwer krank im Krankenhaus. Ich muss gleich wenn ich zuhause bin alle Gäste absagen" erklärt Bernhard ihr.

„Weiß du was Bernhard ich fahre jetzt ins Krankenhaus zu Sonja und beruhige sie. Gerade bei schlimmen Zeiten sollte man der besten Freundin zur Seite stehen".

„Das wäre total lieb von dir Ruth wenn du ins Krankenhaus fährst. Das du meine Frau so zur Seite stehst ist toll. Ich muss mich ja um unser anderes Kind kümmern".

„Du muss dir keine Vorwürde machen Bernhard. Ich weiß das du dich um Sabinchen kümmern muss" erklärt Ruth ihn und wendet sich an Tom. „Kommst du alleine klar mein Sohn?" fragt Ruth ihren großen Sohn, holt ihre Wolfskinjacke von der Garderobe und zieht sie über.

„Ja Mama. Fahre du mal zu Sonja, die braucht dich jetzt. Ich komme schon alleine klar. Bin ja schon groß" erklärt Tom seine Mutter.

„Gut dann fahre ich jetzt" erklärt Ruth, während Bernhard Sabinchen die Jacke anzieht und sie auf dem Arm nimmt

„Tschüß Tom" verabschiedet sich Bernhard und geht aus der Wohnung.

„Tschüß Bernhard. Tschüß kleine Maus" sagt Tom.

„Bis später mein Schatz" sagt Ruth und läuft mit Bernhard die Treppen nach unten, während Tom die Haustür schließt. Sie fahren mit dem Fahrstuhl ins Erdgeschoss. Bernhard hält Ruth die Fahrstuhltür auf und lässt sie durch. Bernhard und Ruth laufen aus dem Haus.

Ruth verabschiedet sich von Sabinchen. „Tschüß kleine Maus". Bernhard setzt Sabinchen in den Kindersitz rein und schnallt sie an. Anschließend haut er die Hintertür zu. „Ich melde mich nachher wenn ich wieder zurück bin Bernhard" erklärt Ruth Sonjas Mann, während Bernhard die Fahrertür öffnet und einsteigt.

„Danke dass du Sonja zur Seite stehst. Ganz liebe Grüße an Max und Sonja. Ich bin zuhause".

„Ist okay. Dann will ich mal los" sagt Ruth öffnet die Fahrertür und steigt in ihren Wagen. Ruth schnallt sich an, schließt die Fahrertür und startet den Motor, während Bernhard schon weggefahren ist. Sie fährt rückwärts von Parkplatz und fährt die Carl-Friedrich-Gauß-Straße entlang. Sie fährt auf den schnellsten Weg zur Professor Hess-Klinik. Als sie das Auto geparkt hat eilt sie zum Informationsschalter. Guten Tag".

„Guten Abend. Was kann ich für sie tun?" fragt der junge Mann am Schalter.

„Ich möchte gerne zur Intensivstation zu Max Knebel" erklärt Ruth den Mann.

Der junge Mann guckt im PC rein. „Sind sie eine Angehörige?"

„Nein. Ich bin eine sehr gute Freundin der Familie".

„Eigentlich dürfte ich sie nicht zum Patienten lassen weil sie keine Angehörige sind aber ich mache hier mal eine Ausnahme. Die Intensivstation ist im fünften Stock. Dort müssen sie dann klingeln".

„Vielen Dank". Ruth läuft mit schnellen Schritten zum Fahrstuhl und steigt ein. Nach wenigen Minuten kommt sie auf die fünfte Etage an. Sie rennt zur Tür der Intensivstation und klingelt. Nach wenigen Sekunden meldet sich eine Stimme aus dem Lautsprecher an der Tür der Intensivstation.

„Ja bitte?".

„Hallo. Ich bin Ruth Darmstedt und möchte zu Max Knebel".

„Sind sie eine Angehörige?"

„Nein aber eine sehr gute Freundin von Frau Knebel".

„Einen kleinen Moment bitte". Nach ein paar Minuten geht die Tür auf und Schwester Nina erscheint in blauer Uniform.

„Hallo. Ich möchte gerne zu Max Knebel" bittet Ruth die Schwester.

„Dann kommen sie mit. Sie müssen aber bevor sie zu Max gehen ein Kittel überziehen" erklärt Schwester Nina und gibt Ruth den Kittel. Ruth geht mit Schwester Nina auf die Intensivstation, während sich die Tür der Intensivstation automatisch schließt. Sie zieht den grünen Kittel über und begleitet Schwester Nina zu Max Bett.

„Vielen Dank Schwester". Ruth sieht dass Sonja schrecklich weint und die Hand von Max hält. „Hallo Süße". Sonja sieht Ruth an, lässt Max Hand los und steht auf.

„Hallo Ruth". Sie nehmen sich in die Arme.

„Was ist denn los Sonja? Wie geht es Max?"

„Nicht gut. Es sieht nicht gut aus. Er hat eine lebensgefährliche Hirnhautentzündung. Die Ärzte haben Max ins künstliche Koma gelegt, weil er sehr hohes Fieber hat. Er hat fast 42 Grad".

„Das tut mir sehr Leid Süße. Wird er die Hirnhautentzündung überleben?"

„Das wissen die Ärzte nicht. Es kann sein das Max seinen Geburtstag nicht mehr erleben wird" antwortet Sonja unter Tränen. Ruth laufen auch Tränen über das Gesicht.

„Ach Süße das glaube ich nicht das Max stirbt. Die Medizin ist heute schon so weit das man Max bestimmt helfen kann" beruhigt Ruth sie.

„Es ist alles meine Schuld. Wäre ich doch gleich mit Max zum Arzt gegangen wo Max das erste Mal Kopfschmerzen hatte, stattdessen fahre ich Einsätze um andere Leute zu retten, aber meinen eigenen Sohn lasse ich in Stich. Jetzt steht er zwischen Leben und Tod. Wie er dort ruhig liegt mit den ganzen Schläuchen und Geräten".

„Süße mache dir bitte keine Vorwürfe. Man konnte doch nicht ahnen dass Max so schlimm erkranken wird" beruhigt sie Sonja.

„Morgen hat Max Geburtstag. Den Geburtstag wollte er so gerne mit seinen drei Freunden und uns feiern und jetzt wird nichts mehr da draus. Ich bin eine schlechte Mutter" behauptet Sonja.

„Nein das bist du nicht Süße. Max wird seine Geburtstagsparty feiern glaube mir sobald er gesund ist".

„Ich hoffe du hast Recht. Er wird doch Morgen erst vier Jahre alt. Ich werde meinen Job als Notärztin aufgeben um für meine Kinder da zu sein" erklärt Sonja ihr weinend.

„Das ist doch kompletter Blödsinn Sonja. Du liebst deinen Job als Notärztin. Überlege dir das noch mal. Es wird schon wieder alles gut werden" redet Ruth Sonja ins Gewissen.

„Wenn du meinst Ruth. Kannst du Bernhard holen? Das kann die letzte Nacht sein das Max lebt" bittet Sonja ihr.

„Ach höre auf Sonja. Max wird es schaffen da bin ich mir ganz sicher".

„Wenn du meinst Ruth. Danke dass du gekommen bist".

„Habe ich doch gerne gemacht Süße. Ich bin immer für dich da Tag und Nacht. Jetzt fahre ich zu Bernhard und passe auf Sabinchen auf" erklärt Ruth ihre Freundin. „Und du hörst mit deinen Selbstvorwürfen auf Süße. Du kannst nichts dafür dass Max hier liegt".

„Okay. Ich bin nur so verzweifelt".

„Das kann ich ja verstehen aber bitte denke dass Max wieder gesund wird" bittet Ruth ihre Freundin.

„Okay. Gebe meine süße Maus einen Kuss von mir" bittet Sonja ihr weinend.

„Ja das mache ich. Ich soll auch von Tom, Sabinchen und Bernhard grüßen" erklärt Ruth. Die beiden Freundinnen umarmen sich zum Abschied. Nachdem Ruth den Kittel ausgezogen hat und Schwester Nina gegeben hat verlässt Ruth die Intensivstation, während sich Sonja wieder auf den Stuhl setzt und Max Hand hält.

„Du wirst es schaffen Max" flüstert sie und küsst ihren Sohn auf die Stirn.

Ruth fährt auf den schnellsten Weg zu Bernhard, parkt ihr Auto auf dem Parkplatz, eilt zur Haustür und klingelt. Bernhard öffnet nach wenigen Sekunden die Haustür. „Hallo Ruth. Was machst du denn hier?"

„Hallo Bernhard". Ruth geht ins Haus. Er schließt die Haustür hinter ihr.

„Ich decke gerade den Geburtstagstisch für Max" berichtet Bernhard und geht mit Ruth in das Wohnzimmer.

„Lasse alles liegen und fahre in die Kinderklinik" bittet sie Bernhard. „Max geht es sehr schlecht. Er liegt im künstlichen Koma und die Ärzte wissen nicht ob Max die Nacht überlebt" erklärt Ruth Bernhard traurig und zieht ihre Wolfskinjacke aus.

„Was? Um Gottes Willen. Was mache ich mit Sabinchen?" fragt Bernhard Ruth hilflos.

„Ich passe auf Sabinchen auf" antwortet Ruth, während Bernhard seine Jacke überzieht.

„Vielen Dank Ruth".

„Bitte Bernhard rede mit Sonja. Sie will ihren Job als Notärztin aufgeben" erklärt Ruth ihn.

„Was? Warum das denn?" fragt Bernhard sie erschrocken.

„Sie macht sich schwere Vorwürfe dass sie Schuld daran ist, dass es Max so schlecht geht" erklärt Ruth.

„Das ist doch Quatsch. Natürlich rede ich mit ihr. Sabinchen schläft schon in ihrem Bett. Ich muss los" erklärt Bernhard ihr und nimmt die Autoschlüssel vom Tisch, Er geht zur Haustür, öffnet sie, geht raus, schließt die Haustür und läuft zu seinen Wagen. Er öffnet die Fahrertür, steigt ein. schließt die Fahrertür und startet den Motor. Anschließend fährt er rückwärts aus dem Hauseingang und fährt schnell zur Professor Hess-Klinik. Nach zwanzig Minuten kommt er bei der Professor Hess-Klinik an. Bernhard parkt seinen Wagen in eine Seitenstraße und eilt in die Klinik. Er geht an den Informationsschalter. „Guten Abend. Ich möchte gerne zu meinen Sohn Max Knebel, der auf der Intensivstation liegt!" erklärt Bernhard die jungen Frau.

„Dann fahren sie bitte auf die fünfte Etage mit den Fahrstuhl".

„Danke". Er eilt zum Fahrstuhl. Dort drückt er auf den Knopf des Fahrstuhls. Nach paar Minuten kommt der Fahrstuhl im Erdgeschoß an und öffnet sich. Bernhard steigt in den Fahrstuhl. Nach paar Minuten kommt er auf die fünfte Etage an. Er eilt aus dem Fahrstuhl und sieht Sonja weinend vor der Intensivstation stehen. Bernhard eilt zu ihr hin. Als Sonja ihren Mann sieht stürmt sie zu Bernhard hin.

„Endlich Schatz bist du da" begrüßt Sonja ihrem Mann weinend.

„Schatz was ist denn passiert, dass du so weinst?" fragt Bernhard seine Frau besorgt, während sie sich umarmen und küssen.

„Max geht es sehr schlecht. Er hat eine lebensgefährliche Hirnhautentzündung und sehr hohes Fieber. Die Ärzte haben ihn in ein künstliches Koma gelegt, das sich sein Körper erholt. Frau Dr. Siemers weiß nicht ob er die Nacht überlebt. Es steht kritisch um Max" erzählt Sonja ihren Mann weinend. Sie gehen zusammen zur Tür der Intensivstation und klingeln dort. Nach wenigen Minuten hören sie eine Stimme.

„Ja bitte?".

„Wir sind die Eltern von Max Knebel und wollen zu unserem Sohn" bittet Sonja.

„Kleinen Moment bitte". Nach wenigen Minuten summt die Tür. Sonja drückt sie auf und Bernhard und sie gehen auf die Intensivstation. Die Tür schließt sich wieder automatisch.

„Wir müssen Kittel überziehen" erklärt Sonja Bernhard und gibt ihrem Mann ein Kittel rüber. Als sie beide den grünen Kittel übergezogen haben gehen sie zu Max. Er hockt sich zu Max, während sich Sonja auf den Stuhl setzt und Max Hand hält.

„Mensch Kleiner. Was machst du für Sachen? Du hast doch Morgen Geburtstag" flüstert Bernhard und fängt auch an zu weinen. Sonja und Bernhard umarmen sich. „Ich habe von Ruth gehört Schatz dass du deinen Job als Notärztin aufgeben willst. Das meinst du doch nicht im Ernst oder?"

„Ich bin noch am überlegen. Die Kinder haben doch nichts von mir wenn ich nur arbeite und nicht zuhause bin".

„Wir haben es doch immer hinbekommen das wir beide arbeiten. Du liebst doch deinen Job Sonja".

„Das stimmt schon, aber meine Familie ist mir wichtiger als der Job. Du siehst doch dass ich mit Max zu spät zum Arzt gegangen bin, sonst würde er jetzt nicht um sein Leben kämpfen".

„Du kannst da nichts für das es Max so schlecht geht Schatz. Überlege es dir noch mal ob du echt deinen Job aufgeben willst".

„Ja ich werde es mir noch mal überlegen Liebling. Bin so froh das du da bist" sagt Sonja und küsst Bernhard.

„Natürlich bin ich für dich da Schatz. Ruth ist wirklich eine wahre Freundin. Sie passt auf unsere Tochter auf das ich bei dir sein kann".

„Ja da hast du Recht Liebling. Sie reißt sich ein Bein für uns aus".

„Wir müssen sie mal zum Essen einladen. Hast du eigentlich Sybille angerufen?" fragt Bernhard seine Frau.

„Ja habe ich. Ich habe sie beim Fenster putzen gestört. Sie war ziemlich erschrocken als ich ihr erzählt habe dass Max zusammengebrochen ist".

„Das kann ich mir vorstellen Schatz. Für uns war es schließlich auch ein Schock".

„Da hast du recht. Die Blutentnahme ist erstmal verschoben wurden" erklärt Sonja ihn. Sie unterhalten sich noch eine Weile.

Donnerstag, 16. Mai 2013

Um 00:00 Uhr machen Bernhard und Sonja eine Kerze an. „Herzlichen Glückwunsch zum Geburtstag mein Schatz und alles Gute" wünscht Sonja ihren kleinen Sohn und küsst ihn auf die heiße Stirn.

„Alles Liebe und Gute zum Geburtstag mein Großer auch von deiner kleinen Schwester" wünscht Bernhard seinen kleinen Sohn unter Tränen und küsst Max auf die heiße Stirn. Sonja legt das kleine Bärchen vom Rettungswagen in Max linken Arm, während Nachtschwester Ina zu Max kommt.

„Guten Abend. Ich bin Schwester Ina. Kerzen sind hier eigentlich verboten".

„Unser Sohn hat heute Geburtstag. Er ist vier Jahre alt geworden" erklärt Bernhard Schwester Ina.

„Oh entschuldigen sie das wusste ich nicht. Ich wünsche ihren Sohn alles Gute zum Geburtstag". Sie notiert sich die aktuellen Werte in Max Akte.

„Danke. Können sie Max einen kalten Waschlappen auf seine Stirn legen? „Die Stirn ist kochend heiß" bittet Sonja Schwester Ina.

„Klar. Ich hole eben einen Waschlappen" antwortet sie und verlässt den Raum. Nach wenigen Minuten kommt Schwester Ina mit einem kalten Waschlappen wieder. Sie fest auf Max Stirn und legt anschließend den kalten Waschlappen auf Max Stirn.
Anschließend steckt sie das Fieberthermometer in Max Ohr. Als es nach wenigen Minuten piept holt Schwester Ina es raus und guckt auf das Display. „Max hat immer noch 41,6 Grad Fieber. Der

diensthabende Arzt schaut nachher nach Max" erklärt Schwester Ina Max Eltern.

„Warum geht das Fieber nicht zurück?" fragt Sonja Schwester Ina verzweifelt.

„Das kann ich ihnen leider nicht sagen aber der Arzt kommt bald zu ihnen" antwortet Schwester Ina und verlässt den Raum. Nach einer halben Stunde kommt Dr. Kleist zu Max auf die Intensivstation.

„Hallo. Ich bin Dr. Kleist. Ich wollte mal eben nach ihren Sohn sehen. Mich hat eben Schwester Ina angerufen das Max immer noch sehr hohes Fieber hat".

„Wir sind seine Eltern. Wie sieht es aus?" fragt Bernhard den Arzt, während Dr. Kleist die Werte auf den Kontrollbildschirmen kontrolliert und notiert.

„Das Fieber ist etwas zurück gegangen. Das hochdozierte Antibiotikum scheint anzuschlagen. Der Kreislauf stabilisiert sich auch langsam wieder. Wenn die Werte sich weiter bessern kann ich Max nachher extubieren" erklärt Dr. Kleist Sonja und Bernhard.

„Hat Max es geschafft? Überlebt er die lebensgefährliche Hirnhautentzündung?" fragt Sonja den Arzt besorgt.

„Noch kann ich es nicht genau sagen, aber die Werte sehen besser aus als noch gestern Nachmittag. Ich bin mir sicher dass es Max schafft. Ihr Sohn ist ein Kämpfertyp" macht Dr. Kleist Max Eltern Mut. „Max Herz arbeitet wieder ruhiger und kräftiger. Hat einer von ihnen Geburtstag?"

„Ja unser Sohn Max hat heute Geburtstag" antwortet Sonja lächelnd.

„Ach der Arme. Und gerade an seinen Geburtstag ist er krank. Das ist nicht schön".

„Ja da haben sie recht. Ich hoffe er schafft es".

„Das glaube ich schon. Wie alt ist Max denn geworden?" fragt Dr. Kleist Max Eltern.

„Vier Jahre alt" antwortet Bernhard.

„Aha. Ich bin ganz positiv eingestellt dass Max es schafft. Das gleiche müssen sie auch denken. Max ist sehr stark" muntert Dr. Kleist sie auf.

„Wird Max noch unter Kopfschmerzen leiden wenn er aufwacht?" fragt Sonja den Arzt besorgt. Dr. Kleist guckt in Max Krankenakte.

„Ja Kopfschmerzen wird er noch eine ganze Weile haben. Er hat sich ja zur Hirnhautentzündung noch ein Schädelhirntrauma geholt, aber ich und meine Kollegen können Max Schmerzmedikamente gegen die Schmerzen verabreichen. Kein Patient soll bei uns leiden okay" erklärt Dr. Kleist ihr, während sie gähnt. „Sie sollten auch etwas schlafen Frau Knebel. Sie sehen sehr müde aus".

„Ja ich weiß. Danke für alles".

„Ich bin ja Arzt geworden um Menschen wieder gesund zu machen" erklärt Dr. Kleist ihr.

„Ich bin auch Notärztin" erzählt Sonja den Arzt.

„Ach so. Wir kennen uns noch nicht. Bin neu in Bremen. Erst letzte Woche von Köln hier hergezogen" erzählt der Arzt Sonja und lehnt sich an Max Bett.

„Macht ja nichts. Jetzt kennen sie mich ja. Wie kommen sie gerade auf Bremen?" fragt Sonja Dr. Kleist müde.

„Bremen hat einen der schönsten Weihnachtsmärkte Deutschlands. Ich bin von Bremen so angetan das ich letzte Woche hier hergezogen bin".

„Schön aber auf den Weihnachtsmarkt müssen sie noch warten. Es ist erst Mitte Mai" antwortet Bernhard lächelnd.

„Dafür das es Mitte Mai ist, ist es noch sehr kalt draußen. Letztes Jahr um die Zeit waren es 27 Grad. Dieses Jahr wird es gar nicht warm".

„Da haben sie Recht. Ich würde mich ja gerne weiter mit ihnen unterhalten aber ich muss zum nächsten Patienten ins andere Gebäude" erzählt Dr. Kleist.

„Das ist doch überhaupt kein Problem".

„Ich schaue später wieder nach Max. Ruhen sie sich bitte etwas aus. Ich sage Schwester Nina Bescheid dass sie etwas zu Essen bekommen und sich hinlegen können. So ich muss los" erklärt Dr. Kleist und verlässt die Intensivstation.

„Schatz bist du mir böse wenn ich jetzt nach Hause fahre?" fragt Bernhard seine Frau vorsichtig.

„Nein Liebling das bin ich nicht. Bin so froh dass du noch gekommen bist und mir zur Seite gestanden hast. Ich hoffe nur dass es Max schafft" sagt Sonja und umarmt ihren Mann.

„Das schafft Max schon. Denke positiv Schatz" bittet Bernhard sie. Anschließend küssen sie sich.

„Liebe Grüße an Ruth und unseren kleinen Maus" bittet Sonja ihn und gähnt.

„Das mache ich. Du rufst an wenn es Neuigkeiten von Max gibt. Egal wie spät es ist" bittet er Sonja.

„Ja Schatz ich hätte dich dann wieso angerufen. Hast du eigentlich Max Gäste abgesagt?" fragt Sonja ihren Mann und gähnt.

„Ja habe ich. Ich soll von ihnen gute Besserung wünschen. Die machen sich alle um Max schreckliche Sorgen. Meine Eltern wollen Max Morgen im Krankenhaus besuchen. Schließlich hat er ja Geburtstag" erzählt Bernhard seine Frau.

„Noch ist Max nicht über den Berg" erklärt Sonja ihn verzweifelt und müde.

„Das wird er schon. Versuche etwas zu schlafen Schatz".

„Ja ich versuche gleich etwas zu schlafen. Hast du eine Kopfschmerztablette in der Tasche?" Bernhard wühlt in seine Jackentasche.

„Nein leider nicht, aber frage doch mal die Schwester ob du eine Tablette bekommen kannst. Hast du schon wieder Kopfschmerzen Schatz?" Sonja nickt.

„Ziemliche Kopfschmerzen habe ich. Die Tüte mit den Medikamenten sind in Sabinchens Buggy" antwortet Sonja müde und gähnt.

„Soll ich eine Schwester fragen ob du eine Tablette bekommen kannst?" fragt Bernhard seine Frau fürsorglich.

„Nein das mache ich gleich selber. Fahre du mal nach Hause und erlöse Ruth".

„Ja und du versuchst etwas zu schlafen. Es ist gleich halb zwei nachts". Sonja umarmt ihren Mann.

„Ja ich versuche gleich etwas zu schlafen Liebling. Ich liebe dich" sagt Sonja und gibt ihn einen Kuss.

„Ich liebe dich auch Schatz". Sie küssen sich noch mal. Nachdem Bernhard den grünen Kittel abgegeben hat verlässt er die Intensivstation. Sonja geht ins Schwesternzimmer, wo Schwester Ina gerade einen spannenden Krimi liest.

„Entschuldigen sie dass ich störe, aber hätten sie eine Kopfschmerztablette für mich?"

„Hallo Frau Knebel. Nein sie stören doch nicht. Natürlich habe ich eine Schmerztablette für sie" antwortet Schwester Ina und legt das Buch auf den Tisch. Sie steht auf und geht an den Medizinschrank.

„Was lesen sie da für ein Buch?"

„Das ist ein spannender Krimi „Weserdonner" heißt der Krimi" antwortet Schwester Ina.

„Schön".

„Soll ich ihnen ein Bett zurecht machen, das sie sich etwas ausruhen können?" fragt sie Sonja. Schwester Ina holt aus dem Medizinschrank eine Packung Schmerztabletten, holt eine Tablette raus und packt die Packung wieder im Medizinschrank. Schwester Ina gibt Sonja die Schmerztablette und ein Glas Wasser.

„Danke. Nein ich will bei meinem Sohn bleiben. Noch ist er in Lebensgefahr" erklärt Sonja Schwester Ina.

„Okay. Ich bringe ihnen aber gleich einen Becher Tee und eine Wolldecke".

„Vielen Dank für ihr Bemühen. Viel Spaß beim lesen".

„Danke". Sonja verlässt das Schwesternzimmer. Sie geht wieder zu Max auf die Intensivstation, setzt sich zu ihrem Sohn und hält Max Hand fest. „Na mein Geburtstagskind". Nach fünf Minuten kommt Schwester Ina mit einem kleinen Tablett und einer Wolldecke zu Sonja.

„So hier ist ein Becher Tee und eine Wolldecke. Wollen sie was essen?" fragt Schwester Ina ihr, während sie die Wolldecke über Sonja ausbreitet und Sonja zudeckt.

„Nein ich habe keinen Hunger. Danke für alles".

„Wenn irgendwas ist klingeln sie. Versuchen sie etwas zu schlafen" bittet Schwester Ina Sonja und verlässt die Intensivstation.

Bei Familie Knebel zuhause schließt Bernhard die Haustür auf und geht in das Haus. Er schließt die Haustür wieder, zieht seine Jacke aus, hängt sie an die Garderobe und geht ins Wohnzimmer. Ruth sitzt auf den Sessel und guckt fernsehen. „Hallo Ruth" grüßt Bernhard sie und geht zum Sofa. Er setzt sich auf das Sofa.

„Hallo Bernhard wie geht es Max?" fragt Ruth ihn und schaltet dem Fernsehen aus.

„Unverändert, aber die Werte haben sich etwas gebessert. Max Arzt meint wenn das hohe Fieber weiter sinkt hat Max es überstanden. Dann extubieren sie ihn nachher".

„Das ist doch toll dass es Max besser geht".

„Noch ist er nicht über den Berg Ruth" erklärt Bernhard ängstlich.

„Das ist doch ein gutes Zeichen das sich Max Werte gebessert haben" macht Ruth Bernhard Mut.

„Hoffen wir mal" sagt Bernhard müde, während Ruth ihre Jacke überzieht.

„Wie geht es Sonja?" fragt Ruth ihn.

„Das kannst du dir ja denken wie es Sonja geht. Sie ist ziemlich fertig und sorgt sich um Max. Außerdem hat sie wieder starke Kopfschmerzen" antwortet Bernhard.

„Das ist nicht gut, dass Sonja schon wieder Kopfschmerzen hat. Sabinchen schläft seit neunzehn Uhr. Habe noch etwas mit ihr gespielt und gekuschelt. Ich gehe dann mal" sagt Ruth.

„Sybille wird Sonja schon wieder gesund machen".

„Da hast du recht. Ich will los". Bernhard begleitet Ruth zur Haustür.

„Ich danke dir für alles. Ich soll dir liebe Grüße von Sonja ausrichten".

„Danke grüße sie zurück". Ruth öffnet die Haustür. „Sage mir bitte Bescheid wenn sich was bei Max Zustand ändert". Sie umarmen sich dann geht Ruth zu ihrem Wagen.

„Ja mache ich sobald ich was weiß" verspricht Bernhard ihr, während Ruth ins Auto steigt. Anschließend fährt sie rückwärts aus der Hauseinfahrt. Bernhard schließt die Haustür zu, macht alle Lichter aus und geht nach oben ins Kinderzimmer. Er guckt nach Sabinchen, die in ihrem Gitterbett friedlich schläft. „Gute Nacht meine Maus. Schlafe gut und träume süß. Liebe Grüße von Mama" richtet Bernhard seine kleine Tochter aus und küsst seine Tochter auf die Stirn. Dann geht er zu Max Bett und setzt sich kurz darauf. Bernhard nimmt Max Kuscheltier Schnuffel in die Hand. „Max du muss es einfach schaffen die blöde Hirnhautentzündung zu bekämpfen. Sonja, Sabinchen und ich haben Angst dass du nicht mehr aus dem Koma aufwachst. Du muss kämpfen Kleiner. Dein Leben wird noch so schön werden. Du bist heute erst vier Jahre alt geworden. Kämpfe bitte Max. Deine kleine Schwester Sabinchen, Mama deine ganzen Freunde und alle die dich kennen brauchen dich. Bitte bleibe unter uns. Dein Kuscheltier bringe ich dir Morgen ins Krankenhaus Liebling" erzählt Bernhard und fängt an zu weinen. Nach zehn Minuten hat Bernhard sich wieder beruhigt, legt den Stoffhasen auf Max Bett, geht aus dem Kinderzimmer und macht die Tür ran. Anschließend macht er das Flurlicht aus und geht ins Schlafzimmer. Dort zieht er schnell seinen Schlafanzug an und will ins Bett gehen da fällt ihn ein das er das Telefon unten im Wohnzimmer vergessen hat. Schnell holt er das Telefon von unten und geht anschließend ins Bett. Er löscht das Licht. „Du fehlst mir so mein Schatz" sagt Bernhard und schläft kurze Zeit später ein.

Es ist fünf Uhr morgens als im Krankenhaus langsam der Tag beginnt. Dr. Kleist guckt nach Max, kontrolliert seine Werte und notiert sie in Max Krankenakte. Sonja die gerade wieder zu sich kommt erschreckt als sie Dr. Kleist an Max Bett stehen sieht. „Dr. Kleist. Ist irgendwas mit Max?"

„Guten Morgen Frau Knebel. Ich wollte sie nicht wecken. Nein mit Max ist alles in Ordnung. Habe nur nach Max gesehen".

„Wie ist Max Zustand?" fragt Sonja den Arzt verschlafen.

„Sehr gut. Max ist über den Berg. Die Werte haben sich deutlich gebessert und das Fieber ist weiter gesunken. Ich oder Frau Dr. Siemers werden Max nachher extubieren" erklärt Dr. Kleist ihr.

„Das ist toll dass es Max geschafft hat. Mir fällt ein Stein von Herzen. Also hat er es geschafft?" fragt Sonja den Arzt müde.

„Ja das hat er. Sie können mit Max heute den zweiten Geburtstag feiern. Es war sehr kritisch um den Kleinen die letzten Stunden" erklärt Dr. Kleist ihr.

„Das werden wir auch machen" sagt Sonja müde aber glücklich.

„Das Antibiotikum ist gut angeschlagen. Er muss aber noch einige Wochen das Antibiotikum verabreicht bekommen. Solange er im Krankenhaus liegt bekommt er das Antibiotikum durch die Vene, später bekommt er das Antibiotikum dann in Tablettenform" erklärt der Arzt Sonja.

„Darf ich sie umarmen Doktor?" fragt Sonja den Arzt lächelnd. Dr. Kleist nickt. Sie umarmt Dr. Kleist. „Vielen Dank auch von meinen Mann das sie Max gerettet haben und was sie alles für ihn getan haben finde ich toll".

„Ich habe nicht viel gemacht. Ihr Sohn hat selber gekämpft um die schwere Krankheit zu besiegen. Wie ich schon vorn gesagt habe ihr Sohn ist ein starker Kämpfer" erzählt Dr. Kleist ihr.

„Ich werde sofort meinen Mann anrufen" sagt Sonja glücklich.

„Ja machen sie das. Ich muss weiter" erklärt Dr. Kleist Sonja und verlässt die Intensivstation. Sie zückt ihr Smartphone und verlässt die Intensivstation. Sonja geht auf den Flur und wählt die Nummer von zuhause. Nach wenigen Minuten meldet sich Bernhard verschlafen am Telefon.

„Bernhard Knebel".

„Hallo Liebling".

„Hallo Sonja mein Schatz. Ist was passiert?"

„Ja Max hat es geschafft. Er ist über den Berg. Ich bin so glücklich Liebling. Ich könnte die ganze Welt umarmen".

„Das ist ja toll dass Max die schwere Hirnhautentzündung besiegt hat. Man bin ich froh darüber. Ist Max schon bei Bewusstsein?"

„Nein noch nicht".

„Danke dass du mich angerufen hast Schatz. Übrigens hat sich Herr Sperling vom Auto-Center gemeldet das dein Auto eine neue Benzinpumpe braucht und noch andere Sachen. Du kannst das Auto erst am Montag wieder abholen".

„Ist auch okay. Hauptsache unser Sohn wird wieder gesund. Was macht unsere Maus?"

„Sabinchen schläft friedlich in ihrem Bett. Lege dich noch etwas hin Schatz. Es ist erst gleich halb sechs morgens. Was machen deine Kopfschmerzen Schatz?"

„Die sind fast weg. Ich bin einfach nur glücklich dass es Max geschafft hat. Ja ich versuche gleich noch etwas zu schlafen. Gönn dir auch noch etwas Schlaf Liebling. Ich vermisse dich mein Liebling".

„Ich und Sabinchen vermissen dich auch".

„Liebe Grüße an unsere Maus. Dann bis später Liebling" verabschiedet sich Sonja, legt auf und geht wieder auf die Intensivstation zu Max. „Maxchen ich bin bei dir" flüstert Sonja Max zu und deckt ihren Sohn mit der Bettdecke richtig zu. Nach kurzer Zeit schläft Sonja ein. Gegen halb acht erscheint Frau Dr. Siemers bei Max und Sonja.

„Guten Morgen Frau Dr. Knebel. Ich habe schon von meinen Kollegen gehört wie kritisch es um Max stand. Jetzt ist Max Gott sei Dank außer Lebensgefahr".

„Guten Morgen Frau Doktor. Ich bin froh dass es Max geschafft hat. Mir fiel richtig ein Stein von Herzen" erzählt Sonja ihr.

„Das glaube ich. Jetzt holen wir ihren Sohn aus dem Koma" erklärt die Ärztin.

„Das ist ja schön. Haben sie auch Kinder Frau Doktor?"

„Ja ich habe zwei Mädchen in Teeniealter. Schwere Phase in Moment weil sie in der Pubertät kommen" erzählt Frau Dr. Siemers Sonja lächelnd. „Da haben sie noch etwas Zeit Frau Knebel. Ihre Kinder sind ja noch klein. Ich extubiere Max jetzt" erklärt die Ärztin ihr und zieht Gummihandschuhe über.

„Das ist gut dass sie meinen Sohn jetzt von dem Beatmungsschlauch befreien". Frau Dr. Siemers holt den Beatmungsschlauch aus Max Mund und steckt ihn einen Sauerstoffschlauch in die Nase.

„Max wird noch etwas schlafen. Sein Herz schlägt kräftig und seine Werte verbessern sich stetig. Wir können zufrieden sein" erklärt Frau Dr. Siemers Sonja.

„Hat er denn noch Fieber?" fragt Sonja die Ärztin. Frau Dr. Siemers guckt auf den Kontrollbildschirm.

„Ja er hat noch 39,6 Grad, aber es ist nicht mehr so hoch wie gestern. Max bekommt ja hochdoziertes Antibiotikum durch die Vene".

„Max ist aber außer Lebensgefahr oder?" fragt Sonja die Ärztin besorgt.

„Ja das ist Max. Die Hirnhautentzündung ist unter Kontrolle. Ihr Junge ist aber noch sehr krank und muss noch einige Tage im Krankenhaus bleiben" antwortet die Ärztin.

„Und was ist mit Max Schädelhirntrauma?" fragt Sonja Max Kinderärztin.

„Das Schädelhirntrauma ist am abklingen" antwortet Frau Dr. Siemers.

„Da bin ich aber froh. Wann kommt Max von der Intensivstation?"

„Wenn alles in Ordnung ist und Max wach ist kommt er heute Mittag von der Intensivstation, sonst später" erklärt Frau Dr. Siemers ihr.

„Max hat nämlich heute Geburtstag und den wollen wir etwas feiern" erzählt Sonja die Kinderärztin.

„Das wird kein Problem sein nur ihr Sohn muss im Bett bleiben. Wir wollen keinen Rückschlag oder eine Erkältung riskieren. Sein Immunsystem kämpft immer noch gegen die Meningitis und ist sehr geschwächt" erklärt die Ärztin Sonja.

„Ja ich weiß das Max noch sehr krank ist".

„Ich muss weiter. Wir sehen uns später" verabschiedet sich Frau Dr. Siemers und verlässt die Intensivstation. Sonja setzt sich zu Max an das Bett und hält seine Hand.

„Es wird alles wieder gut mein kleiner Schatz. Schlafe ruhig noch ein bisschen. Ich habe dich ganz doll lieb. Ich komme gleich wieder" flüstert sie ihn leise zu. Anschließend nimmt Sonja ihr Smartphone und verlässt die Intensivstation. Sie geht auf den Flur und wählt die Nummer von der Gemeinschaftspraxis ihrer Hausärztin. Nach wenigen Minuten meldet sich Frau Steigert.

„Gemeinschaftspraxis von Dr. Butschkus, Frau Dr. List, Herr Dr. Schaumlöffel und Frau Stichweh. Was kann ich für sie tun?"

„Hallo Sonja Knebel hier. Ich muss dringend Frau Stichweh sprechen".

„Frau Stichweh ist noch nicht da. Soll sie zurückrufen? Warten sie mal eben. Frau Stichweh kommt gerade rein. Kleinen Moment".

„Danke. Kein Problem". Nach wenigen Sekunden meldet sich Frau Stichweh am Telefon.

„Guten Morgen Sonja".

„Hallo Sybille. Max ist über den Berg. Der Abend und die Nacht waren noch sehr kritisch, aber gegen Morgen haben sich seine Werte verbessert. Das Fieber ist runtergegangen".

„Das freut mich so für euch. Ist Max denn schon wach?"

„Nein. Er wurde eben erst extubiert. Max hat ja heute Geburtstag. Den wollen wir nachher etwas feiern".

„Ich muss leider heute Nachmittag arbeiten, sonst wäre ich zu euch ins Krankenhaus gekommen" erklärt Frau Stichweh ihre Freundin. „Sonst komme ich mal Morgen vorbei, aber ich kann leider nichts versprechen" erklärt Frau Stichweh ihre Freundin.

„Mach doch nichts Sybille. Ich und Bernhard sind so glücklich dass Max die Krankheit besiegt hat".

„Das kann ich mir vorstellen Sonja. Die Praxis ist überfüllt".

„Ist okay. Ich wollte dir das nur mit Max mitteilen. Und hast deine Fenster geputzt?"

„Klar. Als nächstes ist das Auto dran. Was macht dein Kopf Sonja?"

„Mein Kopf geht es wieder besser. Gestern und heute Nacht hatte ich wieder wahnsinnige Kopfschmerzen gehabt".

„Das gefällt mir trotzdem nicht Sonja. Montag musst du ja zum CT" erzählt Frau Stichweh ihre Freundin.

„Danke, dass du mich erinnert hast Sybille. Hätte ich wieder vergessen gehabt".

„Ich kann dich doch verstehen Sonja. Ihr habt um Max Leben gebangt. So ich muss Schluss machen. Die Patienten rennen mir die Bude ein" erzählt Frau Stichweh ihr.

„Ist okay. Dann noch einen schönen Tag Sybille".

„Danke das wünsche ich dir auch. Wünsche Max alle Gute zum Geburtstag von mir".

„Ja mache ich. Bleibe gesund Sybille Bis dann" verabschiedet sich Sonja und drückt die Austaste ihres Smartphones. Dann geht sie wieder zu Max auf die Intensivstation. Sie setzt sich zu Max und hält seine Hand fest. Sonja schläft auch wieder ein. Um zehn Uhr wacht Sonja wieder auf, holt sich eine Zeitschrift und blättert die Zeitung durch. Ihr geht es etwas besser. Zwar hat sie noch Kopfschmerzen, aber nicht mehr so schlimm wie die letzten Tage. Sonja unterhält sich mit Schwester Nina, während sie gerade die

Infusionsflaschen auswechselt. „Ich bin so glücklich das Max über den Berg ist".

„Das glaube ich Frau Dr. Knebel. Sie sehen auch wieder besser aus".

„Ja mir geht es auch besser. Die Kopfschmerzen haben etwas nachgelassen" erzählt Sonja Schwester Nina.

„Sind sie unter ärztlicher Behandlung mit ihren Kopfschmerzen?" fragt Schwester Nina Sonja besorgt und notiert die aktuellen Werte von Max in die Fieberkurve.

„Ja bin ich. Meine Freundin ist meine Hausärztin. Wie sind Max Werte?"

„Max Werte verbessern sich stetig. Frau Dr. Siemers ist sehr zufrieden mit Max".

„Dann bin ich ja beruhigt".

„Wenn sie noch irgendetwas brauchen melden sie sich im Schwesternzimmer. Ich muss leider weiter".

„Ist okay" sagt Sonja und liest weiter in ihrer Zeitschrift. Um 11:00 Uhr wacht Max auf.

„Mama" sagt Max verschlafen. Sonja rennt zu Max an das Bett und setzt sich zu ihrem Sohn.

„Hallo mein Schatz. Ich bin so froh dass du wieder aufgewacht bist. Wie geht es dir mein Schatz?"

„Mein Kopf tut so weh. Ich bin so kaputt und müde. Mir ist außerdem so heiß".

„Das ist kein Wunder Schatz. Du hast eine lebensgefährliche Hirnhautentzündung, die aber am abklingen ist" erklärt Sonja ihren Sohn.

„Habe ich lange geschlafen Mama?"

„Ja mein Schatz das hast du" antwortet Sonja. Ihr kommen vor Freude die Tränen.

„Warum habe ich so lange geschlafen Mama?"

„Die Ärzte haben dich ins künstliche Koma gelegt, weil es dir sehr schlecht ging mein Schatz".

„Bin ich jetzt wieder gesund?"

„Gesund noch nicht. Aber du bist auf den besten Weg dorthin. Du musst noch ein bisschen im Krankenhaus bleiben". In den Moment kommt Frau Dr. Siemers zu Max auf die Intensivstation.

„Hallo Max bist du endlich aufgewacht? Wie geht es dir?"

„Max hat immer noch Kopfschmerzen" antwortet Sonja anstelle von Max.

„Ja und ich bin so kaputt und müde" erklärt Max seine Kinderärztin.

„Das ist ganz normal Max. Die Beschwerden werden auch noch eine Weile anhalten, aber Max du bekommst gegen die Schmerzen ein starkes Schmerzmittel durch die Vene" erklärt die Ärztin ihn und nimmt den Sauerstoffschlauch aus Max Nase. „Den Schlauch brauchst du nicht mehr". Sie verlässt die Intensivstation. Nach zehn Minuten kommt Schwester Nina zu Max und Sonja.

„Hallo Max. Ich habe hier Schmerzsaft für dich dass es deinen Kopf schnell wieder besser geht". Schwester Nina hilft ihn beim Schmerzsaft schlucken. „Toll gemacht Max. Du kommst in einer halben Stunde auf die Kinderstation" informiert Schwester Nina ihn und Sonja. Anschließend verlässt sie die Intensivstation.

„Ist das nicht toll Max das du wieder auf die Kinderstation kommst Liebling?" Max nickt müde. „Herzlichen Glückwunsch zum Geburtstag" wünscht Sonja ihn und küsst ihn auf die Stirn.

„Habe ich Geburtstag Mama?"

„Ja mein Schatz. Heute bist du vier Jahre alt geworden".

„Das habe ich ganz vergessen" gibt Max zu.

„Das kann doch passieren Max. Du warst sehr krank. Papa und Sabinchen kommen auch nachher vorbei".

„Mama ich will schlafen. Mir ist so schlecht" jammert Max.

„Dann schlafe mal ein bisschen mein Schatz".

„Mama bleibe bei mir".

„Ja natürlich bleibe ich bei dir. Ich weiche nicht von deiner Seite Schatz". Sie setzt sich auf den Stuhl und hält Max Hand fest. Nach kurzem Moment schläft Max ein. Sonja blättert weiter in ihrer Zeitschrift. Nach einer halben Stunde kommen Schwester Nina und Pfleger Daniel zu Max auf die Intensivstation.

„Hallo" grüßt Schwester Nina. „Wir bringen Max jetzt auf die Kinderstation".

„Oh hallo Schwester Nina. Haben sie denn nie Feierabend?" fragt Sonja sie interessiert.

„Doch ich habe um Vierzehn Uhr Feierabend" antwortet Schwester Nina, während Daniel die Infusion auf Max Bett legt. Schwester Nina entfernt den Pulsmesser, die Blutdruckmanschette und die Kabel des EKG-Gerätes. „Das braucht Max nicht mehr" erklärt Schwester Nina Daniel. Nachdem sie Max von den Kabeln befreit haben lösen sie sein Bett. „Max schläft ja".

„Ja Max war vorn sehr müde" erklärt Sonja der Schwester.

„Das kommt von den ganzen Medikamenten die Max bekommt" berichtet sie und schiebt mit Daniel Max Bett von der Intensivstation. Sonja hält Max Hand. Sie steigen in den Fahrstuhl und fahren ins Erdgeschoss. Dann bringen sie ihn auf die Kinderstation.

„Bin ich froh dass Max nicht mehr auf die Intensivstation bleiben muss" erklärt Sonja Daniel und Schwester Nina.

„Das glaube ich". Sie fahren Max auf die Station 3. Ihnen kommt Schwester Christina entgegen.

„Hallo Christina" grüßt Schwester Nina ihre Kollegin.

„Hallo Nina. Ist das Max Knebel?" fragt Schwester Christina sie.

„Ja das ist Max Knebel. Er kommt gerade von der Intensivstation runter" erklärt Schwester Nina ihre Kollegin.

„Dann kommt mit" bittet Schwester Christina. „Max wurde uns schon angekündigt. Er kommt auf das Patientenzimmer 10". Schwester Nina und Daniel schieben Max zum Patientenzimmer

10. Sonja hält weiter Max Hand fest. In den Moment wacht Max wieder auf.

„Mama wo fahren wir hin?" fragt Max ganz verschlafen.

„In dein neues Zimmer. Du musst noch ein bisschen im Krankenhaus bleiben" erklärt Sonja ihren Sohn.

„Sind Kinder im Zimmer?"

„Bestimmt mein Schatz" antwortet Sonja, während Schwester Christina die Tür des Zimmers öffnet.

„So hier herein" bittet sie den Pfleger Daniel, während Max wieder erschöpft eingeschlafen ist. Sie schieben Max in das Patientenzimmer, stellen Max Bett an das Fenster und stellen es fest. „So das hätten wir". „Timo du bekommst Gesellschaft" erklärt Schwester Christina zu einen Jungen der im Bett liegt.

„Hallo. Das ist schön. Dann bin ich nicht mehr so alleine" erklärt der Junge, während Sonja sich einen Stuhl holt und ihn an Max Bett stellt.

„Ich hole eben einen Ständer für die Infusion" erklärt Schwester Christina Sonja und verlässt das Zimmer.

„So alles Gute für ihren Sohn" wünscht Schwester Nina sie.

„Danke". Schwester Nina geht mit Daniel aus dem Zimmer. Sonja setzt sich auf den Stuhl und hält Max Hand fest. Dann kommt Schwester Christina mit einem Ständer und einen Blutdruckgerät wieder ins Zimmer. Sie stellt den Ständer neben Max Bett und hängt die Infusion von Max an den Ständer. Dann bindet sie Max die Blutdruckmanschette um.

„Hallo ich bin Schwester Christina".

„Hallo ich bin Frau Dr. Sonja Knebel. Die Mutter von den Kleinen hier".

„Sie müssen ja in den letzten Stunden viel mitgemacht haben".

„Ja das können sie wohl sagen. Es stand die ganze Nacht kritisch um Max. Mein Mann und ich haben die ganze Nacht um Max

Leben gebangt" erzählt Sonja Schwester Christina, während sie Max Blutdruck misst. „Wie ist Max Blutdruck?"

„Max Blutdruck ist sehr niedrig. Er liegt nur bei 90 zu 80" antwortet Schwester Christina. Zum Schluss misst sie noch bei Max Fieber. Als das Thermometer piept holt sie das Thermometer aus Max Ohr und guckt auf das Display. „Es wird langsam. Max hat nur noch 39,2 Grad Fieber" erklärt Schwester Christina und verlässt das Zimmer. Sonja blättert wieder in ihre Zeitschrift rum. Eine halbe Stunde später wacht Max wieder auf. „Da bist du ja wieder mein Schatz".

„Mama wo ist mein Schnuffel?" fragt Max seine Mutter verschlafen.

„Dein Schnuffel ist noch zuhause. Papa bringt ihn nachher mit wenn er mit Sabinchen kommt". In den Moment kommt Schwester Christina mit einer kleinen Infusionsflasche wieder ins Zimmer. Sie geht zu Max.

„Hallo Max. Na bist du wieder wach? Du bekommst jetzt zusätzlich eine kleine Infusion mit Antibiotika" erklärt Schwester Christina ihn. Sie hängt die kleine Infusionsflasche am Ständer und stöpselt den Schlauch an Max Kanüle. „Die andere Infusion ist ja auch schon wieder alle. Ich hole gleich eine neue Infusion" erklärt sie. „Habt ihr euch schon vorgestellt?" fragt Schwester Christina Max und den anderen Jungen. Die Jungs schütteln die Köpfe. „Max das ist Timo" stellt sie Timo vor und zu Timo sagt Schwester Christina. „Das ist Max".

„Hallo Max. Ich bin der Timo" grüßt er Max, während Schwester Christina eine neuen Infusionsbeutel für Max holt.

„Hallo" grüßt Max ihn müde. Nach wenigen Minuten kommt Schwester Christina wieder in das Zimmer. „So Max hier ist eine neue Infusion" erklärt sie wechselt die neue mit der alten Infusion aus und verlässt das Zimmer.

„Mama".

„Ja Max was ist los?"

„Wann bekomme ich meine Geschenke?"

„Heute Nachmittag kommt Papa mit Sabinchen und den Geschenken" antwortet Sonja. „Ich bin so froh mein Schatz dass es dir besser geht". Sie küsst ihn auf die heiße Stirn. In den Moment kommt Schwester Christina mit einer Infusion ins Zimmer.

„So Max ich muss dir leider noch eine dritte Infusion verpassen. Anordnung von Frau Dr. Siemers" erklärt Schwester Christina ihn und befestigt den Schlauch an Max Kanüle.

„Warum bekommt Max eine dritte Infusion?" fragt Sonja Schwester Christina besorgt.

„Das ist ein Schmerzmittel. Max soll das Schmerzmittel nur noch durch die Vene kriegen. Dann braucht er den Schmerzsaft nicht noch extra zu nehmen" antwortet Schwester Christina.

„Ach so" beruhigt sich Sonja.

„Max wie geht es dir denn?" fragt Schwester Christina den Kleinen.

„Es geht so. Mein Kopf tut immer noch weh".

„Du hast immer noch Kopfschmerzen Max. Warum sagst du denn nichts? Das ist nicht schön, dass du immer noch Kopfschmerzen hast. Quälen musst du dich nicht. Du bekommst ja jetzt Schmerzmittel durch die Infusion hier. Dann werden bestimmt gleich deine Kopfschmerzen besser werden. Wenn nicht sage mir Bescheid. Leiden sollst du nicht" erklärt sie Max und stellt die Infusion richtig ein. „So Max wenn die drei Infusionen durchgelaufen sind hast du erstmal Ruhe. Dann kannst du mal mit Hilfe deiner Mama versuchen aufzustehen. Bis später" sagt sie und verlässt das Zimmer.

„Mama kommst du mit ins Bett?" fragt Max ihr.

„Ja mein Schatz". Sie legt sich zu Max ins Bett und kuschelt mit ihm. „Komm ich lese dir was vor mein Schatz. Was möchtest du hören Max? Wichtel hat Geburtstag!"

„Ja gerne. Mama feiern wir heute meinen Geburtstag?"

„Nein das geht leider noch nicht mein Schatz. Du bist noch nicht ganz gesund. Papa und Sabinchen kommen aber noch heute Nachmittag vorbei".

„Und was ist mit meinen Freunden?" fragt Max seine Mutter traurig.

„Wir feiern deinen Geburtstag nach, wenn du wieder zuhause bist" verspricht Sonja ihren Sohn und küsst Max auf seine heiße Stirn. Timo steht mit einer Tafel Schokolade vor Max Bett.

„Alles Gute zum Geburtstag Max".

„Das ist ja lieb von dir Timo" sagt Sonja lächelnd.

„Danke Timo. Setzt dich mit auf meinen Bett" bittet Max ihn.

„Ich möchte aber nicht stören".

„Nein das tust du nicht Timo. Wenn du dich auf das Bett setzt passe aber bitte auf Max Infusionsschläuche auf".

„Ja mache ich" antwortet Timo und setzt sich auf Max Bett.

„Das ist übrigens meine Mama. Sie ist eine tolle Notärztin und fährt auf den Notarztwagen".

„Übertreibe mal nicht Max" sagt Sonja zu ihrem Sohn und wendet sich an Timo. „Hallo Timo. Ich bin Sonja".

„Cool. Bist du auch schon im Rettungshubschrauber geflogen?" fragt Timo sie.

„Nein das bin ich noch nicht. Ich habe es nicht so mit Fliegen" antwortet Sonja lächelnd. „Aber ich habe schon oft mit den Team vom Rettungshubschrauber zusammengearbeitet".

„Ich bin schon mit den Rettungshubschrauber geflogen, aber ich habe davon nicht viel mitbekommen, weil ich schwer verletzt war. Ich hatte vor zwei Monaten einen schweren Verkehrsunfall" erzählt Timo traurig die beiden.

„Ach du Armer" sagt Sonja traurig und legt ihre Hand auf Timos Schulter.

„Was ist dir denn passiert Timo?" fragt Max ihn.

„Ich war auf den Schulweg mit meinen Mountainbike. Ich habe grade den Zebrastreifen betreten auf einmal kam ein Auto mit Karacho auf mich zu. Ich konnte nicht so schnell reagieren und schon hat er mich angefahren. Ich flog über die Motorhaube gegen die Windschutzscheibe. Das Auto hielt immer noch nicht an. Mehr weiß ich leider nicht, weil ich durch den Aufprall gegen die Windschutzscheibe bewusstlos geworden bin. Meine Mama hat mir erzählt dass der Wagen Fahrerflucht begangen hat, als ich vom Auto gestürzt bin. Ich war so schwer verletzt das ich mit den Rettungshubschrauber ins Krankenhaus geflogen wurde und notoperiert wurde. Inzwischen wurde ich schon fünf Mal operiert". Sonja und Max sind so geschockt von Timos Geschichte dass sie erstmal nichts sagen.

„Du hast ja viel mitgemacht. Haben sie den Autofahrer den gekriegt?" fragt Sonja ihn geschockt.

„Das weiß ich nicht. Aber das ist mir auch egal. Er kann mir ja nicht die Schmerzen nehmen" antwortet Timo verzweifelt.

„Aber bestraft werden kann er. Dann bekommst du Schmerzensgeld Timo" erklärt Sonja ihn ganz ruhig. Max nimmt den verzweifelten Timo in den Arm.

„Hast du noch dolle Schmerzen Timo?" fragt Max ihn.

„Manchmal schon und dann diese schrecklichen Albträume in der Nacht".

„Das tut mir Leid".

„In Moment quält mich so ein Stechen in der Brust" erzählt Timo Sonja und Max.

„Hast du das schon den Arzt gesagt?" fragt Sonja ihn.

„Ja sie wollen mich in die Röhre schieben". In den Moment klopft es an der Zimmertür.

„Herein" bittet Sonja. Schwester Ina kommt mit einem Rollstuhl ins Zimmer.

„Hallo. Timo es geht zum MRT". Timo setzt sich in den Rollstuhl.

„Man sieht sich" sagt Timo traurig.

„Alles Gute" wünscht Sonja ihn. Schwester Ina schiebt Timo aus dem Zimmer. Als sie die Zimmertür geschlossen hat kuschelt Max mit seiner Mutter.

„Der Arme. Er hat schon viel mitgemacht".

„Ja da hast du Recht Liebling. Hauptsache sie bekommen den Autofahrer der Timo das angetan hat. Das Schwein muss für sein Verschulden bestraft werden". Es klopft wieder an der Zimmertür. „Herein". Die Tür öffnet sich und es erscheint Sonjas beste Freundin Ruth mit einen großen Geschenkpaket im Zimmer.

„Hallo". Sonja steht von Max Bett auf und kommt Ruth entgegen.

„Hallo Süße" begrüßt Sonja ihre Freundin. „Schön dass du uns besuchen kommst".

„Ja klar. Max hat doch heute Geburtstag". Die Freundinnen umarmen sich und geben sich ein Küsschen. Anschließend geht Ruth zu Max. „Hallo Max mein Kleiner. Alles Gute zum Geburtstag" wünscht Ruth ihn und umarmt ihn vorsichtig.

„Danke".

„Ich bin so froh dass es dir besser geht Max. Hier ist dein Geburtstagsgeschenk" sagt Ruth und gibt Max das große Geschenkpaket in die Hand.

„Danke Ruth". Max umarmt Ruth.

„Setz dich Süße" bittet Sonja ihre Freundin und stellt einen Stuhl neben Max Bett. Ruth setzt sich auf den Stuhl.

„Max ist ja noch am Tropf".

„Ja Max wird noch einige Tage am Tropf bleiben müssen. Bin ja erstmal froh das er von der Intensivstation runter ist". Max fängt das große Geschenk auszupacken. In den Moment kommt Frau Dr. Siemers ins Zimmer.

„Hallo. Ich wollte mal eben nach Max sehen" erklärt die Kinderärztin die Frauen und setzt sich zu Max auf das Bett. „Hallo Max. Erstmal alles Gute zu deinen Geburtstag" wünscht sie Max, holt aus ihrer Kitteltasche eine Tafel Kinderschokolade und gibt sie Max.

„Danke Frau Doktor". Die Ärztin wendet sich an Ruth.

„Können sie eben rausgehen? Ich muss Max untersuchen".

„Ja natürlich" antwortet Ruth und geht aus dem Zimmer.

„Aber Mama bleibt bei mir".

„Ja deine Mama darf bei dir bleiben Schatz" erlaubt Max Kinderärztin und misst Max Blutdruck. Anschließend fühlt sie seinen Puls und fühlt Max Stirn mit ihrer Hand.

„Stimmt was nicht Frau Doktor?" fragt Sonja ängstlich die Ärztin, während Frau Dr. Siemers bei Max Temperatur misst.

„Max Fieber ist wieder angestiegen. Wir müssen einen Antibiotika Wechsel vornehmen" erklärt die Ärztin Sonja und prüft noch zum Abschluss Max Augenreflexe. „Die Reaktion der Pupillen sind in Ordnung".

„Ist Max wieder in Lebensgefahr?" fragt Sonja die Ärztin besorgt.

„Nein machen sie sich keine Sorgen Frau Knebel. Ich nehme Max gleich noch etwas Blut ab" erklärt sie Sonja und beugt sich zu Max. „Wie geht es dir Schätzchen? Hast du noch Kopfschmerzen?" Er nickt.

„Schlecht, heiß und schwindelig ist mir auch" antwortet Max.

„Du hast hohes Fieber Max darum geht es dir nicht so gut. Ich veranlasse vorsichtshalber eine MRT. Jetzt nehme ich dir ein bisschen Blut ab und du versuchst ein bisschen zu schlafen okay".

„Aber mein Geschenk will ich noch auspacken" protestiert Max.

„Kannst du ja auch. Ich hole mal eben die Sachen zur Blutabnahme und bringe noch eine kleine Antibiotikainfusion mit" sagt Frau Dr. Siemers und will das Zimmer verlassen, aber Sonja hält die Ärztin auf.

„Darf ich sie kurz draußen sprechen Frau Doktor?" fragt Sonja die Ärztin aufgebracht.

„Ja kommen sie eben mit".

„Max ich komme gleich wieder".

„Ja mach" antwortet Max und packt sein großes Geschenk aus. Sonja begleitet die Ärztin aus dem Zimmer und schließt die Zimmertür von außen. Sie wendet sie sich an ihre Freundin.

„Süße kannst du schon zu Max gehen. Muss mal eben mit der Ärztin sprechen. Bin gleich wieder da" erklärt Sonja ihr.

„Ja natürlich. Ist alles okay Süße?" Ruth geht zu Max ins Zimmer, während Sonja mit der Ärztin im Arztzimmer spricht.

„Warum muss Max zum MRT? Hat er doch noch eine schlimmere Kopfverletzung als zuerst angenommen?" fragt Sonja die Ärztin besorgt.

„Ganz auszuschließen ist es nicht das Max eine schwere Kopfverletzung hat. Seine Pupillen reagieren aber gleich und das ist schon mal ein gutes Zeichen. Aber es kann trotzdem eine kleine Gehirnblutung vorliegen. Das können wir aber durch eine MRT ausschließen. Dann sind wir auf der sicheren Seite" erklärt sie Sonja.

„Warum vermuten sie eine Gehirnblutung bei Max? Max hat doch nur hohes Fieber und Kopfschmerzen von der Hirnhautentzündung. Ich denke eher dass das Antibiotika nicht hilft".

„Das kann vielleicht auch der Fall sein. Ich werde Max jetzt Blut abnehmen und die MRT veranlassen. Heute Nachmittag wissen wir mehr Frau Dr. Knebel" beruhigt die Ärztin Sonja.

„Was ist wenn bei der MRT rauskommt das Max eine Gehirnblutung hat. Muss er dann operiert werden? Er hat doch heute Geburtstag" sagt Sonja leise und fängt an zu weinen.

„Beruhigen sie sich Frau Dr. Knebel. Noch ist es nur ein Verdacht, mehr noch nicht. Bitte schicken sie jetzt den Besuch weg. Max braucht noch viel Ruhe. Später wird er zur MRT gebracht".

„Darf ich bei Max bleiben auch über Nacht?" fragt Sonja die Ärztin unter Tränen.

„Ja natürlich Frau Dr. Knebel. Sie können das leere Bett neben ihren Sohn nehmen" erlaubt Frau Dr. Siemers und packt die Sachen für die Blutabnahme in die Schale.

„Vielen Dank Frau Doktor". Sonja putzt sich die Nase und wischt ihre Tränen weg. Anschließend gehen sie zusammen in Max Zimmer.

„Mama gucke mal was mir Ruth geschenkt hat. Das große Playmobil Feuerwehrauto mit Blaulicht, Sirene und Wassertank. Das habe ich mir so gewünscht. Danke Ruth". Ruth umarmt Max.

„Habe ich doch gerne für dich gemacht Max".

„Schön mein Schatz. Da hat dir Ruth ja eine große Freude gemacht". Sonja hat ganz verweinte Augen und sie kann kaum die Tränen zurückhalten. Ruth sieht es und nimmt Sonja in den Arm, während Frau Dr. Siemers bei Max Blut abnimmt und ihn ablenkt.

„Gucke mal Frau Doktor ich habe ein großes Playmobil Feuerwehrauto von Ruth bekommen".

„Schön Max das freut mich. Was kann denn das Feuerwehrauto?" Er schaltet am Feuerwehrauto das Blaulicht und die Sirene an. Das Martinshorn ertönt und das Blaulicht blinkt.

„Das Feuerwehrauto hat einen Wassertank" erklärt er die Kinderärztin.

„Max kannst du bitte die Sirene ausmachen. Ich habe rasende Kopfschmerzen" bittet Sonja ihren Sohn. Der kleine Junge schaltet sofort die Sirene ab.

„Entschuldigung Mama das wollte ich nicht. Ich habe es nur meine Kinderärztin gezeigt".

„Ich habe die Schuld. Ich habe Max gefragt was sein Feuerwehrauto kann" entschuldigt sich Frau Dr. Siemers bei Sonja.

„Ist schon gut".

„Süße was ist los?" fragt Ruth ihre Freundin besorgt.

„Komm mit nach draußen. Max soll nichts mitbekommen. Nehme deine Jacke mit" bittet Sonja ihre Freundin und wendet sich an ihren kranken Sohn. „Schatz ich komme gleich wieder. Tut mir Leid das ich dich eben so angemacht habe". Sonja küsst ihn auf die heiße Stirn.

„Ist nicht schlimm Mama". Sonja rennt aus dem Zimmer das Max nicht sieht dass sie weint.

„Was ist mit Mama?" fragt Max Ruth besorgt, während die Ärztin die Nadel in Max Arm gestochen hat und Blut rauszieht.

„Mama hat ein bisschen Kopfweh, aber sie kommt gleich wieder zu dir zurück. Ich verabschiede mich jetzt mein Schatz. Ich komme die nächsten Tage dich wieder besuchen. Ich wünsche dir weiterhin gute Besserung". Ruth umarmt ihn herzlich.

„Danke für das tolle Feuerwehrauto Ruth. Schickst du Mama wieder zu mir?" fragt Max Ruth traurig.

„Ja natürlich" antwortet Ruth, während die Ärztin ein Pflaster auf Max Arm klebt.

„Bist ein tapferes Kerlchen Schätzchen".

„Kannst du mir helfen das Feuerwehrauto wieder einzupacken Frau Doktor?" fragt Max seine Kinderärztin, während Ruth das Zimmer verlässt.

„Ja ich helfe dir Max".

„Mama hat schon wieder Kopfschmerzen" erzählt Max die Ärztin.

„Kommt das oft vor das deine Mama Kopfschmerzen hat Max?"

„Ja in letzter Zeit hat Mama oft damit zu tun. Eben seit ihrem Unfall" erzählt Max die Kinderärztin traurig, während sie das Feuerwehrauto in den Playmobilkarton packen.

„Was hat denn deine Mama für einen Unfall gehabt?"

„Mama ist bei einem Rettungseinsatz bei einer Vollbremsung gegen das Regal gestoßen. Seitdem hat sie dauernd Kopfschmerzen. Kannst du Mama untersuchen?"

„Max ich bin Kinderärztin und Mama ist Erwachsen. Aber ich rede mal mit ihr okay" verspricht Frau Dr. Siemers den kranken Jungen. Max nickt. Die Ärztin sieht dass Max sehr blass aussieht.

„Hast du Kinder Frau Doktor?"

„Ja ich habe zwei Mädchen in Teeniealter" antwortet Frau Dr. Siemers und sieht Max an. „Du gefällst mir heute überhaupt nicht Schätzchen. Geht es dir nicht gut?"

„Mein Kopf tut mir so wahnsinnig weh. Wo ist Mama?"

„Deine Mama kommt gleich. Ich stelle dir deinen Karton mit dem Feuerwehrauto auf den Nachtisch. Du legst dich hin und ich hole dir Schmerzsaft gegen die Kopfschmerzen abgemacht".

„Mama soll kommen" bittet Max die Ärztin und legt sich hin, während Frau Dr. Siemers aus dem Zimmer geht. Als Frau Dr. Siemers ihn die Medizin gegeben hat und Max den Schmerzsaft geschluckt hat schläft er ein, während Sonja ihre Freundin ihr Herz ausschüttet.

„Bin fix und fertig" gibt Sonja zu und weint.

„Glaube ich dir Süße. Das wäre ich auch wenn das mein Sohn wäre. Es wird aber alles wieder gut" beruhigt Ruth ihre Freundin. In den Moment kommt Max Kinderärztin zu Sonja und Ruth. Sie gibt Sonja eine Kopfschmerztablette und ein Glas Wasser.

„Ich habe gehört dass sie Kopfschmerzen haben. Vielleicht hilft ja die Kopfschmerztablette".

„Danke". Sonja schluckt die Tablette mit Wasser runter.

„Ihr Sohn hat mir erzählt dass sie einen Unfall hatten und seitdem unter ständigen Kopfschmerzen leiden".

„Ja das stimmt" gibt Sonja zu.

„Ihr Sohn wollte dass ich sie untersuche. Waren sie schon beim Arzt wegen ihren Kopfschmerzen?" fragt sie Sonja besorgt.

„Ja das bin ich doch noch. Muss Montag zum CT und zur Blutentnahme".

„Dann ist ja okay. Ihr Sohn macht sich ziemlich Sorgen um sie" erklärt die Ärztin Sonja.

„Was? Ich mache mir doch solche Sorgen um meinen kleinen Sohn". Ruth umarmt ihre Freundin.

„Entschuldigen sie noch mal Frau Dr. Knebel dass ich störe aber ihr Sohn braucht sie jetzt".

„Hat Max die Blutentnahme gut geschafft?"

„Ja sie haben einen tapferen Sohn. In Moment schläft er weil er starke Kopfschmerzen und hohes Fieber hat. Habe ihn neues Antibiotika gegeben".

„Ich gehe sofort zu Max". Frau Dr. Siemers verlässt den Flur. Sonja verabschiedet sich von ihrer Freundin Ruth und eilt zu Max. Sonja setzt sich zu Max an seinen Bett. „Ach mein Schatz. Wann ist endlich alles in Ordnung mit dir? Ich liebe dich so" flüstert Sonja Max zu. In den Moment wacht Max auf.

„Mama da bist du ja wieder. Geht es deinen Kopf wieder besser?" fragt Max seine Mutter verschlafen.

„Es geht. Ich mache mir eher um dich Sorgen mein Schatz" erklärt Sonja ihren Sohn und küsst ihren Sohn auf die heiße Stirn. In den Moment kommt Frau Dr. Siemers ins Zimmer.

„So es geht zum MRT" sagt sie und löst die Bremse vom Bett.

„Mama bleibe bei mir" bittet Max ängstlich seine Mutter. Die Ärztin und Schwester Ina schieben das Bett mit Max aus dem Zimmer.

„Ja bin doch bei dir mein Schatz" sagt Sonja und läuft neben das Bett her. Sie schieben Max im Vorraum von der Röhre. Sonja hält Max Hand.

„So Max du schläfst gleich ein bisschen" erklärt Frau Dr. Siemers den kranken Jungen. Sie entfernt den Infusionsschlauch von der Kanüle und steckt eine Spritze in Max Kanüle. „So Schätzchen zähle mal eins bis fünf. Kannst du das schon?" fragt die Ärztin ihn und drückt auf die Spritze. Max nickt müde. Sekunden später schläft Max ein. Der Pfleger trägt Max zur Röhre. Kurze Zeit später wird Max in die Röhre reingeschoben. Sonja wartet unruhig im Vorraum und massiert sich ihre Schläfen.

„Kopfschmerzen?" Sonja nickt. „Wollen sie noch eine Tablette gegen die Kopfschmerzen haben?"

„Ja wenn sie noch eine Tablette haben. War vorn schon draußen" erzählt Sonja die Ärztin, während Frau Dr. Siemers Sonja ein Glas Wasser und die Tablette gibt.

„Hier".

„Danke". Sonja schluckt die Tablette mit Wasser herunter.

„Wann haben sie das letzte Mal geschlafen?" fragt Frau Dr. Siemers Sonja besorgt und streicht ihr über den Arm.

„Ist schon eine Weile her" antwortet Sonja. In den Moment kommt der Pfleger mit Max auf den Arm in den Vorraum zurück und legt ihn ins Bett. Die Ärztin stöpselt ihn wieder an die Infusion und geht zu Sonja.

„Wissen sie was Frau Dr. Knebel. Wenn sie wieder mit Max auf Station sind legen sie sich mit Max ein bisschen hin und wenn sie wieder aufwachen ist das MRT Ergebnis da" verspricht sie Sonja.

„Meinetwegen". Nach weiteren fünf Minuten wird Max in seinem Zimmer gefahren. Timo ist auch wieder in seinem Bett und schläft. Schwester Gabi stellt Max Bett fest, hängt die Infusion am Ständer und geht aus dem Zimmer.

„So wir lassen sie jetzt eine Weile in Ruhe. Schlafen sie ein bisschen Frau Dr. Knebel. Den Schlaf können sie gebrauchen". Frau Dr. Siemers verlässt das Zimmer. Sonja legt sich zu Max ins Bett, kuschelt sich an Max und schläft kurz danach ein. Nach zwei Stunden kommt Frau Dr. Siemers in Max Zimmer und rüttelt Sonja wach. „Frau Dr. Knebel aufwachen". Sonja schlägt nach wenigen Minuten die Augen auf.

„Was ist los Frau Doktor?" fragt Sonja die Ärztin verschlafen.

„Ich habe gute Neuigkeiten Frau Knebel. Das MRT von Max zeigt keine Gehirnblutung an, wie ich zuerst vermutet habe. Ich habe gerade die neusten Blutergebnisse von Max aus dem Labor bekommen. Die Entzündungswerte haben sich deutlich verbessert. Das bedeutet dass Max Hirnhautentzündung zurückgeht und dass das Antibiotika endlich wirkt. Ich messe jetzt noch mal Fieber bei Max" erklärt die Ärztin Sonja und steckt das Thermometer in Max Ohr.

„Ich bin so froh das Max keine Gehirnblutung erlitten hat" sagt Sonja erleichtert und küsst Max auf die Stirn. Max wird gerade wach als die Ärztin das Thermometer aus Max Ohr nimmt und auf das Display guckt.

„Max Fieber ist runtergegangen. Er hat nur noch 38,2 Grad Fieber. Das sieht sehr gut aus. Ich bin sehr zufrieden mit Max Befinden".

„Mama was ist?" fragt Max seine Mutter verschlafen.

„Alles wird gut mein Schatz". Sonja umarmt Max, während die Ärztin Max Puls fühlt.

„Alles in Ordnung. Ich bin sehr zufrieden mit dir Schätzchen". Max schaut sich im Zimmer um und sieht Timos leeres Bett.

„Wo ist Timo?" fragt Max die Ärztin besorgt.

„Timo wird gerade notoperiert" antwortet Frau Dr. Siemers.

„Warum?" fragt Sonja sie erschrocken. „Der war doch vorn noch so fit. Er hat sich noch mit uns unterhalten".

„Als sie beide geschlafen haben hat Timo ziemliche Atemnot gehabt. Wir haben ihn sofort geröntgt und dabei festgestellt dass sich eine gebrochene Rippe von drei gebrochenen Rippen in die Lunge gebohrt hat und einen Lungenflügel schwer verletzt hat. Eigentlich dürfte ich ihnen das gar nicht erzählen, aber weil sie mir so sympathisch sind und Max sich mit Timo angefreundet hat mache ich mal eine Ausnahme" erklärt Frau Dr. Siemers Sonja und lächelt.

„Danke für das Kompliment. Wie steht es um den Kleinen?"

„Er wird noch operiert. Danach kommt er zur Überwachung auf die Intensivstation. Was macht ihr Kopf Frau Dr. Knebel?"

„Es geht. Bisschen brummt mir noch der Schädel". In den Moment geht Frau Dr. Siemers Melder los.

„Ich muss leider zum Notfall".

„Steht es ernst um Timo?" fragt Sonja die Ärztin. Frau Dr. Siemers nickt und eilt aus dem Zimmer.

„Mama kannst du mir das Feuerwehrauto aus dem Karton holen und mir geben?"

„Ja mein Schatz". Sonja steht auf, holt das Feuerwehrauto aus dem Karton und gibt es Max.

„Danke Mama. Ich habe dich lieb".

„Ich habe dich auch lieb mein Schatz". Sonja umarmt ihren Sohn. „Ich bin so froh dass es dir besser geht Max. Zeige mir Mal dein neues Feuerwehrauto Schatz". Der Kleine zeigt Sonja sein Feuerwehrauto.

„Gucke mal Mama da sind die Wassertanks. Da kann man Wasser reinfüllen und dann kann ich Brände löschen" erklärt Max ihr und fährt die Leiter aus.

„Cool. Ich hoffe aber dass es keine echten Brände sind" sagt Sonja schmunzelnd. Max schaltet das Blaulicht an. „Sind da Feuerwehrmänner bei?"

„Klar sechs Stück sind dabei. Mama hast du Batterien?"

„Ja in meiner Handtasche sind welche. Ruth hat mir gesagt dass in Feuerwehrauto sechs Batterien AA rein gehören". Nachdem Sonja Batterien aus ihrer Handtasche geholt hat setzt sie die Batterien in das Feuerwehrauto. Sofort schaltet sich automatisch das Martinshorn und das Blaulicht an. Sie schaltet die Sirene aus.

„Danke Mama du bist die beste Mama der Welt". Max spielt mit seinem neuen Feuerwehrauto auf den Bett. Sonja packt ihren kleinen Sohn die Feuerwehrmänner ins Auto.

„Schatz ich lege mich etwas hin" erklärt Sonja und legt sich auf ihr Bett.

„Mama tut dein Kopf noch weh?"

„Etwas brummt mir der Schädel. Wie geht es deinen Kopf mein Schatz?"

„Wieder ganz gut. Wann darf ich endlich aufstehen?" fragt Max sie ungeduldig.

„Bestimmt bald" antwortet Sonja und schließt ein bisschen die Augen. Max stellt das Martinshorn vom Feuerwehrauto an. „Max bitte stelle die Sirene aus. Die Sirene dröhnt in meinen Kopf. Dadurch werden meine Kopfschmerzen noch schlimmer".

„Entschuldige Mama das wollte ich nicht dass du noch schlimmere Kopfschmerzen bekommst als du schon hast". Er schaltet die Sirene von seinem Feuerwehrauto aus, steht von seinem Bett auf, nimmt den Ständer mit den Infusionen und rollt ihn zu ihrem Bett. Max setzt sich neben Sonja auf das Bett. Sie öffnet die Augen und richtet sich auf.

„Ist schon gut mein Schatz. Du sollst doch noch nicht aufstehen. Komm ich bring dich wieder ins Bett zurück". Sonja steht von ihrem Bett auf, schiebt Max Infusionsständer und bringt Max zu seinen Bett zurück. Max legt sich wieder ins Bett. Sonja setzt sich zu Max auf das Bett. „Tut mir Leid mein Schatz das dein Geburtstag so langweilig für dich ist, aber wir holen deinen Geburtstag zuhause nach".

„Macht nichts Mama. Uns beide geht es nicht so gut. Kuschelst du mit mir?"

„Ja können wir gerne machen mein Schatz, aber dann stellen wir das Feuerwehrauto auf den Nachtisch. Nicht dass es runter fällt". Nachdem Sonja Max Feuerwehrauto auf seinen Nachtisch gestellt hat legt sich Sonja zu Max ins Bett. Max kuschelt sich an seine Mutter. In den Moment kommt Schwester Katja mit Abendbrot ins Zimmer.

„Hallo zusammen. Max hier ist dein Abendbrot. Wo soll ich das hinstellen?" fragt sie den kleinen Jungen. Sonja steht auf, nimmt das Feuerwehrauto vom Nachtisch und stellt es auf den Tisch rauf. Schwester Katja stellt das Tablett auf Max Nachtisch und nimmt den Deckel ab. „Guten Appetit Max. Frau Knebel welchen Tee möchten sie trinken?" fragt Schwester Katja sie freundlich.

„Apfeltee hätte ich gerne".

„Gut ich bringe gleich ihr essen". Die Schwester geht aus dem Zimmer. Sonja schmiert für Max eine Scheibe Brot.

„Was möchtest du draufhaben?" Max zeigt auf die Salami. „Salami möchtest du draufhaben Max?" Er nickt. Sie legt Salami auf die Scheibe Brot als Schwester Katja Sonjas Essen ins Zimmer bringt.

„Wohin mit den Tablett?" fragt sie Sonja.

„Auf den Tisch dort" antwortet Sonja, während sie das Brot von Max klein schneidet. Schwester Katja stellt Sonjas Tablett auf den Tisch und nimmt den Deckel ab.

„Guten Appetit Frau Knebel".

„Danke". Sonja schenkt Max Kakao in seinen Becher ein.

„Bei dir alles in Ordnung Max?" fragt Schwester Katja ihn. Der kleine Junge nickt.

„Wann kommt Timo zurück?" fragt Max Schwester Katja.

„Heute gar nicht mehr Max. Timo liegt auf der Intensivstation. Ihm geht es nicht gut" antwortet sie und geht aus dem Zimmer. Sie schließt hinter sich die Zimmertür.

„Mama geht es Timo so schlecht?"

„Wird wohl, aber nach einer Operation kommt man immer zur Überwachung auf die Intensivstation. Jetzt esse aber mal ein bisschen, dass du schnell wieder gesund wirst". Sonja setzt sich auf den Stuhl und schmiert sich Brot.

„Mir geht es besser Mama".

„Das ist schön dass es dir besser geht Max" freut sich Sonja und isst ihre Scheibe Brot mit Messer und Gabel.

„Mama wann darf ich endlich nach Hause?"

„Noch darfst du nicht nach Hause. Wird noch einige Tage dauern. Du darfst nicht vergessen Max das du heute Morgen erst von der Intensivstation runter gekommen bist, aber wir können ja Morgen mal Frau Dr. Siemers sprechen wann du nach Hause darfst okay Max? Jetzt esse mal mein Schatz".

„Ich vermisse aber Schnuffi und Papa so doll". mault Max.

„Sabinchen und Papa kommen dich nachher noch besuchen. Esse jetzt aber mal".

„Ich habe aber keinen Hunger Mama".

„Esse aber wenigstens die Scheibe Brot die ich dir klein geschnitten habe okay. Du musst doch wieder zu Kräften kommen" bittet Sonja ihn und trinkt Tee aus ihrem Becher.

„Na gut". In den Moment klopft es an der Zimmertür.

„Herein" ruft Sonja. Die Zimmertür öffnet sich und es humpelt Ruths Sohn Tom mit seiner Sporttasche auf zwei Krücken ins Zimmer. „Hallo Tom. Was hast du denn gemacht?" fragt Sonja ihn erschrocken.

„Habe mir beim Fußballtraining das Kreuzband im linken Knie gerissen. Halbes Jahr Ausfall. Alles Mist" flucht Tom und schmeißt seine Sporttasche auf den Boden.

„Das tut mir Leid Tom. Muss der Kreuzbandriss operiert werden?" fragt Sonja ihn besorgt. Tom nickt.

„Wenn die Schwellung zurück gegangen ist wollen sie operieren. Ist Mama nicht hier?" fragt Tom ihr unter starken Knieschmerzen.

„Nein. Ruth ist wieder zuhause. Ich rufe sie aber gleich an, dass sie dich abholt. Setze dich erstmal hier auf den Stuhl rauf" bittet Sonja ihn.

„Gleich" antwortet er und humpelt zu Max. „Alles Gute zum Geburtstag Max. Dass du schnell wieder hier herauskommst".

„Danke". Max umarmt Tom herzlich. Anschließend humpelt Tom zum Stuhl und setzt sich auf den Stuhl, während Sonja mit ihrer Freundin Ruth telefoniert. Schwester Katja kommt ins Zimmer um die Tabletts abzuholen.

„Kann ich das Tablett schon mitnehmen Max?"

„Ja".

„Du hast aber nicht viel gegessen". Sie packt den Deckel auf das Tablett nimmt das Tablett in der Hand und trägt es raus. Dann kommt sie wieder ins Zimmer um Sonjas Tablett zu holen. „Kann ich das schon mitnehmen?" fragt sie Sonja. Sie nickt. Dann nimmt Schwester Katja das Tablett und trägt es aus dem Zimmer und schließt die Zimmertür von außen.

„Tom soll ich dir mein neues Feuerwehrauto zeigen? Habe ich von deiner Mama bekommen" erzählt Max stolz.

„Zeig mal" bittet Tom ihn und humpelt zu Max mit seinen Krücken. Max zeigt Tom das Feuerwehrauto und die Funktionen von dem Feuerwehrauto.

„Tolles Teil. Hat ja sogar Sirene und Blaulicht" stellt Tom fest und schaltet das Martinshorn an. Sonja geht aus dem Zimmer, weil sie Ruth kaum verstehen kann wegen der lauten Sirene. Tom stellt die Sirene wieder ab und setzt sich auf Max Bett. „Wie geht's dir mein kleiner Held?"

„Wieder ganz gut".

„Hast du denn noch Kopfschmerzen?"

„Nein habe ich nicht mehr, aber Mama hat in Moment dauernd Kopfschmerzen" erzählt Max ihn besorgt.

„Deine Mutter Max hat wohl zu wenig geschlafen wegen dir darum hat sie Kopfschmerzen. Du warst ja in Lebensgefahr wie meine Mutter erzählte. Jetzt wird aber alles wieder gut".

„Hast du dolle Schmerzen im Knie?" Tom nickt. In den Moment kommt Sonja wieder ins Zimmer.

„Was sagt meine Mutter?" fragt Tom ihr.

„Deine Mama war ziemlich geschockt. Sie holt dich gleich ab" erklärt Sonja ihn.

„Danke Sonja". In den Moment klopft es wieder an der Zimmertür.

„Herein" ruft Sonja und setzt sich zu Max auf das Bett.

„Mama die Infusion ist alle".

„Da wird gleich schon jemand kommen um dir eine neue Infusion zu geben" antwortet Sonja, als die Zimmertür aufgeht und Bernhards Eltern ins Zimmer kommen.

„Hallo" grüßen sie und gehen auf Max zu.

„Oma und Opa" jubelt Max.

„Herzlichen Glückwunsch zum Geburtstag mein lieber Schatz" wünscht Oma Edeltraud ihn. Sie umarmt ihren Enkelsohn und küsst ihn auf die Stirn. Anschließend kommt Bernhards Mutter auf Sonja und Tom zu, während Opa Karl Max zum Geburtstag gratuliert und ihn umarmt. „Hallo Sonja. Schlecht siehst du aus" sagt Sonjas Schwiegermutter besorgt.

„Hallo Edeltraud. Schön das ihr gekommen seit. Mir geht es in Moment nicht so besonders".

„Wirst du mir krank Schwiegertochter?" fragt sie Sonja.

„Nein. Ich mache mir halt Sorgen um Max".

„Und wer bist du junger Mann?" fragt Oma Edeltraud Tom.

„Das ist der Sohn von meiner besten Freundin. Er hat sich heute das Kreuzband im Knie gerissen" erklärt Sonja ihr.

„Oh weh. Muss der Kreuzbandriss operiert werden?" fragt Oma Edeltraud ihn.

„Ja muss er leider".

„Edeltraud jetzt gebe endlich Max seine Geschenke" bittet Opa Karl seine Frau. Oma Edeltraud holt aus der Tasche ein riesen und ein mittleres Geschenk und gibt es Max auf das Bett.

„Hier mein Lieber" sagt Oma Edeltraud und gibt Max ein Küsschen auf die Stirn.

„Danke Oma". Oma Edeltraud holt noch ein Geschenk aus der Tasche und gibt es Sonja.

„Das ist für Sabinchen. Gibt's du ihr das Sonja?"

„Ja natürlich gebe ich das Sabinchen. Sie wird sich sehr darüber freuen. Setzt euch auf den Stühlen" bittet Sonja ihre Schwiegereltern.

„Wie geht es denn Sabinchen?" fragt Oma Edeltraud Sonja.

„Sehr gut" antwortet Sonja, während Max die Geschenke aufreißt. Zum Vorschein kommen eine große Feuerwehrwache von Playmobil und ein Rettungswagen von Playmobil. Beim

Rettungswagen kann man auch das Blaulicht und das Martinshorn anschalten. Max strahlt vor Freude.

„Schatz die Geschenke nimmt Papa aber heute Abend mit nach Hause" erklärt Sonja ihn. Max seufzt.

„Wenn es unbedingt sein muss. Aber der Rettungswagen bleibt hier bei mir und das Feuerwehrauto auch" bittet Max seine Mutter quengelig.

„Wenn die Sirenen ausbleiben dann dürfen die Rettungsfahrzeuge hier bleiben" erklärt Sonja ihn mit einem ernsten Blick.

„Na gut. Danke Oma und Opa für die tollen Geschenke".

„Haben wir doch gerne gemacht. Du muss uns eins versprechen Max das du schnell wieder gesund wirst" bittet Oma Edeltraud ihn.

„Ja ich verspreche es". In den Moment kommt Ruth ins Zimmer.

„Hallo" grüßt Ruth und geht zu Tom.

„Hallo Süße. Darf ich dir meine Schwiegereltern vorstellen?" fragt Sonja ihre Freundin.

„Ja natürlich Sonja".

„Das ist Ruth meine beste Freundin. Das sind meine Schwiegereltern Karl und Edeltraud" stellt sie ihre Schwiegereltern vor.

„Hallo" grüßt Ruth und gibt Sonjas Schwiegereltern die Hand.

„Hallo Ruth" grüßt Oma Edeltraud.

„Hallo" grüßt auch Opa Karl. Dann wendet sich Ruth an ihren Sohn.

„Was machst du bloß für Sachen mein Schatz?" fragt Ruth ihren Sohn besorgt und guckt auf Toms Knie, dass heftig geschwollen ist. „Das Knie sieht ja böse aus". Sie umarmt ihren Sohn. Tom nickt und beißt die Zähne vor Schmerzen zusammen. „Komm ich nehme deine Sporttasche Schatz". Sie nimmt Toms Sporttasche auf die Schulter, während Tom zur Tür mit seinen Krücken humpelt.

„Machs gut Kleiner" sagt Tom zu Max.

„Alles Gute Tom" wünscht Sonja ihn.

„Gute Besserung Tom" wünscht Oma Edeltraud.

„Ich wünsche euch noch einen schönen Abend" wünscht Ruth.

„Ebenfalls" antworten Sonjas Schwiegereltern.

„Muss du Morgen arbeiten Süße?" fragt Ruth ihr. Sie nickt.

„Ich muss sogar das ganze Wochenende arbeiten. Ich versuche aber Sonntag frei zu bekommen".

„Soll ich Sabinchen nehmen das Bernhard bei Max bleiben kann?" fragt Ruth ihr.

„Das wäre total lieb von dir, aber wir telefonieren noch" erklärt Sonja ihre Freundin.

„Okay. Gute Besserung Max. Ich besuche dich wieder" verspricht Ruth ihn und verlässt mit Tom das Zimmer.

„Max hatte doch noch einen schönen Geburtstag. War gestern noch nicht dran zu denken" sagt Sonja zu ihren Schwiegereltern.

„Was bist du so nachdenklich Sonja?" fragt Oma Edeltraud ihre Schwiegertochter, während Opa Karl mit Max spielt.

„Heute Nacht stand es kritisch um Max. Bernhard und ich haben gebetet, dass Max die schlimme Hirnhautentzündung übersteht".

„Max hat es doch geschafft Sonja. Gucke mal wie glücklich er mit seinen Opa spielt".

„Ja du hast ja recht. Wie spät ist es eigentlich?" fragt Sonja Oma Edeltraud. Sie guckt auf ihre Armbanduhr.

„Gleich ist es 19:00 Uhr".

„Schon" wundert sich Sonja. In den Moment kommt Schwester Nadine mit einem großen Medikamentenwagen ins Zimmer.

„Guten Abend" grüßt sie und geht zu Max. „Hallo Max. Ich habe von Schwester Christina gehört dass du heute Geburtstag hast. Auch von mir alles Gute zum Geburtstag". Schwester Nadine holt ein Kinder-Überraschungsei aus ihrer Kitteltasche und gibt es Max.

„Danke".

„So ich muss jetzt leider den Besuch bitten zu gehen. Der Patient braucht noch viel Ruhe" erklärt Schwester Nadine die Besucher und geht zu Max.

„Guck mal Schwester Nadine was ich für tolle Sachen bekommen habe".

„Schön" sagt sie und steckt das Thermometer in Max Ohr, während sich Sonjas Schwiegereltern von Sonja verabschieden. Dann verabschieden sie sich von Max.

„Weiterhin Gute Besserung Max" wünscht Oma Edeltraud Max und umarmt ihren Enkel.

„Danke für alles Oma". Max umarmt seinen Opa.

„Ich wünsche dir weiterhin gute Besserung mein Held" sagt Opa Karl zu seinen Enkel und öffnet die Zimmertür.

„Danke dass ihr da wart" bedankt sich Sonja.

„Haben wir doch gerne gemacht" erklärt Oma Edeltraud, während Schwester Nadine das Thermometer aus Max Ohr holt und auf das Display guckt.

„Tschüß" verabschiedet sich Oma Edeltraud. Sie geht mit Opa Karl aus dem Zimmer, winkt und schließt die Zimmertür. Sonja atmet tief durch während Schwester Nadine eine neue Infusion am Ständer hängt und an Max Kanüle anschließt.

„Sie sehen geschafft aus Frau Dr. Knebel".

„Bin ich auch. Könnte ich noch eine Tablette gegen meine Kopfschmerzen haben?"

„Ja ich hole ihnen gleich eine Tablette wenn ich Max eine Thrombosespritze gegeben habe". Schwester Nadine nimmt eine Thrombosespritze vom Medikamentenwagen und geht zu Max.

„Danke".

„So jetzt zu dir Max. Hast du denn noch Kopfweh?"

„Nein. Ich bin aber so kaputt" antwortet Max müde.

„Du hast ja auch heute viel erlebt. Ziehe mal dein Schlafanzugoberteil hoch" bittet Schwester Nadine ihn. Max zieht das Schlafzimmeroberteil hoch. Schwester Nadine gibt Max die Thrombosespritze in den Bauch, zieht Max Schlafanzugoberteil runter und deckt ihn zu.

„Das brennt ziemlich".

„Wird gleich besser Max. Dann schlafe jetzt mal" bittet Schwester Nadine ihn und wendet sich an Sonja. „Ich hole ihnen eben die Tablette". Sie rollt den Medikamentenwagen aus dem Zimmer und lässt die Zimmertür offen. In den Moment betritt Bernhard das Zimmer.

„Nanu warum ist die Zimmertür offen?" fragt er seine Ehefrau und küsst Sonja auf den Mund. „Hallo Schatz".

„Hallo Liebling. Die Schwester holt mir eine Tablette". Bernhard umarmt seinen Sohn.

„Alles Gute zum Geburtstag mein Schatz. Liebe Grüße von deiner Schwester. Geschenke gibt es erst Morgen" erklärt Bernhard seinen Sohn.

„Macht nichts Papa. Bin so müde".

„Dann schlafe gut mein Schatz" wünscht Bernhard seinen Sohn. Er umarmt Max und küsst ihn auf die Stirn. Nach wenigen Sekunden ist Max eingeschlafen. In den Moment kommt Schwester Nadine ins Zimmer.

„Hier ist die Schmerztablette Frau Dr. Knebel". Sie gibt Sonja die Tablette. „Hallo Herr Knebel".

„Hallo".

„Ich wünsche eine gute Nacht" wünscht Schwester Nadine.

„Danke schön. Das wünschen wir ihnen auch. Und einen schönen Feierabend" wünscht Sonja Schwester Nadine, während sie die Schmerztablette mit Wasser runterschluckt.

„Danke". Schwester Nadine verlässt das Zimmer und schließt die Zimmertür. Bernhard setzt sich zu Sonja am Tisch und hält ihre Hände.

„Sonja Liebling was ist los mit dir? Du siehst schlecht aus".

„Habe seit heute Morgen ununterbrochen starke Kopfschmerzen, die nicht aufhören wollen. Die dritte Kopfschmerztablette habe ich gerade genommen. Vielleicht hilft die ja" erhofft sich Sonja.

„Geh Morgen zu Sybille wenn deine Kopfschmerzen nicht aufhören".

„Ich habe einfach zu wenig geschlafen das ist alles und dann noch die Sorgen um Max. Das war einfach alles zu viel. Komm wir unterhalten uns draußen weiter Schatz. Frische Luft tut den Kopf bestimmt ganz gut". Bernhard und sie gehen zusammen leise aus dem Zimmer und schließen die Zimmertür. Sie gehen auf der Terrasse der Klinik und unterhalten sich. „Deine Eltern waren vorn da und haben Max besucht" erzählt Sonja.

„Schön. Was haben sie Max denn geschenkt?"

„Der Rettungswagen und die Feuerwehrwache von Playmobil hat er von deinen Eltern bekommen" erzählt Sonja ihren Mann.

„Schön. Ich habe die Geschenke erstmal zuhause gelassen. Max bekommt Morgen unsere Geschenke. Ich habe aber Max Stofftier Schnuffel mitgebracht" berichtet Bernhard und holt den Stoffhasen aus der Tüte. Bernhard gibt Sonja Max Schnuffel in der Hand.

„Was macht unsere Maus?" fragt Sonja.

„Unsere Maus hole ich gleich von unserer Nachbarin ab. Es ist einfach zu spät geworden das ich aus der Firma gekommen bin".

„Ruths Sohn hat sich das Kreuzband im Knie beim Fußball verletzt" erzählt Sonja ihren Mann.

„Oh weh. Der arme Kerl. Dann ist für ein halbes Jahr Fußball tabu".

„Da hast du recht Liebling". Bernhard und Sonja unterhalten sich noch eine Stunde. Dann verabschieden sich die Ehepartner voneinander. „Komm gut nach Hause Liebling und grüße unsere Maus. Gebe ihr einen Kuss von mir" bittet Sonja ihn.

„Ja mache ich. Ich wünsche dir eine gute Nacht Schatz".

„Danke das wünsche ich dir auch. Wann kommst du Morgen?" fragt Sonja ihn.

„Ich denke dass ich so um 15:00 Uhr schaffe zu kommen" antwortet er, während sie über den Flur laufen. Sie geben sich einen Kuss. Dann geht Bernhard den Krankenhausflur zurück, während Sonja in Max Zimmer geht. Sie schließt die Zimmertür hinter sich und sieht nach Max, der ruhig in seinem Bett schläft. Sonja legt den Stoffhasen auf den Tisch und zieht sich ihren Schlafanzug an. Sie legt sich ins Bett. Kurze Zeit später ist sie eingeschlafen. Ihre Kopfschmerzen lassen langsam nach.

Freitag, 17. Mai 2013

Am nächsten Morgen um 7:00 Uhr kommt Schwester Ina mit den Medikamentenwagen ins Zimmer. „Ich wünsche einen guten Morgen". Sie zieht die Gardinen auf. Sonja öffnet die Augen.

„Guten Morgen".

„Guten Morgen Frau Dr. Knebel. Haben sie gut geschlafen?" fragt Schwester Ina sie.

„Ja sehr gut danke" antwortet Sonja und richtet sich auf. Schwester Ina geht zu Max und rüttelt ihn wach.

„Max aufwachen". Der kleine Junge öffnet die Augen. „Guten Morgen Max. Wie geht es dir?" fragt Schwester Ina ihn und legt ihn die Blutdruckmanschette um den Arm, während Sonja ins Bad geht.

„Ich bin noch so müde. Mein Kopf tut etwas weh" klagt er Schwester Ina, während sie seinen Blutdruck misst.

„Das ist ja nicht so schön Max das dein Kopf weh tut. Dein Blutdruck ist ein bisschen niedrig. Liegt nur bei 100 zu 80. Ich werde ihn nachher noch mal messen" erzählt Schwester Ina den Kleinen. Schwester Ina hängt das Blutdruckgerät an den Medikamentenwagen, holt das Thermometer vom Medikamentenschrank und geht zu Max. Sie steckt das Thermometer in Max Ohr und hält es bis es piept. Dann holt sie das Thermometer wieder aus Max Ohr und guckt auf das Display. „Max du hast leider wieder Fieber. 39,3 Grad". Schwester Ina notiert die Werte in Max Krankenakte. Dann holt sie aus dem Medikamentenwagen eine kleine Infusionsflasche mit Antibiotika und eine Infusion mit Kochsalzlösung. Schwester Ina geht zu Max. „Fühlst du dich nicht gut Max?" fragt Schwester Ina ihn besorgt, während sie den Infusionsschlauch von der Kanüle abstöpselt und die leere Infusion vom Ständer nimmt.

„Nein mir ist nicht gut. Wo ist Mama?" fragt Max Schwester Ina quengelig.

„Deine Mama ist im Bad". Sie hängt die neue Infusion mit Kochsalzlösung an den Ständer. Die kleine Infusionsflasche mit Antibiotika hängt sie daneben an den Ständer und stöpselt sie an Max Kanüle. „Du muss einen neuen Zugang gelegt bekommen. Die Kanüle hat sich entzündet. Tut das weh?" fragt sie und fest auf die Kanüle.

„Ja aua".

„Okay. Die Infusionen lassen wir jetzt noch durchlaufen dann entferne ich dir die Kanüle. Frau Dr. Siemers wird dir nachher eine neue Kanüle legen" erklärt Schwester Ina und guckt Max an. „Du gefällst mir heute nicht Max". In den Moment kommt Sonja aus dem Bad und geht zu Max.

„Guten Morgen mein Schatz". Sonja gibt einen Kuss auf Max heiße Stirn.

„Hallo Mama" grüßt Max seine Mutter matt.

„Geht es dir nicht gut Max?" fragt Sonja ihren kranken Sohn besorgt, während Schwester Ina das Bett von Sonja frisch bezieht.

„Nein. Mein Kopf tut weh Mama und mir ist so heiß" jammert Max. Sonja fest Max auf die Stirn.

„Du hast ja wieder Fieber Max".

„Ja leider hat ihr Sohn Fieber und das sogar über 39 Fieber. Nach dem Frühstück ist Visite" erklärt Schwester Ina den Beiden. Sie öffnet die Zimmertür, schiebt den Medikamentwagen aus dem Zimmer und schließt die Zimmertür.

„Max was ist mit dir?"

„Ich bin so müde und kaputt. Mir ist heiß und mein Kopf tut weh". Sonja nimmt ihren kranken Sohn in den Arm.

„Mein armer Schatz. Das Antibiotikum scheint immer noch nicht das richtige zu sein" vermutet Sonja. Max schließt die Augen. Sie legt sich zu Max ins Bett. Nach wenigen Minuten ist Max eingeschlafen. In den Moment kommt Schwester Ina mit einen kleinen Becher Schmerzsaft ins Zimmer.

„So Max ich habe hier ein bisschen Schmerzsaft für dich".

„Max ist eingeschlafen".

„Ich stelle den Schmerzsaft auf Max Nachtisch. Können sie Max den Schmerzsaft geben wenn er wieder wach wird?"

„Ja sicher".

„Okay danke". Sie geht aus dem Zimmer und schließt die Tür. Sonja nickt kurz wieder ein. Sie wacht auf als Schwester Helga das Frühstück bringt.

„Guten Morgen" grüßt Schwester Helga Sonja und geht zum Tisch. Sie stellt das Tablett ab und nimmt den Deckel ab.

„Guten Morgen" grüßt Sonja die Schwester, während Schwester Helga zu Max geht.

„Der Kleine schläft ja. Ich stelle trotzdem das Tablett auf seinem Nachtisch" erklärt Schwester Helga und geht aus dem Zimmer, während sich Sonja an den Tisch setzt. Kurze Zeit später kommt sie mit Max Frühstück ins Zimmer, geht zu Max Nachtisch, nimmt den Becher mit Schmerzsaft in ihre Hand und stellt das Tablett auf Max Nachtisch. Den Becher stellt sich auf das Tablett drauf. „Dann wünsche ich ihnen einen guten Appetit". Schwester Helga geht aus dem Zimmer und schließt die Zimmertür. Sonja schmiert sich eine Scheibe Brot mit Käse und isst sie. Dann entdeckt sich Max Kuscheltier Schnuffel auf den Tisch. Sie nimmt den Stoffhasen, steht vom Tisch auf und bringt ihn Max. Sonja legt Schnuffel in Max Arm. Dadurch wacht Max wieder auf.

„Mama Schnuffel ist ja da" sagt der Kleine begeistert.

„Ja den hat Papa gestern Abend mitgebracht Schatz. Schwester Ina hat dir vorn ein Becher mit Schmerzsaft gebracht". Sonja nimmt den Becher und gibt ihn Max. Er schluckt den Schmerzsaft runter.

„Brr. Schmeckt bitter" sagt Max.

„Möchtest du was essen?" fragt Sonja ihren kranken Sohn.

„Nein" antwortet er, während Sonja den Deckel abhebt.

„Aber den Kakao trinkst du einverstanden?"

„Ja. Mama meine Kanüle tut so weh" jammert Max, während Sonja ihn Kakao in Becher eingießt und auf das Tablett stellt. Dann geht Sonja um das Bett rum wo Max Hand mit der Kanüle liegt.

„Zeig mal her Schatz" bittet Sonja ihn. Max hält die Hand zu Sonja während sie sich die Kanüle ansieht. „Die Kanüle ist dicht, weil sich die Haut da unter entzündet hat. Die Kanüle muss sofort gezogen werden" erklärt Sonja und drückt auf den Alarmknopf. Sie fest auf die Kanüle. Die Pflaster die auf der Kanüle und drum herum geklebt sind, sind nass.

„Au Mama das tut weh wenn du auf die Kanüle drückst".

„Entschuldige Schatz". Nach wenigen Minuten kommt Schwester Anja ins Zimmer.

„Ja sie haben geklingelt?" fragt sie.

„Ja ich habe geklingelt. Max Kanüle ist dicht. Da geht nichts mehr rein von den Infusionen" erklärt Sonja Schwester Anja, während sie zu Max und Sonja kommt. Sie guckt sich Max Kanüle an.

„Sie haben recht Frau Dr. Knebel". Schwester Anja, stöpselt die Infusionsschläuche ab und stellt die beiden Infusionen ab. „Ich hole eben Verbandszeug" erklärt sie und eilt aus dem Zimmer.

„Mama was passiert jetzt?" fragt Max seine Mutter.

„Die Kanüle wird dir gleich gezogen. Frau Dr. Siemers legt dir nachher eine neue Kanüle" erklärt Sonja ihren kranken Sohn und gibt Max den Becher Kakao in die Hand. Dann kommt Schwester Anja mit Verbandsmaterial wieder ins Zimmer.

„So da bin ich wieder. Das wird jetzt ein bisschen wehtun wenn ich die Pflaster abmache" erklärt sie und macht vorsichtig die Pflaster ab. Max beißt die Zähne zusammen. Als sie die Pflaster entfernt hat nimmt sie ein Tuch, drückt das Tuch auf die Kanüle und zieht sie raus.

„Au" jammert Max.

„Geschafft. Drücke das Tuch ganz fest auf die Wunde" bittet Schwester Anja ihn, während sie ein Pflasterband und ein Verband aus der Schale nimmt. „Max Hand weg". Sie klebt das Pflasterband auf das Tuch. Anschließend macht sie einem Verband um Max linke Hand. „Die Haut muss erst wieder verheilen". Sie schiebt den Infusionsständer beiseite. „So das hätten wir" sagt sie lächelnd, geht aus dem Zimmer und schließt die Zimmertür hinter sich.

„Mama brauche ich keine Infusionen mehr?"

„Doch Max, aber erstmal musst du eine neue Kanüle gelegt bekommen. Trink den Kakao Max". Dann geht Sonja zum Tisch, nimmt den Deckel und packt ihn auf das Tablett. Anschließend nimmt Sonja das Tablett, geht zur Tür, öffnet die Tür und geht aus dem Zimmer. Nach paar Minuten kommt sie wieder ins Zimmer und schließt die Tür. Dann setzt sich Sonja zu Max an das Bett. In den Moment geht die Tür auf und zwei Schwestern schieben Timo in das Zimmer. Schwester Beate stellt das Bett fest, während Schwester Irmgard einen Infusionsständer ins Zimmer rollt. Dann nimmt sie die Infusion vom Bett und hängt sie am Ständer. Danach gehen die Schwestern aus dem Zimmer und schließen die Zimmertür hinter sich.

„Mama Timo ist wieder da" sagt Max erfreut.

„Ja das sehe ich mein Schatz. Müssen ein bisschen leise sein, weil Timo schläft" flüstert Sonja ihn zu. Max richtet sich im Bett auf um Timo sehen zu können.

„Mama warum hat Timo Sauerstoff in der Nase?"

„Er hat den Sauerstoff nicht in der Nase sondern hat eine Sauerstoffbrille in der Nase Max. Durch den Sauerstoff kriegt Timo besser Luft. Du hattest auch Sauerstoff in der Nase als du auf der Intensivstation lagst".

„Warum hat Timo immer noch Sauerstoff?"

„Timo hat drei Rippen gebrochen. Dadurch atmet man schon schwerer und durch den Sauerstoff erleichtert man ihn das Luft holen" erzählt Sonja ihn.

„Mama glaubst du hat er Schmerzen?"

„Bestimmt".

„Mama kannst du mir den Rettungswagen aufbauen?"

„Natürlich Schatz". Sie geht zum Tisch, holt die Playmobilpackung wo der Rettungswagen drin ist und setzt sich zu Max an das Bett. Sonja öffnet die Playmobilpackung, holt den Rettungswagen raus und stellt ihn zu Max auf das Bett.

„Mama der Rettungswagen hat keine Blaulichter auf den Dach" bemerkt Max traurig.

„Doch Max. Ich muss die Blaulichter erstmal zusammenbauen und dann kommen sie auf das Dach. Siehst da die Vorrichtung dafür?" fragt Sonja ihn und zeigt auf die Vorrichtung.

„Stimmt Mama. Wofür sind die Aufkleber?"

„Die Aufkleber werden zum Schluss auf den Rettungswagen geklebt" erklärt Sonja ihn, während sie die Tüten mit den Kleinteilen aus der Packung holt und eine Tüte vorsichtig öffnet. „Gucke mal Max das ist der Notarzt" erzählt Sonja und hält einen Playmobilmenschen in der Hand.

„Warum ist das ein Mann?"

„Das kann ich dir auch nicht sagen Max. Du hast also einen Notarzt im Rettungswagen. Gucke mal hier sind die zwei Rettungssanitäter, die Trage, den kleinen Jungen und den Arztkoffer" erzählt Sonja, holt die Sachen aus der Tüte und legt sie auf Max Bett.

„Mama fährst du auch auf so einen Rettungswagen?" fragt Max seine Mutter interessiert, während Sonja das Blaulicht zusammenbaut und auf das Dach setzt.

„Ja natürlich fahre ich auf so einen Rettungswagen, aber nur wenn ich einen Patienten habe, sonst fahre ich mit Holger in einen kleinen Notarztwagen".

„Hat dein Notarztwagen auch Blaulicht und Sirene?"

„Natürlich Max. Es muss ja bei uns schnell gehen wenn wir einen Einsatz haben. Wir müssen schnell beim Patienten sein".

„Warum fährst du nicht gleich im Rettungswagen?"

„Weil ich nicht bei jeden Einsatz dabei sein brauche. Ich komme nur zu den Patienten wenn es kritisch um sie steht oder wenn uns der Rettungssanitäter über Funk ruft" erklärt Sonja ihn und klebt die Aufkleber auf den Rettungswagen. Dann reißt Sonja die letzte Tüte auf. „Gucke mal Max einen kleinen Infusionsständer mit einer Infusion".

„Was ist das?" fragt Max sie.

„Das ist ein Parameter und das ist ein Beatmungsgerät" antwortet Sonja.

„Wofür ist das Regal?" fragt Max ihr.

„Dort kommen die Geräte und Verbandszeug rein. Warte mal Max. Bevor du die Sachen in den Rettungswagen packst setze ich dir die Batterien ein" erklärt Sonja ihren Sohn, holt aus ihrer Handtasche die letzten Batterien, dreht den Rettungswagen um, öffnet die Batterieklappe und setzt zwei Batterien in den Rettungswagen. Anschließend schließt sie die Klappe, dreht den Rettungswagen wieder und stellt ihn zu Max auf das Bett. „Hier mein Schatz. Jetzt kannst du die Sachen in den Rettungswagen packen". Max schaltet das Blaulicht an.

„Guck mal Mama" sagt er und schaltet zum Blaulicht die Sirene an.

„Max mache bitte die Sirene aus. Timo schläft doch" bittet Sonja ihn. Er schaltet die Sirene aus, lässt aber das Blaulicht blinken.

„Max das sind die letzten Batterien, die ich hier habe" warnt Sonja ihn.

„Kann Papa Batterien mitbringen?"

„Max ich habe dir gerade neue Batterien im Rettungswagen eingesetzt. Du brauchst das Blaulicht jetzt nicht wenn du die Sachen in den Rettungswagen packst" bittet Sonja ihn und schaltet das Blaulicht ab. Max packt die Sachen in den Rettungswagen. In den Moment kommt ein junger Arzt mit einem Tablett, mit Sachen für die Blutabnahme ins Zimmer.

„Hallo. Bei wenn muss eine Kanüle gelegt werden?" fragt er freundlich.

„Bei meinen Sohn Max" antwortet Sonja. Der junge Arzt setzt sich zu Max auf das Bett.

„Hallo Max. Ich bin Dr. Philipp. Ich lege dir jetzt einen Zugang" erklärt er den Jungen und nimmt das Stauband vom Tablett. Er bindet Max das Stauband um den Arm.

„Hallo". Dann guckt Dr. Philipp sich Max Venen an den Handrücken an.

„Da ist eine Vene. Bitte ganz still die Hand halten" bittet er Max. Dr. Philipp sprüht etwas Desinfektionsmittel auf die Haut, nimmt die Kanüle und schiebt sie Max in die Vene auf den Handrücken.

„Aua" schreit Max auf und fängt an zu weinen.

„Ist schon vorbei Max" erklärt Dr. Philipp den Kleinen und klebt Pflaster auf die Kanüle rauf, während Sonja ihren Sohn in den Arm genommen hat und ihn tröstet. „Ein Pflaster klebe ich dir noch drauf" sagt der junge Arzt und klebt noch ein Pflaster auf die Kanüle. „So das müsste reichen. Soll ich dich an den Infusionen anschließen?"

„Ja" antwortet Sonja anstelle von Max. Dr. Philipp schiebt den Infusionsständer auf die andere Seite des Bettes und stöpselt die Infusionsschläuche an Max Kanüle an.

„So das hätten wir" sagt er und stellt die Infusionen durch die Regler an die Infusionen wieder an. „Okay. Dann wünsche ich noch einen schönen Tag".

„Danke das wünsche ich ihnen auch".

„Danke" antwortet er nimmt das Tablett mit den Sachen, geht aus den Zimmer und schließt die Zimmertür. Max packt weiter die Sachen in den Rettungswagen während Sonja in einer Zeitschrift rätselt.

„Mama wo bist du?" ruft Timo plötzlich. Sonja steht auf und geht zu Timo. Sie sieht dass Timo eine nasse Stirn hat.

„Alles gut Timo" beruhigt Sonja ihn. Timo öffnet die Augen und stöhnt vor Schmerzen.

„Hast du Schmerzen Timo?" fragt Sonja ihn. Er nickt. „Ich hole mal eben die Schwester Timo" erklärt Sonja. Sie geht zur Zimmertür öffnet sie, geht aus dem Zimmer und schließt die Zimmertür. Sonja geht zum Schwesternzimmer und klopft an der Tür.

„Herein" bittet Schwester Ina. Sonja öffnet die Tür. „Hallo Frau Dr. Knebel. Was kann ich für sie tun?" fragt Schwester Ina sie.

„Timo ist gerade aufgewacht und stöhnt nur vor Schmerzen. Er hat eine nasse und heiße Stirn" erklärt Sonja Schwester Ina.

„Danke. Ich gucke gleich nach Timo. Es ist auch gleich Visite" erklärt Schwester Ina.

„Ich wollte ihnen nur Bescheid sagen" erklärt Sonja und geht wieder zu Max Zimmer. Sie öffnet die Zimmertür und geht in das Zimmer. Dann schließt sie die Zimmertür und geht zu Timo. „Die Schwester kommt gleich zu dir Timo". Sonja geht zu Max und setzt sich auf den Stuhl, während Max ruhig mit seinen Rettungswagen spielt. „Na Max hast du jemanden gerettet?" fragt sie ihn neugierig.

„Ja ein kleiner Junge ist mit dem Fahrrad gestürzt und verletzt. Mama muss der Rettungswagen mit Blaulicht ins Krankenhaus fahren?"

„Nicht unbedingt. Es kommt auf den Gesundheitszustand des Patienten an" erklärt Sonja ihn, während Schwester Ina ins Zimmer kommt.

„Hallo Schwester Ina" grüßt Max die junge Schwester.

„Hallo Max. Spielst du schön?" fragt sie und geht zu Timo. „Hallo Timo. Geht es dir nicht gut?" Timo stöhnt nur vor Schmerzen. Schwester Ina guckt nach seiner Infusion. „Ich hole dir eine neue Infusion mit starken Schmerzmittel" erklärt sie Timo geht aus dem Zimmer und schließt die Zimmertür. Nach wenigen Minuten kommt Schwester Ina mit einer neuen Infusion wieder ins Zimmer.

„Nicht schon wieder eine Infusion Schwester Ina".

„Die Infusion ist nicht für dich Max. Sie ist für Timo" antwortet Schwester Ina lächelnd und geht zu Timos Infusionsständer. Sie hängt die neue Infusion an den Ständer, stöpselt die leere Infusion ab und schließt die neue Infusion an die Kanüle. Anschließend nimmt sie ein Tuch und tupft Timos nasse Stirn ab. „Ich weiß das die Rippen schmerzen Timo. Das Schmerzmittel wirkt gleich bestimmt. Außerdem ist gleich Visite" erklärt Schwester Ina ihn. Timo stöhnt nur vor Schmerzen. Sonja kommt zu Timo her.

„Wo sind Timos Eltern?"

„Die sind berufstätig unterwegs".

„Was? Die besuchen nicht mal ihren Sohn?"

„Doch die Mutter wollte es einrichten dass sie heute Abend vorbeikommt. Timos Vater ist in Tokio und kann nicht so schnell herkommen" erzählt Schwester Ina Sonja. Schwester Ina geht aus dem Zimmer und schließt die Zimmertür, während Timo wieder einschläft.

„Mama was ist mit Timo?" fragt Max seine Mutter besorgt.

„Timo geht es nicht gut. Hat sehr starke Schmerzen. Lass ihn in Ruhe schlafen".

„Ich wollte ihn meine Geschenke zeigen" erklärt Max seine Mutter.

„Das kannst du ja wenn es Timo wieder besser geht". Max spielt weiter mit seinen Rettungswagen, während Sonja in einer Zeitschrift liest. In den Moment klopft es an der Zimmertür. „Herein" bittet Sonja. Die Tür öffnet sich und es kommen Professor König, Frau Dr. Siemers, zwei Assistenzärzte und Schwester Katja ins Zimmer.

„Guten Morgen" grüßen sie und gehen zu Max an das Bett.

„Das ist Max Knebel. Gestern ist er vier Jahre alt geworden. Er ist am Mittwoch mit einer schweren lebensgefährlichen Hirnhautentzündung bei uns eingeliefert worden. Er war bis Donnerstagmorgen auf der Intensivstation gewesen. Weil er gestern immer noch hohes Fieber und Kopfschmerzen hatte habe ich eine MRT veranlasst weil ich eine Gehirnblutung ausschließen wollte. Gott sei Dank hat das MRT die Vermutung nicht bestätigt" berichtet Frau Dr. Siemers Professor König und gibt ihn Max

Krankenakte. Er blättert sie auf und guckt sich Max Werte an. Dann wendet er sich an den kleinen Patienten.

„Hallo Max. Herzlichen Glückwunsch nachträglich". Professor König gibt Max und Sonja die Hand.

„Danke".

„Sie sind Max Mutter?"

„Ja die bin ich".

„Wie geht es dir Max?" fragt Professor König ihn.

„Es geht so. Bin immer noch viel müde und kaputt".

„Hast du noch Kopfweh Max?"

„Ja aber nicht mehr so doll wie die letzten Tage".

„Das ist ein gutes Zeichen. Dann ist die Hirnhautentzündung weiter am abklingen" sagt er und tastet Max Stirn ab.

„Wie waren heute Max Werte Schwester Katja?" fragt Frau Dr. Siemers die Schwester, während Professor König Max Augenreflexe prüft.

„Max ging es heute Morgen erstmal nicht so gut. Hatte starke Kopfschmerzen, habe ihn Schmerzsaft gegeben. Max Blutdruck liegt bei 100 zu 80 und das Fieber ist leicht wieder gestiegen. Ich musste ihn die Kanüle ziehen weil die Haut sehr entzündet ist" informiert Schwester Katja Max Kinderärztin.

„Aber er hat vorn schon einen neuen Zugang bekommen" berichtet Sonja die Ärztin.

„Dass immer wieder das Fieber ansteigt gefällt mir nicht. Wir werden noch mal einen Antibiotika Wechsel vornehmen. Max bekommt ab jetzt ein neues Antibiotika weiterhin durch die Vene. Frau Dr. Siemers nimmt heute Nachmittag noch mal bei dir Blut ab" erklärt Professor König den kleinen Jungen.

„Wie lange muss Max noch an den anderen Infusionen bleiben?" fragt Sonja Professor König. Er guckt in Max Akte.

„Max Blutdruck ist zwar noch niedrig, aber nicht mehr besorgniserregend. Wir lassen diese Infusion noch durchlaufen und dann braucht er keine Infusion mehr, außer dreimal am Tag die Infusion mit Antibiotika" erklärt Professor König ihr.

„Wann darf Max denn aufstehen?" fragt Sonja den Professor.

„Von mir aus sofort, aber sei bitte vorsichtig Max okay".

„Ja. Wann darf ich nach Hause?" fragt Max den Professor ungeduldig.

„Gefällt es dir bei uns nicht?" fragt Professor König Max lächelnd.

„Doch, aber ich möchte doch so gerne meinen Geburtstag mit meinen Freunden nachfeiern" erzählt Max den Professor.

„Das ist natürlich ein Argument Max. Aber ich kann dir das noch nicht sagen wann du nach Hause darfst weil du immer noch hohes Fieber und starkes Kopfweh hast. Wir müssen erstmal gucken wie das neue Antibiotika anschlägt. Wenn du zwei Tage ohne Fieber bist dann darfst du vielleicht nach Hause, aber das kann noch eine Woche dauern" erklärt Professor König den kleinen Patienten.

„Na gut" mault Max.

„Dann wünsche ich dir weiterhin gute Besserung Max" wünscht Professor König und geht mit den anderen Ärzten zu Timo.

„Ich nehme dir heute Nachmittag noch mal Blut ab Max" erklärt Frau Dr. Siemers und geht zu Timo.

„Das ist Timo Stein. Acht Jahre alt. Er musste gestern notoperiert werden weil eine von seinen Rippen den Lungenflügel schwer verletzt haben, als sich die Rippe in die Lunge gebohrt hat. Timo ist vorn erst von der Intensivstation gekommen. Er hat noch eine Sauerstoffbrille weil er schwer Luft bekommt" erklärt Dr. Felix den Professor und gibt Professor König Timos Krankenakte.

„Sauerstoff soll er erstmal weiterbekommen" erklärt Professor König und wendet sich an Timo. „Hallo Timo. Wie geht es dir?"

„Nicht gut" antwortet Timo weinend.

„Du muss nicht weinen Timo. Ich tue dir nichts. Darf ich mir mal deine Wunde angucken?" fragt er vorsichtig. Timo nickt. Professor König klappt die Decke zurück, zieht Timos Schlafanzugoberteil hoch und tastet auf die Wunde.

„Timo hatte vorn wahnsinnige Schmerzen" berichtet Schwester Katja den Professor.

„Das ist nicht so schön. Sind die Schmerzen besser geworden?" fragt Professor König ihn. Timo schüttelt den Kopf und weint, während Professor König ihn wieder zudeckt. „Geben sie Timo eine Ampulle Morphin. Er soll nicht alleine aufstehen. Ich wünsche dir gute Besserung Timo". wünscht er und gibt die Krankenakte Schwester Katja.

„Ich komme gleich zu dir" verspricht Dr. Felix Timo.

„Ich wünsche noch einen schönen Aufenthalt" wünscht Professor König geht mit den anderen Ärzten, Schwester Katja aus den Zimmer und schließen die Zimmertür hinter sich.

„Mama ich will raus" bittet Max Sonja.

„Na gut. Dann müssen wir dich mal kurz anziehen". Sie geht an Max Schrank, öffnet die Schranktür und holt Max Jogginganzug, Jacke und Schuhe raus. Dann schließt sie die Tür vom Kleiderschrank. Dann kommt Sonja zu Max und hilft ihm beim Anziehen. In den Moment kommt Dr. Felix ins Zimmer und geht zu Timo.

„Hallo Timo. Ich spritze dir jetzt ein sehr starkes Schmerzmittel in die Kanüle. Dadurch wirst du sehr müde werden, aber es wird deine Schmerzen erträglicher machen". Der Arzt stöpselt den Infusionsschlauch von der Kanüle, spritzt das Morphin in Timos Kanüle und schließt wieder den Infusionsschlauch an die Kanüle an. „So das hätten wir. Schlaf ein bisschen. Wenn was ist klingel bitte Timo okay" bittet der Arzt ihn. Er geht aus dem Zimmer und schließt die Zimmertür. Timo schläft wieder ein, während Max seinen Jogginganzug mit Hilfe von Sonja anzieht. Sie stöpselt die Infusionsschläuche von Max Kanüle ab und hängt sie über den Harken an den Infusionsständer.

„Pass auf die Kanüle auf wenn du deinen Pullover überziehst Max" bittet Sonja ihren kranken Sohn. Max zieht seinen Pullover über. Anschließend zieht er seine Jacke über, während Sonja ihm die

Schuhe zubindet. Dann springt Max vom Bett auf. „Vorsichtig Max. Du bist noch sehr geschwächt vom Fieber" warnt Sonja ihren Sohn. Nachdem sie ihre Wolfskinjacke übergezogen hat geht sie mit Max aus dem Zimmer und schließt die Zimmertür. Max rennt über den Krankenhausflur. Sonja kommt kaum hinterher. „Max nicht so schnell" bittet sie ihren Sohn. Sie gehen beide auf den Spielplatz. Sie setzt ihre Sonnenbrille auf. „Herrlich draußen" denkt sie, während Max von der Rutschbahn rutscht. Sonja schaukelt mit Max und baut mit Max eine Burg im Sand. Nach zwei Stunden wird Max ziemlich ruhig und teilnahmslos.

„Schatz was ist los?" fragt Sonja ihren Sohn besorgt.

„Ich kann nicht mehr. Fühle mich total ausgelaugt und habe heftiges Kopfweh" antwortet Max.

„Du hast dich übernommen mein Schatz. Komm her ich trage dich ins Zimmer". Sonja nimmt ihre Sonnenbrille ab und fühlt Max auf die Stirn. „Deine Stirn ist kochend heiß Max. Du hast dich übernommen. Wir gehen wieder ins Zimmer und du legst dich hin". Sie trägt Max ins Zimmer. Sonja legt Max ins Bett und schließt die Zimmertür. Dann kommt sie zu Max. „Du kannst gleich schlafen Max. Erstmal ziehst du die Jacke aus". Max zieht seine Jacke aus und gibt sie Sonja. Sie deckt Max zu und hängt die Jacke an den Harken. Dann nimmt sie den Infusionsschlauch und schließt ihn an seiner Kanüle an. Max ist inzwischen eingeschlafen. Sonja zieht ihre Wolfskinjacke aus und hängt sie über ihren Stuhl. Dann rätselt sie weiter in der Zeitschrift. Um 12:00 Uhr kommt Schwester Ina mit Mittagessen ins Zimmer.

„Nanu Max schläft" stellt sie verwundert fest.

„Max hat sich auf den Spielplatz übernommen" erklärt Sonja die Schwester, während Schwester Ina Max Essen auf seinen Nachtisch stellt.

„Timo schläft auch" sagt Schwester Ina und geht aus dem Zimmer. Dann kommt sie mit Sonjas Mittagessen ins Zimmer, stellt das Tablett auf den Tisch und nimmt den Deckel ab. „Guten Appetit Frau Dr. Knebel" wünscht Schwester Ina Sonja und legt den Deckel neben den Tablett.

„Danke. Die nächsten zwei Nächte ist mein Mann hier. Ich muss leider arbeiten" erzählt Sonja Schwester Ina.

„Das ist kein Problem. Was macht übrigens ihr Kopf?" fragt Schwester Ina Sonja und stellt Timos Tablett auf seinen Nachtisch.

„Mein Kopf geht es heute erstaunlicherweise ganz gut".

„Das ist schön. Wann kommt ihr Mann?"

„So um ca. 15:00 Uhr. Er muss vorher noch unsere kleine Tochter zu meiner Freundin bringen.

„Dann essen sie mal gut" sagt Schwester Ina, geht aus dem Zimmer und schließt die Zimmertür. Sonja isst ihr Mittagessen. Als sie aufgegessen hat packt sie den Deckel auf das Tablett, legt sich auf ihr Bett und liest in einer Zeitschrift. Nach einer halben Stunde kommt Schwester Ina wieder ins Zimmer. „Na hat das Essen geschmeckt?" fragt sie Sonja lächelnd, nimmt das Tablett und trägt es aus dem Zimmer.

„Hervorragend".

„Die Jungs schlafen noch. Ich nehme die Tabletts mit" sagt Schwester Ina, nimmt Max und Timos Tablett, trägt es aus dem Zimmer und schließt die Zimmertür. Sonja schließt auch für einen kurzen Moment die Augen. Schwester Martina kommt mit einer kleinen Antibiotika-Infusion ins Zimmer. Sie geht zu Max Infusionsständer, stöpselt den Infusionsschlauch von der Kochsalzlösung, schließt den Infusionsschlauch von der Antibiotika-Infusion an die Kanüle und hängt die kleine Flasche an den Infusionsständer. Die leere Kochsalzinfusion nimmt sie vom Infusionsständer und geht aus dem Zimmer. Leise schließt sie die Tür. Um 15:00 Uhr öffnet Max die Augen und richtet sich auf. Er sieht dass seine Mama schläft. Leise spielt er mit seinen Feuerwehrauto und seinen Rettungswagen. In den Moment klopft es an der Zimmertür. Sonja wacht davon auf. Pfleger Stefan kommt ins Zimmer.

„Hallo Max. Möchtest du was trinken?" fragt Pfleger Stefan.

„Ja einen Kakao hätte ich gerne. Kannst du mich von der Infusion befreien?"

„Ich hole eben Schwester Martina. Ich bringe dir gleich einen Kakao" sagt er und geht aus dem Zimmer. Nach wenigen Minuten kommt Pfleger Stefan mit Schwester Martina ins Zimmer.

„Hallo Max. Du willst die Infusion abhaben. Das mache ich dir eben". Sie stöpselt die Infusion ab, nimmt die kleine Flasche vom Harken und geht aus dem Zimmer, während Pfleger Stefan Max einen Becher mit Kakao auf den Nachtisch stellt.

„Pass auf Max. Der Kakao ist noch sehr heiß" warnt er und geht zu Sonja. „Wollen sie auch was trinken Frau Dr. Knebel?"

„Ja einen Kaffee mit Milch wäre schön". Sonja richtet sich auf.

„Den kriegen sie" sagt Pfleger Stefan und geht aus dem Zimmer.

„Hallo mein Schatz" grüßt Sonja ihren Sohn und setzt sich zu Max.

„Hallo Mama. Wie geht es dir?"

„Das muss ich dich eher fragen Max. Mir geht es ganz gut".

„Mir geht es auch gut" sagt Max, während Pfleger Stefan Sonja den Kaffee bringt.

„Hier ist eine kleine Flasche Milch und einen Teelöffel" sagt Pfleger Stefan und legt es auf den Kaffeeunterteller.

„Vielen Dank". Pfleger Stefan geht aus dem Zimmer und schließt die Tür. „Schatz ich muss leider nachher arbeiten, aber Papa pass dann auf dich auf" erklärt Sonja ihn.

„Kannst du nicht bei mir bleiben?"

„Nein das geht leider nicht. Ich habe schon die letzten drei Tage gefehlt. Heute muss ich mal wieder hin" erklärt Sonja ihren Sohn.

„Na gut. Spielst du mit mir?"

„Ja klar. Was wollen wir denn spielen?"

„Du spielst den Notarzt im Rettungswagen und ich baue einen Unfall" erklärt Max ihr.

„Meinetwegen". Max nimmt ein Playmobilmännchen setzt es auf einen Fahrrad, fährt damit und baut einen Unfall.

„Mama du musst kommen".

„Jemand muss erstmal den Rettungswagen rufen Max. Alleine kommt der Rettungswagen nicht" erklärt Sonja ihn. Max nimmt ein anderes Playmobilmännchen stellt es zu den Verletzten und gibt ihn ein Telefon in der Hand.

„Ein Unfall ist passiert. Ich brauche sofort einen Rettungswagen".

„Gut wir kommen. Ist der Verletzte bei Bewusstsein?" fragt Sonja ihn.

„Mama was heißt bei Bewusstsein?" fragt Max sie interessiert.

„Das heißt einfach ob dein Verletzter wach ist oder schläft" antwortet Sonja. Max guckt den Verletzten an.

„Ich glaube der schläft".

„Wir kommen sofort" verspricht Sonja, schaltet das Blaulicht vom Rettungswagen an und fährt zum Unfallort. Dann lässt sie die Playmobilsanitäter und den Notarzt aussteigen. Sie stellt sie um den Verletzten. „Hallo Junge. Bist du wach?" fragt Sonja das liegende Playmobilmännchen. Max bewegt das Playmobilmännchen. „Du bist ja wach Junge. Was tut dir weh?"

„Alles tut mir weh" antwortet Max.

„Dann bringen wir dich mal in den Rettungswagen" erklärt Sonja, packt das verletzte Playmobilmännchen auf die Trage und trägt sie in den Rettungswagen. Dann fährt sie den Rettungswagen mit Blaulicht weg. In den Moment klopft es an der Tür. „Herein" ruft Sonja. Die Zimmertür öffnet sich und Sabinchen und Bernhard kommen ins Zimmer.

„Hallo" grüßt Bernhard und schließt die Tür hinter sich und Sabinchen.

„Hallo Schatz. Hallo meine Süße" grüßt Sonja ihre kleine Tochter und nimmt Sabinchen auf dem Arm, während Bernhard Max umarmt.

„Hallo mein Schatz" grüßt er Max.

„Hallo Papa. Toll dass ihr gekommen seid".

„Sabinchen wollte unbedingt zu Mama und ihren Bruder" erklärt Bernhard Sonja.

„Das macht doch nichts. Hallo meine Knuddelmaus" grüßt Sonja sie lächelnd.

„Mama Mama" sagt Sabinchen lächelnd. Sonja setzt Sabinchen zu Max.

„Hallo Schnuffi. Schön das du mich besuchst" sagt Max zu Sabinchen und nimmt sie auf den Schoss, während Bernhard Sonja umarmt und auf den Mund küsst.

„Schatz. Kannst du unsere Maus zu Ruth bringen bevor du zur Arbeit fährst?" fragt Bernhard sie.

„Ja klar".

„Du hast ja gar keine Infusion mehr Max" stellt Bernhard fest.

„Nein. Die Kochsalzlösung braucht Max nicht mehr. Er bekommt noch dreimal täglich eine kleine Infusion mit Antibiotikum und er darf aufstehen. Wir waren heute Vormittag auf den Spielplatz unten. Max hat sich ein bisschen übernommen. Hat vorn die ganze Zeit geschlafen" erzählt Sonja ihren Mann, während Max seine kleine Schwester die Feuerwehr und den Rettungswagen zeigt.

„Das ist schön. Haben die Ärzte schon gesagt wann Max nach Hause darf?" fragt Bernhard sie.

„Nein ist noch zu früh. Max hat heute Morgen wieder ein Antibiotika Wechsel gehabt, weil er heute Morgen wieder hohes Fieber hatte" erklärt Sonja. In den Moment kommt Frau Dr. Siemers mit einer Schale mit Spritze, Desinfektionsmittel, Ampullen, Pflaster und Stauband ins Zimmer.

„Hallo" grüßt sie freundlich die Familie und geht zu Max.

„Hallo Frau Dr. Siemers" grüßt Sonja Max Kinderärztin.

„Hallo" grüßt Bernhard.

„Hallo Max. Ich muss dir jetzt ein bisschen Blut abnehmen" erklärt sie und bindet Max das Stauband um.

„Warum? Ich will aber nicht" sagt Max trotzig.

„Ich muss noch mal dein Blut kontrollieren ob dir das Antibiotika hilft" erklärt die Ärztin ihn.

„Nein". Bernhard kommt zu Max.

„Schatz ich verspreche dir wenn du dir jetzt von der netten Ärztin Blut abnehmen lässt bekommst du gleich deine Rest Geburtstagsgeschenke von uns" verspricht Bernhard seinen Sohn.

„Okay Papa. Dann nimm endlich Blut ab Frau Doktor. Ich will meine Geschenke haben" bittet Max seine Kinderärztin. Bernhard verlässt das Zimmer.

„Die Geschenke sollst du auch gleich haben Max" sagt Frau Dr. Siemers, bereitet die Spritze vor. Dann sprüht sie Desinfektionsmittel auf den Arm und tastet nach einer Vene. Sabinchen legt ihre kleine Hand auf Max Arm.

„Da da" sagt sie.

„Kannst du mal deine kleine Hand da wegnehmen Süße?" fragt Frau Dr. Siemers die Kleine lächelnd. Sonja hebt Sabinchen auf ihrem Arm.

„Komm mal her kleine Maus" bittet Sonja ihre kleine Tochter.

„Süß ihre Kleine". Frau Dr. Siemers sprüht noch mal Desinfektionsmittel auf den Unterarm. „So Max. Jetzt piekst es ein bisschen" sagt sie und sticht in Max Vene.

„Aua" jammert Max.

„Gleich vorbei" beruhigt ihn Frau Dr. Siemers und wechselt die Ampulle aus, während Bernhard mit einen sehr großen Geschenk ins Zimmer kommt. Die Ärztin zieht die Spritze raus und tupft ein Tuch auf die Wunde. „Drücke da mal richtig drauf Max" bittet Frau Dr. Siemers ihn, packt die vollen Ampullen mit Blut in die Schale. Anschließend klebt sie ein Pflaster auf die Wunde und nimmt ihn das Stauband ab. Die Ärztin packt das Stauband in die Schale. „Du warst sehr tapfer Max". Frau Dr. Siemers geht aus dem Zimmer und schließt die Zimmertür. Bernhard nimmt das große Geschenk und gibt es Max auf das Bett. Sonja kommt mit drei weiteren Geschenken zu Max.

„So das sind unsere Geschenke für dich mein Schatz" sagt Sonja zu Max. Der kleine Junge reißt das große Geschenk auf. Zum Vorschein kommt ein großes Playmobil Eisenbahnset.

„Wow das ist ja ein ICE" sagt Max vor Freude. „Danke Mama und Papa".

„Das ist für dich von Sabinchen" sagt Sonja und gibt Max das Geschenk von Sabinchen.

„Danke meine Süße" sagt Max zu seiner Schwester und küsst Sabinchen auf die Stirn. Dann reißt er das Geschenk auf. „Toll ein Bahnhof. Danke Schnuffi". Max küsst sie erneut auf die Stirn. „Papa wollen wir die Eisenbahn aufbauen?"

„Schatz das geht hier leider nicht. Hier ist ein Krankenhaus und kein Spielzimmer".

„Dann will ich nach Hause" sagt Max traurig.

„Das geht noch nicht Max. Hier sind noch zwei Geschenke, die du noch nicht ausgepackt hast" sagt Sonja zu ihren Sohn.

„Na gut. Darf ich mir den ICE mal angucken?"

„Packe erstmal die anderen Geschenke aus, dann gucken wir uns den ICE gemeinsam an" verspricht Bernhard seinen Sohn. Max reißt die Geschenke auf. „Ein Trainingsanzug von TV Eicher Horn" sagt Max staunend.

„Ja Schatz. Du hast im Juni deinen ersten Probetag beim Fußball" erklärt Sonja ihn.

„Da sind ja auch Nike Stollenschuhe" sagt Max stolz.

„Ja die brauchst du doch auch". Max umarmt seine Mutter.

„Danke Mama". Max umarmt seinen Papa. „Danke Papa".

„Haben wir doch gerne gemacht Max". Bernhard nimmt Max auf den Schoß und guckt gemeinsam mit ihn den ICE an, während Sonja mit Sabinchen spielt. Schwester Claudia kommt in das Zimmer und guckt nach Timo, der tief schläft.

„Hallo" grüßt sie.

„Hallo" erwidert Sonja.

„Schläft Timo immer noch?"

„Ja" antwortet Sonja und guckt auf ihre Uhr, während Schwester Claudia aus dem Zimmer geht und die Zimmertür schließt. „Mist schon halb fünf". Ich muss los" sagt Sonja, nimmt Sabinchen auf den Arm und küsst Max auf die Stirn. „Papa bleibt bei dir Schatz. Ich muss leider arbeiten" erklärt Sonja ihren Sohn und umarmt Max.

„Mama. Wann kommst du wieder?"

„Am Sonntag komme ich dich wieder besuchen. Solange bleibt Papa bei dir" erklärt Sonja ihn und wendet sich an Bernhard. Ich bringe unsere Maus zu Ruth. Soll ich die Eisenbahn mitnehmen?"

„Nein lasse sie mal hier". Bernhard küsst Sabinchen auf die Stirn. „Tschüß meine Knuddelmaus" sagt er und umarmt Sonja. „Wie geht es dir eigentlich Schatz?"

„Es geht. Mein Kopf schmerzt etwas. Ich gehe aber Montag zum CT. Ich muss jetzt los. Darf ich dein Auto nehmen? Wo steht dein Auto?"

„Ja klar. Das Auto steht gleich vor der Notaufnahme auf den Parkplatz" antwortet Bernhard und küsst Sonja auf den Mund. „Pass auf dich auf mein Schatz" bittet Bernhard, während Sonja zu Max geht.

„Weiter gute Besserung mein Schatz".

„Danke Mama. Ich will nach Hause. Viel Spaß auf deiner Arbeit" wünscht Max seine Mutter.

„Spaß ist meine Arbeit nicht Max. Noch darfst du leider nicht nach Hause. Muss noch ein bisschen durchhalten" erklärt Sonja ihren kranken Sohn.

„Ja geht ja nicht anders Tschüss Schnuffi" verabschiedet sich Max von seiner kleinen Schwester. Sabinchen winkt, während Sonja die Zimmertür öffnet. Anschließend geht sie aus dem Zimmer. „Ich wünsche euch noch einen schönen Tag".

„Danke das wünschen wir dir auch. Fahre vorsichtig und grüße Ruth".

„Ja mache ich" verspricht Sonja und geht aus dem Zimmer. Sie schließt die Zimmertür und geht mit Sabinchen zum Ausgang. „Dann wollen wir mal zu Ruth gell Bienchen. Ruth wird auf dich aufpassen, während ich arbeite". Sonja geht mit ihrer kleinen Tochter zu Bernhards Auto und öffnet das Auto mit der Fernbedienung. Sie öffnet die Hintertür und setzt Sabinchen in den Kindersitz. Anschließend schnallt sie Sabinchen an und haut die Tür zu. Dann öffnet Sonja die Fahrertür und steigt in den Wagen ein.

Sonja steckt den Zündschlüssel ins Schloss, schnallt sich an und schließt die Fahrertür. Sie dreht den Zündschlüssel um. Der Motor springt sofort an. Sonja fährt rückwärts aus der Parklücke und verlässt anschließend das Krankenhausgelände. „Na Maus. Bist du traurig dass Max nicht mit nach Hause darf? Ich bin auch traurig dass Max noch im Krankenhaus bleiben muss" erzählt Sonja ihre Tochter. „Ich bringe dich jetzt zu Ruth meine Maus" erklärt Sonja ihre kleine Tochter und biegt in die Straßburger Strasse ein. Dann fährt sie auf der Schwachhauser Heerstraße rauf, wo es sich ziemlich staut. „Zu den Stau habe ich jetzt keine Zeit". Sie fährt in die Carl-Schurz Straße rein. Sonja guckt auf ihre Uhr. „Schon zehn nach fünf" sagt Sonja und stellt das Radio an. Dort spielen sie gerade Linkin Park Heart of Glass. Sie summt mit den Lied mit, während Sabinchen in ihrem Kindersitz einschläft. Sie fährt die Wachmannstraße lang und biegt dann in den Schwachhauser Ring ein. Danach fährt sie rechts auf die Parkallee und fährt dann über die Universitätsallee nach Horn. An der Leher Heerstraße staut es sich schon wieder. Sonja fährt in Schneckentempo durch Horn. An der Horner Mühle löst sich der Stau auf. Sie kommt um halb sechs in der Carl-Friedrich-Gauß-Straße an. Sonja fährt auf den Parkplatz und stellt den Motor aus. Sie schnallt sich ab, öffnet die Fahrertür und zieht den Zündschlüssel ab. Anschließend steigt sie aus dem Wagen.

Sie haut die Fahrertür zu, geht zur Hintertür und öffnet sie. Dann schnallt Sonja die schlafende Sabinchen ab und trägt sie aus dem Auto. Sie nimmt Sabinchen auf dem Arm, haut die Hintertür zu und geht zum Hauseingang. Sie klingelt bei Ruth. Nach wenigen Sekunden meldet sich Ruth.

„Ja bitte".

„Hallo Ruth. Ich bin es Sonja mit Sabinchen".

„Hallo Süße. Komm hoch". Ruth drückt auf den Türsummer. Sonja drückt die Haustür auf und geht zum Fahrstuhl. Sie öffnet die Fahrstuhltür, steigt ein und drückt auf den fünften Stock. Die Fahrstuhltür geht zu und sie fahren in den fünften Stock. Im fünften Stock öffnet Sonja die Fahrstuhltür, steigt mit der schlafenden Sabinchen aus dem Fahrstuhl, steigt die Treppen hoch und öffnet die Außentür. Ihnen kommt Ruth entgegen.

„Hallo Süße".

„Hallo Ruth" grüßt Sonja. Die beiden umarmen sich, geben sie ein Küsschen auf die Wange und gehen in Ruths Wohnung.
„Sabinchen ist im Auto eingeschlafen" erzählt Sonja ihre Freundin. Nachdem Ruth die Haustür geschlossen hat begleitet Ruth Sonja in das Wohnzimmer und legt Sabinchen auf das Sofa. Ruth deckt sie mit einer Wolldecke zu. Sonja kniet sich zu ihrer Tochter.
„Tschüß meine Maus. Wir sehen uns Sonntag wieder. Ich liebe dich". Sie steht wieder auf.

„Willst du was trinken Sonja?"

„Nein ich muss gleich los".

„Kannst du eben nach Tom gucken? Den geht es überhaupt nicht gut" berichtet Ruth ihre Freundin.

„Was ist mit Tom?" fragt Sonja sie besorgt.

„Er hat seit heute Nacht hohes Fieber und sehr heftige Knieschmerzen" antwortet Ruth.

„Warst du schon mit Tom beim Arzt?"

„Toms Orthopäde hat erst nächste Woche wieder einen Termin für Tom".

„Das ist zu spät. Wo ist Tom?" fragt Sonja ihre Freundin.

„In seinen Zimmer. Komm mit" bittet Ruth ihre Freundin und geht mit Sonja in Toms Zimmer. Tom liegt mit rotem Gesicht in seinem Bett und hat Kopfhörer auf den Ohren. Sein Bein ist auf einem großen Kissen gelegt. Als Tom Sonja und seine Mutter sieht nimmt er seine Kopfhörer ab.

„Hallo Sonja. Was machst du denn hier?"

„Hallo Tom. Ich habe von deiner Mutter gehört, dass es dir nicht gut geht. Ich wollte mal eben nach dir sehen" erklärt Sonja ihn und fest ihn auf die Stirn. „Du glühst ja vor Fieber Tom. Was tut dir weh?"

„Mein Knie schmerzt so doll" jammert Tom.

„Ruth holst du mal eben das Fieberthermometer" bittet Sonja ihr.

„Ja klar" antwortet Ruth und verlässt Toms Zimmer, während Sonja Toms Knie abtastet. Der Teenager stöhnt nur vor starken Schmerzen.

„Tut dir das Knie so weh?" fragt Sonja ihn.

„Ja". Nach wenigen Minuten kommt Ruth mit den Fieberthermometer ins Zimmer zurück. Ruth gibt das Thermometer Sonja. Nachdem Sonja es angeschaltet hat steckt sie es in Toms Mund,

„Wie sieht es aus Süße?" fragt Ruth ihre Freundin.

„Nicht sehr gut. Das Knie scheint ziemlich entzündet zu sein" antwortet Sonja. Als das Thermometer piept holt Sonja es aus Toms Mund und guckt auf das Display. „Oh ha Tom du hast 40,2 Grad Fieber. Du musst unbedingt zum Arzt".

„Ja aber welchen Arzt soll Tom gehen Sonja?"

„Tom muss zu seinen Orthopäden" antwortet Sonja.

„Aber der hat doch keinen Termin für Tom mehr frei" erklärt Ruth ihr.

„Dann soll er mit dem Taxi ins Diako fahren. Die haben Notaufnahme. Wenn ich nämlich jetzt einen Rettungswagen rufe bringen sie dich nur ins St. Josef Stift" erklärt Sonja Tom und Ruth.

„Gut Mama. Rufst du mir ein Taxi?"

„Schatz ich kann dich doch ins Diako fahren" sagt Ruth Tom besorgt.

„Nein das schaffe ich schon alleine. Ich bin kein kleiner Junge mehr. Pass du auf Sabinchen auf Mama. Ich rufe dich an" verspricht Tom seine Mutter. Ruth geht aus dem Zimmer, während Sonja Tom beim aufstehen hilft.

„Danke Sonja". Nach fünf Minuten kommt Ruth wieder in Toms Zimmer zurück.

„Taxi ist unterwegs. Du sollst unten warten" erklärt Ruth ihrem Sohn.

„Ich muss leider auch los Ruth. Ich stütze Tom nach unten". Ruth umarmt ihren Sohn.

„Melde dich bitte mein Schatz" bittet Ruth ihren Sohn.

„Ja Mama mache ich". Sonja hat inzwischen die Haustür geöffnet. Sonja und Ruth umarmen sich und geben sich ein Küsschen auf die Wange, während Tom mit seinen Krücken aus der Tür humpelt.

„Soll ich dir helfen Tom?" fragt Sonja den Teenager.

„Nein geht schon". Ruth küsst Tom auf die Stirn.

„Machs gut mein Schatz" sagt sie, während Sonja die Außentür öffnet. Tom humpelt durch die Außentür, die ihn Sonja aufhält. Dann stützt Sonja Tom bei der Treppe. Sonja drückt auf den Fahrstuhlknopf. Nach wenigen Minuten kommt der Fahrstuhl. Sonja öffnet die Fahrstuhltür und hält sie für Tom auf. Sie steigt in den Fahrstuhl und drückt auf EG.

„Es kann sein das du im Krankenhaus bleiben muss" erklärt sie ihn.

„Das weiß ich". Als sie im Erdgeschoss ankommen öffnet Sonja die Fahrstuhltür. Tom humpelt aus dem Fahrstuhl. Sie geht hinter ihn her und öffnet die Haustür. Sie lässt Tom durch. Dann geht sie auch aus dem Haus.

In den Moment fährt ein Taxi auf den Parkplatz. „Guck mal Tom. Dein Taxi kommt schon" sagt Sonja ihn und stützt Tom zum Taxi. „Geht es Tom?" Tom nickt, während ihnen der Taxifahrer entgegenkommt.

„Hallo" grüßt der Taxifahrer.

„Hallo. Können sie bitte den jungen Mann ins Diako fahren. Er hat eine schwere Knieverletzung" bittet Sonja den Taxifahrer.

„Natürlich".

„Danke. Ich wünsche dir alles Gute Tom. Gute Besserung für dein Knie" wünscht Sonja ihn und umarmt Tom.

„Danke Sonja kann ich gebrauchen" antwortet Tom und humpelt zur Beifahrertür. Der Taxifahrer hat Tom die Beifahrertür geöffnet. Tom steigt vorne ein. Der Taxifahrer haut die Beifahrertür zu. Dann öffnet er die Fahrertür, steigt ein, schließt die Fahrertür und startet den Motor, während Sonja zu ihrem Wagen geht und die Autotür öffnet. Sonja winkt Tom zu als das Taxi wegfährt. Sie steigt in das Auto, steckt den Zündschlüssel ins Schloss, schnallt sich an und schließt die Fahrertür. Sonja startet den Motor. Dann fährt sie rückwärts aus der Parklücke und biegt rechts in die Robert Bunsen Straße. „Armer Tom" denkt Sonja und biegt in die Wilhelm-Röntgen-Straße ein. Zehn Minuten später fährt Sonja in die Hauseinfahrt. Sie stellt den Wagen vor das Haus ab, stellt den Motor aus, schnallt sich ab und öffnet die Fahrertür. Sonja zieht den Zündschlüssel ab und steigt aus dem Auto.

Sie haut die Fahrertür zu. Sonja schließt mit der Fernbedienung das Auto ab und geht zur Haustür. Sie schließt sie auf und öffnet die Haustür. Sonja geht in das Haus und schließt die Haustür. Sie zieht ihre Wolfskinjacke aus und hängt sie an der Garderobe. Dann geht Sonja in die Küche, öffnet die Schranktür, holt ein Glas aus dem Schrank und schließt die Schranktür. Dann gießt sie sich Mineralwasser ins Glas, nimmt das Glas und verlässt die Küche. Sonja nimmt aus dem Buggy, der auf dem Flur steht, die Plastiktüte und geht in das Wohnzimmer. Sie setzt sich auf das Sofa und holt aus der Plastiktüte die Aspro 320 Tabletten Packung raus. Sonja öffnet die Packung, holt eine Tablette raus und schluckt sie mit Mineralwasser runter. Dann stellt sie ihrem Timer ihrer Armbanduhr auf eine halbe Stunde und legt sich auf das Sofa. Ihr Kopf schmerzt ziemlich. Kurze Zeit später schläft sie ein. Nach einer halben Stunde piept ihr Timer an ihrer Armbanduhr. Sonja öffnet müde die Augen und richtet sich auf. Nach wenigen Minuten steht sie vom Sofa auf, nimmt zwei Aspro 320 Tabletten und steckt sie in ihrer Hosentasche. Dann verlässt sie das Wohnzimmer. Sie geht nach oben ins Badezimmer und duscht sich. Als sie frisch angezogen ist läuft sie wieder die Treppe nach unten. Sonja nimmt ihre Wolfskinjacke von der Garderobe, zieht sie über und geht zur Haustür. Sie öffnet die Haustür und geht aus dem Haus.

Sonja schließt die Haustür. Dann geht sie zu Bernhards Wagen, schließt das Auto durch die Fernbedienung auf, öffnet die Fahrertür und steigt in das Auto.

Sie steckt den Zündschlüssel ins Schloss, schnallt sich an und schließt die Fahrertür. Sonja startet den Motor. Anschließend fährt sie rückwärts aus der Hauseinfahrt auf die Straße im Holze. Sie biegt nach links auf die Rockwinkeler Landstraße. Sonja fährt hundert Meter dann steht sie im Stau, weil die Schranken unten sind. „Mist" flucht sie und stellt den Motor aus. Sie guckt auf die Uhr, die kurz nach halb acht zeigt. „Brötchen holen kann ich jetzt vergessen". Nach zehn Minuten gehen die Schranken hoch. Sonja dreht den Zündschlüssel um. Der Motor springt sofort an. Vor ihr fährt der Wagen aber nicht. „Mensch fahre doch endlich. Die Schranken sind doch hoch" flucht Sonja und hupt den Autofahrer vor ihr an. „Na fahre doch du Idiot" bittet Sonja den Fahrer vor ihr und sieht wie der Autofahrer vor ihr aussteigt. Er öffnet die Motorhaube seines Wagens. „Das gibt es doch nicht. Jetzt hat der auch noch eine Motorpanne. Ich muss überholen sonst komme ich nie an". Sie überholt den Autofahrer mit seinen kaputten Auto. Als sie gerade über die Bahnschienen fahren will leuchtet die Ampel rot. „Verdammter Mist" flucht Sonja und stellt den Motor aus, während die Schranken runtergehen. Sie schnallt sich ab, öffnet die Fahrertür und steigt aus.

Sonja knallt die Fahrertür hinter sich zu und geht zum Autofahrer. „Hallo. Warum machen sie keine Warnblinkanlage an?"

„Weil nichts mehr geht. Der Motor gibt kein Geräusch mehr von sich. Nichts geht mehr, noch nicht mal die Warnblinkanlage" antwortet der Mann.

„Dann rufen sie doch den ADAC an".

„Bin nicht im ADAC drin, aber ich rufe gleich meinen Kumpel an, der mich hoffentlich abschleppt" erklärt er Sonja, während der Metronom vorbeirauscht.

„Okay dann wünsche ich ihnen viel Glück". Sonja geht wieder zu ihrem Wagen und öffnet die Fahrertür. Sie steigt ein.

Sie schließt die Fahrertür. „Die Schranken gehen immer noch nicht hoch. Es wird Zeit das sie endlich den Tunnel bauen" denkt Sonja und schnallt sich an. Sie schaltet das Radio an und stellt den Radiosender FFN ein. Da läuft gerade Heart of Glass von Linkin Park. Sonja summt das Lied mit als endlich der Güterzug vorbeifährt. Sie dreht den Zündschlüssel um. Der Motor stottert kurz geht dann aber an. Als endlich die Schranken hochgegangen sind fährt Sonja über die Bahnschienen. Nach fünfzehn Minuten kommt Sonja endlich bei der Rettungsstation an. Sie parkt den Wagen auf den letzten leeren Parkplatz und stellt den Motor aus. Sonja zieht den Zündschlüssel aus dem Schloss und schnallt sich ab. Dann öffnet sie die Fahrertür und steigt aus.

Sonja haut die Fahrertür zu und schließt das Auto per Fernbedienung zu. Dann läuft sie in die Rettungsstation rein. Sie läuft in den Umkleideraum und schließt die Tür hinter sich. Nachdem sie sich umgezogen hat zieht sie ihre Sicherheitsschuhe über und schließt den Schrank ab. Dann nimmt sie ihre Jacke und öffnet die Tür. Sonja geht aus dem Umkleideraum und schließt die Tür von dem Umkleideraum. Sie läuft die Treppen hoch, öffnet die Tür zum Aufenthaltsraum und geht in den Aufenthaltsraum. Sonja sieht dass bei Holger ein junger Mann am Tisch sitzt. „Hallo Holger" grüßt Sonja ihren Rettungsassistenten, schließt die Zimmertür und geht auf Holger zu.

„Grüß dich Sonja. Schön dich wieder zu sehen. Geht es dir wieder besser?"

„Es geht" antwortet Sonja und wendet sich an den jungen Mann. „Hallo sie sind sicher Herr Winter?"

„Ja der bin ich".

„Ich bin Frau Dr. Sonja Knebel, die Notärztin" begrüßt Sonja den Praktikanten. Der junge Mann steht auf und gibt Sonja die Hand.

„Hallo ich bin Ingo Winter ihr Praktikant für diese Woche".

„Okay schön sie kennen zu lernen. Hallo Holger. Wie geht es dir?" fragt Sonja ihn und geht zur Kaffeemaschine.

„Gut und was war mit dir die letzten Tage los Sonja?"

„Ich habe seit den Unfall am Montag solche ununterbrochene starken Kopfschmerzen das ich nur im Bett gelegen habe und dann ist Max noch am Mittwoch im Kindergarten zusammengebrochen. Dabei ist herausgekommen das er eine lebensgefährliche Hirnhautentzündung hat. Es stand die Nacht zum Donnerstag sehr kritisch um Max. Jetzt ist wieder Gott sei Dank alles wieder in Ordnung" erzählt Sonja ihn. Wollen sie auch einen Kaffee Herr Winter?"

„Nein danke". Sonja zuckt mit den Schultern.

„Okay dann nicht". Sonja schenkt sich und Holger Kaffee in die Becher ein und kommt zum Tisch zurück. Sie gibt Holger einen Becher Kaffee, stellt ihren Becher auf den Tisch und setzt sich wieder zu den beiden Männern am Tisch.

„Hast du denn noch Kopfschmerzen Sonja?"

„Ja leider brummt mir immer noch so der Schädel, aber ich habe gute Tabletten von meiner Hausärztin bekommen. Montagmorgen muss ich zum CT in die Radiologie des Sankt Josef Stift" erzählt Sonja Holger und trinkt aus ihrem Becher.

„Das ist ja gar nicht so toll, dass dir immer noch so der Schädel brummt. Wie geht es deinen Sohn?" fragt Holger ihr.

„Wieder ganz gut. Bekommt dreimal am Tag eine Infusion mit Antibiotika. Gestern hatte er Geburtstag. Was glaubst du was er bekommen hat? Ein Feuerwehrauto und einen Rettungswagen von Playmobil mit Sirene und Blaulicht. Außerdem hat Max eine große Feuerwehrwache von Playmobil, wo auch ein Alarmsignal erscheint bekommen" berichtet Sonja ihn lächelnd.

„Arme Sonja, armer Bernhard. Dann müsst ihr ja noch viel aushalten" sagt Holger lachend.

„Wenn es mir zuviel wird nehme ich aus den Autos die Batterien raus".

„Liegt Max noch im Krankenhaus?"

„Ja leider. Max muss noch ein paar Tage dort bleiben. Gestern sah es nicht gut aus. Da hatten die Ärzte den Verdacht dass er eine Gehirnblutung hätte, aber hat sich Gott sei Dank durch das MRT nicht bestätigt" erzählt Sonja ihn.

„Warum haben die Ärzte das denn vermutet?" fragt Holger die Notärztin und schenkt Sonja und sich Kaffee nach.

„Max hatte wieder verstärkt Kopfschmerzen und hohes Fieber gehabt. Aber es stellte sich später raus das das Antibiotikum nicht geholfen hat was er zuerst bekommen hatte. Seit heute Morgen hat Max das neue Antibiotikum bekommen. Ihn geht es aber schon wieder besser. Max hat heute Mittag keine Kopfschmerzen mehr gehabt und darf aufstehen. Soll aber noch vorsichtig sein. Was schwer ist bei einem vierjährigen Jungen, aber mit Meningitis ist nicht zu spaßen".

„Ist Max noch am Tropf?"

„Nein nicht mehr dauerhaft. Er bekommt nur dreimal täglich eine Infusion mit Antibiotikum" antwortet Sonja.

„Meningitis hat ihr Sohn?" fragt Herr Winter neugierig die Notärztin.

„Ja leider ist aber am abklingen" antwortet Sonja. Sie steht auf und holt für ihren neuen Praktikanten eine rote Jacke, mit dem gelb leuchtenden Rückenaufdruck Rettungssanitäter, und gibt die Jacke den jungen Mann. Sonja nickt den Praktikanten zu. „Am besten gebe ich ihnen zuerst mal ihren Melder" sagt Sonja und verlässt den Aufenthaltsraum. Ingo folgt ihr in ihr Büro. Sonja geht zu ihrem Schreibtisch in ihrem Büro und holt ein kleines schwarzes Gerät mit dem silberfarbenen Firmenaufdruck hervor und gibt es ihrem Praktikanten in der Hand. „Das", beginnt sie, „ist ab jetzt ihr Notrufmelder, den sie immer bei sich tragen müssen. Wenn der Notrufmelder piept und sie nicht rechtzeitig am Notarztwagen sind, sind Holger und ich schon unterwegs. Wir können nicht auf sie warten".

„Schon klar" sagt Herr Winter und steckt den Notrufmelder in seiner Jeans. Sonja und Herr Winter gehen zurück zum Aufenthaltsraum. Dort setzt sich Sonja zu Holger an den Tisch.

„Wer ist jetzt bei deinen Sohn Sonja?" fragt Holger ihr.

„Mein Mann Bernhard. Sabinchen ist bei meiner Freundin Ruth. Ach ja ich wollte ja gucken ob unser Chef noch da ist" sagt Sonja und steht auf.

„Der Chef ist noch in seinen Büro" berichtet Holger ihr.

„Danke für den Hinweis Holger. Ich bin kurz beim Chef. Melder habe ich in der Tasche" sagt Sonja und verlässt den Aufenthaltsraum, während sich Holger mit Herrn Winter unterhält. Sie klopft bei ihrem Chef an der Tür an.

„Herein" bittet Herr Brunau freundlich. Sonja öffnet die Bürotür.
„Hallo Frau Dr. Knebel. Schön sie wieder zu sehen".

„Hallo Herr Brunau" grüßt Sonja ihn und schließt die Bürotür hinter sich.

„Geht es ihnen wieder besser?"

„Es geht so" antwortet Sonja.

„Das hört sich noch nicht so gut an. Haben sie immer noch Kopfschmerzen Frau Doktor?"

„Ja etwas Kopfschmerzen habe ich noch, aber ich habe von meiner Hausärztin Tabletten dagegen bekommen. Montag muss ich in die Radiologie ins Sankt Josef Stift zum CT" erzählt Sonja ihrem Chef und holt aus ihrer kleinen Mappe die Arbeitsunfähigkeitsbescheinigung von den letzten drei Tagen und gibt sie ihrem Chef.

„Danke Frau Dr. Knebel. Passen sie bitte ein bisschen auf sich auf okay" bittet er Sonja und packt Sonja Arbeitsunfähigkeitsbescheinigungen ins Fach.

„Ich wollte Fragen ob ich Sonntag den ganzen Tag freibekommen kann?"

„Warum?" fragt Herr Brunau Sonja ernst.

„Mein Sohn liegt mit einer schweren Meningitis im Krankenhaus. Es stand die letzten Tage sehr kritisch um den Kleinen. Ich hoffe das er jetzt auf den Weg der Besserung ist".

„Ach du Schande. Da haben sie ja einiges mitgemacht Frau Doktor. Das wird sich schon machen lassen das sie Sonntag freibekommen und sie bei ihren Sohn im Krankenhaus sein können" verspricht Herr Brunau Sonja.

„Danke". Herr Brunau nimmt den Hörer ab und wählt die Nummer von Dr. Dacks. Als er mit dem Notarzt telefoniert hat sagt Herr

Brunau zu ihr. „Geht klar. Sie haben Sonntag frei und Montagmorgen gehen sie bitte zum CT okay! Wie kommen sie eigentlich mit unserem Praktikanten Herr Winter aus?"

„Ich kann zu Herr Winter noch nicht viel sagen habe ihn erst eben kennen gelernt. Ich hoffe nur, dass er mir nicht im Weg beim Einsatz rum steht. Das kann ich nicht gebrauchen".

„Herr Winter ist nur eine Woche bei ihnen Frau Doktor" erzählt Herr Brunau die Notärztin.

„Okay. Dann gehe ich mal. Dann bis später". Sonja öffnet die Bürotür und geht aus dem Büro.

„Gute Besserung für ihren Sohn und ihnen Frau Doktor" wünscht Herr Brunau ihr.

„Danke". Sonja schließt die Tür und geht wieder in den Aufenthaltsraum. Sie setzt sich zu Holger und ihren Praktikanten.

„Na was sagt der Chef Sonja?" fragt Holger die Notärztin.

„Ich habe Sonntag freibekommen" antwortet Sonja und blättert die Zeitung auf, als die Melder losgehen. „Einsatz" sagt Sonja, steht auf, nimmt ihre Jacke mit und rennt mit Holger und Herr Winter zum Notarztwagen.

„Vergessen sie nicht ihre Jacke" sagt Sonja zu ihren Praktikanten und steigt vorne im Notarztwagen ein, während Herr Winter seine Jacke holt. Dann steigt er hinten ein und sofort fährt Holger los. Sonja greift nach dem Funk und meldet sich. „Hallo Wagen 23. Was haben wir?"

„Ein Mann geht es nicht gut. Die Adresse ist Beethovenstraße 5 und der Name lautet Meier" antwortet der Mann aus der Leitstelle.

„Habe verstanden. Wir sind auf den Weg. Ende". Sonja hängt das Funkgerät ein, während Holger beschleunigt, Blaulicht und Sirene einschaltet und durch den dichten Verkehr rast. Holger rast die Schwachhauser Heerstraße entlang. Anschließend fährt er in die Beethovenstraße rein. „So hier müsste es schon sein". Sie greift in die Packung Latexhandschuhe, die an der Seite der Tür steckt. „Sollten sie sich auch überziehen Herr Winter" bittet Sonja ihren Praktikanten und gibt ihn ein Paar Gummihandschuhe nach hinten. Holger hält vor dem Haus Nummer 5. Sonja steigt aus und knallt die Beifahrertür zu. Holger hat währenddessen das Martinshorn abgestellt, aber das Blaulicht flackert noch am Notarztwagen. Herr Winter ist aus dem Notarztwagen gestiegen und läuft zu Sonja, die gerade die Notfallkoffer aus dem Kofferraum holt.

„Soll ich was mitnehmen Frau Doktor?" fragt Herr Winter die Notärztin.

„Ja das Ampullarium neben ihnen" antwortet Sonja und rennt zum Hauseingang. Herr Winter greift die rote Tasche und rennt auch zum Hauseingang, während Holger den zweiten Metallkoffer in die Hand nimmt, schließt den Kofferraum und rennt zum Hauseingang.

Sonja, Holger und der Praktikant zwingen sich in einen kleinen Raum mit einen Bett, auf der ein Mann sitzt. Die Notärztin setzt sich zu dem Mann auf das Bett, während Holger die Metallkoffer öffnet. „Hallo Herr Meier. Ich bin Frau Dr. Sonja Knebel, die Notärztin. Sie haben uns gerufen?"

„Ich habe diese Medikamente hier genommen" sagt Herr Meier und zeigt auf die Medikamente, die auf den Tisch stehen. „Und jetzt fühlt sich alles so eng in der Brust an" berichtet er Sonja und hält sich die Hände auf seine Brust. „Dann habe ich noch Schweißausbrüche bekommen". Sonja bindet ihn die Blutdruckmanschette um.

„Haben sie Vorerkrankungen Herr Meier?" fragt Sonja den Mann und misst seinen Blutdruck.

„Ich habe Diabetes Typ 2" antwortet Herr Meier.

„Ihr Blutdruck ist 130 zu 70 und der Puls liegt bei 75" erklärt Sonja den Mann und nimmt die Blutdruckmanschette ab. „Haben sie schon mal was mit den Herzen gehabt Herr Meier?" fragt Sonja ihn. Der Mann schüttelt den Kopf. Seine Haare sind schweißnass und er keucht vor Anstrengung. Inzwischen ist der Rettungswagen eingetroffen und zwei weitere Rettungsassistenten und ein Rettungssanitäter treten in den kleinen Raum.

„Hallo" grüßen sie.

„Der Patient heißt Herr Meier. Er hat Angina Pectoris" erklärt Sonja den Rettungsassistenten und holt das Nitrospray aus dem Notfallkoffer. „So Herr Meier ich sprühe ihnen jetzt etwas zur Erleichterung unter der Zunge. Das wird ein bisschen streng schmecken" erklärt Sonja den Mann und öffnet das Nitrospray. Dann sprüht sie den Patienten Nitrospray unter die Zunge. Der Rettungssanitäter gibt Sonja eine Kanüle rüber, während der Rettungsassistent eine Infusion vorbereitet. Sonja packt die Kanüle aus und spricht behutsam zum Patienten. „Ich lege ihnen jetzt einen Zugang. Das piekst ein bisschen" erklärt sie den Mann und legt den Patienten einen intravenösen Zugang in den Handrücken. „Geschafft". Sie klebt Pflaster auf die Kanüle rauf. Anschließend reicht der Rettungsassistent Sonja die Infusion rüber. Sie schließt die Infusion an die Kanüle von dem Mann. „Was sind das für Medikamente, die auf den Tisch liegen?"

„Mucosolvan und Gripostad C" antwortet Herr Meier. Nachdem der Rettungsassistent Elektroden auf die Brust von Herr Meier auf Sonjas Anweisungen hin geklebt hat schaltet er das Parameter an.

„Haben sie oder hatten sie eine Grippe?" fragt Sonja ernst ihren Patienten.

„Ja letzte Woche hatte ich die Grippe. Jetzt ist sie Gott sei Dank vorbei".

„Fühlen sie sich besser, nachdem ich ihnen das Nitrospray unter die Zunge gesprüht habe?"

„Ja ich glaube es ist schon etwas besser geworden" antwortet der Patient. Herr Winter guckt ganz gespannt zu wie die Rettungskräfte und die Notärztin sich um den Patienten kümmern.

„Ich denke nicht, dass die Medikamente von der Grippe in Zusammenhang mit ihren jetzigen Beschwerden stehen" erklärt Sonja ihn und guckt mit einem Blick auf den Bildschirm des Parameters. „Es sieht nicht so aus, als hätten sie etwas Bedrohliches wie einen Herzinfarkt. Wir werden sie trotzdem ins St Jürgen Krankenhaus bringen. Man kann vieles nicht hier vor Ort abklären" erklärt Sonja ihren Patienten, während der Rettungssanitäter die Trage ins Zimmer schiebt. Die Rettungskräfte legen Herr Meier auf die Trage, stellen das Parameter am Ende der Trage rauf und schnallen ihn fest. Die Rettungssanitäter packen die Sachen zusammen. Sonja legt die Infusion auf die Trage und dann schieben die Rettungsassistenten Herr Meier aus dem Haus.

Vor dem Haus steht der Rettungswagen mit Blaulicht. Herr Meier wird in den Rettungswagen geschoben. Sonja steht bereits im

Innenraum des Rettungswagens, während Holger zum Notarztwagen geht und die Metallkoffer im Kofferraum verstaut. Herr Winter steigt in den Rettungswagen zu der Notärztin. „Wo fahre ich mit?"

„Bei mir natürlich. Sie wollen doch was lernen oder?"

„Ja natürlich Sorry Frau Doktor" entschuldigt sich Herr Winter. Er setzt sich auf den Sitz vor den Patienten. Sonja klappt über ihren Patienten eine Halterung aus der Decke und hängt die Infusionsflasche an den Harken. Rechts neben ihren Praktikanten an der Wand befestigt Sonja das Parameter und ein Beatmungsgerät. Der Rettungsassistent steigt mit in den Rettungswagen ein. „Wir fahren ohne Sonderrechte" sagt Sonja den Fahrer.

„Verstanden. Ohne Sonderrechte" sagt er und stellt das Blaulicht aus. Anschließend fährt der Rettungswagen los.

„Was sind Sonderrechte?" fragt Herr Winter sie. Sonja grinst.

„Das ist unsere Weihnachtsbeleuchtung, die Sirene, Blaulicht, Missachtung sämtlicher Verkehrsschilder, Ampeln und schnelles Fahren. Also alles was Spaß macht. Kann aber sehr gefährlich werden" antwortet Sonja und wendet sich an ihren Patienten. „Wie geht es ihnen Herr Meier?"

„Es wird besser". Sonja wendet sich an den Rettungsassistenten.

„Ich gebe Herr Meier noch keinen Betablocker. Es ist nicht unbedingt notwendig. Es sind ja keine Rhythmusstörungen auf den Parameter zu sehen" erklärt Sonja ihn und füllt das Einsatzprotokoll aus. Als sie endlich im St Jürgen Krankenhaus ankommen geht es den Patienten immer besser. Sonja, Herr Winter und der Rettungsassistent steigen aus und helfen den Rettungssanitäter die Trage mit den Patienten aus dem Rettungswagen zuschieben.

Sie laufen mit schnellen Schritten in die Notaufnahme. Dr. Felix kommt ihnen entgegen. Sonja lächelt ihn an. „Hallo Sonja wieder im Dienst?"

„Ja wir bringen Herr Meier, einen neunundfünfzigjährigen Patient mit erstmalig aufgetretener Angina Pectoris ohne Rhythmusstörungen. Habe ihn drei Schübe Nitrospray verabreicht,

Es hat eine deutliche Besserung gebracht. Blutdruck und Puls im Normalbereich, bekannter Diabetes Typ 2. Der Blutzucker lag bei 170. Ich habe ihn eine Ampulle Beloc gegeben" erklärt Sonja den Arzt.

„Hat er irgendwelche Analgetika?" fragt Dr. Felix die Notärztin.

„Keine. Steht aber auch alles im Einsatzprotokoll drin" antwortet Sonja.

„Hast du Unterstützung bekommen?" fragt Dr. Felix ihr, als er Herr Winter sieht.

„Ja für eine Woche ist Herr Winter bei uns als Praktikant tätig" antwortet Sonja.

„Dann wünsche ich viel Spaß Herr Winter" wünscht Dr. Felix den Praktikanten.

„Danke".

„Ich muss weiter. Machs gut Sonja. Bis später" verabschiedet sich Dr. Felix von der Notärztin und den Praktikanten, während Herr Meier von den Krankenhausärzten behandelt wird.

„Ja bis später" sagt Sonja und geht mit ihren Praktikant zum Notarztwagen.

„Was passiert jetzt mit den Patienten von eben?" fragt Herr Winter Sonja.

„Herr Meier wird erst einmal durch gescheckt und muss zur Beobachtung eine Nacht im Krankenhaus bleiben. Wenn Morgen alles gut ist wird er wieder entlassen".

„Aber es war doch eben schon wieder alles in Ordnung nachdem sie ihn das Nitrospray verabreicht haben. Warum muss er denn trotzdem im Krankenhaus bleiben?"

„Das schon aber wenn ihn was zuhause passiert ist das nicht so schön. Darum haben wir ihnen ins Krankenhaus zur Beobachtung gebracht" erklärt Sonja Herr Winter und öffnet ihn die Hintertür. Sonja steigt vorne ein und schließt die Beifahrertür.

„Na wie sieht es aus mit den Patienten?" fragt Holger ihr.

„Den Patienten geht es wieder ganz gut. Soll eine Nacht zur Beobachtung im Krankenhaus bleiben. Wenn Morgen alles gut ist kann Herr Meier entlassen werden" sagt Sonja während sie das Krankenhausgelände verlassen. Auf der Bismarckstraße staut sich der Verkehr Richtung Stadt. „Was ist denn hier wieder los?" fragt Sonja Holger genervt.

„Es liegt an der Baustelle. Da ist nur eine Fahrspur offen" antwortet Holger und stellt sich an das Stauende an.

„Wie lange dauert das jetzt?" fragt Sonja ihn genervt.

„Das weiß ich leider auch nicht. Ich biege gleich rechts in die Graf-Molke-Straße ein" sagt er und trommelt mit den Fingern auf das Lenkrad. Nach zehn Minuten fährt Holger in die Graf Molke Straße rein.

„Na Herr Winter wie fanden sie unseren ersten Einsatz?" fragt Sonja ihren Praktikanten und lächelt.

„Spannend. Ist das immer so aufregend Frau Doktor?"

„Die Einsätze sind unterschiedlich. Es gibt auch ganz schwere Schicksale. Wir müssen immer mit den Tod rechnen" erklärt Sonja ihren Praktikanten, während Holger über die Kurfürstenallee fährt. Dann biegt er rechts in die Vahrer Strasse ein und fährt sie entlang.

„Darf ich mal fragen Herr Winter. Warum machst du ein Praktikum in der Rettung?"

„Ja klar darfst du fragen. Ich finde die Arbeit in der Rettung sehr spannend. Leute helfen und dann mit Blaulicht und Sirene fahren" antwortet Ingo aufgeregt.

„Was wir leisten müssen ist reine Knochenarbeit und geht manchmal über unsere Kräfte" erklärt Sonja Herr Winter. „Wollen sie auch später in der Rettung arbeiten?" fragt sie ihren Praktikanten, während Holger nach links auf die Sebaldsbrücker Heerstraße fährt.

„Ja ich will bei der Rettung arbeiten. Das wollte ich schon als ich noch Kind war. Mich fasziniert das einfach" erklärt Herr Winter den Beiden.

„Machen sie erstmal das Praktikum zu Ende, dann wissen sie ob sie in der Rettung arbeiten wollen. Es ist sehr anstrengend und wir müssen viele Überstunden machen" schildert Sonja Herr Winter. „Spaß ist die Rettung nämlich nicht sondern pure Wirklichkeit" berichtet sie, während sich der Funk meldet. Sie geht an das Funkgerät.

„Einsatz?" fragt Herr Winter aufgeregt.

„Psst".

„Ja Wagen 23 hier. Was gibt es?" fragt Sonja die Leitstelle.

„Hallo Sonja. Wo seit ihr?"

„Wir sind auf den Weg zur Rettungsstation" antwortet Sonja.

„Gut. Ich soll von Herr Brunau sagen das du und Holger gleich eine Besprechung mit ihnen habt".

„Verstanden. Wir sind sofort da". Sonja hängt das Funkgerät in die Halterung. „Holger wir haben gleich mit unseren Vorgesetzten eine Besprechung" erklärt sie ihren Rettungsassistenten, während Holger die Osterholzer Heerstraße entlangfährt.

„Okay. Sind ja gleich da. Was machen wir mit Ingo?" fragt Holger sie.

„Der muss im Aufenthaltsraum warten bis wir fertig sind". Sie sehen ein Plakat von Helene Fischer auf eine Säule. „Ah heute Abend ist ja Helene Fischer in der ÖVB-Arena" bemerkt Sonja.

„Ja ich weiß. Meine Freundin ist heute Abend auf ihr Konzert. Sie ist ein großer Helene Fischer Fan. Sie hat die Sängerin noch nie persönlich getroffen. Das wäre ihr größter Traum" schildert Holger die Notärztin.

„So eine Musik hören doch nur alte Säcke" mischt sich Herr Winter ein.

„Da irren sie sich aber ziemlich Herr Winter. Helene Fischer ist gerade mal 28 Jahre alt und hat einen großen Fankreis jeden Alters" erklärt Sonja ihren Praktikanten.

„Meine Musik ist das nicht" sagt Herr Winter.

„Das muss ja auch nicht ihre Musik sein" sagt Sonja, während Holger auf das Rettungsstationgelände fährt. Er hält auf den Parkplatz und stellt den Motor aus. Sonja, Herr Winter und Holger steigen aus dem Notarztwagen und hauen die Autotüren zu.

„Der Wagen müsste auch mal gewaschen werden" bemerkt Herr Winter.

„Dann wasche doch den Notarztwagen. Nur wenn ein Einsatz kommt müssen wir auf schnellsten Weg mit den Notarztwagen los" erklärt Holger Herr Winter.

„Lass ihn doch den Wagen waschen. Wir haben jetzt doch wieso Besprechung" sagt Sonja und rennt die Treppe zur Rettungsstation hoch. Holger wirft den Praktikanten den Autoschlüssel zu.

„Viel Spaß" wünscht Holger ihn und läuft die Treppen hoch. Herr Winter rennt hinter ihnen her.

„Holger warte mal" bittet Herr Winter den Rettungsassistenten und überholt Holger. Er stoppt. „Wo sind Eimer, Putzmittel, Lappen und Gummiabzieher?"

„Komm mit" bittet Holger den Praktikanten und geht mit ihm in der Garage.

„Sind immer so wenig Einsätze wie heute?" fragt Herr Winter ihn, während Holger ihn ein Eimer mit Putzmittel, Lappen und Gummiabzieher hinstellt.

„Unterschiedlich. Mal sind es viele Einsätze, sodass wir keine Pause haben und mal wenige" antwortet Holger und füllt den Eimer mit Leitungswasser. „Hier sind die Sachen" sagt Holger, als Sonja in die Garage kommt.

„Wo bleibst du denn Holger? Herr Brunau wartet schon auf uns. Komm jetzt bitte".

„Du wäscht das Auto gründlich. Wenn wir Einsatz haben müssen wir freie Scheiben haben okay" bittet er Herr Winter und rennt mit Sonja aus der Garage. Der Praktikant nimmt die Sachen und geht aus der Garage. Sonja und Holger rennen ins Besprechungszimmer. Herr Brunau schenkt sich gerade Kaffee ein.

„Hallo" grüßen beide. Holger guckt aus dem Fenster und sieht, dass der Praktikant die Türen vom Notarztwagen öffnet. Herr Brunau stellt Kaffeetassen auf den Tisch.

„Für mich bitte keinen Kaffee" sagt Sonja, nimmt sich eine Flasche Mineralwasser und geht zum Tisch, während Herr Brunau sich auf den Stuhl gesetzt hat. Sonja setzt sich auf den Stuhl und schenkt sich Mineralwasser ins Glas.

„Hallo Frau Dr. Knebel. Hallo Herr Wagner. Schön das sie für mich Zeit haben. Wo ist denn ihr Schützling?"

„Der wäscht den Notarztwagen auf den Parkplatz" antwortet Holger. „Aber er macht es freiwillig nicht, dass es heißt, dass ich ihn gezwungen hätte" erklärt Holger seinen Vorgesetzten.

„Schon gut Herr Wagner. Frau Doktor wie geht es ihnen?"

„Es geht. Habe immer noch leichte Kopfschmerzen. Die sind aber nicht mehr so schlimm wie die letzten Tage".

„Aber sie gehen am Montag zum CT in die Radiologie".

„Ja natürlich. Ich will das ja auch abgeklärt wissen. Dienstagmorgen muss ich noch kurz zu meiner Hausärztin" erklärt Sonja Herr Brunau und trinkt aus ihrem Glas.

„Ja natürlich. Das ist kein Problem. Wie geht es ihren Sohn?"

„Er Ist auf den Weg der Besserung".

„Das freut mich. So jetzt zu der Besprechung. Nächsten Samstag findet der große Marathonlauf in Bremen statt. Der Einsatzleiter Herr Siebert hat mich gefragt ob sie und Herr Wagner wieder als Notärztin und Rettungsassistenten aushelfen können?"

„Ja kann ich gerne machen. Und du Holger?" fragt Sonja ihn.

„Ich bin dabei" antwortet Holger.

„Gut dann werde ich Herr Siebert nachher noch anrufen. Das hätten wir. Der nächste Punkt ist das ich einen Bowlingabend mit unserem Team veranstalten will. Dann übernimmt die Rettungswache Bremen Nord für uns. Der Termin steht noch nicht fest. Frau Dr. Knebel was ist mit ihren Urlaub?"

„Den Urlaub können sie erstmal wieder streichen. Max muss erst wieder richtig gesund werden, dass wir in den Urlaub fahren können".

„Wann kommt Max aus dem Krankenhaus?" fragt Holger sie.

„Das weiß ich auch noch nicht".

„Wie macht sich der Praktikant?" fragt Herr Brunau die Notärztin.

„Er ist sehr wissensbegierig und ein Actionheld" antwortet Sonja. „Sie wissen wie ich auf Praktikanten stehe".

„Sie haben ja Recht. Ich hätte sie vorher Fragen sollen, stattdessen stelle ich sie vor vollendeten Tatsachen, dass war von mir nicht fair. Ich entschuldige mich bei Ihnen Frau Doktor. Herr Winter ist ja nur eine Woche bei uns".

„Ich habe ja auch persönlich nichts gegen Herr Winter. Er ist noch ein junger Mann" sagt Sonja und trinkt das Glas leer.

„Das ist schön von ihnen zu hören Frau Doktor. Herr Wagner wann haben sie den Urlaub?" fragt Herr Brunau ihn.

„Die nächsten zwei Wochen bin ich in Urlaub. Es geht vierzehn Tage nach Kreta" erzählt Holger ihnen glücklich. In den Moment schrillen Sonjas und Holgers Melder los. Sie springen auf und ziehen ihre Rettungsjacken über.

„Das war es dann wohl mit der Besprechung" sagt Herr Brunau enttäuscht.

„Das tut uns Leid, aber Einsatz geht vor" sagt Sonja.

„Schon okay. Viel Erfolg" wünscht er.

„Danke". Sonja rennt mit Holger aus dem Besprechungsraum. Sie rennen zum Notarztwagen und sehen dass der Notarztwagen eingeseift ist.

„Herr Winter habe ich ihnen nicht gesagt das wenn wir Einsatz haben, dass der Notarztwagen einsatzbereit sein muss" motzt Holger ihn an und schaltet die Scheibenwischer hinten und vorne ein.

„Tut mir Leid. Haben wir einen Einsatz?" fragt Herr Winter ihn erfreut.

„Ja den haben wir. Wo ist ihr Melder?" fragt Sonja Herr Winter ärgerlich.

„In der Jacke und die hängt im Aufenthaltsraum über den Stuhl" antwortet Herr Winter.

„Ich habe ihnen doch gesagt, dass sie den Melder immer dabei haben sollen. Verdammt noch mal. Gehen sie sofort in den Aufenthaltsraum und holen ihre Jacke" bittet Sonja ihn ziemlich sauer und genervt, während Holger die Seitenscheiben frei vom Schaum wischt. „Scheiße. Wir müssten längst beim Einsatz sein" regt sich Sonja auf.

„Den greife ich mir nachher noch" sagt Holger sauer zu Sonja, während sie die Feuchtigkeit von der Windschutzscheibe mit dem Gummiabzieher abzieht.

„Lass es Holger. Wir müssen zusehen dass wir eine klare Sicht bekommen und endlich zum Einsatz kommen. Ich bin auch stinksauer auf den Praktikanten. Der braucht mir heute nicht mehr unter die Augen zu treten".

„So jetzt müsste es langsam gehen. Der Patient kann schon längst tot sein und das nur weil ich Idioten den Notarztwagen vom Praktikanten waschen lassen habe". Holger schmeißt vor Wut den Lappen im Eimer und steigt in den Notarztwagen. Er startet den Motor. Nur leider springt der Motor nicht an. „Dieser Praktikant. Ist jetzt auch noch Wasser im Motor gekommen? Ich flippe aus" regt sich Holger auf, drückt den Hebel für die Motorhaube und steigt aus dem Notarztwagen. Er knallt voller Wucht die Fahrertür zu und geht nach vorne. Holger öffnet die Motorhaube und stellt sie fest. „Kein Wunder das der Motor nicht anspringt. Der ganze Motor ist nass. Scheiße" flucht Holger. Er holt trockene Lappen aus der Garage und geht wieder unter die Motorhaube. Holger wischt den Motor trocken. Sonja geht mit unter der Motorhaube.

„Gib mir auch ein Lappen Holger". Er gibt Sonja einen Lappen. Sie holt die Zündkerzen raus und trocknet sie ab.

„Wie hat er bloß den Motor so nass bekommen?" fragt Holger ihr.

„Keine Ahnung Holger. Fragen wir ihn doch" antwortet Sonja und dreht die Zündkerzen wieder rein.

„Den werde ich die Leviten lesen" regt sich Holger auf. In den Moment kommt ihr Vorgesetzter Herr Brunau zu Sonja und Holger.

„Hattet ihr keinen Einsatz gehabt?"

„Doch den haben wir, aber wir müssen erst wieder den Notarztwagen flott machen" antwortet Sonja ärgerlich.

„Was ist mit den Notarztwagen?" fragt Herr Brunau ihr.

„Herr Winter hat den Wagen gewaschen, dabei muss ziemlich viel Wasser in den Motor gekommen sein. Der Motor springt nicht mehr an" antwortet Sonja sauer.

„Das geht natürlich nicht, aber Herr Winter hat es bestimmt nur gut gemeint".

„Das kann schon sein aber den Patienten hilft das nicht" erklärt Sonja Herr Brunau.

„Das ist heute sein erster Tag. Nehmen sie ihn nicht zu hart dran Frau Doktor. Melden sie sich in Moment aus, dass sie nicht einsatzbereit sind" bittet er, während Holger den Motor startet. Nach fünf Versuchen springt der Motor endlich wieder an.

„Endlich" seufzt Holger erleichtert.

„Wo ist eigentlich Herr Winter?" fragt Herr Brunau die Notärztin.

„Er wollte sich eigentlich nur seine Jacke aus dem Aufenthaltsraum holen. Ich weiß auch nicht wo er bleibt" antwortet Sonja, während Herr Winter mit einen geschmierten Brot zum Notarztwagen kommt. „Das darf doch wohl nicht wahr sein. Wir haben einen Einsatz Herr Winter" regt sich Sonja auf, während Holger die Motorhaube zuhaut. Dann steigt Holger in den Notarztwagen und haut die Fahrertür zu. Sonja setzt sich auch vorne in den Notarztwagen rein, nimmt das Funkgerät aus dem Halter und spricht ins Fundgerät, während Herr Winter hinten einsteigt und die Fahrertür schließt. „Hallo Wagen 23 hier. Wir konnten leider nicht zum Einsatz kommen weil wir eine Motorpanne hatten. Jetzt ist der Wagen wieder heil" erklärt Sonja den Mann aus der Leitstelle.

„Gut dann fahrt sofort ins Einkaufzentrum Blockdiek. Eine Frau geht es nicht gut".

„Gut wir fahren sofort los Ende". Sonja hängt das Funkgerät ein. „Es geht ins Einkaufzentrum Blockdiek" erklärt Sonja ihren Rettungsassistenten. Holger schaltet Blaulicht und Sirene an und fährt los. „Herr Winter wenn sie noch mal ihre Jacke und den Melder vergessen bleiben sie in der Rettungsstation. Wir haben nicht viel Zeit, wenn der Alarm los geht okay" bittet Sonja Herr Winter ärgerlich.

„Sorry. Kommt nicht mehr vor Frau Doktor" verspricht er kleinlaut.

„Ich finde das toll Herr Winter das sie den Notarztwagen gewaschen haben, aber warum ist der Motor so nass gewesen, dass er nicht mehr angesprungen ist. Die Frau Doktor und ich mussten den Motor trocken wischen. Dann sprang der Motor wieder an" erklärt Holger ihn ärgerlich.

„Das tut mir Leid Holger. Ich habe mit den Wasserspringer gearbeitet" erklärt Herr Winter.

„Kein Wunder das dann der Motor nass wird" sagt Holger wieder ruhiger.

„Holger haben wir noch Sprudeltabletten im Notarztwagen?"

„Ja da müssten noch welche sein. Gucke mal in der Klappe am Armaturenbrett. Hast du Kopfschmerzen?" fragt Holger die Notärztin, während Sonja die Klappe öffnet.

„Ja heftige Kopfschmerzen habe ich" antwortet Sonja und holt eine Packung mit Sprudeltabletten aus der Klappe. Sie holt eine Tablette aus der Packung und legt sie auf das Armaturenbrett.

„Dein Schädelhirntrauma ist immer noch nicht auskuriert Sonja, daher auch deine starken Kopfschmerzen" vermutet Holger, während Sonja Mineralwasser in den Becher füllt. Anschließend schmeißt Sonja die Sprudeltablette in den Becher und wartet bis sie sich aufgelöst hat. Dann trinkt sie den Becher leer.

„Du hast ja Recht Holger. Mein Schädel pocht wie verrückt. Ich werde nächste Woche sehen was beim CT rauskommt und was die Ärzte sagen. Zur Not muss ich paar Tage das Bett hüten".

„Nehme das bitte nicht auf die leichte Schulter Sonja. Wenn du sie nicht richtig auskurierst kannst du chronische Kopfschmerzen bekommen". Sie heizen über die Kurfürstenallee. Die Autos bilden nur unzureichend eine Gasse. Holger muss immer wieder stark abbremsen, um den Notarztwagen durch die Autos zu manövrieren. Dann gibt er Vollgas. Sonja sammelt ihre Sachen in aller Seelenruhe zusammen und zieht Gummihandschuhe über.

„Herr Winter bitte ziehen sie auch Gummihandschuhe über" bittet Sonja ihren Praktikanten und reicht ihn ein Paar Gummihandschuhe nach hinten. Sie biegen in der Düsseldorfer Strasse ein.

„Danke". Herr Winter zieht die Gummihandschuhe über. Ein paar Sekunden später sind sie da. Holger stellt das Martinshorn ab. Das Blaulicht lässt er aber an. Vor ihnen steht der Rettungswagen mit blickendem Blaulicht. Sonja, Holger und Herr Winter steigen aus dem Notarztwagen und hauen die Autotüren zu.

„Soll ich die Tasche mit den Ampullen mitnehmen?" fragt Herr Winter ihr, während Holger den Notfallkoffer aus dem Kofferraum nimmt.

„Nein der Rettungswagen ist schon da. Die haben Ampullen dabei" antwortet Sonja.

Sie laufen eilig über den Hintereingang im Einkaufszentrum und werden von einem Sicherheitsmann begrüßt. „Hallo" grüßt Sonja den Sicherheitsmann und gibt ihn die Hand.

„Hallo. Kommen sie schnell Frau Doktor. Die Frau ist im Cafe im Untergeschoss". Sie eilen zur Rolltreppe, fahren nach unten und rennen zum Cafe. An einen Tisch sitzt eine ältere Frau. Um sie herum stehen die Rettungssanitäter. Sonja kniet sich zu der älteren Frau, während Herr Winter hinter Sonja im Weg stehen bleibt.

„Hallo ich bin Frau Dr. Sonja Knebel, die Notärztin. Was ist ihnen passiert?" fragt Sonja freundlich die ältere Frau.

„Sie ist vor der Rolltreppe einfach umgekippt und blieb liegen" schildert die Kellnerin, bevor die ältere Frau was sagen kann.

„Mir geht es aber jetzt schon wieder gut Frau Doktor. Sie hätten nicht kommen müssen".

„Das müssen sie uns schon überlassen. Lieber kommen wir einmal zu viel als es nachher zu spät ist. Haben sie das öfter das sie umfallen?"

„Ja das kenne ich schon von mir".

„Haben sie das schon einmal abklären lassen warum sie immer zusammenklappen?" fragt Sonja die alte Frau besorgt.

„Ach ja", sie winkt ab. „Die haben nie was gefunden warum ich immer umfalle". Sonja nickt.

„Solche Zusammenbrüche und kurze Bewusstlosigkeiten können zum Beispiel von Gefäßverengungen herrühren und im Extremfall können es auch Vorboten eines Schlaganfalls sein" erklärt Sonja die ältere Frau. „Haben sie irgendwelche Beschwerden wie Kopfschmerzen, Schwindel oder so?"

„Ich hatte vor den Zusammenbruch rasende Kopfschmerzen, die sind aber jetzt wieder weg. Das habe ich aber öfters schon gehabt" erzählt die ältere Frau. Sonja lächelt die ältere Frau an.

„Sie sollten mit uns in ein Krankenhaus kommen, in dem man ihre dauernden Zusammenbrüche und ihre Kopfschmerzen untersucht. Wir würden sie ins Krankenhaus Ost bringen. Die sind auf Kopfverletzungen spezialisiert" erklärt ihr Sonja. Die ältere Frau schüttelt energisch den Kopf.

„Ne Frau Doktor. Ich möchte aber nicht ins Krankenhaus. Mir geht es doch wieder gut".

„Es wäre aber ganz bestimmt sinnvoll und vernünftig dass sie sich im Krankenhaus eine Untersuchung unterziehen" wiederholt Sonja eindringlich und ernst.

„Och nee, das möchte ich nicht" antwortet die ältere Frau.

„Dann versprechen sie mir aber, dass sie wenigstens zu ihrem Hausarzt gehen".

„Ist gut Frau Doktor. Ich verspreche ihnen dass ich zu meinen Hausarzt heute noch gehe".

„Okay dann will ich das mal glauben. Dann erlauben sie mir bitte noch, dass wir ihnen ihren Blutdruck messen und den Blutzucker kontrollieren".

„Können sie machen. Wenn sie mich dann in Ruhe lassen" antwortet die ältere Frau und lehnt sich gegen die Stuhllehne. Einer der Rettungssanitäter hat bereits alles Nötige in der Hand und gibt Sonja das Blutdruckgerät. Sie misst den Blutdruck und kontrolliert den Blutzucker bei der älteren Frau.

„Der Blutdruck ist 130 zu 80 und der Blutzucker 90. Die Werte sind alle im Normalbereich" erklärt Sonja die ältere Frau. Zum Schluss prüft Sonja mit einer Taschenlampe die Augenreflexe der älteren Frau. „Alles in Ordnung". Sonja steht auf, holt ein Formular raus und kniet sich wieder zu der älteren Frau Sie gibt ihr das Formular. „Sie müssen mir noch unterschreiben, dass sie gegen ärztlichen Rat nicht mit uns ins Krankenhaus fahren wollen" erklärt Sonja die ältere Frau. Die ältere Frau unterschreibt das Formular und gibt es Sonja zurück. „Danke. Dann wünsche ich ihnen alles Gute" wünscht Sonja und verlässt mit den anderen Rettungskräfte das Cafe. „Wir können keinen zwingen mit ins Krankenhaus zu kommen" erklärt Sonja ihren Praktikanten, während sie die Rolltreppe hochfahren.

„Und was ist wenn die ältere Frau wieder umfällt?" fragt Herr Winter die Notärztin.

„Dann werden wir wieder gerufen und es geht von vorne los". Der Sicherheitsmann begleitet das Rettungsteam nach draußen.

„Danke das sie da waren".

„Bis zum nächsten Mal" verabschiedet sich Sonja und geht mit den anderen zu den Rettungsfahrzeugen zurück.

Holger schaltet das Blaulicht ab, während die anderen Rettungskräfte die Sachen verstauen. Anschließend steigen sie in den Rettungswagen und fahren los. Sonja und Herr Winter steigen in den Notarztwagen, während Holger den Motor startet. Dann fährt Holger aus der Straße raus.

„Macht ihnen ihr Job Spaß Frau Doktor?"

„Klar. Sonst würde ich den Job nicht ausüben" antwortet Sonja und massiert sich ihre Schläfen.

„Hast du immer noch Kopfschmerzen Sonja?" fragt Holger sie. Sonja nickt.

„Haben sie eigentlich Familie Frau Doktor?" fragt Herr Winter sie neugierig.

„Ich wüsste nicht was es ihnen angeht, aber ja ich habe einen Mann und zwei Kinder" antwortet Sonja und sieht Holger an, während sie die Franz-Schütte-Allee entangfahren. In den Moment gehen ihre Melder los. Sonja funkt mit der Leitstelle. „Was haben wir?"

„Eine bewusstlose Frau in der Heinestraße 8".

„Gut. Wir sind auf den Weg. Ende" erklärt Sonja und schaltet Blaulicht und Sirene an. Sie rasen mit achtzig Stundenkilometer über die Vahrer Straße. Zehn Minuten später sind sie in der Heinestraße angekommen. Holger schaltet das Martinshorn ab. Das Blaulicht blinkt weiter auf dem Dach des Notarztwagens. Sie fahren langsam an den Häusern entlang. „Also hier ist die Hausnummer 7, dann muss die 8 eigentlich hier gleich sein" vermutet Sonja.

„Hier ist schon die 9" sagt Holger.

„Dann ist es diese Einfahrt dort" vermutet Sonja und zieht sich Gummihandschuhe über. Zwischen zwei Häuser führt eine Toreinfahrt in eine akkurat bepflanzte Siedlung mit der Hausnummer 8. Holger fährt in die Einfahrt rein. Der Rettungswagen trifft im gleichen Moment ein. Sonja springt sofort aus dem Notarztwagen. Nachdem sie die Notfallkoffer gegriffen hat rennt sie in den Hausflur. Nachdem Herr Winter sich die Gummihandschuhe übergezogen hat folgt er Sonja langsam.

Sonja rennt in die offene Wohnungstür. Die Wohnung ist mit vielem Möbel zugestellt. Ein Mann zeigt ihr den Weg. „Sie haben uns gerufen?"

„Ja hier lang". Sonja läuft ins dunkle Schlafzimmer. Eine junge Frau liegt auf dem Bett. Die Beine sind gestreckt. Die junge Frau atmet mit großen schnappenden Zügen. Die Rettungsassistenten knien sich zu der jungen Frau. Neben ihnen liegen die Notfallkoffer aufgeklappt. Einer der Rettungsassistenten misst den Blutdruck der jungen Frau. Sonja setzt sich auf das Bett neben der jungen Frau und spricht sie an.

„Hallo. Ich bin Frau Dr. Sonja Knebel, die Notärztin. Hören sie mich?" fragt Sonja die junge Frau. Sie reagiert aber nicht. Sie wendet sich an den Rettungsassistenten. „Stefan gebe mir mal die Diagnostiklampe rüber". Stefan holt die Diagnostiklampe aus dem Notfallkoffer und gibt sie ihr. Sie leuchtet in den Augen der jungen Frau und zieht die Augenlider mit ihrer Hand hoch. „Pupillen reagieren unterschiedlich. Die rechte Pupille ist größer als die linke Pupille" sagt sie zu den Rettungsassistenten, während Herr Winter, der Praktikant, das spannende Geschehen zuguckt. Sonja tastet nach der Halsschlagader der jungen Frau. „Ich brauche einen Zugang und Flüssigkeit. Außerdem brauche ich das Parameter" bittet Sonja den Rettungsassistenten. Jim, der dritte Rettungsassistent bereitet das Parameter vor und klebt Elektroden auf die Brust der jungen Frau. Sonja greift in ihrer Notarztjacke, holt eine Kanüle für den intravenösen Zugang raus und packt die Kanüle aus, während Oliver eine Infusion mit Sterofundin vorbereitet. Sonja legt der jungen Frau einen Zugang in den linken Handrücken. Dann klebt sie Pflaster auf den Zugang, während Oliver sich den Infusionsbeutel der Ringerlösung schnappt, ihn an die Kanüle schließt und hoch hält.

„Cool" sagt Herr Winter.

Holger hat es gehört und sagt zu Herr Winter. „Das möchte ich nicht mehr hören. Es geht hier um Leben und Tod. Das ist wirklich nicht cool. Behindere die Rettungskräfte nicht bei der Arbeit".

„Jemand muss den Arm festhalten, sonst rutscht die Kanüle raus" bittet Sonja ihn. Holger kniet sich auf das Bett und fixiert mit beiden Händen den Arm. „Können sie bitte den Infusionsbeutel hier halten Herr Winter" bittet Sonja ihren Praktikanten, während sie den Zugang fixiert. Herr Winter greift nach den Infusionsbeutel und hält ihn hoch.

„Ich kann die Infusion auch nehmen" sagt Stefan, der Rettungsassistent und nimmt den Praktikanten den Infusionsbeutel ab.

„Blutdruck 210 zu 100. Puls 90, Blutzucker 130" informiert Mike, der Rettungsassistent die Notärztin.

„EKG mit einigen ventrikulären Extrasystolen. Sauerstoffsättigung bei 96" schildert Sonja den Rettungskräften und wendet sich an den Mann, der im Zimmer steht. „Sind sie ihr Freund?"

„Ja".

„Was ist denn passiert?"

„Also ich bin gestern spät nach Hause gekommen. Da hat meine Freundin im Flur auf den Boden gelegen. Da habe ich sie ins Bett gebracht".

„War sie da schon bewusstlos?"

„Nee also…, ich weiß nicht" antwortet der Mann. Sonja zieht ihre Augenbraue hoch. „Vorgestern oder gestern hatte sie noch so Kopfschmerzen gehabt und hat sich ins Bett gelegt. Sie hat schon öfters mal Migräne gehabt. Dann hat sie diese Kopfschmerztabletten genommen" erklärt der Mann die Notärztin und reicht Sonja eine Packung Aspirin rüber.

„Nimmt ihre Freundin irgendwelche anderen Medikamente? Hat sie viel Alkohol getrunken?" fragt Sonja den Mann ernst.

„Nee, sonst nimmt Melanie nur noch diese hier" antwortet der Mann und gibt Sonja eine Packung Euthyrox 75, Schilddrüsenhormone. Viel Alkohol trinkt sie eigentlich nicht". Sonja untersucht die junge Frau und entdeckt blaue Flecken.

„Ihre Freundin hat hier an der Außenseite vom Arm blaue Flecken. Wissen sie woher die blaue Flecken kommen?" fragt Sonja ihn.

„Weiß nicht. Hat sich wohl irgendwo gestoßen" antwortet der Mann patzig.

„Wie alt ist ihre Freundin?" fragt Sonja den jungen Mann.

„36 Jahre alt". Sonja streift mit ihrer Daumenspitze über die seitliche Kante des rechten Fußes der Patientin. Der große Zeh bewegt sich. „Reflex rechts positiv" informiert Sonja und überprüft den linken Fuß. „Links negativ" sagt Sonja. „Es sind Zeichen für ein Hirnschlag" denkt Sonja und wendet sich wieder den Mann zu. „Ihre Freundin hat womöglich eine Blutung im Kopf, was ihren Zustand und auch ihre Kopfschmerzen erklären würde. Das ist ein kritischer Zustand, so dass wir sie so schnell wie möglich ins Krankenhaus bringen müssen, um Röntgenaufnahmen zu machen und notfalls zu operieren" erklärt Sonja den Freund von der jungen Frau.

„Steht es erst um Melanie?" fragt der Mann die Notärztin besorgt. Sonja nickt. „Ich packe ihre Sachen zusammen und komme mit dem Auto nach. In welchen Krankenhaus bringt ihr sie?"

„Krankenhaus Bremen Ost".

„Wird sie es schaffen?" fragt er beunruhigt Sonja.

„Das weiß ich nicht, aber wir tun unser mögliches das sie es schafft" beruhigt Sonja den Mann.

„Danke". Sonja wendet sich an Oliver, der Rettungsassistent. „Wir werden die Frau im Rettungswagen intubieren. Hier in der Wohnung sind die Bedingungen schwierig" erklärt Sonja die Rettungskräfte. „Beeilung". Der Zugang bleibt im Arm der Frau. Die EKG-Elektroden werden von Stefan, der Rettungsassistent entfernt. Gemeinsam heben sie die Frau auf die Trage und wird festgeschnallt. „Wie heißt ihre Freundin?" fragt Sonja den Freund der jungen Frau.

„Melanie Kampf" antwortet der Mann, während die Rettungsassistenten die Frau aus der Wohnung in das Treppenhaus schieben. Sonja rennt hinter den Rettungsassistenten und der Frau her. „Gehen sie mal aus dem Weg" bittet Sonja Herr Winter sauer und rennt aus der Wohnung, während Holger und Stefan die Notfallkoffer schließen und aus der Wohnung tragen. Holger nimmt den Monitor mit und folgt den anderen aus der Wohnung.

„Nehme mir mal was ab" bittet Holger den Praktikanten. Herr Winter nimmt Holger den einen Notfallkoffer und das Parameter ab.

„Lebt die Frau überhaupt noch?" fragt Herr Winter.

„Ja es steht aber sehr kritisch um die Patientin. Darum Beeilung". Nach einer Minute sind sie endlich am Rettungswagen angekommen. Die junge Frau wird sofort hinten in den Rettungswagen geschoben. Sonja und die zwei Rettungsassistenten bereiten alles für die Intubation vor, als Herr Winter in den Rettungswagen steigt.

„Sie fahren mit Holger. Ich kann sie jetzt nicht gebrauchen" bittet Sonja Herr Winter sauer, schließt die Tür vom Rettungswagen von innen und hängt den Infusionsbeutel an den Harken, der Decke.

Anschließend bereitet sie die Narkose vor. „Fentanyl 0,5 und Etomidat 40 bitte". Oliver reicht Sonja die Ampullen mit den Medikamenten. Sie spritzt sie langsam in die Kanüle. Dann lässt sie sich das Intubationsbesteck geben. Sonja führt anschließend ein Tubus in den Mund der Frau ein. Oliver, der Rettungsassistent schließt die Beatmungsmaschine an. „So und jetzt noch was für den Magen". Sie legt der Frau eine Magensonde und prüft anschließend die Atemgeräusche mit ihrem Stethoskop. Zu Stefan, der auf dem Fahrersitz sitzt sagt Sonja ruhig. „So wir können fahren. Die Patientin ist stabil. Wir fahren mit Sonderrechte. Es geht nach Bremen Ost Krankenhaus". Der Rettungswagen und der Notarztwagen setzen zurück. Beide fahren bis zur Hauptstraße nur mit Blaulicht. An der Hauptstraße angekommen schaltet Stefan vom Rettungswagen und Holger vom Notarztwagen die Sirenen an und rasen die Vahrer Straße entlang. Sonja überprüft immer wieder die Vitalzeichen der jungen Frau.

„Wo hast du denn deinen Praktikanten?" fragt Oliver, der Rettungsassistent die Notärztin.

„Von dem habe ich heute die Schnauze voll. Sagt glatt am Unfallort, während wir uns um das Leben dieser jungen Frau kümmern Cool hier. Das gehört sich einfach nicht. Den werde ich mir nachher noch mal zur Brust nehmen. Außerdem steht er mir wieso nur im Weg rum" regt sich Sonja auf, während Stefan Kontakt zur Klinik aufnimmt, damit die junge Frau schnell ins CT kommt und schnell operiert wird. Nach zwanzig Minuten kommen sie im Krankenhaus Bremen Ost mit Blaulicht und Sirene an.

Sofort wird die junge Frau aus dem Rettungswagen gehoben und in den Schockraum gebracht. Sie wird auf das Bett umgelagert und mit einem klinikeigenen Gerät beatmet. „Das ist Melanie Kampf 36 Jahre alt. Wir haben sie bewusstlos vorgefunden. Ihr Freund hat uns erzählt dass sie gestern und vorgestern sehr starke Kopfschmerzen hatte. Ich tippe auf eine Blutung im Gehirn. Sie hat eine Menge Aspirin Tabletten eingenommen. Wir haben ihr eine Infusion mit Ringerlösung verabreicht. Ich habe ihr eine Magensonde gelegt und intubiert" informiert Sonja der behandelnden Ärztin und gibt der Ärztin das Einsatzprotokoll.

„Danke. Wir werden uns jetzt um die Patientin kümmern".

„Gut dann verabschiede ich mich. Alles Gute für die Patientin" wünscht Sonja die Ärztin und verlässt mit den Rettungsteam den

Schockraum, während die junge Patientin zum CT gefahren wird. Sie gehen zu den Notarztwagen und Rettungswagen. Ihnen kommen Holger und Herr Winter entgegen.

„Na kommt sie durch?" fragt Holger sie.

„Es sieht kritisch aus" antwortet Sonja und steigt vorne in den Notarztwagen, während Holger das Blaulicht ausstellt. Sonja haut die Beifahrertür zu. „So Herr Winter. Ich muss mit ihnen ein Hühnchen rupfen".

„Was habe ich denn gemacht?" fragt Herr Winter sie schuldbewusst.

„Ich will nie wieder von ihnen hören dass sie einen Unfall cool finden. Haben sie mich verstanden?" fragt Sonja Herr Winter wütend, während Holger vom Krankenhausgelände fährt.

„Ja Sorry, aber das war fast wie im Fernsehen bei Notruf Haferkante" rechtfertigt sich Herr Winter.

„Im Fernsehen werden unsere Einsätze nur nachgespielt. Hier ist es der pure Ernstfall. Haben sie mich verstanden?"

„Ja. Ist ja schon okay" antwortet Herr Winter.

„Okay dann vergessen wir den Vorfall und fangen von vorne an okay. Es tut mir Leid das ich sie nicht im Rettungswagen mitgenommen habe, aber ich konnte sie einfach nicht mehr sehen. Tut mir Leid" entschuldigt sich Sonja wieder freundlicher, als wieder ihre Melder schrillen. Sonja geht an das Funkgerät und meldet sich bei der Einsatzzentrale. „Was haben wir?"

„Schlagersängerin Helene Fischer ist in der Garderobe, während ihres Konzerts zusammengeklappt. ÖVB-Arena".

„Gut wir kommen sofort. Ende". Sonja schaltet Blaulicht und Sirene an. „Rate mal wo wir hin müssen? Helene Fischer ist während ihres Konzertes zusammengeklappt" erklärt Sonja den Beiden, während Holger in halsbrecherischen Tempo in Richtung Stadthalle fährt.

„Da wird meine Freundin sehr traurig sein, das es Helene Fischer so schlecht geht, dass sie ihr Konzert abbrechen muss. Aber ich sagte meine Freundin das schon öfter, dass Helene Fischer einfach zu viel macht. Da ist es kein Wunder wenn sie zusammenklappt" erzählt Holger der Notärztin und den Praktikanten. Als sie an der Bürgerweide ankommen stellt Holger die Sirene aus und fährt auf die Bürgerweide rauf, während sich Sonja Gummihandschuhe überzieht.

„Wird denn das Konzert weitergehen von Helene Fischer?" fragt Herr Winter die Notärztin und zieht sich Gummihandschuhe über.

„Das werden wir gleich sehen Herr Winter". Holger hält vor den Hintereingang von der ÖVB-Arena, lässt das Blaulicht an, steigt mit Sonja und den Praktikanten aus dem Notarztwagen und holen die Notfallkoffer aus dem Kofferraum.

„Soll ich das Parameter mitnehmen?" fragt Herr Winter die Notärztin.

„Nein den brauchen wir erstmal nicht" antwortet Sonja und geht Richtung Halle. Holger haut die Kofferraumtür zu und geht mit Herrn Winter zum Hintereingang.

Sie werden von einem Bodyguard empfangen. „Da sind sie ja endlich. Kommen sie mit" bittet der Bodyguard den Rettungsteam und läuft durch den Hintereingang. Sonja, Holger und Herr Winter laufen ihn nach.

„Was ist denn passiert?" fragt Sonja den Bodyguard besorgt.

„Helene Fischer ist vor ca. zwanzig Minuten in der Garderobe zusammengeklappt. Jetzt liegt sie auf dem Sofa in Aufenthaltsraum. Schnell kommen sie". Sie rennen in den Aufenthaltsraum, wo Helene Fischer, ziemlich blass und verschwitzt auf dem Sofa liegt. Die Notärztin stellt den Notfallkoffer hin und kniet sich zu der Schlagersängerin.

„Hallo Frau Fischer. Ich bin Frau Dr. Sonja Knebel, die Notärztin. Was ist passiert?"

„Hallo Frau Doktor" grüßt Helene Fischer schwach. „Ich wollte mich eben für mein Konzert umziehen, aber mein Kreislauf hat verrückt gespielt und ich bin einfach zusammengeklappt".

„Das ist ja nicht so schön. Holger gebe mir mal das Blutdruckgerät". Holger legt den Notfallkoffer hin und öffnet ihn. Dann holt er das Blutdruckgerät aus dem Notfallkoffer. Sonja lässt sich von Holger das Blutdruckgerät geben, bindet der Schlagersängerin die Blutdruckmanschette um und misst ihr Blutdruck. „Sie haben einen sehr niedrigen Blutdruck Frau Fischer. Der Blutdruck liegt nur bei 95 zu 75" sagt Sonja ihr und fühlt Helenes Stirn.

„Nicht gut. Ich muss aber gleich wieder auf die Bühne. Meine Fans warten auf mich".

„Wie sie sich anfühlen haben sie hohes Fieber Frau Fischer" vermutet Sonja und wendet sich an Holger. „Holger gebe mir mal das Fieberthermometer" bittet Sonja ihn, während Helene Fischer sehr stark hustet. Dabei hält sie sich ihre Bronchien. Holger gibt ihr das Fieberthermometer. „Ihr Husten hört sich überhaupt nicht gut an Frau Fischer. Ich werde sie gleich mal abhorchen und in ihren Hals gucken" erklärt Sonja ihr und steckt das Fieberthermometer in Helenes Ohr. Nach paar Sekunden piept das Thermometer. Sie holt das Thermometer aus dem Ohr und guckt auf das Display.

„Johnny kannst du mir eben eine dicke Decke holen? Ich friere mich tot" bittet Helene Fischer ihren Bodyguard. Johnny verlässt den Aufenthaltsraum.

„Sie haben hohes Fieber Frau Fischer 39,8 Grad. Kein Wunder das sie so frieren. Haben richtig Schüttelfrost gell?" fragt Sonja die Schlagersängerin. Helene nickt. Sonja holt einen Spatel aus dem Notfallkoffer und packt ihn aus. „Ich werde mal eben in ihren Hals gucken? Haben sie Halsschmerzen und Schluckbeschwerden?" Helene Fischer nickt, während Johnny Helene Fischer eine dicke Decke bringt und sie zudeckt.

„Danke Johnny". Die Schlagersängerin zittert vor Kälte. Sonja steckt den Spatel in Helene Fischers Mund und guckt in den Hals.

„Sagen sie mal AA" bittet sie Helene Fischer. Sonja guckt sich den Hals an. „Ihr Hals und ihre Mandeln sind sehr entzündet. Kein Wunder das sie Halsschmerzen haben" erklärt Sonja und holt das Stethoskop aus dem Notfallkoffer. „Ich horche sie jetzt noch ab" erklärt Sonja ihr und schiebt den Pullover von Helene Fischer hoch. Sie horcht mit dem Stethoskop Helene Fischers Herz ab. „Tief ein und ausatmen bitte". Sonja horcht Helenes Fischers Lunge ab. „Eine Lungenentzündung ist es nicht, aber eine Bronchitis ist es schon lange. Haben sie auch Kopf und

Gliederschmerzen?" fragt Sonja Helene, die sich ihren Kopf hält. Sie packt das Stethoskop in den Notfallkoffer zurück.

„Ja mein Kopf schmerzt heftig und meine ganzen Glieder tun so weh. Können sie mir ein Grippemittel spritzen? Dass ich gleich wieder auftreten kann" fragt Helene Fischer die Notärztin müde.

„Nein mit dem Konzert ist es leider vorbei. Ich kann das nicht verantworten dass sie auf die Bühne gehen und sich verausgaben. Haben sie Schmerzen in den Nasennebenhöhlen?" fragt Sonja Helene Fischer und klopft auf Helene Fischers Nebenhöhlen.

„Ja sehr". Anschließend klopft Sonja gegen Helenes Fischers Stirn. Helene zuckt vor Schmerzen zusammen.

„Das sieht nicht gut aus. Ihnen hat es wirklich schlimm erwischt Frau Fischer. Sie gehören ins Bett und nicht auf die Bühne. Dann lassen auch ihre Kopfschmerzen nach. Seit wann haben sie schon die Beschwerden?" fragt Sonja ihr und fühlt Helene Fischers Puls.

„Seit einer Woche ungefähr. Aber die letzten drei Tage wurde es immer schlimmer. Ich konnte noch gerade gestern das Konzert in Hannover machen. Heute geht gar nichts mehr" erzählt Helene Fischer traurig. „Ich habe das Gefühl das in nächsten Moment mein Kopf platzt".

„Das glaube ich ihnen. Welche Medikamente haben sie bis jetzt genommen?"

„Grippostad C, Gelomitilforte, Aspirin, Muscolsovan usw.".

„Eine ganze Menge haben sie eingenommen Frau Fischer" bemerkt Sonja ernst.

„Die Medikamente haben überhaupt nicht geholfen".

„Sie bekommen jetzt von mir eine Infusion, wo ein Schmerz, Grippemittel und ein Antibiotikum drin sind verabreicht. Das soll ihnen erstmal helfen Frau Fischer. Die nächsten Konzerte müssen sie erstmal absagen bis es ihnen wieder besser geht und sie kein Fieber mehr haben" erklärt Sonja Helene Fischer.

„Darf ich ein Kopfschmerzmittel haben Frau Doktor?" fragt Helene Fischer ihr, während Sonja eine Kanüle aus dem Notfallkoffer holt und sie auspackt.

„Ja ich gebe ihnen gleich eine Schmerztablette" verspricht Sonja, während Holger der Schlagersängerin einen Stauschlauch um den Arm bindet. Die Notärztin legt Helene Fischer einen Zugang auf den Handrücken. Anschließend klebt Sonja Pflaster auf die Kanüle, während Holger die Infusion an die Kanüle schließt. „Halten sie mal" bittet Sonja ihren Praktikanten. Johnny rollt ein Kleiderständer ran, nimmt Herr Winter die Infusion ab und hängt sie an den Kleiderständer. „Das ist auch eine Möglichkeit eine Infusion zu halten" sagt Sonja lächelnd und gibt Helene Fischer eine Kopfschmerztablette und ein Glas Wasser.

„Danke". Helene Fischer schluckt die Schmerztablette mit Wasser.

„Wollen sie eine Tasse Kaffee?" fragt Michelle die Notärztin, Herr Winter und den Rettungsassistenten.

„Ja gerne" antworten Sonja, Holger und Herr Winter.

„Dann mache ich eben Kaffee. Kleinen Moment bitte". Michelle verlässt den Aufenthaltsraum, während Johnny drei Stühle aufstellt.

„Setzen sie sich" bittet der Bodyguard.

„Johnny kannst du eben den Fans Bescheid geben das ich das Konzert leider abbrechen muss, weil ich krank bin und mich kaum auf den Beinen halten kann. Sage bitte den Fans dass es mir sehr Leid tut, dass ich krank geworden bin und dass die Eintrittskarten ihre Gültigkeit behalten wenn ich wieder nach Bremen komme. Und ganz wichtig. Ich habe meine Fans schrecklich lieb und das sie mir verzeihen möchten" bittet Helene Fischer ihren Bodyguard schwach und massiert sich die Schläfen.

„Haben sie solche starken Kopfschmerzen Frau Fischer?" fragt Sonja die Schlagersängerin besorgt. Helene Fischer nickt. „Tut ihr Nacken auch weh?"

„Nein das nicht warum fragen sie?" fragt sie Sonja verschnupft.

„Ach weil mein kleiner Sohn auch so starke Kopfschmerzen wie sie jetzt haben hatte und es sich später herausstellte das er eine lebensgefährliche Meningitis, also Hirnhautentzündung hatte und noch hat" erzählt Sonja Helene Fischer ernst.

„Ach das tut mir Leid. Wie alt ist ihr Sohn Frau Doktor?"

„Er ist gestern vier Jahre alt geworden" antwortet Sonja traurig.

„Ist er noch in Lebensgefahr?" fragt die Schlagersängerin ihr.

„Nein Gott sei Dank nicht. Er ist auf den Weg der Besserung, liegt aber noch im Krankenhaus" erzählt Sonja ihr.

„Dann können sie noch arbeiten Frau Doktor?" fragt Helene Fischer ihr.

„Ich muss. Das lenkt mich ein bisschen ab von den Sorgen meines Sohnes".

„Melanie kannst du eben ein Fanbärchen von mir holen" bittet Helene Fischer ihr und wendet sich an Sonja. „Frau Doktor wie viel sind sie in der Familie?" fragt Helene Fischer Sonja freundlich.

„Ich habe zwei kleine Kinder und mein Mann" antwortet Sonja.

„Und sie junger Mann?" fragt sie Holger.

„Ich habe nur eine Freundin. Sie ist gerade auf ihrem Konzert. Sie wird ziemlich traurig sein das sie krank sind. Sie ist ein großer Fan von ihnen. Dürfte ich ein Autogramm von ihnen haben?" fragt Holger Helene Fischer, während Michelle mit einer Kanne Kaffee wiederkommt. Sie schenkt den Rettungsteam Kaffee ein.

„Ja natürlich. Warum duzen wir uns eigentlich nicht?" fragt Helene Fischer Sonja, Holger und Herr Winter. „Ich bin die Helene und ihr?" fragt die Schlagersängerin munterer. Die Infusion scheint zu helfen.

„Das ist Holger Wagner mein Rettungsassistent, das ist Ingo unser Praktikant diese Woche und ich bin Sonja, die Notärztin" erklärt sie.

„Holger du bekommst jetzt erstmal ein Autogramm von mir. Was soll ich darauf schreiben?" fragt Helene Fischer ihn erkältet.

„Für meinen großen Fan Martina von dir Helene Fischer" antwortet Holger. Helene wendet sich an Melanie. „Melanie hole zwei Fanbären und sechs Konzertkarten für das Zusatzkonzert in Dezember".

„Ja mache ich" sagt Melanie und verlässt den Aufenthaltsraum. Helene Fischer ist inzwischen aufgestanden, sitzt am Tisch und schreibt weitere Autogrammkarten. Sie sieht immer noch schlecht aus und hat einen dicken Kopf. Auf ihren linken Handrücken liegt der Zugang, wo die Infusion dranhängt.

„So Holger dein Autogramm für deine Freundin" sagt Helene und gibt sie Holger.

„Danke Helene. Da wird sich meine Freundin sehr über freuen. Vielen Dank".

„Ingo möchtest du auch ein Autogramm?"

„Nein brauche ich nicht" antwortet Ingo, während Melanie mit zwei eingepackten Fanbären und sechs Konzertkarten wieder in den Aufenthaltsraum kommt. Sie legt die Sachen auf den Tisch.

„Danke Melanie". Die Schlagersängerin wendet sich an die Notärztin. „Sonja möchtest du ein Autogramm?"

„Ja gerne. Kannst du mir auch ein Autogramm für meine beste Freundin schreiben?"

„Ja klar. Was soll ich auf den Autogramm schreiben?" fragt Helene Fischer ihr.

„Für Ruth" antwortet Sonja. Sie merkt dass es Helene Fischer nicht gut geht. Helene Fischer hustet immer wieder, zittert vor Schüttelfrost und hält sich den Kopf. „Du legst dich aber jetzt wieder ins Bett Helene" bittet Sonja die Schlagersängerin und fühlt Helenes Puls, der immer noch rasen tut. Als Helene Fischer die Autogramme geschrieben hat gibt sie Sonja die Konzertkarten und die Fanbären. „Vielen Dank Helene". Sonja fühlt Helenes Stirn. „Was macht dein Kopf?"

„Mein Kopf tut immer noch tierisch weh" antwortet Helene Fischer ziemlich erkältet. „Die Konzertkarten sind für dich, dein Team und deine Freundin und die Fanbären für deine Kinder" erklärt Helene Fischer Sonja und legt sich wieder auf das Sofa zurück.

„Vielen Dank noch mal Helene. Die Infusion ist fast durch. Fühlst du dich etwas besser?"

„Bisschen besser schon, aber ich möchte gleich etwas schlafen. Bin ziemlich kaputt".

„Das kannst du auch gleich. Ich entferne dir den Zugang und schreibe dir ein sehr starkes Antibiotikum und etwas Vitamin C auf. Das Antibiotika nimmst du zehn Tage ein. Dann gehst du noch mal zu deinen Arzt okay" bittet Sonja die Schlagersängerin und entfernt die Pflaster und die Kanüle auf den Handrücken.

„Wann darf ich wieder auftreten?" fragt Helene Fischer ihr.

„So in ca. vierzehn Tage Helene. Jetzt lassen wir dich schlafen".

„Sonja kannst du mir Kopfschmerztabletten dalassen? Mein Kopf dröhnt so" fragt Helene ihr.

„Ja ich lasse dir eine Packung Dolomin da. Das sind sehr starke Kopfschmerztabletten. Du darfst nur zwei am Tag nehmen" erklärt Sonja und holt aus dem Notfallkoffer die Packung Dolomin, während Holger und Ingo die Sachen in den Notfallkoffer räumen. „Dann wünsche ich dir gute Besserung Helene und viel Erfolg weiter bei deiner Tour".

„Danke. Wir sehen uns dann im Dezember Sonja" sagt Helene heiser.

„Ist versprochen Helene".

„Danke Sonja dass ihr mir geholfen habt. Mir geht es wieder viel besser" sagt Helene.

„So siehst du mir aber nicht aus Helene. Du gehörst ins Bett" bittet Sonja Helene und verlässt mit Holger und Ingo den Aufenthaltsraum. Sonja schließt leise die Tür und geht mit den anderen zum Notarztwagen zurück.

Sie verstauen den Notfallkoffer im Kofferraum und steigen im Notarztwagen. Holger schaltet das Blaulicht aus und fährt von der Bürgerweide. „Ich kann deine Freundin verstehen Holger das sie großer Fan von Helene Fischer ist. Ich bin es jetzt auch. Helene ist sehr herzlich. Herr Winter möchten sie eine Konzertkarte haben?"

„Nein danke so alt bin ich noch nicht das ich Schlager höre".

„Dann eben nicht. Holger nimmst du zwei Konzertkarten?" fragt Sonja ihren Rettungsassistenten und wendet sich Herr Winter zu. Holger nickt. „Mit jung hat es nichts zu tun Herr Winter. Helene Fischer hat sehr viele junge Fans" erklärt Sonja Herr Winter.

„Ja ich nehme für mich und meiner Freundin zwei Karten. Die wird sich tierisch freuen auch über das Autogramm" antwortet Holger lächelnd. „Meine Freundin und ich hören gerne Schlager und wir sind noch keine 40 Jahre alt. Mit wem willst du ins Konzert?" fragt Holger die Notärztin.

„Ich gehe mit meinen Mann Bernhard und meiner Freundin Ruth zum Konzert" antwortet Sonja und wischt die beschlagene Windschutzscheibe frei. Sie fahren zur Rettungsstation zurück.

„Soll ich das Auto noch fertig putzen?" fragt Herr Winter.

„Nein lass mal" antwortet Holger. Sie fahren die Kurfürstenallee entlang. Sonja schließt für einen Moment die Augen, weil ihr Kopf ziemlich schmerzt.

„Geht es der Frau Doktor nicht gut?" fragt Herr Winter Holger.

„Doch, aber sie ist ein bisschen müde. Hatte ja auch viel zu tun" antwortet Holger.

„Da hast du recht. Die Frau Doktor rettet jeden das Leben" schwärmt Herr Winter von Sonja.

„Nicht jeden. Herr Winter. Wir haben auch schon Patienten verloren" erklärt Holger den Praktikanten und fährt die Vahrer Straße entlang.

„Das ist nicht so schön. Hattet ihr auch schon Simulanten?"

„Ja natürlich hatten wir die schon. Wir hatten auch schon Patienten die nicht ins Krankenhaus mitwollten alles hat es schon gegeben" schildert Holger.

„Was macht ihr dann mit den Patienten die nicht mit ins Krankenhaus wollen?"

„Die klärt Frau Doktor eindringlich auf und dann müssen sie ein Formular unterschreiben das sie auf eigene Verantwortung handeln. Dann sind die Patienten für die Konsequenzen selber verantwortlich" erklärt Holger, während er nach links in die Sebaldsbrücker Heerstraße biegt.

„Dann zahlt auch nicht die Krankenkasse stimmt es?"

„Das weiß ich nicht". Sie fahren am Osterholzer Friedhof vorbei. Ihnen kommen Feuerwehren mit Blaulicht entgegen. Holger biegt auf das Gelände der Rettungsstation ein und parkt anschließend auf den Parkplatz. Holger stellt den Motor ab. „Herr Winter gehen sie schon mal in den Aufenthaltsraum. Wir kommen gleich nach".

„Okay bis gleich" antwortet Herr Winter, öffnet die Tür, springt aus dem Notarztwagen und haut die Hintertür zu. Holger lehnt sich zu Sonja und fest seine Hand auf ihre Schulter, während Herr Winter im Gebäude verschwindet.

„Sonja aufwachen". Sie schlägt die Augen auf.

„Sind wir schon da?" fragt sie verschlafen.

„Ja das sind wir. Hast du immer noch Kopfschmerzen?" Sonja nickt, schnallt sich ab und öffnet die Beifahrertür. „Soll ich dir eine Sprudeltablette holen?" fragt Holger seine Chefin.

„Ja wenn wir im Aufenthaltsraum sind" antwortet sie und steigt aus dem Notarztwagen. Sie haut die Beifahrertür zu, während Holger die Fahrertür geschlossen hat.

Beide gehen über die Straße zum Gebäude. Sonja öffnet die Eingangstür und hält sie für Holger auf. Dann steigen sie die Treppen hoch. Holger öffnet die Tür zum Aufenthaltsraum und hält sie Sonja auf.

„Danke". Sie geht in den Aufenthaltsraum. Holger geht in die Küche um Sonja eine Sprudeltablette zu holen, während sich Sonja auf den Sessel setzt. Ingo spielt mit seinen I Pod am Tisch. Holger füllt ein Glas mit Wasser, wirft die Sprudeltablette rein, rührt es um und kommt zu Sonja.

„Hier ist die Sprudeltablette Sonja" sagt Holger und stellt Sonja das Glas auf den Tisch.

„Ich danke dir. Ich gehe ein bisschen in meinem Büro. Muss noch Schreibkram erledigen" erklärt Sonja ihn, steht vom Sessel auf, nimmt das Glas in der Hand und geht zu ihrem Büro, während sich

Holger geschafft auf das Sofa legt und die Augen schließt. Sonja öffnet die Tür zu ihrem Büro, geht rein und schließt die Bürotür hinter sich.

„Hat die Frau Doktor Kopfschmerzen?" fragt Herr Winter den Rettungsassistent.

„Ja hat sie".

„Ist ja auch keine Wunder bei dem Wetter das man Kopfschmerzen bekommt"

„Sie müssen es ja wissen Herr Winter". Sonja stellt das Glas mit der Sprudeltablette auf den Schreibtisch und setzt sich auf den Bürostuhl. Sie schaltet den PC an. Während der PC hochfährt trinkt Sonja das Glas mit der Sprudeltablette leer. Dann holt sie aus der Ablage die Einsatzprotokolle und gibt sie in den PC ein. Sonja hält sich den Kopf. Dann hebt sie den Hörer vom Telefon ab, wählt die Handynummer von ihrem Mann und nimmt den Hörer am Ohr.

„Bernhard Knebel".

„Hallo Schatz. Hier ist Sonja".

„Hallo Liebling. Na hat du mal Pause Schatz?"

„Ja habe ich. Wie geht es Mäxchen?"

„Max geht es immer besser. Wir waren vorn draußen. Max wollte unbedingt sein Feuerwehrauto mit nach draußen nehmen. Jetzt ist es voller Sand".

„Das ist doch schön dass es Max endlich besser geht. Was machen seine Kopfschmerzen?"

„Die halten sich in Grenzen. Was Max aufregt sind jedes Mal die Antibiotika-Infusionen".

„Das glaube ich. Die Infusionen sind ja auch nicht schön. Hast du denn noch mit Frau Dr. Siemers sprechen können Liebling?"

„Nein ich habe sie heute nicht mehr erreicht. Ich versuche es Morgen noch mal. Wie geht es dir Sonja?"

„Nicht so besonders. Habe heftige Kopfschmerzen. Holger hat mir eben eine Sprudeltablette gegeben".

„Du gehst ja endlich am Montag zum CT".

„Da hast du recht. Stell dir vor. Wir waren vorn bei Helene Fischer in der Garderobe".

„Wie kommt das denn?"

„Helene Fischer ist krank und ist vor der Kabine kollabiert".

„Habt ihr sie wieder hingekriegt?"

„Ja natürlich was denkst du denn. Helene Fischer muss erstmal ihre nächsten Konzerte absagen. Sie hat uns als Dank Konzertkarten für das Ersatzkonzert im Dezember geschenkt. Für Max und Sabinchen hat Helene Bärchen mitgegeben. Unser Praktikant hat sich wieder daneben benommen. Nicht das er erst unser Auto funktionsunfähig gemacht hat sondern er hat auch noch im Weg rumgestanden und sagt frech cool hier, obwohl wir gerade um das Leben einer Patientin kämpfen mussten. Schatz ich weiß nicht wie lange ich dass noch mit den Praktikanten aushalte".

„Ach Schatz jeder hat mal klein angefangen. Wie hat er denn geschafft euer Notarztwagen funktionsunfähig zu machen?"

„Zu lachen ist das nicht. Er hat den Notarztwagen gewaschen. Er hat seinen Melder vergessen und so nicht mitbekommen das wir einen Einsatz hatten. Als wir zum Wagen kamen waren die ganzen Scheiben voller Schaum und verschmiert. Wir mussten erstmal die Scheiben sauber kriegen bevor wir los konnten. Leider hat der Praktikant so mit Wasser gespritzt das der Notarztwagen nicht mehr angesprungen ist. Holger und ich mussten den Motor erstmal trocknen. So haben wir einen Einsatz verpasst. Holger und ich waren ziemlich wütend auf den Praktikanten".

„Das geht ja auch nicht Schatz das ihr dadurch einen Einsatz verpasst. Reg dich aber bitte nicht darüber so auf".

„Nein ich verspreche es Liebling. Jetzt muss ich weiter die Einsatzprotokolle im PC eingeben".

„Bitte überanstrenge dich nicht Schatz. Denke an deinen Kopf".

„Okay Schatz dann grüße mir mal unseren Kleinen wenn er Morgen wieder wach ist".

„Okay mache ich. Ich wünsche dir einen schönen Abend ohne viele Einsätze".

„Danke das wünsche ich dir auch. Tschüß. Ich liebe dich mein Schatz".

„Ich dich auch und passe auf dich auf Schatz".

„Ja mache ich" sagt sie und legt auf. Sonja tippt weiter die Daten von den Einsatzprotokollen in den PC. Nach einer halben Stunde ist sie mit drei Einsatzprotokollen fertig. Sie steht auf, holt aus den Schrank ein Ordner und heftet die Einsatzprotokolle in den Ordner ab. Dann stellt Sonja den Ordner wieder in den Schrank und schließt die Türen. Sie schaltet den PC aus und legt sich etwas auf das Sofa. In den Moment geht ihr Melder los. Sonja steht sofort von dem Sofa auf, läuft zur Tür und öffnet sie. Sie rennt aus ihrem Büro und schlägt die Tür zu.

„Herr Winter sie haben längst Feierabend. Kommen sie Morgen um 6:00 Uhr zur Frühschicht wieder. Ich muss zum Einsatz" sagt Sonja zu Herr Winter, während sie ihre Notarztjacke überzieht.

„Sonja komm endlich" ruft Holger sie.

„Ja ich komme schon". Sonja läuft aus dem Aufenthaltsraum. Sie rennt die Treppen runter und rennt zum Notarztwagen, während Holger schon den Motor und Blaulicht angestellt hat. Sonja öffnet die Beifahrertür.

„Wo bleibst du Sonja?"

„Ich bin ja schon da" antwortet sie, während sie sich auf den Beifahrersitz setzt und die Beifahrertür schließt. Sonja nimmt das Funkgerät aus der Halterung und spricht mit der Leitstelle. „Was haben wir?"

„Fieberkrampf bei einem Kleinkind in Kuhweidedamm 3 in Kattenesch. Der Rettungswagen ist schon vor Ort".

„Gut wir sind auf den Weg. Wir kommen so schnell wie möglich" erklärt Sonja und hängt das Funkgerät ein. „Beeilung Holger" bittet Sonja ihn, während sie das Gelände der Rettungsstation verlassen. Holger schaltet das Martinshorn an und rast Richtung Kattenesch.

„Du warst ja sauer auf Herrn Winter Sonja".

„Da hast du recht Holger. Das gehört sie einfach nicht, wenn wir das Leben des Patienten retten und er sagt fröhlich cool hier" erklärt Sonja ihn.

„Ich habe ihn auch zu Recht gewiesen und kann verstehen, dass du ihn nicht in Rettungswagen dabei haben wolltest".

„Ich musste mich um meine Patientin kümmern, da habe ich keine Zeit mich noch um Herr Winter zu kümmern. Außerdem ist es absoluter Schwachsinn uns einen Praktikanten zu schicken, der noch zur Schule geht und noch nicht mal weiß wo hin sein Berufsweg führen soll. Der steht nur im Weg rum und guckt uns zu" regt sich Sonja auf. „Die Scheiben beschlagen ja ständig" bemerkt Sonja, nimmt einen Lappen und wischt die beschlagende Windschutzscheibe frei.

„Noch haben wir Herr Winter bis Freitag".

„Aber nicht wenn er noch mal Unsinn macht. Dann schmeiße ich ihn hochkant raus und beende das Praktikum sofort. Wann sind wir da Holger?" Sonja zieht Gummihandschuhe über.

„In fünf Minuten ungefähr" antwortet Holger. Er schaltet zu dem Blaulicht wieder Sirene an, weil es sich an der Kreuzung staut. Als sie in der Straße Kuhweidedamm einbiegen schaltet Holger die Sirene aus.

„Fahr da noch mal etwas weiter. Hier ist die Nummer 10. Wir müssen noch etwas weiter" erklärt Sonja ihn, während sie die Straße langsam und mit Blaulicht entlangfahren. Vor der Hausnummer 3 sehen sie auch schon der Rettungswagen, der mit Blaulicht in der Garageneinfahrt steht. Holger stellt sich hinter den Rettungswagen, stellt Motor und Blaulicht aus. Sie steigen aus dem Notarztwagen und nehmen die Notfallkoffer aus dem Kofferraum und verlassen den Notarztwagen.

Die Namensschilder neben der Klingel liegen in Dunkeln. Das Licht im Eingang ist kaputt. Sonja klingelt beim Namen Stöver. Kurze Zeit später ertönt die Sprechanlage.

„Ja wer ist da?" fragt eine Stimme aus der Sprechanlage.

„Hier ist Frau Dr. Sonja Knebel, die Notärztin. Sie haben uns gerufen?"

„Im zweiten Stock" sagt eine Stimme, dann ein summendes Geräusch. Holger drückt die Eingangstür auf und hält Sonja die Tür auf. Sie geht in das Treppenhaus. Holger folgt ihr mit dem Notfallkoffern. Hinter ihn fällt die Eingangstür laut ins Schloss, während sie die Treppen hochsteigen. Sonja und Holger gehen durch die offene Haustür in die Wohnung. Sie zwängen sich an einer Garderobe, einem Schuhschrank, einer Kommode und einen Computertisch mit Drucker vorbei. Vor ihnen ein Wohnzimmer mit einen riesengroßen Plasmafernseher, der laut angeschaltet ist. Sonja und Holger gehen ins Wohnzimmer und sehen dass an dem Gitterbett eine Rettungssanitäterin kniet. Sie teilt der Notärztin das wichtigste mit. Sonja kniet sich zum kleinen Kind runter, während Holger die Notfallkoffer öffnet. Das Kind ist noch sehr klein und liegt ruhig in seinem Bett.

„Können sie den Fernsehen vielleicht mal ausschalten?" fragt Sonja aufgebracht die junge Mutter. Sonja schätzt die Mutter gerade mal 16 Jahre alt. Ihr Freund ist nicht viel älter. Die junge Mutter verzieht gequält ihr Gesicht, nimmt aber die Fernbedienung und schaltet den Fernsehen leiser.

„Als wir eintrafen war der Fieberkrampf schon vorüber" schildert die Rettungssanitäterin Sonja.

„Wie heißt den der Kleine?" fragt Sonja die Mutter und schaut die Mutter an, die sich auf das Sofa gelegt hat.

„Finn" antwortet sie gelangweilt und trinkt aus einer Flasche Bier.

„Ah ein Junge" antwortet Sonja und wendet sich den Kleinen zu. „Hallo mein Süßer" grüßt Sonja den Kleinen lächelnd und holt den Kleinen aus dem Gitterbett.

„Vermutlich wenn er Finn heißt oder?" fragt die Mutter aggressiv und öffnet noch eine Flasche Bier. Sonja ignoriert die Mutter und schaut sich den Kleinen an. Die Pupillen, dann den Mund, Rachen und den Körper. Mit ihrem Zeigefinger berührt sie die Innenflächen der kleinen Hand.

„Das hast du toll gemacht Finn" lobt Sonja das Kleinkind und wendet sich der Rettungssanitäterin zu. „Habt ihr schon Fieber gemessen?"

„Ja Finn hat 38,4 Grad" antwortet die Rettungssanitäterin und schäkert mit den Kleinen. Sonja geht zur Mutter.

„Wie war das Fieber die letzten Tage? Haben sie gestern auch bei den Kleinen Fieber gemessen Frau Stöver?" fragt Sonja die Mutter eindringlich.

„Das Fieber hat er schon seit gestern. Da war es am Abend bei 39 Grad. Aber das habe ich alles schon ihrer Kollegin erzählt. Vielleicht stimmen sie sich untereinander mal ab" motzt die Mutter aggressiv Sonja an und trinkt aus ihrer Bierflasche. Sonja geht auf die patzigen Kommentare nicht ein.

„Habt ihr schon die Personalien aufgenommen?" fragt Holger die Rettungssanitäter, während Sonja bei den Kleinen den Blutdruck und Puls misst.

„Nein bisher noch nicht".

„Haben sie die Krankenversichertenkarte des Kleinen zur Hand?" fragt Holger die Mutter.

„Ja" antwortet die Mutter genervt und steht auf. „Man kann hier nie in Ruhe eine Sendung sehen" regt sich Finns Mutter auf. Jetzt platzt Holger den Kragen.

„Interessiert ihn das nicht wie es ihrem Kind geht?" fragt Holger die Mutter sauer.

„Ihr kümmert euch doch um meinen Kleinen. Warum soll ich dann in Weg rum stehen?" fragt sie Holger und sucht nach ihrem Geldbeutel, die sie dann schließlich in einen Schrank findet. Sie holt die Krankenversichertenkarte aus ihrem Portmonee und hält Holger die Karte hin.

„Danke". Holger schreibt die Personalien auf. Sonja gibt den kleinen Finn ein fiebersenkendes Zäpfchen in den Po.

„Das hast du ganz toll gemacht mein Kleiner". Sie legt ihn ins Bett zurück. Dann geht Sonja zur Mutter und setzt sich auf die Sofalehne.

„Ich möchte Finn gerne eine Nacht zur Beobachtung ins Krankenhaus bringen. Das hohe Fieber kann jederzeit wiederkommen und Finn kann einen erneuten Fieberkrampf bekommen" erklärt Sonja Finns Mutter verständnisvoll.

„Das müssen sie doch wissen oder bin ich der Arzt?" erwidert die Mutter aggressiv und legt sich wieder auf das Sofa.

„Gut. Wir nehmen ihren Finn zur Überwachung mit" erklärt Sonja und schüttelt den Kopf als die Mutter zu ihrem Freund sagt.

„Schatzi hole mir noch eine Flasche Bier". Nach paar Sekunden kommt ihr Freund mit einer Flasche Bier und gibt sie ihr. Er trägt eine weite Jogginghose und ein Unterhemd.

„Wollen sie noch ein paar Sachen packen?" fragt Holger Finns Mutter. Schwerfällig und mit vorwurfsvollem Gesichtsausdruck erhebt sich Finns Mutter vom Sofa und verschwindet aus dem Wohnzimmer. Sonja schäkert mit den Kleinen.

„Du bist ja ein ganz Süßer" sagt Sonja lächelnd zu den Kleinen. „Wie alt ist der Kleine?"

„14 Monate". Nach wenigen Minuten kommt Finns Mutter mit einer Sporttasche ins Wohnzimmer zurück. Ihr Freund kommt auch mit einer Bierflasche in der Hand hinter ihr her.

„Und?" fragt ihr Freund und sieht seine Freundin an.

„Die nehmen ihn mit" sagt Finns Mutter.

„Fahren sie nicht mit ihren Sohn ins Krankenhaus mit Frau Stöver?" fragt die Rettungssanitäterin die Mutter erstaunt, während Sonja den kleinen Finn die Jacke anzieht.

„Nein wieso? Es kommen gleich noch Freunde von uns. Wollen ein bisschen feiern" antwortet Finns Mutter aggressiv. „Oder ist es nicht erlaubt he Frau Doktor?"

„Sie können machen was sie wollen. Nur mir tut ihr Kleiner leid. Er ist krank und sie kümmern sich kein bisschen um ihn" sagt Sonja wütend, während sie die Schuhe von den Kleinen zubindet.

„Ich habe euch doch gerufen. Was wollt ihr mehr" sagt sie aggressiv zu der Notärztin. „Kommen die in der Kinderklinik nicht ohne mich klar? Sie haben doch gesagt, dass ihm nicht viel fehlt und er nur zur Beobachtung über Nacht im Krankenhaus bleiben muss oder habe ich da was falsch verstanden?" fragt sie aggressiv Sonja. Dieser Unterton in allem. Dieses Verdrehen ihrer Augen. Sonja könnte platzen vor Wut.

„Ja sicher. Es ist nur zur Beobachtung". antwortet Sonja wütend.

„Gut. Ich rufe dann Morgen im Krankenhaus an und hole den Kleinen wieder ab, wenn es so weit ist. Wo ist denn da bitte das Problem?"

„Es gibt kein Problem Frau Stöver. Es steht ihnen natürlich frei ihren Sohn dann Morgen wieder abzuholen" antwortet Sonja, hebt den kleinen Finn aus dem Bett und setzt in ihn den Maxi-Cosi, während Holger die Notfallkoffer schließt. „Wir bringen den Kleinen im Krankenhaus Links der Weser" erklärt Sonja und trägt den Maxi-Cosi mit den kleinen Finn aus der Wohnung. Sonja schüttelt vor Entsetzen nur den Kopf, steigt mit Holger und den Rettungssanitäter die Treppen runter. Dann öffnet Holger die Eingangstür und lässt Sonja mit den kleinen Finn und die Rettungssanitäter durch. Dann geht er selber aus der Tür. Die Wohnungstür fällt krachend ins Schloss.

Sie gehen zu den Rettungswagen. Die Rettungssanitäterin öffnet die Seitentür vom Rettungswagen. Sonja steigt mit den kleinen Finn in den Rettungswagen. Die Rettungssanitäterin schließt die Tür von innen. Sie holt den kleinen Finn aus dem Maxi-Cosi und legt ihn auf die Trage. Die Rettungssanitäterin steckt ein Pulsmesser an den kleinen Finger von Finn. Sonja setzt sich zu den Kleinen. „Du hast gar nicht so eine Mutter verdient die sich nicht um dich kümmert mein Süßer" sagt Sonja und kitzelt den kleinen Finn. „Dir ist nicht nach lachen zumute. Mir auch nicht".

„Wo geht es hin?" fragt der Rettungssanitäter Sonja und schaltet das Blaulicht aus.

„Links der Weser. Ist ja gleich um die Ecke" antwortet Sonja. Der Rettungssanitäter startet den Motor und fährt rückwärts aus der Garageneinfahrt. Holger fährt den Notarztwagen hinterher. Sie fahren den kleinen Finn ins Krankenhaus Links der Weser.

Als sie den kleinen Finn auf die Trage in den Schockraum schieben kommt ihnen Dr. Hansen entgegen. „Hallo das ist der kleine Finn Stöver, 14 Monate alt. Er hat vor drei Stunden einen

Fieberkrampf gehabt. Wo ich aber Temperatur gemessen habe war die Temperatur nur noch auf 38,4 Grad. Ich habe ihn aber vorsichtshalber ein Fieberzäpfchen gegeben" erklärt Sonja den Arzt und gibt ihn das Einsatzprotokoll.

„Wo ist denn die Mutter von den Kleinen?" fragt Dr. Hansen ihr.

„Die wollte nicht mit ins Krankenhaus fahren, aber sie will den Kleinen Morgen abholen" antwortet Sonja gereizt.

„Das ist ja ein Ding nech mein Kleiner. Du bist ja ein süßer kleiner Kerl" sagt der Arzt zum Kleinen. In den Moment geht Sonjas Melder los.

„Ich muss leider zum nächsten Einsatz. Tschüß mein Kleiner" sagt sie und rennt aus dem Schockraum, während die Rettungssanitäter den kleinen Finn auf die Liege legen.

Sonja rennt zum Notarztwagen, öffnet die Beifahrertür und steigt in den Notarztwagen. Sie knallt die Beifahrertür zu und geht an das Funkgerät.

„Was bist du denn so sauer?" fragt Holger sie.

„Bin so wütend. Wie kann man ein Kleinkind alleine lassen obwohl es krank ist und ins Krankenhaus muss. Stattdessen feiern Finns Eltern lieber mit ihren Freunden eine wilde Party. Ich würde am liebsten das Jugendamt verständigen" regt sich Sonja auf. „Ich könnte platzen vor Wut".

„Das glaube ich dir. Ich war auch ziemlich sauer über die Mutter. Schüttet sich mit Bier zu während der kleine Finn ruhig in seinen Bett mit Fieber liegt" schildert Holger ihr, während er das Blaulicht anschaltet und vom Krankhausgelände fährt. Sonja beruhigt sich langsam wieder und spricht in das Funkgerät. „Wagen 23. Was haben wir?"

„Badeunfall in der Vorstraße 17 in Horn".

„Gut wir kommen so schnell wie möglich. Dauert aber etwas. Wie heißt die Patientin?" fragt Sonja müde.

„Frau Angelika Soltau" antwortet der Mann aus der Leitstelle.

„Gut wir sind auf den Weg" erklärt Sonja und hängt das Funkgerät ein. „Tempo Holger. Wir müssen sofort nach Horn. Uns gönnt man heute keine Pause" sagt Sonja und lehnt sich im Sitz zurück. Holger schaut sie an, während sie die Senator Weßling Straße entlangfahren.

„Du siehst schlecht aus Sonja". Holger schaltet die Sirene an, weil sie auf die Theodor-Billroth-Straße fahren.

„Ich bin ziemlich kaputt. Bin froh das Herr Winter nicht dabei ist". Holger fährt auf die Kattenturmer Heerstraße. Die Straße ist mit Autos überfüllt. Er überholt die Autos und rast mit Blaulicht und Sirene auf den Autobahnzubringer Arsten rauf. Sie fahren auf die Autobahn. Holger fährt auf die Überholspur.

„Komm mach Platz Junge". Der Autofahrer fährt rechts rüber. Holger überholt den Wagen mit Blaulicht und Sirene. Bei der Ausfahrt Neustadt fahren sie von der Autobahn ab. Er fährt auf die Hochstraße. Es staut sich auf der Hochstraße von mindestens drei Kilometern. Holger schaltet eine Stufe höher die Sirene und überholt die Autos. Die Autos haben eine Gasse gebildet. Er fährt zwischen den Autos. „Was ist hier schon wieder los" regt sich Holger auf. In den Moment nimmt ein Auto Holger und Sonja die Vorfahrt und fährt vor den Notarztwagen. Er muss sehr scharf bremsen. „Bist du wahnsinnig. Lauter Irre auf der Straße. Hast du dein Führerschein in Lotto gewonnen oder was" regt sich Holger über den Autofahrer auf.

„Pass auf der bremst ab" schreit Sonja Holger an als das Auto vor ihn eine Vollbremsung macht. Er macht eine Vollbremsung.

„Ist der nicht ganz dicht. Sonja schreibe bitte das Autokennzeichen auf von diesen Idioten" bittet Holger Sonja verärgert.

„Was macht der den jetzt?" fragt Sonja, öffnet die Klappe vom Armaturenbrett, holt ein Block und ein Stift raus und knallt die Klappe zu. Der Rettungsassistent schaltet noch eine Stufe höher die Sirene und hupt den Autofahrer an, während Sonja das Autokennzeichen aufschreibt. Der Autofahrer steigt aus dem Wagen und kommt auf den Notarztwagen zu. Holger schaltet die Warnblinkanlage an und schaltet die Sirene aus. Nur das Blaulicht blinkt noch am Notarztwagen.

„Den schnapp ich mir" sagt Holger aufgebracht, schnallt sich ab, öffnet die Fahrertür und steigt aus dem Notarztwagen aus.

„Holger sei bitte vorsichtig".

„Ja bin ich" verspricht er Sonja und haut die Fahrertür zu.

Holger geht wütend auf den Autofahrer zu. „Sind sie wahnsinnig oder was. Wir sind im Einsatz. Sehen sie nicht das Blaulicht" schreit er den Autofahrer an. Bevor Holger noch was sagen kann schlägt der Autofahrer Holger in den Magen und in das Gesicht. Holger bricht auf der Straße zusammen und krümmt sich vor Schmerzen. Der Autofahrer schlägt weiter auf Holger ein und tritt ihn in den Magen. Sonja öffnet die Beifahrertür und steigt aus und knallt die Autotür zu. Sie schreit den Autofahrer an.

„Lassen sie sofort meinen Rettungsassistenten in Ruhe" bittet sie den Autofahrer aufgebracht und rennt zu den verletzten am Boden liegenden Holger, während der Autofahrer in das Auto einsteigt und mit quietschenden Reifen losfährt. Holger versucht aufzustehen aber es gelingt ihn nicht. Er hält sich den Magen und stöhnt. „Um Gottes Willen Holger" sagt Sonja erschrocken und hilft ihn auf. „Kannst du zum Notarztwagen gehen?" Holger nickt, während die Autos an ihnen vorbeifahren. Sonja stützt Holger zum Notarztwagen und öffnet die Beifahrertür. Sie setzt Holger auf den Beifahrersitz. Dann geht sie zum Kofferraum öffnet ihn und holt den Notfallkoffer aus dem Kofferraum raus. Sie geht mit dem Notfallkoffer zu Holger, legt den Notfallkoffer hin und öffnet ihn. Holgers Nase blutet ziemlich stark. Sonja holt aus dem Notfallkoffer Tücher und gibt sie Holger in der Hand. „Lege bitte den Kopf zurück. Hast du Schmerzen?" fragt Sonja ihn besorgt. Sie nimmt aus ihrer Seitentasche ihrer Hose die Diagnostiklampe und leuchtet in Holgers Augen, um seine Augenreflexe zu prüfen.

„Es geht schon wieder. Lass uns fahren" bittet Holger sie und hält die Tücher unter seiner blutenden Nase.

„Nichts da du bleibst hier ruhig sitzen. Ich fahre zum Einsatzort" erklärt Sonja ihn und schließt den Notfallkoffer. Dann haut sie die Beifahrertür zu, geht mit dem Notfallkoffer zum Kofferraum verstaut den Notfallkoffer im Kofferraum und haut die Kofferraumklappe zu. Dann geht sie zur Fahrertür, öffnet sie und steigt in den Notarztwagen ein.

Sonja haut die Fahrertür zu. „Geht es Holger? Du siehst ja übel zugerichtet aus. Komm ich helfe dir beim anschnallen" sagt sie und hilft Holger den Gurt umzulegen.

„Ah das tut vielleicht weh" jammert Holger unter starken Schmerzen.

„Die Rippen scheinen was abbekommen zu haben" vermutet Sonja. Sie nimmt das Funkgerät aus der Halterung und nimmt es in der Hand. „Hallo Wagen 23. Frau Dr. Sonja Knebel hier. Die Fahrt hat sich verzögert, weil mein Rettungsassistenten von einem Autofahrer zusammengeschlagen wurde. Ich brauche dringend einen Rettungswagen in der Vorstraße 2" erklärt Sonja den Mann aus der Leitstelle und wischt die Feuchtigkeit von der beschlagene Windschutzscheibe mit ihrer Hand frei. Anschließend schaltet Sonja die Sirene an und fährt mit Blaulicht und Sirene weiter die Hochstraße Richtung Horn entlang. Sie guckt immer wieder zu Holger rüber, der leichenblass im Gesicht geworden ist und immer noch aus der Nase blutet. „Wie geht es dir?" fragt Sonja ihn besorgt und guckt auf die Straße.

„Es geht schon" antwortet Holger schwach.

„Das glaube ich dir nicht Holger. Du hast ordentlich was abbekommen" erklärt Sonja ihn und greift noch mal zum Funkgerät. „Hallo Sonja noch mal. Könnt ihr mir bitte sofort einen Rettungswagen schicken. Holger geht es nicht gut".

„Ist verstanden. Wo seit ihr denn Wagen 23?"

„Noch sind wir auf der Hochstraße" antwortet Sonja.

„Okay ich verständige den Rettungswagen das er euch entgegenkommt" antwortet der Mann aus der Leitstelle.

„Okay danke Ende" sagt Sonja und hängt das Funkgerät ein.

„Sonja ich brauche keinen Rettungswagen. So schlecht geht es mir nicht".

„Das sehe ich aber anders und ich bin hier die Ärztin und entscheide" erklärt Sonja ihn ernst und fährt die Ausfahrt Uni raus. Sie fahren mit Blaulicht am Unisee lang.

„Sonja halte mal. Mir ist nicht gut. Ich glaube ich muss mich übergeben, außerdem ist mir so schwindelig". Sofort hält sie auf den Seitenstreifen an.

„Hast du Kopfschmerzen Holger?"

„Ja ziemlich" antwortet er. Nachdem Holger sich abgeschnallt hat öffnet er die Beifahrertür und springt aus dem Notarztwagen. Er rennt zum Gebüsch und übergibt sich. Sonja greift zum Funk.

„Wagen 23 noch mal. Ich brauche hier sofort einen Rettungswagen. Holger geht es immer schlechter. Wir stehen am Unisee kurz vor der Einfahrt des Campingplatzes. Bitte beeilt euch". Sonja hängt das Funkgerät wieder ein, öffnet die Fahrertür und steigt aus dem Notarztwagen.

Sie knallt die Fahrertür hinter sich zu und geht um den Notarztwagen zu Holger der sich immer noch übergibt. „Das gefällt mir überhaupt nicht mit dir Holger" erklärt Sonja ihn und stützt Holger zum Notarztwagen zurück. Sie öffnet die Beifahrertür und setzt Holger auf den Beifahrersitz.

„Wir können weiterfahren Sonja".

„Nichts da. Wir warten hier auf den Rettungswagen. Ich fahre kein Stück mehr mit dir" erklärt Sonja ihn und kniet sich zu Holger. In der Ferne hören sie eine Sirene, die immer näher kommt. „Der Rettungswagen kommt" sagt Sonja erleichtert, während Holger sich den schmerzenden Kopf hält. „So schlimm der Kopf?" fragt Sonja ihn besorgt. Holger nickt. Nach wenigen Minuten hält der Rettungswagen mit Blaulicht hinter den Notarztwagen. Die Rettungssanitäter und der Rettungsassistent steigen aus dem Rettungswagen und rennen zu Holger und Sonja.

„Hallo" grüßen sie. Der Rettungsassistent Lukas kniet sich zu Holger runter. „Mensch Holger was ist mit dir?" fragt Lukas seinen Kollegen.

„Holger ist eben von einem Autofahrer zusammengeschlagen worden. Könnt ihr ihn mitnehmen?" fragt Sonja den Rettungssanitäter besorgt.

„Ja klar" antwortet Hans, der Rettungssanitäter.

„Kannst du aufstehen Holger?" fragt Sonja ihren Rettungsassistenten besorgt. Holger nickt. Sie hilft ihn beim hochkommen. Hans und Michael stützen Holger zum Rettungswagen und helfen ihnen in den Rettungswagen. Sonja knallt die Beifahrertür zu und geht zum Rettungswagen.

Sonja steigt in den Rettungswagen. Michael schließt die Tür vom Rettungswagen. Im Rettungswagen legen sie Holger auf die Trage, während Lukas mit einen Blutdruckgerät zu Holger kommt, der sich immer noch die blutende Nase hält.

„Kommt ihr klar. Ich muss leider schnell zum Einsatz" erklärt Sonja den Rettungskräften. „Ich wünsche dir gute Besserung Holger. Ich schaue nachher mal nach dir" verspricht Sonja ihn.

„Das brauchst du nicht. Dann bin ich längst wieder zuhause".

„Das vergesse mal ganz schnell. Du hast dir garantiert ein leichtes Schädelhirntrauma geholt. Du wirst wohl eine Nacht zur Beobachtung im Krankenhaus bleiben müssen. So Leid es mir tut" erklärt Sonja ihn, öffnet die Seitentür vom Rettungswagen und steigt aus dem Rettungswagen, während Michael Holger ein Pulsmesser am Finger steckt.

Lukas kommt Sonja hinterher. „Brauchst du einen Rettungsassistenten als Ersatz für Holger?" fragt Lukas ihr. „Wir sind hier auf den Rettungswagen zu dritt".

„Ja komme mit Lukas. Das wäre toll von dir wenn du mein Rettungsassistent bist solange Holger ausfällt" bittet Sonja ihn und wendet sich an Hans, den Rettungssanitäter. „Wo bringt ihr Holger hin?"

„Ins Krankenhaus St. Josef Stift" antwortet Hans.

„Okay. Komm Lukas wir müssen sofort los". „Alles Gute Holger. Checke dich gründlich durch" sagt sie und haut die Seitentür vom Rettungswagen zu, während Hans das Blaulicht ausschaltet. Sonja und Lukas gehen eilig zum Notarztwagen, wo immer noch das Blaulicht blinkt.

„Wo ist der Zündschlüssel?" fragt Lukas ihr, während sie in den Notarztwagen steigen. Der Rettungswagen wendet und verlässt den Einsatzort.

„Der steckt" antwortet Sonja, als ihr Smartphone klingelt. Sie holt das Smartphone aus der Hosentasche und guckt drauf, während Lukas mit Blaulicht den Hochschulring lang fährt. Sonja drückt auf dem Smartphone die Abnehmtaste. „Hallo Liebling. Ist was mit Max?" fragt Sonja ihren Mann besorgt.

„Hallo Schatz. Nein es ist alles in Ordnung mit Max".

„Dann bin ich ja beruhigt Schatz. Ich bin gerade im Einsatz. Ich rufe dich später zurück".

„Oh das wusste ich nicht Liebling. Du klingst gestresst".

„Das bin ich auch. Ich erzähle dir alles nachher. Ich muss jetzt aufhören".

„Okay bis später Schatz" sagt Bernhard und legt auf. Sonja steckt das Smartphone wieder in ihre Hosentasche, während sie den Herzogenkamp entlangfahren. Auf der Horner Heerstraße schaltet Lukas die Sirene ein.

„Einsatz um Einsatz". An der Kreuzung biegen sie links in die Vorstraße ein. Lukas schaltet die Sirene wieder aus. Sie fahren mit Blaulicht die Vorstraße entlang.

„Wie ist das überhaupt passiert dass man Holger brutal zusammengeschlagen hat?" fragt Lukas ihr, während sie die Gummihandschuhe überzieht.

„Wir sind mit Blaulicht auf der Hochstraße gefahren. Auf einmal hat uns ein Auto die Vorfahrt genommen und hat scharf vor uns abgebremst. Holger hat sich natürlich so aufgeregt. Und das muss wohl der Autofahrer gesehen haben denn auf einmal stieg er aus dem Auto und ging auf uns zu. Du kennst ja Holger. Der ist auch ausgestiegen und hat den Autofahrer die Meinung sagen wollen. Bevor dies aber passiert ist schlug der Mann schon brutal auf Holger ein".

„Das gibt es doch nicht. In welcher Welt leben wir denn?"

„Das weiß ich langsam auch nicht mehr. Wir müssen uns aber jetzt auf den Einsatz konzentrieren" bittet Sonja den Rettungsassistenten. Lukas fährt in die Garageneinfahrt des Hauses mit der Nummer 17 und stellt das Blaulicht und den Motor aus. Sonja öffnet die Beifahrertür und steigt aus dem Notarztwagen.

Sonja geht eilig auf die Haustür zu, während Lukas den Notfallkoffer aus dem Kofferraum holt und hinter ihr herkommt. Nachdem Sonja an der Haustür geklingelt hat kommt ein junger

Mann an die Haustür und öffnet sie. „Da sind sie ja endlich. Ich habe bestimmt schon dreimal in der Einsatzzentrale angerufen".

„Wir sind ja jetzt da. Wo ist die Patientin?"

„Kommen sie mit" bittet der Mann. Er weist die Notärztin und Lukas ins Badezimmer, wo eine junge Frau auf den Badewannenrand sitzt. Sonja sieht dass die junge Frau leichenblass in Gesicht aussieht. Sie setzt sich zu der jungen Frau auf den Badewannenrand. „Hallo ich bin Frau Dr. Sonja Knebel, die Notärztin. Sie haben uns gerufen?"

„Ja wir haben sie gerufen. Ich habe mich schwer erkältet. Weil ich so gefroren habe hat mir mein Freund ein Erkältungsbad gemacht. Es hat mit sehr gut getan. Nur mein Kreislauf hat das Erkältungsbad nicht vertragen".

„Kein Wunder Frau Soltau das ihr Kreislauf zusammengebrochen ist. Man soll nicht wenn man Schüttelfrost und Fieber hat in die Badewanne gehen. Das steht hier auch auf der Packung des Erkältungsbades" erklärt Sonja die junge Frau und zeigt auf die Anleitung der Medikamentenpackung. Lukas hat schon das Blutdruckgerät aus dem Notfallkoffer geholt und gibt es Sonja. „Wie fühlen sie sich in Moment Frau Soltau?" fragt Sonja die junge Frau und legt ihr die Blutdruckmanschette um den Arm.

„Nicht gerade gut. Ziemlich matschig in der Birne". Sonja misst den Blutdruck von der jungen Frau.

„Glaube ich. Sie haben so einen niedrigen Blutdruck das ich ihnen eine Infusion verabreichen muss. Dafür muss ich ihnen aber erst eine Kanüle legen" erklärt Sonja die junge Frau.

„Wieso wie ist denn der Blutdruck?" fragt Frau Soltau sie erschrocken.

„Ihr Blutdruck liegt nur bei 75 zu 65. Lassen sie uns ins Schlafzimmer gehen. Sie müssen sich hinlegen sonst kollabieren sie uns noch". Lukas und Sonja stützen die Patientin ins Schlafzimmer. „So legen sie sich bitte hin". Sonja hilft Frau Soltau ins Bett und deckt sie zu, während Lukas den Notfallkoffer aus dem Badezimmer holt. Sie setzt sich zu der jungen Frau auf das Bett. „Seit wann sind sie so schlimm erkältet?"

„Vorgestern ist es mit leichten Halskratzen angefangen, dann kamen gestern starke Kopfschmerzen und Gliederschmerzen dazu. Heute ist noch ein schlimmer Husten und Fieber dazu gekommen" berichtet die junge Frau Sonja müde.

„Kommt beim Husten was raus?" fragt Sonja sie.

„Nein. Es tut halt nur in den Bronchien weh" antwortet Frau Soltau, während Lukas mit den Notfallkoffer ins Schlafzimmer kommt.

„Lukas gebe mir das Fieberthermometer". Der Rettungsassistent öffnet den Notfallkoffer, nimmt das Fieberthermometer aus dem Notfallkoffer und gibt es Sonja. „Ich messe jetzt mal eben ihre Temperatur" erklärt Sonja und steckt das Fieberthermometer in Frau Soltaus Ohr. Als es piept holt sie das Thermometer wieder aus dem Ohr und guckt auf das Display. „Sie haben 38,6 Grad Fieber" sagt Sonja und gibt Lukas das Thermometer zurück. „Kannst du mir bitte einen Stauschlauch und eine Kanüle geben". Nachdem er das Fieberthermometer in den Notfallkoffer gepackt hat nimmt er das Stauband und eine Kanüle aus dem Notfallkoffer und gibt es Sonja. „Ich lege ihnen jetzt eine Kanüle. Es kann für einen kurzen Moment pieksen aber ist schnell wieder vorbei" erklärt Sonja die junge Frau. Sie bindet Frau Soltau das Stauband um den Arm und zieht es fest. „So dann werde ich jetzt erstmal tasten wo eine schöne Vene liegt wo ich rein stechen kann" erklärt sie ihr und tastet nach einer Vene. „Hier ist eine gute Vene. Lukas gebe mir mal die Sprühflasche rüber" bittet Sonja den Rettungsassistenten, während sie die Kanüle auspackt. Lukas gibt ihr die Sprühflasche rüber. Sie sprüht die Armbeuge mit Desinfektionsmittel ein. „So jetzt kommt der Pieks". Sonja sticht die Kanüle in die Armbeuge, während Lukas schon Klebestreifen vorbereitet. „Geschafft". Lukas reicht ihr die Pflaster rüber. Sonja klebt die Kanüle fest. „Lukas bereite mir eine Infusion mit Kochsalzlösung vor" bittet sie ihn, während sie das Stauband lockert und abnimmt.

„Habe ich schon vorbereitet" antwortet Lukas und reicht Sonja die Infusion rüber. Sonja schließt die Infusion an die Kanüle an. Lukas steht auf und hält die Infusion hoch. „So gleich wird es ihnen besser gehen" sagt Sonja zu der jungen Frau und holt das Stethoskop aus dem Notfallkoffer. „Ich möchte gerne bei ihnen die Bronchien, Lunge und das Herz abhören". Sie horcht die Bronchien, Herz und Lunge der jungen Frau ab. „Es ist alles in Ordnung. Sie haben sich einen grippalen Infekt weggeholt" erklärt

Sonja ihr und fühlt den Puls von der jungen Frau. In den Moment kommt ihr Mann mit Drillingen ins Schlafzimmer.

„Angelika du muss die Drillinge füttern. Sie quengeln schon die ganze Zeit rum. Gleich kommt meine Serie im Fernsehen und die will ich unbedingt sehen" bittet ihr Mann und legt die Drillinge zu ihr ins Bett.

„Sascha du kannst doch eben drei Fläschchen Milch zubereiten. Mir geht es nicht so besonders. Die Kleinen stecken sich doch nur bei mir an" erklärt die junge Mutter ihren Mann.

„Das interessiert mich jetzt nicht. Meine Serie fängt jetzt an. Nehme eine Aspirin dann geht es schon" sagt er zu seiner Frau und knallt die Schlafzimmertür zu.

„Alles bleibt an mir hängen. Ich muss mal eben meine Süßen Milch zubereiten" erklärt Frau Soltau die Notärztin. Sie steht wackelig vom Bett auf und geht zum Schrank, wo der Milchaufbereiter steht. Frau Soltau löffelt Pulver für den Brei in den drei Nuckelflaschen, stellt eine Flasche in den Milchaufbereiter und schaltet ihn an. Sonja sieht, dass die junge Frau unsicher auf den Beinen steht.

„Ich finde das nicht in Ordnung dass ihr Mann sie so in Stich wegen einer blöden Serie lässt. Sie sind krank Frau Soltau" regt sich Sonja über Frau Soltaus Mann auf.

„Das interessiert hier keinen wie es mir geht. Ich muss mich setzen" sagt Frau Soltau und setzt sich auf die Bettkante. Sie stützt den schmerzenden Kopf mit ihren Händen ab.

„Haben sie Kopfschmerzen Frau Soltau?" fragt Sonja die junge Frau und setzt sich zu der Patientin auf die Bettkante.

„Ja und mir ist so schwindelig. Ich habe aber keine Zeit dazu. Muss die Babys füttern" erklärt sie Sonja.

„Nichts da. Sie legen sich jetzt ins Bett" ordnet Sonja Frau Soltau an und wendet sich an Lukas. „Du holst den Mann her, aber schleunigst". Sonja hilft Frau Soltau ins Bett, während Lukas den Mann holt. „Wie heißen die drei?" fragt Sonja interessiert die junge Frau und hält die Infusion hoch.

„Der mit der blauen Mütze ist Benjamin. Mit der roten Mütze ist Jan und in gelber Mütze heißt Finn" antwortet Frau Soltau stolz und hustet ziemlich stark.

„Wie niedlich die Kleinen. Wie alt sind sie denn?"

„16 Wochen sind sie alt" antwortet sie und hustet wieder ziemlich stark.

„Ihr Husten hört sich überhaupt nicht gut an. Tut ihn beim Husten die Brust weh?" fragt Sonja die junge Frau. Die junge Mutter nickt, während Lukas mit ihren Mann ins Schlafzimmer kommt.

„Mensch Angela was willst du? Meine Serie läuft doch" nörgelt der Mann an seine Frau weiter. Jetzt mischt sich Sonja ein.

„Passen sie mal auf junger Mann. Ihre Frau ist krank. Bitte füttern sie jetzt die Babys. Ihre Frau muss für ein paar Tage ins Krankenhaus" erklärt Sonja den jungen Mann.

„Was?" fragen beide Ehepartner.

„Frau Soltau. Sie werden hier keine Ruhe haben. Sie haben einen sehr niedrigen Blutdruck und es besteht großer Verdacht auf eine Lungenentzündung. Wir müssen sie mitnehmen" erklärt Sonja den Beiden.

„Was ist mit meinen Babys?" fragt Frau Soltau Sonja ängstlich. „Sascha schafft es nicht allein auf die Babys aufzupassen" erklärt die junge Mutter ihr, während ihr Mann aus dem Schlafzimmer eilt.

„Warum? Ist er berufstätig?" fragt Sonja die junge Frau gereizt und wendet sich an Lukas. „Rufe bitte den Rettungswagen". Lukas verlässt das Schlafzimmer.

„Der kriegt es nie und nimmer hin. Er hat einfach keine Lust zu arbeiten. Wir leben von Hartz V. Sascha sagt arbeiten lohnt sich nicht mehr da ist das Geld vom Staat mehr und man braucht nicht arbeiten" erklärt Frau Soltau ihr.

„Solche Leute habe ich gern den Staat auszunutzen. Hartz V ist eigentlich nur für eine kurze Zeit gedacht um wieder auf die Beine zu kommen und sich nicht darauf auszuruhen. Natürlich gibt es auch Ausnahmen. Leute die psychisch erkrankt sind oder die

Belastung nicht mehr für den ersten Arbeitsmarkt haben. Ist ihr Mann denn krank?

„Ach wo. Er ist kerngesund. Könnte jeden Job machen. Er ist einfach nur zu faul" antwortet Frau Soltau, während Sonja mit den Babys schäkert.

„Solche Leute ärgern mich wirklich die den Staat ausnutzen, obwohl sie arbeiten gehen könnten" bemerkt Sonja sauer, während sie und Frau Soltau die Babys füttern.

„Ich würde gerne wieder arbeiten, aber die Babys sind noch zu klein für die Kita" erzählt die junge Frau Sonja.

„Die sind aber auch süß ihre drei Babys" sagt Sonja, nimmt das Baby mit der blauen Mütze und steckt die Nuckelflasche in den Mund, während Lukas ins Schlafzimmer kommt. „Wer war das noch mit der blauen Mütze?"

„Der Rettungswagen ist unterwegs. Wo ist denn ihr Mann?" fragt Lukas Frau Soltau sauer. Sonja gibt ihn ein Zeichen und er verschwindet aus dem Schlafzimmer.

„Sie haben gerade Benjamin im Arm Frau Doktor. Es tut mir so gut mit ihnen zu reden" sagt Frau Soltau und hält sich den Kopf.

„Hallo Benjamin. Du bist ja ein Süßer, genau wie deine Brüder" sagt Sonja zu den Baby und streichelt es über den Kopf. „Haben sie immer noch starke Kopfschmerzen?" Sie nickt. „Ich gebe ihnen eine Sprudeltablette. Wo finde ich ein Glas Wasser?" fragt Sonja die junge Frau und steht auf.

„In der Küche. Wenn sie hier rausgehen dann rechts rum" erklärt Frau Soltau ihr. Sonja legt die Infusion auf das Bett und legt das kleine Baby auf das Kopfkissen.

„Ich nehme dich gleich wieder Süßer. Muss mal eben deiner Mama was holen". „Ich werde die Küche schon finden". Sonja geht aus dem Schlafzimmer. Sie findet schnell die Küche und holt aus dem Glasschrank ein Glas. Sie schließt die Schranktür wieder und hält das Glas unter den Wasserhahn. Sonja dreht den Wasserhahn auf und füllt das Glas mit Wasser. Als das Glas halbvoll ist dreht sich den Wasserhahn wieder zu und verlässt die Küche mit dem Glas. Sonja geht wieder in das Schlafzimmer, stellt das Glas auf den Schrank und holt aus dem Notfallkoffer die Packung

Sprudeltabletten raus. Sie öffnet die Packung und holt eine Tablette aus der Packung und wirft die Sprudeltablette ins Glas. Die Sprudeltablette zischt und sprudelt im Glas. Dann gibt Sonja das Glas die junge Mutter. „Hier ist was für ihren Kopf" sagt Sonja, nimmt den kleine Benjamin auf den Schoß und gibt ihn wieder die Milchflasche zu trinken. Lukas nimmt die Infusion vom Bett und hält sie hoch. Frau Soltau trinkt in einen Zug das Glas leer. „Haben sie keine Freunde?"

„Nein. Mein Mann möchte es nicht. Ich soll nur für ihn da sein" antwortet die junge Mutter traurig.

„Sie sind aber doch kein Eigentum von ihrem Mann" redet Sonja die junge Mutter ins Gewissen.

„Nein das nicht aber wenn ich nicht tue was er sagt schlägt er mich" erzählt die junge Mutter traurig und fängt an zu weinen. „Es war alles anders wo er noch gearbeitet hat und wir uns kennengelernt haben. Er ist ziemlich von den Drillingen genervt. Ich kann ihn nichts recht machen" erzählt Frau Soltau Sonja erleichtert.

„Kommen sie mal her". Sonja nimmt die junge Frau in die Arme. „Man kann ihnen bestimmt helfen aus ihrer Situation herauszukommen. Nur sie müssen sich selber helfen wollen sonst geht es nicht".

„Ja das will ich. Haben sie eigentlich Kinder Frau Doktor? Sie sind ja auch noch ganz jung".

„Ja danke für das Kompliment. Ich habe zwei kleine Kinder vier und anderthalb Jahre" antwortet Sonja.

„Wie machen sie das wenn sie Bereitschaftsdienst haben?"

„Dann passt entweder mein Mann, meine Freundin oder die Kinder sind im Kindergarten" antwortet Sonja und guckt auf die Uhr.

„Halte ich sie auf?"

„Nein das tun sie nicht. Ich bin ja froh ihn helfen zu können". In den Moment kommt Frau Soltaus Mann ins Schlafzimmer. „Angela meine Eltern nehmen die Babys für paar Tage, dann haben wir beide unsere Ruhe. Sie holen die Babys gleich ab" erklärt Herr Soltau seine Frau.

„Schön. Besuchst du mich denn im Krankenhaus?"

„Nein heute kommen noch meine Serien im Fernsehen. Ich komme dich aber Morgen besuchen" verspricht Herr Soltau seine Frau.

„Du immer mit deinen blöden Fernseher. Hau ab" bittet Frau Soltau traurig ihren Mann und kuschelt mit ihren drei Babys, während ihr Mann aus dem Schlafzimmer läuft. In der Ferne hören sie die Sirene vom Rettungswagen, die immer näher kommt. Kurze Zeit später klingelt es und zwei Rettungssanitäter kommen mit einem Rettungsstuhl ins Schlafzimmer.

„Hallo" grüßen die Rettungssanitäter. Sonja erklärt den Rettungssanitäter die Situation, während Lukas die Sachen zusammenpackt und in den Notfallkoffer einsortiert.

„Frau Soltau geben sie mir mal die Drillinge. Ich bringe sie zu ihrem Mann ins Wohnzimmer" bittet Sonja die junge Frau. Frau Soltau verabschiedet sich von ihren Babys und gibt sie Sonja.

„Tschüß meine Lieblinge. Ich komme bald wieder" sagt sie traurig zu ihrem Babys. Während Sonja die Babys zu ihren Vater bringt überprüft der Rettungssanitäter Frau Soltaus Blutdruck.

„Schaffen sie es auf den Rettungsstuhl?" fragt Joachim, der Rettungssanitäter die junge Frau. In den Moment schrillen die Melder von Sonja und Lukas los.

„Wir müssen leider zum nächsten Einsatz. Könnt ihr Frau Soltau ins Krankenhaus Mitte bringen?" fragt Sonja die Rettungssanitäter.

„Ja klar" antwortet Joe der Rettungssanitäter, während Lukas schon den Notfallkoffer in der Hand hält.

„Ich wünsche ihnen alles Gute Frau Soltau. Wenn sie Redebedarf haben besuchen sie mich in der Rettungsstation in Hastedt" bietet Sonja die junge Frau an.

„Danke Frau Doktor. Ich werde sie mal besuchen mit meinen Kleinen" verspricht Frau Soltau ihr lächelnd und gibt Sonja die Hand. Dann rennen Sonja und Lukas aus der Wohnung.

Sie rennen zum Notarztwagen. Während Lukas den Notfallkoffer im Kofferraum verstaut meldet sich Sonja bei der Einsatzzentrale.

„Hallo Ulf Sonja hier. Was gibt es?" fragt Sonja den Mann aus der Leitstelle, während Lukas im Notarztwagen einsteigt.

„Ein Geisterfahrer hat einen schweren Verkehrsunfall auf der A1 zwischen Bremen Horn und Vahr verursacht" antwortet Ulf.

„Wir sind auf den Weg. Tschau Ulf". Sonja und schaltet das Blaulicht an. Der Rettungsassistent fährt rückwärts aus der Garageneinfahrt und fährt die Helmerstraße lang. Als Lukas auf den Herzogenkamp fährt schaltet er die Sirene an.

„Was ist los Sonja?" fragt Lukas die Notärztin.

„Wir müssen zu einem schweren Verkehrsunfall auf die A1. Ein Geisterfahrer hat zwischen Horn und Vahr einen schweren Verkehrsunfall verursacht".

„Ach du Schande". Lukas schaltet die Scheibenwischer an, weil es anfängt zu regnen.

„Jetzt fängt es auch noch an zu regnen" stellt Sonja fest, während sie mit Blaulicht die Universitätsallee lang fahren. Auf den Autobahnzubringer Universität schaltet Lukas wieder die Sirene ein. Sie fahren auf die Autobahn. Es gießt inzwischen wie aus Eimern.

„Ein richtiger Platzregen ist das" sagt Lukas und schaltet die Scheibenwischer schneller. Die Scheibenwischer können gar nicht so schnell arbeiten, wie es regnet.

„Scheiß Wetter" flucht Sonja.

„Da hast du Recht. Gucke mal zwei Auffahrunfälle auf der Autobahn" sagt Lukas zu Sonja.

„Die Leute halten sich nicht an die Geschwindigkeit und das bei den Platzregen" sagt sie sauer. Die Autos vor ihnen fahren bereits in einiger Entfernung zur Seite das sie problemlos vorbeikommen. Auf die Höhe des Rastplatzes fahren die meisten Autos, die sie überholen sehr vorsichtig hinter ihnen weiter. „Staut es sich da?" fragt Sonja ihn, als sie auf die Überholspur wechseln.

„Ja stimmt Sonja". Lukas wechselt wieder auf die andere Spur. Vor ihnen bremsen die Autos ab und bleiben stehen. Die Autos die auf die Rechte Spur fahren weichen auf die rechte Spur aus, als sie den Notarztwagen mit Blaulicht und Sirene ankommen sehen. Die Autos die auf der Überholspur stehen weichen nach links aus, so das Sonja und Lukas zwischen den Autos fahren können. Etwas mehr als vier Kilometer vor der Ausfahrt Vahr zwängt sich der Verkehr, der wieder langsam fährt an einer engen Kurve. Lukas und Sonja fahren mit Blaulicht und Sirene durch die Gasse. In der schmalen Gasse versperrt den Notarztwagen immer wieder ein Auto den Weg. „Scheiße" flucht Lukas und schaut in Richtung Unfallstelle. Während Lukas den Notarztwagen mit Blaulicht und Martinshorn am Rand der Fahrbahn langsam nach vorn manövriert, kann auch Sonja ein erstes Bild von dem schweren Verkehrsunfall machen. Der Polizeiwagen hat sich mittlerweile quer gestellt und hat die Autobahn auf den Abschnitt des Unfalls gesperrt. Dahinter stehen einige Autos mit eingeschalteten Warnblinkern.

„Die Fahrzeuge sehen alle intakt aus" sagt Sonja zu Lukas als sie an den Autos vorbeifahren. Daneben liegt ein Motorrad auf der Straße. Etwa dreißig Meter davon entfernt liegt ein Mann in Lederkombi, nahe der Leitplanke auf der Straße, Ein paar Leute stehen an der Unfallstelle. Ein Mann hat mit der Herzdruckmassage bei dem am Boden liegenden Motorradfahrer begonnen. Dann sieht Sonja noch eine Person in einer Lederkombi, die sich auf die Leitplanke stützt. Lukas stoppt den Notarztwagen. Sonja zieht schnell die Gummihandschuhe über und springt aus dem Notarztwagen.

Sie befragt, so schnell es geht, die Umstehenden, während weitere Rettungswagen und Notarztwagen an die Unfallstelle kommen. Eine Frau deutet auf die junge Frau, die an der Leitplanke lehnt hin.

„Ist sonst noch jemand verletzt?" fragt Sonja den Polizisten.

„Ja fünfzehn Leichtverletzte und fünf Schwerverletzte" antwortet der Polizist, während der andere Notarzt und die Rettungsassistenten die Herzdruckmassage bei dem Motorradfahrer übernehmen. Sonja eilt zu der jungen Frau hinüber. Sie hat ihren Helm in der Hand. Ihre langen Haare sind zum Pferdeschwanz zusammengebunden. Sonja fest die junge Frau an die Schulter, während Lukas mit den Notfallkoffer zu Sonja läuft.

„Hallo ich bin Frau Dr. Sonja Knebel, die Notärztin. Fehlt ihnen was?" fragt Sonja die junge Frau. Sie hat verweinte Augen und schüttelt den Kopf. „Alles okay mit ihnen?" Die junge Frau schaut die Notärztin fassungslos an. „Haben sie Schmerzen?" wiederholt Sonja die Frage. Die junge Motorradfahrerin gibt Sonja keine Antwort. „Tut ihnen was weh?" fragt sie weiter und fühlt den Puls der jungen Frau. Dann holt sie aus ihrer Seitentasche ihrer Hose die Diagnostiklampe und leuchtet in die Augen der jungen Frau. Sie schüttelt immer wieder bloß den Kopf.

„Alex" sagt sie dann leise. „Alex" ruft sie lauter und zeigt mit schwacher Geste auf den jungen Mann, der am Boden liegt. Der Notarzt und der Rettungsassistent reanimieren den jungen Mann gerade.

„Was ist denn passiert?"

„Uns ist ein Wagen auf unserer Spur entgegengekommen. Alex und ich konnten nicht mehr ausweichen. Der Wagen ist voll in uns rein gefahren und ist abgehauen" schildert die junge Frau den Unfallhergang weinend.

„Beruhigen sie sich bitte" bittet Sonja die junge Frau.

„Ich kann nichts dafür" jammert eine andere Frau. Sonja dreht sich um. Das fahle Gesicht einer Frau, die etwa vierzig Jahre alt ist steht hinter der Notärztin. „Das....das...das kann doch nicht... verstehen sie. Ich konnte nicht mehr ausweichen" sagt sie zitternd. „Ich wollte doch nur dem entgegenkommenden Auto ausweichen. Dabei habe ich das Motorrad übersehen und habe es voll erwischt. Ich hatte noch nie einen Unfall" stammelt die Autofahrerin zitternd hervor.

„Bitte beruhigen sie sich" bittet Sonja die Frau. Ein Polizist kommt auf Sonja zu.

„Katheter" schreit ein Rettungssanitäter in Sonjas Richtung.

„Setzen sie die Frau bitte irgendwo hin und bleiben sie bitte bei ihr. Sie darf nicht stehen, sonst kollabiert sie uns. Ich komme gleich" bittet Sonja den Polizisten. „Lukas pass du mal eben auf die junge Motorradfahrerin hier auf. Ich rufe die Leitstelle an um noch mehr Rettungswagen und Notarztwagen zu fordern" erklärt sie und rennt zum Notarztwagen.

Sie öffnet die Beifahrertür und setzt sich auf den Beifahrersitz. Sonja nimmt das Funkgerät aus der Halterung und spricht ins

Funkgerät. Es gießt wie aus Eimern. „Hallo Ulf Wagen 23 hier. Ich berichte von der Lage des Unfalls. So wie es in Moment aussieht haben wir fünfzehnleicht Verletzte und fünf Schwerverletzte. Mein Kollege musste eine Reanimation bei einem Motorradfahrer machen. Bitte schickt noch zwei Rettungswagen zum Einsatzort".

„Verstanden" antwortet Ulf.

„Es gießt auch noch wie aus Eimern. Ende" sagt Sonja und hängt das Funkgerät ein. Dann steigt sie aus dem Notarztwagen und haut die Beifahrertür zu. Sie sieht dass sich ihr Kollege um die junge Motorradfahrerin kümmert.

Sonja läuft zu der Autofahrerin, die an der Leitplanke sitzt und kniet sich zu ihr hin, während Lukas mit dem Notfallkoffer angerannt kommt. „So da bin ich. Ich bin Frau Dr. Sonja Knebel, die Notärztin. Wie ist ihr Name?" fragt Sonja die geschockte Frau und bindet ihr die Blutdruckmanschette um den Arm, die ihr Lukas gegeben hat.

„Frau Lisa Stein" antwortet die Frau, während Sonja den Blutdruck von der geschockten Frau misst. Zwei Rettungssanitäter kommen auf Sonja zu.

„Brauchst du Hilfe?" fragt Jim, der Rettungssanitäter. In den Moment wird Sonja gerufen.

„Ja übernimmt ihr bitte die Patientin" bittet Sonja die Rettungssanitäter während Lukas die Sachen im Notfallkoffer packt. „Ich wünsche ihnen alles Gute Frau Stein".

„Was passiert mit mir Frau Doktor?" fragt Frau Stein die Notärztin.

„Sie kommen ins Krankenhaus. Ich muss jetzt leider zum nächsten Patienten" entschuldigt sich Sonja und rennt mit Lukas zum Rettungswagen. Sie öffnet die Seitentür vom Rettungswagen, steigt mit Lukas in den Rettungswagen und schließt die Tür von innen.

„Löst mich mal einer ab" bittet der Rettungsassistent, der gerade Herzdruckmassage bei dem jungen Motorradfahrer macht, Lukas und keucht.

„Ich übernehme" sagt Lukas und übernimmt die Herzdruckmassage, während Sonja mit den Rettungsassistenten spricht. „Komm Junge". Sonja guckt auf den Kontrollbildschirm von dem Parameter.

„Dellifibrator schnell". Er gibt Sonja die Defi-Paddles. Sonja drückt die Defi-Paddles auf die Brust des Patienten. „Wir fangen mit 150 Volt an" sagt Sonja zu den Rettungssanitäter. Er dreht den Regler auf 150 Volt. Der Dellifibrator lädt auf. „Weg von den Patienten". Der leblose Körper bäumt sich kurz auf. Das Herz fängt immer noch nicht an zu schlagen. „280 Volt". Der Rettungssanitäter dreht den Regler auf 280 Volt. Sonja drückt die Defi-Paddles auf die Brust des Patienten. Es dauert einen Moment bis der Dellifibrator einsatzbereit ist. „Weg von den Patienten". Der leblose Körper bäumt sich auf, aber das Herz schlägt immer noch nicht. „Wir machen jetzt den letzten Versuch mit 360 Volt" erklärt Sonja den Rettungskräften und drückt die Defi-Paddles auf die Brust des Patienten, während der Rettungssanitäter den Regler auf 360 Volt stellt. „Weg von den Patienten". Der Körper bäumt sich auf, aber das Herz arbeitet immer noch nicht wieder. „Weiter mit Herzdruckmassage schnell". Lukas beginnt wieder mit der Herzdruckmassage, während Sonja Adrenalin in die Kanüle gibt. Der Rettungsassistent beatmet über den Tubus den jungen Mann.

„Sollen wir die Kleidung aufschneiden?" fragt der Rettungssanitäter Sonja. Er hat eine Schere in der Hand und deutet auf die Lederhose des Motorradkombis.

„Lass bloß den Kombi an" antwortet Sonja und deutet auf die Lederkombi. „Schau doch mal. Der Lederkombi ist rundherum prall gespannt. Wenn jetzt noch die Kompression von außen fehlt hat er noch weniger Blut im Kreislauf wie ohnehin schon". Sonja gibt noch mal eine Spritze mit Adrenalin in die Kanüle des jungen Mannes. Sie schauen auf das Parameter. Sie hebt die Hand. „Wir haben ihn wieder. Das Herz schlägt wieder. Das EKG zeigt wieder Herzkurven" sagt Sonja erleichtert, während Lukas aufgehört hat mit der Herzdruckmassage. Für einen kurzen Moment sieht man Herzkurven auf den Monitor des Parameters. Dann läuft wieder eine gerade Linie auf den Monitor. „Mist sein Herz hat wieder aufgehört zu schlagen. Weiter mit Herzdruckmassage" bittet Sonja ihn. Lukas beginnt wieder mit der Herzdruckmassage. Sonjas Stimme ist leiser geworden, dreht sich um und schaut in Richtung des Notarztwagens. „Los auf geht es. Wir fahren sofort ins Krankenhaus Bremen Mitte" erklärt Sonja den Rettungsteam und gibt noch mal Adrenalin in die Kanüle des jungen Mannes.

„Kannst du übernehmen?" fragt Lukas den Rettungssanitäter. Er nickt und übernimmt die Herzdruckmassage. Lukas öffnet die Seitentür vom Rettungswagen, steigt aus dem Rettungswagen und haut die Seitentür zu. Dann rennt er zum Notarztwagen, während Sonja eine zweite Infusion an den Harken hängt. „Schauen das wir hier schnell wegkommen. Wir fahren unter Reanimation los" erklärt sie ihr Rettungsteam, während der Rettungssanitäter die Herzdruckmassage fortsetzt. Sonja schließt das Beatmungsgerät an den Tubus an und steckt den jungen Mann einen Sauerstoffschlauch in die Nase, während der Rettungssanitäter vorne in den Rettungswagen steigt. Inzwischen sind noch zwei weitere Rettungswagen am Unfallort angekommen. Es gießt immer noch wie aus Eimern. Überall auf der nassen Straße der Autobahn reflektieren die Blaulichter der Rettungsfahrzeuge. Ein Polizist steigt in den Rettungswagen.

„Alle Patienten sind versorgt. Wie sieht es mit den jungen Motorradfahrer aus?"

„Sehr schlecht geht es den Patienten. Es steht auf Messers Schneide ob er überlebt".

„Ist damit zu rechnen das er...?" fängt der Polizist an zu stottern aber Sonja unterbricht den Polizisten.

„Ja. Wir müssen los. Bitte steigen sie aus den Rettungswagen. Wir müssen sofort los". Der Polizist steigt aus dem Rettungswagen. Sonja schließt sofort die Seitentür vom Rettungswagen bevor der Polizist noch was sagen kann. Mit Blaulicht und Sirene geben der Rettungswagen und der Notarztwagen Gas und fahren auf den schnellsten Weg die Autobahn entlang. Sie fahren bei der Ausfahrt Vahr von der Autobahn ab und rasen mit Blaulicht und Sirene die Kurfürstenallee entlang. Der Rettungssanitäter macht weiter Herzdruckmassage, während Sonja ständig die Lebensfunktionen des Motorradfahrers überprüft. „Es sieht nicht gut aus" sagt Sonja zu dem Rettungssanitäter und gibt noch mal Adrenalin in die Kanüle des jungen Mannes. „Seine Verletzungen sind einfach zu schwer und er hat sehr viel Blut verloren. Was ich noch versuchen kann ist ihn eine weitere Infusion mit Steno zu geben". Sie holt aus einer Schublade eine Kanüle, packt sie aus und legt den jungen Mann einen weiteren Zugang am Handgelenk. Anschließend hängt sie die dritte Infusion an den Harken und schließt sie an die Kanüle an. Dann setzt sich Sonja wieder auf den Sitz und füllt weiter das Einsatzprotokoll aus. Der Rettungssanitäter reanimiert weiter den jungen Motorradfahrer, während sie mit Blaulicht und Sirene die Bismarck Straße entlangfahren. Sonja ist fix und fertig von dem schlimmen Verkehrsunfall.

„Probieren wir es noch mal mit Adrenalin?" fragt der Rettungssanitäter ihr.

„Ich habe ihn schon mehrmals Adrenalin gegeben, aber gewirkt hat es noch nicht. Das wird nichts mehr bringen. Aber ich versuche es noch einmal". Sonja gibt den jungen Motorradfahrer Adrenalin in die Kanüle. Der Rettungswagen und der Notarztwagen biegen in die Sankt Jürgen Straße ein. Nach wenigen Metern fahren sie auf das Krankenhausgelände. Der Fahrer vom Rettungswagen und Lukas schalten die Sirenen aus. Der Rettungswagen und der Notarztwagen fahren mit Blaulicht zur Notaufnahme, wo man bereits auf den schwerverletzten Patienten wartet.

Der Rettungssanitäter macht weiter Herzdruckmassage während sie den Patienten aus den Rettungswagen schieben. Dann rennen sie unter Reanimation zum Schockraum. Sonja beatmet den jungen Motorradfahrer, während Lukas die Infusionen hoch hält. Als sie die Trage mit dem schwerverletzten Motorradfahrer in den Schockraum schieben stehen etwa fünf Ärzte und vier Schwestern bereit um den schwerverletzten Motorradfahrer zu versorgen. Sie heben den Patienten auf die Liege, schließen ihn an das Beatmungsgerät und hängen die Infusionen an den Ständer. Sonja teilt das Wichtigste mit dann verlässt sie mit Lukas und den anderen Rettungskräften den Schockraum. „Bitte lasst mich einen Moment alleine" bittet Sonja ihre Kollegen, setzt sich fix und fertig auf die Bank der Notaufnahme und stützt den Kopf mit den Händen ab. „Scheiß Tag heute" denkt Sonja. Nach zehn Minuten kommt Frau Dr. Lehmann auf Sonja zu und setzt sich zu ihr.

„Sonja. Dein Patient der junge Motorradfahrer ist leider eben verstorben. Er hatte ein schweres Schädelhirntrauma, Halswirbelfraktur, beide Oberschenkel gebrochen und die Schlagader war abgetrennt. Darum hat er auch soviel Blut verloren. Der war nicht mehr zu retten. Weißt du ob er Angehörige hat?"

„Ja seine Freundin war mit ihm auf den Motorrad. Sie ist aber selber verletzt und steht unter Schock. Der schlimme Verkehrsunfall hat ein wahnsinniger Geisterfahrer verursacht und dann ist er auch noch von der Unfallstelle abgehauen ohne zu helfen" regt sich Sonja auf. „Der Motorradfahrer war gerade mal Mitte zwanzig" erklärt Sonja die junge Ärztin geschockt.

„Ja das ist tragisch. Wird seine Freundin hier ins Krankenhaus gebracht?" fragt sie Sonja.

„Das weiß ich leider nicht, weil ich nicht weiß was sie für Verletzungen erlitten hat. Die Freundin wird sich aber bestimmt bei ihnen erkundigen wenn es ihr besser geht" vermutet Sonja. „Danke Lena dass du mich benachrichtigt hast. Dann will ich mal wieder". Sonja steht von der Bank auf.

„Ich wünsche dir trotzdem noch eine gute Nacht" wünscht Frau Dr. Lehmann ihr.

„Danke Lena" bedankt sich Sonja, zieht ihre nasse Jacke aus und trägt sie in der Hand. Sie geht aus der Notaufnahme. Als sie aus der Notaufnahme kommt steht der Notarztwagen schon startbereit.

Sonja öffnet die Beifahrertür vom Notarztwagen und steigt ein. Dann schließt sie die Beifahrertür und schnallt sich an. „Ist alles in Ordnung mit dir? Du siehst leichenblass aus Sonja". Lukas lässt den Motor an.

„Nein nichts ist in Ordnung Lukas. Der junge Motorradfahrer ist vor wenigen Minuten an seinen schweren Verletzungen gestorben und das alles nur wegen einen blöden Geisterfahrer" erklärt Sonja wütend. Ihr kommen paar Tränen.

„Das tut mir Leid Sonja. Was ist mit den anderen Verletzten?" fragt Lukas sie, während sie vom Krankenhausgelände fahren.

„Ich glaube zwei Verletzte sind auf den Weg ins Krankenhaus gestorben und der andere ist noch an der Unfallstelle verstorben. Der vierte Schwerverletzte kämpft auf der Intensivstation um sein Leben und einige Leichtverletzte müssen eine Nacht zur Beobachtung im Krankenhaus bleiben oder wurden schon an der Unfallstelle ärztlich versorgt." informiert Sonja und putzt sich die Nase, während es draußen immer noch gießt wie aus Eimern.

„Hast du dich erkältet?" fragt Lukas sie, während sie die Bismarckstraße entlangfahren. Sonja schüttelt den Kopf.

„Manchmal hasse ich meinen Job" erzählt Sonja ihn traurig.

„Es kommen wieder bessere Tage. Dann liebst du wieder deinen Job als Notärztin. Du bist heute nur so fertig weil Holger zusammengeschlagen wurde und der junge Motorradfahrer verstorben ist".

„Da kannst du recht haben. Kannst du mich bitte ins St. Josef Stift fahren? Ich will mal nach Holger sehen".

„Ja natürlich. Dann grüße Holger ganz herzlich von mir".

„Mache ich". Lukas fährt Sonja ins St. Josef Stift und hält vor den Haupteingang. Sonja schnallt sich ab, öffnet die Beifahrertür und steigt aus. „Bis dann. Ich habe meinen Melder dabei" sagt sie und haut die Tür zu.

Lukas fährt von dem Haupteingang, während Sonja in das Krankenhaus geht. Sie geht an den Informationsschalter. „Hallo was kann ich für sie tun Frau Doktor?" fragt der Mann am Informationsschalter.

„Hallo. Ich möchte gerne zu Holger Wagner. Er ist vorn erst eingeliefert worden" erzählt Sonja ihn freundlich.

„Es ist keine Besuchszeit mehr" sagt der Mann ihr.

„Ja ich weiß aber ich habe es Herr Wagner versprochen vorbei zu schauen. Ich wäre ja auch eher gekommen aber ich hatte bis eben noch einen Einsatz. Darf ich denn noch zu meinen Rettungsassistenten?"

„Ja ausnahmsweise Frau Doktor. Kleinen Moment bitte". Er tippt den Namen von Holger in den PC ein. Nach wenigen Sekunden hat er die Information. „Der liegt auf der Station 3 Zimmer 333".

„Vielen Dank und noch einen schönen Abend" wünscht Sonja den jungen Mann und eilt zu den Fahrstühlen. Sie drückt den Knopf vom Fahrstuhl. Nach wenigen Minuten kommt der Fahrstuhl. Sonja steigt in den Fahrstuhl und drückt auf den dritten Stock. Die Fahrstuhltür schließt sich. Sie fährt in den dritten Stock. Im dritten Stock öffnet sich die Fahrstuhltür und Sonja tritt aus dem Fahrstuhl. Eine Nachtschwester kommt Sonja entgegen.

„Nanu Frau Doktor. Was machen sie denn hier auf Station?"

„Ich möchte eben nach meinen Rettungsassistenten Holger Wagner sehen" erklärt sie der Nachtschwester.

„Eigentlich ist ja keine Besuchszeit mehr aber ich mache mal eine Ausnahme. Gehen sie zu ihren Kollegen Frau Doktor".

„Vielen Dank. Ich wäre ja schon eher gekommen aber ich hatte bis eben noch einen schweren Einsatz gehabt" entschuldigt sich Sonja.

„Ist schon gut Frau Doktor. Dann gehen sie mal zu ihnen".

„Danke". Sonja geht den Gang entlang. Dann entdeckt sie die Zimmertür mit der 333 und klopft an die Tür.

„Herein" ruft jemand schwach. Sonja öffnet die Tür und sieht dass Holger ein großes Pflaster auf der Nase hat und an einer Infusion angeschlossen ist. Sie geht in das Zimmer und schließt die Zimmertür hinter sich. Sonja geht zu Holger an das Bett.

„Hallo Holger. Du siehst ja schlimm aus".

„Hallo Sonja. Schön dich zu sehen. Setz dich". Sie holt sich ein Stuhl an das Bett und setzt sich. „Du siehst ja fix und fertig aus Sonja".

„Das bin ich auch. Mir ist gerade ein junger Patient unter den Händen weggestorben. Das war ganz schlimm. Es gab einen sehr schweren Verkehrsunfall auf der A1 durch einen Geisterfahrer mit fünfzehn Leichtverletzten und fünf Schwerverletzten. Das war ein schlimmes Erlebnis und es gießt wie aus Eimern. Jetzt zu dir Holger. Wie geht es dir?"

„Es geht schon wieder. Vier Rippen und mein Nasenbein sind gebrochen und überall habe ich schwere Prellungen. Ich muss die Nacht noch zur Beobachtung im Krankenhaus bleiben" erzählt Holger ihr.

„Das ist ja auch in Ordnung Holger. Vielleicht hast du ja noch ein leichtes Schädelhirntrauma davon getragen. Hast du Kopfschmerzen?"

„Ein bisschen, aber das kann auch von den Nasenbein kommen" erklärt Holger ihr.

„Da kannst du Recht haben. Ich hoffe dass jetzt erstmal Ruhe mit den Einsätzen ist. Bin noch ziemlich fertig von dem Verkehrsunfall eben".

„Das glaube ich dir. Das ist nie leicht jemanden zu verlieren und wenn die Patienten dann noch so jung sind. Wie geht es deinen Sohn Max?"

„Das weiß ich nicht, aber ich hoffe doch gut. Ich rufe aber gleich meinen Mann an" erzählt Sonja ihn und gähnt.

„Man Sonja du bist aber erledigt".

„Ich habe das Gefühl das mir alles in Moment über den Kopf wächst" erklärt Sonja ihn müde. „Bin kaum noch für meine Familie da. Obwohl Max im Krankenhaus liegt und dann noch die schlimmen Einsätze in Moment. Ich schaffe das alles nicht mehr" schildert Sonja ihn ihre Niedergeschlagenheit.

„Vielleicht solltest du mal für ein paar Wochen Urlaub einreichen. Du bist ziemlich urlaubsreif Sonja" erklärt Holger ihr.

„Du hast Recht aber in Moment sind wir einfach zu wenig besetzt da kann ich kein Urlaub nehmen".

„Gucke nicht auf die anderen. Du musst auf dich gucken. Vielleicht rühren ja daher auch deine Kopfschmerzen her. Du musst auf dich aufpassen sonst riskierst du ein Burnout" erklärt Holger ihr. In den Moment schrillt ihr Melder los.

„Ich überlege es mir. Ich muss leider los. Neuer Einsatz" sagt Sonja zu ihn und steht vom Stuhl auf. „Gute Besserung Holger" wünscht Sonja ihn und stellt den Stuhl wieder an den Tisch zurück.

„Danke Sonja das du da warst" antwortet Holger müde. „Morgen werde ich hoffentlich entlassen".

„Okay. Ich wünsche dir eine gute Nacht" sagt Sonja, öffnet die Zimmertür und geht aus den Zimmer. Sonja schließt die Zimmertür und rennt den Gang runter. Weil sie keine Zeit hat auf den Fahrstuhl zu warten, rennt sie die Treppen eilig herunter. Sie rennt durch den Haupteingang, vorbei an den Cafe und den Kiosk. Sonja winkt den Mann an den Informationsschalter zu und rennt aus dem Krankenhaus.

Lukas steht schon vor den Haupteingang mit Blaulicht. Sonja rennt zum Notarztwagen, öffnet die Beifahrertür und steigt vorne in den Notarztwagen ein.

Sie schließt die Beifahrertür, geht an das Funkgerät und meldet sich bei der Leitstelle, während Lukas von dem Haupteingang fährt. Sie fahren die Schubert Straße mit Blaulicht entlang. Als Sonja das Funkgerät an die Halterung gehangen hat schnallt sie sich an. „Eine bewusstlose Person in der Riensberger Straße 3. Wir müssen uns beeilen" sagt Sonja zu Lukas. Sie biegen eilig in die Georg Gröning Straße ein und fahren sie bis zum Ende durch. Auf den Schwachhauser Ring schaltet Holger die Sirene an und fährt rechts auf den Schwachhauser Ring rauf. An der großen Kreuzung biegen sie nach links und fahren die Schwachhauser Heerstraße mit Blaulicht und Sirene entlang, vorbei an die Total Tankstelle.

„Wie geht es Holger?" fragt Lukas ihr.

„Es geht so. Er hat das Nasenbein und vier Rippen gebrochen. Er muss die Nacht zur Beobachtung im Krankenhaus bleiben" antwortet Sonja und zieht Gummihandschuhe über.

„Ach der Arme". Als sie in die Friedhofstraße rein fahren schaltet Lukas die Sirene ab und fährt mit Blaulicht die Riensberger Straße entlang. Sie halten vor den Haus mit der Nummer 3. Lukas fährt auf den Fußweg, schaltet den Motor aus und steigt aus, während Sonja schon am Kofferraum ist um die Notfallkoffer aus dem Kofferraum zu holen.

Anschließend laufen sie eilig zur Haustür und klingeln dort. In den Moment kommt auch der Rettungswagen mit Blaulicht an. Die Rettungssanitäter und der Rettungsassistent steigen aus, holen die Notfallkoffer, das Parameter und die Herz Lungenmaschine aus dem Rettungswagen. Sie kommen auf Lukas und Sonja zu. „Hallo. Macht keiner auf?" fragt Klaus, der Rettungssanitäter Sonja.

„Nein bis jetzt nicht" antwortet Sonja, während Lukas immer wieder auf den Klingelknopf drückt.

„Knut rufe mal die Feuerwehr über Funk" bittet Dirk, der Rettungsassistent seinen Kollegen.

„Stopp da kommt jemand" sagt Sonja. Es öffnet eine ältere Frau mit Bademantel die Haustür.

„Nanu was wollen sie denn hier?" fragt die Frau die Notärztin und das Rettungsteam erstaunt.

„Wir wurden zu ihrer Adresse gerufen. Es soll eine bewusstlose Person hier bei ihnen sein" antwortet Sonja freundlich.

„Mein Mann und ich haben schon geschlafen, aber unser Sohn feiert wohl schon wieder eine Party. Kommen sie rein" bittet die Frau den Rettungskräften und der Notärztin.

„Gucken sie erstmal nach. Wir bleiben erstmal unten" erklärt Sonja. „Bitte beeilen sie sich denn wenn da oben eine bewusstlose Person ist braucht sie dringend medizinische Hilfe" erklärt Sonja die ältere Frau und stellt sich auf die Treppenstufe. Die Frau eilt die Treppen hoch und klingelt bei ihren Sohn an der Wohnungstür. Der öffnet nach kurzer Zeit.

„Mama ich dachte du schläfst schon" sagt der junge Mann zu seiner Mutter.

„Kevin jemand von euch hat die Rettung angerufen. Unten stehen die Notärztin und die Rettungssanitäter. Ist bei euch jemand bewusstlos?" fragt die Frau ihren Sohn.

„Nein nicht das ich wüsste. Spiele mit Mike und Benny Fußball an der Playstation. Janina und Nadine schlafen schon".

„Kevin keiner ruft umsonst die Rettung. Da muss irgendwas bei euch passiert sein. Wer hat von euch die Rettung angerufen?" fragt die Frau ihn energischer..

„Weiß ich nicht Mama". In den Moment kommt Nadine ziemlich verweint aus dem Schlafzimmer. „Schatz was ist denn los?" fragt Kevin seine Freundin und umarmt sie.

„Janina ist tot" antwortet sie.

„Was ist denn passiert Nadine?" fragt Kevins Mutter sie erschrocken, während Sonja die Treppen hoch eilt.

„Hallo Nadine. Ich bin Frau Dr. Sonja Knebel, die Notärztin. Hast du uns gerufen?" fragt Sonja den Teenager und legt ihre Hand auf Nadines Schulter. Nadine nickt und fängt von neuen an zu weinen. Die Notärztin winkt ihren Kollegen zu, dass sie hochkommen sollen. „Nadine führe uns zu deiner Freundin" bittet Sonja die sechzehnjährige Nadine, während Lukas mit der Besatzung vom Rettungsdienst die Treppen hoch laufen. Nadine führt Sonja und die Rettungskräfte ins Schlafzimmer, wo Janina bewusstlos auf den Boden liegt. Sonja läuft sofort auf den bewusstlosen Teenager zu und kniet sich zu ihr, während die Rettungssanitäter die Notfallkoffer öffnen. Janina befindet sich in einen sehr schlechten Zustand. Ihr Gesicht ist bleich, Lippen, Fingerspitzen und Ohrläppchen zeigen eine deutliche Blauverfärbung. Es sind kaum noch Atembewegungen festzustellen. Sonja tastet nach dem Puls, der nicht zu tasten ist, während die Rettungssanitäter sie an das Parameter geschlossen haben. Auf den Kontrollbildschirm des Parameters ist nur eine gerade Linie zu erkennen.

„Los Reanimation". Knut beginnt mit der Herzdruckmassage. Dirk beginnt mit Atemmaske und Atembeutel die Beatmung von den jungen Mädchen, während Sonja problemlos die Kanüle in den Unterarm schiebt und sie festklebt. Dann schließt Sonja eine Infusion an die Kanüle an. Klaus hält die Infusion hoch. In den Moment sind wieder schwache Ausschläge des Herzens auf den Kontrollbildschirm zu erkennen.

„Wir haben sie wieder" sagt Lukas. Sonja gibt ihr Adrenalin in die Kanüle. Dann geht sie zu Nadine die verweint im Schlafzimmer steht und legt ihr die Hand um die Schulter.

„Nadine deine Freundin lebt zwar aber es sieht nicht gut aus. Erzähle mir jetzt bitte was passiert ist" bittet Sonja ihr, während Lukas eine Nasensonde in Janinas Nase schiebt.

„Wir haben Janinas Abi gefeiert, Alkohol getrunken und rumgetobt. Auf einmal hat Janina die Augen verdreht und ist einfach so umgefallen" erklärt Nadine ihr weinend.

„Hat sie Vorerkrankungen Nadine?" fragt sie das Mädchen ernst. „Bitte sage es mir. Es ist sehr wichtig für deine Freundin" bittet Sonja den Teenager und guckt auf den Kontrollbildschirm des Parameters.

„Ja sie hat vor drei Tagen endlich eine schwere Herzmuskelentzündung überstanden" antwortet Nadine und fängt an zu weinen.

„Das ist sehr unvernünftig dass sie Alkohol getrunken hat".

„Ja ich weiß" antwortet sie und putzt sich die Nase, während Janinas Herz wieder aufhört zu schlagen. Das Parameter piept Alarm. Auf den Kontrollbildschirm ist nur noch eine Nulllinie zu erkennen.

„Mist wir haben sie wieder verloren. Sofort wieder Reanimation" ordnet Sonja ihr Rettungsteam an, während sie Adrenalin in die Kanüle gibt. Lukas beginnt sofort wieder mit der Herzdruckmassage. Während die Retter und Sonja weiter um das Leben von Janina kämpfen gucken Kevin, Mike und Benny den Rettern zu. „Könnt ihr uns bitte alleine lassen" bittet Sonja die Teenager energisch. „Nadine bitte gehe auch du aus dem Schlafzimmer raus" bittet sie und wendet sich an den Rettungssanitäter. „Knut bringe Nadine bitte aus dem Schlafzimmer". Sie legt einen Tubus in die Luftröhre von Janina. Lukas schließt den Beatmungsbeutel an den Tubus und beatmet die bewusstlose Patientin weiter.

„Nein ich will bei Janina bleiben" sagt Nadine weinend.

„Das geht nicht" sagt Knut zu Nadine und schließt die Schlafzimmertür vor Nadine und den Jungs.

„Nadine lasse bitte die Ärztin und den Rettungsdienst arbeiten" bittet Kevins Mutter ihr.

„Es geht um Leben und Tod bei Janina" schreit Nadine die Jungs und die ältere Dame weinend an. Kevin umarmt seine Freundin.

„Die Ärztin und die Retter kriegen Janina bestimmt wieder hin" beruhigt Kevin sie.

„Das glaube ich nicht. Die müssen Wiederbelebungsversuche machen. Janina ist bewusstlos und ich habe die Schuld. Ich hätte ihr nie die ganze Flasche Sekt geben dürfen. Ich habe die Schuld wenn Janina stirbt".

„Nein du hast nicht die Schuld. Janina ist ein eigenständiger Mensch und muss selber wissen was sie trinken darf. Du bist für den Zusammenbruch nicht verantwortlich Schatz" beruhigt Kevin seine Freundin und küsst sie auf die Stirn.

„Da hat mein Sohn recht Nadine. Janina hätte selber wissen müssen das sie nicht soviel Alkohol nach ihrer

Herzmuskelentzündung trinken darf" beruhigt Kevins Mutter Nadine.

„Was machen die denn so lange da drin?" fragt Nadine Kevins Mutter und den Jungs.

„Lass die Ärztin und Retter ihre Arbeit machen. Sie müssen Janina für den Transport ins Krankenhaus stabil machen. Das dauert seine Zeit" erklärt Mike ihr.

„Meinst du schafft sie das?" fragt Nadine ihren Kumpel weinend.

„Ich denke schon" antwortet Mike. „Mach dir nicht so ein Kopf, sonst hätten die Ärztin und der Rettungsdienst längst aufgegeben wenn Janina tot wäre. Beruhige dich Nadine" bittet Mike Kevins Freundin. Im Schlafzimmer arbeiten die Retter und Sonja in fieberhafte Eile um Janinas Leben zu retten. Auf den Kontrollbildschirm ist ein Kammerflimmern zu erkennen. Das Parameter schlägt Alarm.

„Defi schnell" bittet Sonja den Rettungsassistenten. Dirk baut das Gerät eilig auf und gibt Sonja die Defi-Paddles. Sonja reibt die Defi-Paddles mit Kontaktgel ein und drückt sie auf die Brust von Janina. „Mit 240 Volt fangen wir an" erklärt Sonja den Rettungsassistenten. Dirk stellt den Defi mit 240 Volt ein.

„Bereit?" fragt Lukas die Notärztin.

„Okay. Weg von der Patientin". Durch den Elektroschock bäumt sich Janinas Körper auf. Sonja und die Retter gucken auf den Kontrollbildschirm. „Noch nichts. Wir machen weiter mit 360 Volt" sagt sie Lukas. Die Notärztin fühlt Janinas Puls und guckt auf den Kontrollbildschirm, während der Rettungsassistent den Regler auf 360 Volt dreht. Lukas beatmet Janina mit dem Beatmungsbeutel.

„Bereit?" fragt der Rettungsassistent Sonja. Nachdem Sonja Janina noch mal Adrenalin in die Kanüle gegeben hat drückt sie die Defipaddel auf Janinas Brust, während Dirk eine Infusion mit Steno und Desperten an die Kanüle schließt. Der Rettungssanitäter hält die zweite Infusion hoch. „Weg von der Patientin" bittet Sonja die Rettungskräfte. Nach dem Elektroschock fängt Janinas Herz langsam an zu schlagen.

„Wir haben sie wieder" sagt Knut, der Rettungssanitäter. Nach wenigen Minuten hört wieder das Herz auf zu schlagen.

„Schnell Reanimation. Knut hole die Trage. Sie muss so schnell es geht ins Krankenhaus gebracht werden" erklärt Sonja den Rettungssanitäter, während Dirk wieder mit der Herzdruckmassage beginnt. Sie zieht eine Spritze mit Adrenalin auf und spritzt es in die Kanüle von den bewusstlosen Mädchen. Dann guckt sie auf den Kontrollbildschirm des Parameters, während Knut das Schlafzimmer verlässt um die Trage zu holen. Sonja leuchtet in Janinas Augen. „Sieht nicht gut aus" sagt sie leise zu ihren Helfern. Nach wenigen Minuten kommt Knut mit der Trage ins Schlafzimmer. Sie heben Janina auf die Trage und schnallen sie fest. Sonja nimmt das Parameter und packt es hinten auf die Trage. Der Rettungsassistent macht Herzdruckmassage und Lukas beatmet Janina mit dem Beatmungsbeutel. Klaus, der Rettungssanitäter hält die zwei Infusionsbeutel hoch. „Los schnell in den Rettungswagen mit ihr. Es kann jederzeit wieder zum Kammerflimmern kommen" erklärt Sonja ihren Helfer. Der Rettungsdienst und Sonja schieben die Trage mit der bewusstlosen Janina aus dem Schlafzimmer.

„Aus den Weg" ruft Knut aufgebracht. Sie tragen die Trage die Treppen herunter, während Lukas Janina weiter mit dem Beatmungsbeutel beatmet und Dirk Herzdruckmassage macht.

„Kinder lass die Retter durch" bittet Kevins Mutter die Teenager. Nadine rennt hinter den Retter die Treppe herunter.

„Frau Doktor was ist mit meiner Freundin Janina?" fragt Janina sie weinend. Klaus gibt Sonja die zwei Infusionsbeutel um die Trage zu übernehmen.

„Es sieht leider nicht gut aus. Durch die schwere Herzmuskelentzündung ist ihr Herz sehr geschwächt. Dann kommt noch der ganze Alkohol dazu. Das hat ihrem angeschlagenen Herzen den Rest gegeben. Das Herz hat vorn kurz geschlagen aber es hat leider wieder aufgehört zu schlagen. Sie hatte schlimmes Kammerflimmern. Darum müssen wir uns jetzt beeilen sie ins Krankenhaus zu bringen" erklärt Sonja, während sie die Treppe runter laufen.

„Um Gottes Willen. Das habe ich nicht gewusst dass sie kein Alkohol darf. Also war die Herzmuskelentzündung nicht richtig auskuriert?"

„Nein das war sie nicht" antwortet Sonja.

„Das habe ich nicht gewusst. Was passiert jetzt mit Janina?" fragt Nadine Sonja, während sie zum Rettungswagen laufen.

„Wir werden sie jetzt unter Herzdruckmassage und Beatmung ins Krankenhaus Mitte fahren" erklärt Sonja das Mädchen. In den Moment ruft Klaus Sonja zu.

„Schnell Kammerflimmern Sonja".

„Mist. Sofort in den Rettungswagen mit ihr" bittet Sonja ihren Helfern.

„Darf ich mit ins Krankenhaus fahren?" fragt Nadine sie.

„Nein". Sonja rennt mit den Rettern und der Trage mit Janina zum Rettungswagen. Sie schieben die Trage mit Janina in den Rettungswagen rein. Lukas beatmet sie weiter mit dem Beatmungsbeutel. Sonja steigt in den Rettungswagen und schließt die Tür, während Nadine vor den Rettungswagen weinend zusammenbricht. Kevin nimmt Nadine in den Arm, während Dirk den Defi auf 240 Volt stellt.

„Bereit?" fragt der Rettungsassistent Sonja. Lukas hat Janina an das automatische Beatmungsgerät geschlossen, während Klaus, der Rettungssanitäter die Infusionsbeutel an den Harken hängt. Sonja drückt die Defi-Paddles auf die Brust von Janina.

„Weg von der Patientin" sagt Sonja. Der Körper bäumt sich auf, während der Rettungsassistent Adrenalin in die Kanüle gibt. Sie gucken auf den Kontrollbildschirm. „Nichts. Dann weiter mit 360 Volt" sagt sie aufgebracht. Dirk stellt den Regler auf 360 Volt.

„Bereit?" fragt er. Sonja reibt die Defipaddel aufeinander und setzt sie auf die Brust von der Patientin.

„Weg" sagt sie. Der Körper bäumt sich wieder auf. Sonja guckt auf den Kontrollbildschirm. „Mist jetzt ist gar keine Herzfunktion mehr vorhanden. Weiter mit Reanimation. Lukas bereite mir eine Infusion mit Glucose vor. Das baut schneller den Alkohol ab". Klaus steckt Janina den Pulsmesser auf den Finger. Lukas bereitet in fieberhafte Eile die Infusion vor und reicht sie Sonja. „Ich muss noch eine Kanüle setzen. Gebe mir sofort eine Kanüle rüber" bittet Sonja ihn. Lukas packt ihr die Kanüle aus und gibt sie ihr. Sie sticht die Kanüle in die Armbeuge. Lukas reicht ihr Klebeband rüber. Sonja klebt die Kanüle fest, während Dirk weiter

Herzdruckmassage macht. Sie schließt die Infusion mit Glucose an die Kanüle und hängt weitere Infusionsbeutel an den Harken, wo auch schon die anderen Infusionsbeutel hängen, dran. In den Moment klopft es an die Tür vom Rettungswagen. „Kommt ihr eben alleine klar? Ich rede mal eben mit den Angehörigen. Wenn was ist rufe mich bitte ja". Sie öffnet die Seitentür vom Rettungswagen.

„Ist okay Sonja, aber wir müssen gleich mal fahren" sagt Lukas.

„Noch ist sie nicht stabil" sagt Sonja und steigt aus dem Rettungswagen. Sie schließt die Seitentür hinter ihr, so dass Nadine nicht sieht wie schlecht es um ihre Freundin steht.

Sonja läuft zu Nadine und den anderen Teenager. „Ich habe nicht viel Zeit. Eure Freundin hat erneut ein schweres Kammerflimmern erlitten. Wir haben bei ihr Elektroschocks durchgeführt. Jetzt hat sie in Moment keine Herzfunktion mehr. Mein Rettungsassistent macht bei Janina Herzdruckmassage. Eure Freundin wird künstlich beatmet. Es sieht wirklich nicht gut aus mit eurer Freundin. Wir tun aber alles um ihr Leben zu retten" erklärt Sonja den Teenagern.

„Scheiße arme Janina. Hätte ich doch gleich den Rettungswagen gerufen wo sie umgefallen ist, aber ich habe gedacht, dass sie gleich wieder zu sich kommt" berichtet Nadine ihr weinend.

„Was soll das heißen Nadine?" fragt Kevin seine Freundin.

„Ich habe erst zehn Minuten nach den Janina sich nicht mehr bewegte und nicht mehr reagierte den Rettungswagen gerufen. Habe immer gedacht sie kommt von alleine wieder zu sich" antwortet Nadine.

„Das war nicht gut Nadine" sagt Sonja ernst.

„Ich weiß. Wird sie das überleben?" fragt Nadine Sonja.

„Ich weiß es leider nicht. Wir tun aber unser aller möglichstes um eure Freundin zu retten" erklärt Sonja den Teenagern beruhigend. „Ich muss wieder rein. Wir müssen sofort ins Krankenhaus fahren".

„Bitte lassen sie mich mitfahren Frau Doktor" bittet Nadine sie.

„Na gut. Dann fährst du aber im Notarztwagen mit. In Rettungswagen geht es nicht. Ich muss jetzt wieder in den Rettungswagen. Bleibe hier stehen. Wir fahren gleich" bittet Sonja ihr, geht zum Rettungswagen zurück und öffnet die Seitentür. Sie steigt in den Rettungswagen und schließt die Tür von innen. „Wie sieht es aus?"

„Unverändert" antwortet Lukas, während er Herzdruckmassage macht.

„Ich gebe jetzt noch mal Adrenalin dann fahren wir mit Martinshorn und Blaulicht ins Krankenhaus Mitte. Sind wir schon dort angemeldet?" fragt Sonja den Rettungssanitäter und zieht noch mal eine Spritze mit Adrenalin auf. Sie gibt die Spritze in Janinas Kanüle.

„Ja sind wir. Ein Intensivbett ist auf der Intensivstation reserviert. Sind ihre Eltern benachrichtigt?" fragt Lukas sie.

„Nein wir müssen aber jetzt auch los. Ich werde es Nadine im Krankenhaus sagen. Sie fährt mit dir Lukas" erklärt Sonja ihm.

„Okay. Ich nehme die Kleine mit. Ich fahre hinter euch her" sagt Lukas.

„Danke Lukas". Sonja misst den Blutdruck von Janina, der kaum messbar ist. „Es geht um Leben und Tod" sagt sie ernst, während Klaus im Rettungswagen steigt, den Motor und Blaulicht einschaltet. Lukas steigt aus dem Rettungswagen und schließt die Seitentür.

Samstag, 18. Mai 2013

Lukas winkt Nadine zu. Sie kommt zum Notarztwagen gelaufen und öffnet die Beifahrertür. Nachdem er die Notfallkoffer im Kofferraum verstaut hat steigt er in den Notarztwagen. „Komm schnell rein. Wir müssen fahren" erklärt Lukas das Mädchen und lässt den Motor an. Das Blaulicht blinkt ja noch von vorhin. Nadine schließt die Beifahrertür. „Bitte schnalle dich an. Das wird eine rasante Fahrt" erklärt Lukas den Teenager. Er fährt zum Rettungswagen und hält hinter den Rettungswagen. Lukas öffnet die Fahrertür und steigt aus. „Ich bin sofort wieder da" sagt er, knallt die Fahrertür zu und rennt zum Rettungswagen.

Er öffnet die Seitentür und steigt ein. „Wie sieht es aus Sonja?"

„Wieder schlechter. Hatte gerade wieder Kammerflimmern. Jetzt ist totaler Herz- Kreislaufstillstand. Ob wir sie lebend ins Krankenhaus bringen ist fraglich. Lass uns endlich losfahren".

„Okay" sagt Lukas, schließt die Seitentür und rennt zum Notarztwagen zurück. Lukas öffnet die Fahrertür und steigt ein.

Lukas schließt die Fahrertür und schnallt sich an. „Wie geht es Janina?" fragt Nadine den Rettungsassistenten weinend. Lukas gibt ihr Taschentücher. „Danke" sagt sie und holt ein Taschentuch aus der Packung.

„Leider nicht sehr gut. Sie schwebt in akuter Lebensgefahr" antwortet Lukas. Mit Blaulicht fahren der Rettungswagen und der Notarztwagen los. Auf der Schwachhauser Heerstraße schalten sie das Martinshorn zu dem Blaulicht. Janina wird immer noch reanimiert und wird automatisch von einer Beatmungsmaschine beatmet. Im Notarztwagen unterhält sich Lukas mit Nadine um sie abzulenken. „Wie alt ist Janina?"

„Sie ist zwei Jahr jünger als ich. 14 Jahre ist sie" antwortet Nadine schluchzend.

„Und in euren Alter trinkt ihr schon Alkohol in Massen? Das darf doch wohl nicht wahr sein. Woher habt ihr den Alkohol?"

„Von meinen Bruder. Der hat mir Alkohol von der Tankstelle geholt. Er ist ja auch schon 21 Jahre alt. Ich habe ihn gebeten mir Alkohol zu besorgen. Wir wollten Janinas Genesung und das Abi feiern".

„Wie ich von der Notärztin weiß war deine Freundin noch gar nicht von der Herzmuskelentzündung genesen. Sie war zwar aus den Krankenhaus aber sie sollte sich doch bestimmt im Bett aufhalten oder?"

„Ja schon, aber ihr war so langweilig. Darum habe ich sie heute Abend mit zu meinen Freund Kevin genommen. Weil ich angenommen habe, dass sie wieder gesund ist haben wir halt Alkohol getrunken".

„Wie viel Alkohol habt ihr denn getrunken? Es blieb doch bestimmt nicht bei einer Flasche oder?"

„Ja es stimmt. Janina und ich haben jeder zwei Flaschen Sekt und eine Wodka Flasche geköpft. Zusätzlich haben wir Cola mit Bacadi getrunken".

„Um Gottes Willen. Das ist doch viel zu viel was ihr getrunken habt. Das ist schon für einen Gesunden zu viel. Ich fasse es nicht. Haben die Jungs auch was getrunken?"

„Ja aber die haben nur Cola mit Bacadi getrunken".

„Ich will dir jetzt keine weiteren Vorwürfe machen Nadine".

„Nein die mache ich mir schon selber. Ich hätte gleich den Rettungswagen rufen sollen und nicht warten sollen".

„Beruhige dich mal. Wie warten?"

„Ich habe einen großen Fehler gemacht. Ich habe zehn Minuten gewartet bevor ich euch angerufen habe. Ich habe gedacht dass sie nur Spaß macht und nach wenigen Minuten aufwacht".

„Da macht man doch kein Spaß mit wenn jemand so umkippt. Ich verstehe euch nicht. Eigentlich müsstet ihr den Einsatz bezahlen aber ich sehe davon noch mal ab. Ich glaube dir ist es eine Lehre was passiert ist".

„Es ist noch nie was passiert wo wir Alkohol getrunken haben".

„Diesmal kann es deine Freundin das Leben kosten".

„Ja ich weiß. Ich mache mir schon genug Vorwürfe. Es tut mir ja auch Leid".

„Bei mir brauchst du dich nicht entschuldigen Nadine. Wir brauchen noch die Anschrift deiner Freundin, dass wir ihre Eltern benachrichtigen können".

„Ich habe ihre Eltern schon benachrichtigt. Sie kommen ins Krankenhaus". Im Rettungswagen kämpfen Sonja, der Rettungsassistent und der Rettungssanitäter um Janinas Leben.

„Das Herz will einfach nicht mehr schlagen" sagt Knut.

„Das Herz ist durch die Herzmuskelentzündung schwer geschädigt. Ich weiß nicht warum meine Kollegen die Patientin schon aus den Krankenhaus entlassen haben. Und jetzt noch der viele Alkohol. Ist klar das, dass Herz dann nicht mehr schlagen will. Das Herz ist einfach zu schwach. Ich versuche es weiter mit Adrenalin". Sonja zieht eine Spritze mit Adrenalin auf und gibt es in Janinas Kanüle. Anschließend guckt sie auf den Kontrollbildschirm. In den Moment beginnt wieder das Kammerflimmern. „Mist wieder Kammerflimmern. Sofort anhalten Klaus" schreit Sonja zum Fahrer, während der Rettungsassistent schon den Dellifibrator startklar macht. Klaus fährt auf den Fußweg an der Graf Molke Straße und hält an.

„Warum hält der Rettungswagen an?" fragt Nadine den Rettungsassistenten und fängt von neuen an zu weinen.

„Beruhige dich doch Mädchen. Ich gucke mal" sagt Lukas, während er auf den Fußweg fährt und hinter den Rettungswagen hält. Er lässt das Blaulicht und den Motor an.

„Ich komme mit" sagt Nadine und will die Beifahrertür öffnen.

„Nein du bleibst hier. Sonst kannst du gleich aussteigen und zum Krankenhaus laufen". Lukas schnallt sich ab, öffnet die Fahrertür und steigt aus.

Lukas haut die Fahrertür zu und rennt zum Rettungswagen, wo das Blaulicht blinkt. Er öffnet die Seitentür vom Rettungswagen und steigt in den Rettungswagen. Lukas schließt die Seitentür vom Rettungswagen. „Was ist los Sonja?" fragt Lukas ihr, während sie Elektroschocks bei Janina macht.

„Es ist schon wieder Kammerflimmern eingetreten und das Herz wird immer schwächer. Wir kriegen ihr Herz nicht mehr zu schlagen" antwortet Sonja und hängt noch eine Infusion mit Hes an den Harken. Janina hat inzwischen auch eine Kanüle am Hals, während der Körper sich aufbäumt. Auf den Kontrollbildschirm ist nur noch eine Nulllinie und das Parameter piept Alarm.

„Sonja wir müssen aufgeben. Es ist jetzt seit fünf Minuten die Nulllinie zu sehen. Es ändert sich überhaupt nichts mehr. Wir haben jetzt eine Stunde Wiederbelebungsversuche gemacht und häufige Elektroschocks gemacht" erklärt der Rettungsassistent ihr.

„Nein es wird nicht aufgegeben. Weiter Reanimation schnell" bittet Sonja den Rettungsassistenten wütend und spritzt Adrenalin in die Kanüle. Auf den Kontrollbildschirm ist seit sechs Minuten die

Nulllinie zu sehen. Sonja hat jetzt die Herzdruckmassage übernommen.

„Sonja du kannst aufhören. Die Patientin hat es nicht geschafft" sagt Lukas ihr und legt seine Hand auf ihre Schulter. Der Rettungsassistent stellt das Parameter aus. Das Piepen hört auf. Erschöpft setzt sich Sonja auf den Sitz, zieht die Gummihandschuhe aus und schmeißt sie vor Wut auf den Boden.

„Mist" flucht sie erschöpft.

„Ist alles in Ordnung?" fragt Lukas ihr, während der Rettungsassistent die Elektroden von der Brust des Mädchens befreit. Knut löst die Infusionsschläuche von den Kanülen. Klaus befreit die Tote von der Beatmungsmaschine und zieht den Tubus raus. Dann deckt er die Tote mit einen Tuch zu.

„Muss ja" antwortet Sonja erschöpft.

„Soll ich dir einen Termin beim Krisendienst machen? Dir ist heute der zweite Patient hintereinander gestorben. Du siehst fertig aus".

„Nein das brauchst du nicht. Geht gleich wieder" antwortet Sonja erschöpft.

„Was machen wir jetzt?" fragt Lukas ihr.

„Wir fahren trotzdem ins Krankenhaus mit ihr" erklärt Sonja müde und füllt den Totenschein aus.

„Kann ich dich alleine lassen Sonja?" Sie nickt. Dann öffnet Lukas die Seitentür und steigt aus dem Rettungswagen.

Der Rettungsassistent haut die Seitentür zu und geht zum Notarztwagen zurück. Lukas öffnet die Fahrertür und steigt in den Notarztwagen.

„Was ist mit Janina?" fragt Nadine ihn und fängt wieder an zu weinen.

„Deine Freundin hatte einen Herz- Kreislaufstillstand erlitten" antwortet Lukas, während der Rettungswagen losfährt. Lukas fährt hinter den Rettungswagen her. Klaus schaltet die Sirene und das Blaulicht ab. „Dieser Idiot" denkt Lukas.

„Warum hat der Rettungswagen das Blaulicht und die Sirene abgestellt. Das kann nur bedeuten das Janina gestorben ist" vermutet Nadine weinend, atmet immer schlimmer und heftiger.

„Ganz ruhig Mädchen" beruhigt Lukas sie. „Nadine" ruft Lukas und legt seine rechte Hand auf ihre Schulter. Er guckt zu Nadine, die auf den Beifahrersitz ziemlich hyperventiliert. „Ruhig atmen Mädchen. Mist. Muss dieser blöde Kerl das Blaulicht und die Sirene ausmachen. Kein Feingefühl hat der Idiot" regt sich Lukas auf und nimmt das Funkgerät in die Hand. Er funkt mit den Rettungswagen, der vor ihnen fährt. „Klaus haltet bitte den Rettungswagen an. Ich brauche die Frau Doktor hier. Nadine hat einen ziemlichen Schock. Sie hyperventiliert bei mir" erklärt er und hängt das Funkgerät wieder ein. Der Rettungswagen fährt auf den Radweg an der Bismarckstraße, schaltet den Warnblinker an und hält an. Lukas fährt auch auf den Radweg, schaltet Warnblinker an und hält an. Blaulicht blinkt noch am Notarztwagen. Er beugt sich zu Nadine. „Ganz ruhig atmen. Bleibe ganz ruhig" beruhigt Lukas sie, während Sonja und Dirk aus den Rettungswagen steigen.

Sonja läuft zum Notarztwagen und öffnet die Beifahrertür. Sie kniet sich zu Nadine, während Dirk den Notfallkoffer aufklappt. „Nadine hörst du mich? Ich bin es Sonja die Notärztin. Atme ganz ruhig Mädchen" bittet sie das Mädchen. Dirk gibt Sonja das Blutdruckgerät. Sie bindet die Blutdruckmanschette um Nadines linken Arm und misst ihren Blutdruck. „Ihr Blutdruck ist sehr hoch. Ungewöhnlich so einen hohen Blutdruck für einen Teenager" stellt Sonja fest und fühlt Nadines Puls, der ziemlich rasen tut. „Nadine gucke mich mal an. Ganz ruhig atmen" bittet sie den Teenager. Dann holt sie eine Plastiktüte aus dem Notfallkoffer.

„Gebe ihr doch eine Spritze mit Beruhigungsmittel" sagt der Rettungsassistent.

„Nein ich versuche es erstmal mit der Tüte, aber du kannst vorsichtshalber schon eine Spritze mit Dormicum aufziehen" bittet Sonja ihn. Nadine atmet immer heftiger und schneller. „Nadine ich gebe dir jetzt eine Tüte. Atme da bitte rein. Ganz ruhig" bittet Sonja das Mädchen und hält Nadine die Tüte hin. Nadine atmet in die Tüte. „Lukas was ist überhaupt passiert das sie so reagiert hat?"

„Euer Fahrer Klaus hat das Blaulicht und die Sirene ausgestellt. Da wusste Nadine sofort dass jede Hilfe für ihre Freundin Janina zu spät kommt und das Janina gestorben ist. Sie gibt sich die

Schuld dafür" antwortet Lukas ziemlich sauer. „Hätten wir nicht mit Blaulicht und Sirene ins Krankenhaus fahren können?"

„Lukas du muss mich nicht anmachen. Ich kann nichts dafür. Dirk gebe mir bitte ein Stauband aus dem Notfallkoffer" bittet sie den Rettungsassistenten. Dirk reicht Sonja das Stauband. Sie bindet Nadine das Stauband um den Arm. „Gleich wird es dir besser gehen Mädchen. Atme ganz ruhig". Sonja sprüht etwas Desinfektionsmittel auf die Armbeuge. „So jetzt kommt ein kurzer Pieks" erklärt Sonja ihr und sticht mit einer Nadel in die Vene und drückt den Spritzenkolben runter. Dann zieht sie die Nadel wieder raus und drückt ein Tuch auf die Stelle, wo sie reingepiekst hat, drauf. „Drücke da bitte fest drauf" bittet sie Nadine und löst das Stauband. „Das Dormicum kann dich müde machen Nadine" erklärt Sonja Nadine. Dann klebt sie ein Klebeband auf das Tuch.

„Brauchen wir noch einen Rettungswagen Sonja?" fragt Lukas ihr.

„Nein wir bringen sie gleich zu ihrem Freund. Ich muss kurz was abklären dann komme ich wieder zu euch" verspricht Sonja, während der Rettungsassistent den Notfallkoffer schließt. Nadine atmet inzwischen wieder normal. Sie ist aber ziemlich müde und durcheinander.

Sonja und Dirk gehen zum Rettungswagen und steigen in den Rettungswagen. „Knut könnt ihr die tote Patientin alleine ins Krankenhaus bringen? Ihr braucht mich ja nicht mehr. Ich muss mich um die Freundin der Toten kümmern. Die hatte einen totalen Nervenzusammenbruch erlitten".

„Ist okay" antwortet Knut, der Rettungssanitäter. Sonja unterschreibt den Totenschein. Dann steigt sie aus dem Rettungswagen und schließt die Seitentür vom Rettungswagen.

Nach wenigen Minuten kommt Sonja wieder zum Notarztwagen zurück, während der Rettungswagen ohne Blaulicht losfährt. Die Notärztin kniet sich zu Nadine und legt ihre Hand auf Nadines Schulter. „Ist Janina gestorben?" fragt Nadine ihr und fängt wieder an zu weinen.

„Ja leider. Wir haben alles getan um sie zu helfen, aber wir konnten sie nicht mehr retten. Ihr Herz war schon sehr von der Herzmuskelentzündung geschädigt. Mein herzliches Beileid". Sonja nimmt Nadine in den Arm. Sie weint bitterlich. Als Nadine sich langsam beruhigt hat prüft Sonja noch mal ihren Blutdruck.

„Dein Blutdruck ist wieder besser. Wie fühlst du dich Nadine?" fragt sie Nadine und fühlt ihren Puls.

„Mir ist ein bisschen schwindelig und müde bin ich" antwortet Nadine.

„Das glaube ich dir. Willst du dich auf die Hinterbank ein bisschen hinlegen?" fragt Sonja ihr. Nadine nickt. Lukas öffnet die Hintertür vom Notarztwagen. Sonja hilft Nadine auf die Hinterbank. Dann holt sie aus dem Kofferraum eine Wolldecke und deckt Nadine damit zu. Dann schließt sie die Hintertür, während Lukas den Kofferraum schließt. Erschöpft öffnet Sonja die Beifahrertür und steigt in den Notarztwagen.

Sie schließt die Beifahrertür und schnallt sich an, während Lukas in den Notarztwagen steigt. „Was für ein Tag" seufzt Sonja und dreht sich nach hinten zu Nadine um. Sie sieht dass Nadine eingeschlafen ist. „Nadine ist eingeschlafen". Lukas startet den Motor und fährt vom Radweg. Er wendet auf der Bismarckstraße und fährt die Graf-Molke Straße zurück. Lukas schaltet das Blaulicht aus. Sie fahren die Schwachhauser Heerstraße entlang.

„Es tut mir Leid Sonja das ich dich vorn so angemacht habe. Aber wir sind alle mit den Nerven runter" entschuldigt sich Lukas bei ihr.

„Ist okay Lukas. Ich finde das ja auch bescheuert dass Klaus einfach das Blaulicht und die Sirene ausgeschaltet hat" erklärt Sonja und gähnt.

„Bist du müde?"

„Ja und wie. Du nicht Lukas?" Es ist schließlich ein Uhr morgens".

„Doch natürlich bin ich müde Sonja. Der Einsatz ist mir richtig an die Nieren gegangen".

„Mir auch". Sie fahren in die Riensberger Straße rein und halten vor dem Haus mit der Nummer 3. Sonja schnallt sich ab, öffnet die Beifahrertür und steigt aus. Sie knallt die Beifahrertür zu und geht zum Hauseingang.

Sonja klingelt auf der oberen Klingel. Nach wenigen Minuten eilt ein junger Mann die Treppen runter und eilt zur Haustür. Er öffnet die Haustür. „Ja".

„Hallo ich bin Frau Dr. Sonja Knebel, die Notärztin. Nadine ist bei uns im Notarztwagen" erklärt Sonja den jungen Mann leise.

„Warten sie mal eben" bittet Mike ihr und läuft zur Treppe. „Kevin komme mal runter. Es ist wichtig Kevin" ruft Mike nach oben. Nach paar Sekunden taucht Kevin auf der Treppe auf.

„Mike bist du wahnsinnig. Wir haben es gleich halb zwei. Meine Eltern schlafen schon".

„Nadine ist im Notarztwagen. Die Ärztin will dich sprechen Kevin" erklärt Mike seinen Freund.

„Was?" fragt Kevin erschrocken und eilt die Treppen herunter. Er kommt auf die Haustür zu, wo Sonja steht. „Hallo Frau Doktor was ist mit Nadine?"

„Deine Freundin hatte einen schweren Nervenzusammenbruch. Nadines Freundin Janina ist leider auf der Fahrt ins Krankenhaus verstorben. Mein herzliches Beileid".

„Ich kannte Janina nicht so gut. Sie war Nadines beste Freundin. Ich will jetzt zu meiner Freundin" bittet Kevin Sonja.

„Natürlich". Sonja, Kevin und Mike gehen zum Notarztwagen. Sie öffnet die Hintertür vom Notarztwagen und rüttelt Nadine wach. „Nadine aufwachen". Sie öffnet mühsam die Augen. Dann setzt sie sich auf, wirft die Decke weg und steigt aus. Sonja und Lukas helfen Nadine aus dem Notarztwagen raus. Sofort übernehmen Kevin und Mike den übermüdeten Teenager. Lukas knallt die Hintertür zu. Kevin und Mike stützen Nadine in Kevins Wohnung. Sonja nimmt das Blutdruckgerät mit und geht mit in Kevins Wohnung. Die Jungs legen Nadine auf das Sofa. Kevin deckt sie mit seiner Bettdecke zu.

„Danke" sagt Nadine leise, während sich Sonja zu ihr setzt und ihr die Blutdruckmanschette um den Arm bindet.

„Du kannst gleich schlafen. Ich möchte mal eben deinen Blutdruck messen" erklärt Sonja ihr und misst Nadines Blutdruck. „Der Blutdruck ist soweit wieder in Ordnung. Wenn sie sich Morgen nicht gut fühlt soll sie zu ihren Hausarzt gehen".

„Ist okay. Was soll ich machen wenn sie wieder einen Weinkrampf bekommt?" fragt Kevin die Notärztin. Sonja holt aus ihrer

Jackentasche drei Beruhigungstabletten und gibt sie Kevin in die Hand.

„Hier sind Beruhigungstabletten. Da kann sie eine nehmen wenn sie wieder einen Weinkrampf oder Albträume bekommt. Auf jeden Fall sollte einer bei Nadine heute Nacht bleiben" erklärt Sonja Nadines Freund.

„Ja ich bleibe natürlich bei meiner Freundin. Danke Frau Doktor". Sie legt die Hand auf Nadines Schulter.

„Ich verabschiede mich jetzt Nadine. Kevin bleibt bei dir. Ich wünsche dir alles Gute. Kopf hoch". Sonja steht vom Sofa auf und nimmt das Blutdruckgerät in der Hand. „Ich wünsche eine gute Nacht". Sie verabschiedet sich von Kevin.

„Danke dass sie Nadine wieder nach Hause gebracht haben". „Ich wünsche Ihnen auch eine gute Nacht" sagt Kevin.

„Danke. Hier ist die Nummer von einem Krisendienst. Bitte rufen sie dort an wenn es Nadine weiter nicht besser geht. Dort sind Leute die ihre Freundin über die Trauer helfen" erklärt Sonja ihn, holt eine Visitenkarte aus ihrer Jacke und gibt sie Kevin in die Hand.

„Danke das werden wir machen".

„Okay jetzt aber eine ruhige Nacht, dass ihr zur Ruhe kommt". Sonja verlässt die Wohnung und läuft die Treppen runter. Sie geht den Flur entlang und öffnet die Haustür. Sie geht aus dem Haus und schließt leise die Haustür.

Dann geht sie zum Notarztwagen. Sonja öffnet die Beifahrertür und steigt ein. „Man bin ich erledigt. Ich lege mich gleich hin wenn wir bei der Rettungsstation sind". Sonja schließt die Beifahrertür und schnallt sich an, während Lukas den Motor startet. Dann wendet Lukas den Notarztwagen und sie fahren die Riensberger Straße zurück. Sie fahren zur Rettungsstation zurück. Unterwegs reden sie kein Wort miteinander so müde sind beide. Als sie auf das Gelände der Rettungsstation sind fährt Lukas den Notarztwagen auf den Parkplatz und stellt den Motor aus. Sonja schnallt sich ab und öffnet die Beifahrertür. „Dann wünsche ich dir eine gute Nacht Lukas" wünscht sie ihn und steigt aus.

„Danke das wünsche ich dir auch" sagt Lukas und knallt die Fahrertür zu, während Sonja zum Eingang geht. Sonja öffnet die Eingangstür und hält sie ihn auf.

„Danke Sonja". Sie und Lukas laufen die Treppen hoch. Sonja geht gleich in ihrem Büro, während sich Lukas auf den Sofa im Aufenthaltsraum legt. Sie öffnet die Bürotür, schaltet das Licht ein, geht rein und schließt die Bürotür hinter sich. Sonja setzt sich erschöpft auf das Bett, zieht ihre Sicherheitsschuhe aus und zieht ihre Jacke aus. Sie hängt die Notarztjacke über den Stuhl und schaltet das Licht aus. Sonja legt sich auf das Bett und deckt sich zu. Kurz darauf ist sie eingeschlafen. Nachdem sie fünf Minuten geschlafen hat schrillt ihr Melder los. Sonja schreckt hoch.

„Mist habe mal gerade fünf Minuten schlafen können" denkt sie, zieht ihre Sicherheitsschuhe über und steht vom Bett auf. Sie nimmt ihre Jacke von der Stuhllehne, zieht sie über und öffnet die Bürotür. Sonja geht aus ihrem Büro und schließt die Tür. Sie rennt durch den Aufenthaltsraum, öffnet die Tür vom Aufenthaltsraum und geht raus. Sonja schließt die Tür vom Aufenthaltsraum und rennt die Treppen runter. Dann öffnet sie die Eingangstür und rennt raus. Die Tür geht von alleine zu.

Sie rennt zum Notarztwagen. Lukas sitzt schon im Notarztwagen. Sonja öffnet die Beifahrertür und steigt ein. „Hallo Lukas" grüßt sie und schließt die Beifahrertür.

„Hallo Sonja. Wie geht es dir?" fragt Lukas ihr, startet den Motor und schaltet das Blaulicht an.

„Nicht so gut. Ich habe das Gefühl das mein Kopf jeden Moment platzen tut".

„Das ist nicht so toll. Ich habe schon mit der Leitstelle Kontakt aufgenommen. Schwerer Epileptischer Anfall bei einen jungen Mann im Haus 4 beim Berufsbildungswerk Kremser Straße".

„Nicht schon wieder so einen schlimmen Einsatz wie eben". Sie fahren mit Blaulicht und Sirene die Osterholzer Landstraße entlang. „Ist das leer auf den Straßen".

„Ja es ist ja auch fast halb drei Uhr morgens. Hast du etwas schlafen können?" fragt Lukas sie.

„Sehr witzig. Ich habe gerade fünf Minuten geschlafen dann hat schon mein Melder geschrillt" antwortet Sonja, während sie über den Bahnübergang fahren.

„Ich habe etwas gelesen" erzählt Lukas ihr. Er biegt nach links in die Rockwinkeler Heerstraße. „In Bremen sind die Fußwege hochgeklappt. Das sieht in Hamburg anders aus" erzählt Lukas ihr.

„Die Leute schlafen. Hamburg ist ja auch eine Großstadt und Bremen ist der Vorort mit Straßenbahn" sagt Sonja lächelnd. An der Apfelallee biegen sie links auf die Oberneulander Heerstraße ein. „Guck mal die Tankstelle hat auch zu".

„Hat wohl heute keinen Notdienst" vermutet Lukas.

„Tanken müssen wir nicht oder?" fragt Sonja ihn und zieht Gummihandschuhe über.

„Nein der Tank ist noch halb voll" antwortet Lukas. Sie fahren mit Blaulicht die Leher Heerstraße entlang. Vor der Eisenbahnbrücke fahren sie nach rechts in den Herzogenkamp. Als sie endlich in die Kremserstraße einbiegen kommt von links der Rettungswagen mit Blaulicht. Zusammen fahren der Notarztwagen und der Rettungswagen über den Parkplatz, um zu Haus 4 zu kommen. Dort wartet schon ein junger Mann mit Jogginganzug auf das Rettungsteam. Der Notarztwagen und der Rettungswagen halten vor der Eingangstür mit der Hausnummer 4. Der junge Mann kommt auf den Notarztwagen zu, als sie gerade anhalten. Sonja und die anderen Rettungskräfte holen die Notfallkoffer aus den Rettungsfahrzeugen.

„Da sind sie ja endlich. Kommen sie schnell. Mein Kumpel Benny hat einen schweren Krampfanfall" erklärt er verzweifelt, während sie zur Eingangstür gehen.

„Ganz ruhig junger Mann. Können sie uns bitte die Tür aufschließen" bittet Sonja den jungen Mann. Der junge Mann schließt die Eingangstür auf. Die Rettungskräfte und Sonja gehen durch die Eingangstür. Er lässt die Eingangstür fallen. Sie knallt ins Schloss, während sie die Treppen hochsteigen.

„In welchen Stock müssen wir?" fragt Lukas den jungen Mann.

„Im zweiten Stock" antwortet er und rennt vor den Rettungskräften und Sonja die Treppen hoch. Dann laufen sie zu Bennys Zimmer, wo viele junge Leute vor der Tür stehen.

„Können sie bitte Platz machen. Wir müssen zum Verletzten" bittet Sonja die jungen Leuten, während der junge Mann die Zimmertür öffnet. Die jungen Leute gehen von der Tür weg so das Sonja und die Rettungskräfte ins Zimmer gehen können. Vier junge Leute halten den auf dem Boden liegenden, wild zuckenden und um sich schlagenden, nicht ansprechenden jungen Mann vorsichtig fest.

„Ich habe Benny schon eine Rektiole Diazepam gegeben, aber das hat nichts genützt" informiert der junge Mann Sonja, während Lukas die Zimmertür von innen schließt. Sonja zieht eine Ampulle mit Midazolam, ein sehr schnell wirkendes Beruhigungs- und Schlafmittel, auf.

„Wie lange geht der Krampf schon?" fragt Sonja den jungen Mann und spritzt das Medikament langsam in die Vene.

„Bestimmt schon zwanzig Minuten. Ich habe den Anfall bemerkt, weil wir zusammen im Zimmer wohnen. Ich habe Benny sofort das Diazepam gegeben. Nachdem es nicht besser geworden ist habe ich die Rettungsleitstelle angerufen. Na und dann hat es ja auch noch ein paar Minuten gedauert bis sie kamen".

„Wie lange hat ihr Freund schon Krampfanfälle?" fragt Sonja ihm.

„Schon seit sein ganzes Leben".

„Hat ihr Freund vor den Anfall schon Beschwerden gehabt?" fragt Sonja, während der junge Mann zur Tür stürmt, die inzwischen wieder von jungen Leuten geöffnet worden ist.

„Hier gibt es nichts zu gucken" schreit er sie an und knallt wieder die Zimmertür von innen zu.

„Die Zimmertür hätten sie auch leiser zumachen können" regt sich Sonja auf.

„Entschuldigung" sagt der junge Mann. Obwohl es sich um ein schnell wirkendes Medikament handelt wurde der junge Mann nur zögerlich etwas ruhiger. Sven, der Rettungssanitäter, legt einen Pulsoxymeter an den jungen Mannes Finger, während Richi, der Rettungsassistent Elektroden auf die Brust von dem jungen Mann klebt. Dann schließt er die Kabel an das Parameter an und schaltet es an. Es zeigt eine deutlich schnelle Herzschlagfolge. Der junge Patient hat eine gute Sauerstoffsättigung. „Benny hat vor seinen Krampfanfall starke Kopfschmerzen und Übelkeit gehabt. Er konnte dann nicht mehr richtig sehen und musste sich übergeben" antwortet der junge Mann.

„Das hört sich nicht gut an. Hat er immer die Beschwerden vor jeden Krampfanfall?" fragt Sonja den jungen Mann.

„Nein diesmal ist es sehr heftig. Vielleicht hätte wir nicht soviel Autorennen auf die PS3 spielen sollen". Bereits nach wenigen Minuten nimmt die Krampfintensität wieder deutlich zu. Sonja verabreicht ihren jungen Patienten eine zweite Ampulle Midazolam. Auch diesmal gibt es nur eine kurze Wirkungsdauer, dann nimmt der Krampfanfall wieder deutlich zu.

„Wir können den Anfall nicht durchbrechen. Es handelt sich um einen sogenannten Krampfanfall mit Bewusstlosigkeit. Richi ziehe mir eine Spritze mit Thiopental 500 Milligramm und Sauerstoffgabe 10 Liter über Maske" ordnet Sonja an. Richi zieht die Spritze mit dem stark wirkenden Schlafmittel auf und gibt die Spritze Sonja, während Sven den Patienten die Sauerstoffmaske auf die Nase und Mund setzt. Die Notärztin legt inzwischen ihren jungen Patienten einen Zugang in seinen Handrücken. Dann spritzt sie ganz langsam das Thiopental in die Kanüle. Nach 150 Milligramm wird der Patient deutlich ruhiger. Das unkontrollierte Schlagen von Armen und Beinen lässt nach und hört nach weiteren 50 Milligramm ganz auf. Benny atmet ganz ruhig und gleichmäßig. Richi lässt inzwischen eine Infusion langsam laufen. Sonja prüft die Augenreflexe des Patienten. Die Pupillenreaktion und das EKG sind unauffällig. Der junge Patient ist nach dem Krampfanfall nicht ansprechbar. Sonja misst den Blutdruck, der sehr niedrig ist.

„Hat er den Krampfanfall überstanden Frau Doktor?" fragt Bennys Freund ihr.

„Ja das hat er. Er ist aber durch den Krampfanfall und den Medikamenten sehr müde" antwortet Sonja.

„Müssen wir ihn intubieren?" fragt Richi Sonja.

„Nein das brauchen wir nicht, weil er selber sehr gut atmet" erklärt Sonja den Rettungsassistenten, während Bernd und Sven die Rettungstrage holen.

„Muss Benny ins Krankenhaus Frau Doktor?"

„Ja er muss zur weiteren Diagnostik und auch zur medikamentösen Einstellung ins Krankenhaus" antwortet sie, während sie ihren Patienten vom Parameter befreit. Blutdruckmanschette und Pulsmesser bleiben noch an den Patienten. Sie nimmt ihren jungen Patienten die Sauerstoffmaske vom Gesicht. „Das braucht er auch nicht mehr" erklärt Sonja den jungen Mann, während Bernd und Sven mit der Rettungstrage in das Zimmer kommen. Sie stellen die Trage auf den Boden ab und heben den Patienten auf die Trage, während Sonja und Lukas die Sachen zusammen räumen. Sie hält die Infusion hoch. Als Bernd den Patienten festgeschnallt hat tragen sie ihn aus dem Zimmer. Überall stehen junge Leute auf den Hausflur und gucken den Rettern zu.

„Aus den Weg" sagt Sven sauer.

„Darf ich mit ins Krankenhaus fahren?" fragt der junge Mann Sonja.

„Ja steigen sie vorne in den Rettungswagen ein" antwortet Sonja, während sie die Treppen runter laufen. Der junge Mann hält ihnen die Eingangstür auf. Bernd und Sven schieben die Trage mit den Patienten aus Haus Nr. 4. Sonja hält die Infusion hoch. Lukas trägt die Notfallkoffer aus dem Haus.

Sie laufen zum Rettungswagen, wo immer noch das Blaulicht blinkt, während beim Notarztwagen schon das Blaulicht ausgeschaltet ist. Sie tragen den jungen Patienten in den Rettungswagen. Sonja steigt mit Sven hinten ein, schließen die Türen von innen, während Bernd vorne in den Rettungswagen steigt. Der junge Mann steigt vorne mit ein. Sonja hängt die Infusion am Harken an der Decke. Bernd stellt den Motor an, schaltet das Blaulicht aus und wendet den Rettungswagen. Lukas wendet auch den Notarztwagen. Beide Rettungsfahrzeuge fahren ohne Sirene und Blaulicht los. Sie fahren ins Krankenhaus Ost. Auf den Weg dorthin kommt der junge Patient zu sich.

„Wo bin ich?" fragt er leise und verwirrt.

„Sie hatten einen schweren Krampfanfall. Ich musste ihnen einige Medikamente verabreichen, die sie sehr müde machen. Wie fühlen sie sich?" fragt Sonja ihren Patienten, während sie den Blutdruck bei ihren Patienten misst.

„Ich habe Kopfschmerzen und schlecht ist mir auch noch" antwortet Benny.

„Kopfschmerzen haben sie. Seit wann haben sie die Kopfschmerzen Benny?"

„Gestern schon den ganzen Tag über" antwortet er.

„Wollen sie was gegen ihre Kopfschmerzen und Übelkeit haben?"

„Das wäre gut. Bin nur so müde" sagt der Patient, während sie eine Infusion mit Kochsalzlösung, Schmerzmittel und Übelkeit vorbereitet. Dann tauscht sie die andere Infusion, die leer ist, aus, hängt die neue Infusion an den Harken und schließt sie an die Kanüle an.

„Es wird ihnen gleich besser gehen Benny. Die Müdigkeit kommt von den Medikamenten her. Versuchen sie etwas zu schlafen".

„Wie spät ist es?" fragt er schläfrig. Sonja guckt auf die Uhr.

„Es ist gleich halb vier morgens" antwortet Sonja. Der Patient ist wieder eingeschlafen. Sonja dreht den Regler an der Infusion ein bisschen schneller. Nach zwanzig Minuten kommen sie in Bremen Ost Krankenhaus an. Sonja nimmt die Infusion vom Harken und packt sie auf die Trage zu den jungen Patienten, während Lukas, Bernd und Sven die Trage mit den Patienten aus dem Rettungswagen heben.

Sie schieben den Patienten in die Notaufnahme. „Wie sieht es aus Frau Doktor mit Benny?" fragt der junge Mann ihr, während sie zur Notaufnahme laufen.

„Ganz gut. Ihr Freund ist sehr schläfrig" antwortet Sonja. Nach wenigen Minuten kommen sie in die Notaufnahme. „Sie setzen sich da bitte hin" bittet sie den jungen Mann, während die Rettungskräfte den Patienten in den Schockraum schieben. Die Tür geht hinter ihnen zu.

„Was haben wir?" fragt der diensthabende Arzt Sonja.

„Das ist Herr Benjamin Gertens, 24 Jahre alt. Er hatte einen schweren Krampfanfall der ca. 35 Minuten gedauert hat. Ich habe ihn was zur Beruhigung und ein starkes Schlafmittel gegeben. Im Rettungswagen kam er kurz zu sich. Er klagte über

Kopfschmerzen und Übelkeit. Habe ihn dann eine Infusion mit Dolominlösung und Kochsalzlösung gegeben. Dann ist der Patient wieder eingeschlafen" erklärt Sonja den Arzt, während eine Schwester die Infusion am Ständer hängt. „Das EKG und der Blutdruck waren in Ordnung" erzählt Sonja den Arzt. „Draußen wartet ein Kumpel auf ihn". Als sie den Patienten auf das Krankenhausbett umgelagert haben verabschieden sich Sonja und die anderen Rettungskräfte. „Gute Nacht noch" wünscht Sonja den Ärzten und geht mit den anderen Rettungskräfte aus dem Schockraum. Sie geht zu dem jungen Mann, während die Rettungssanitäter, Lukas und Richi die leere Trage schieben. „Sie müssen sich noch etwas gedulden" sagt Sonja zu dem jungen Mann.

„Okay danke Frau Doktor für ihre Hilfe".

„Das ist doch selbstverständlich. Ihr Freund war kurz im Rettungswagen wach. Ihn geht es den Umständen entsprechend gut. Sie können bestimmt bald zu ihren Freund gehen".

„Kommt er auf die Intensivstation?"

„Nein er ist ja stabil. Er wird wohl auf die Neurologie kommen. Ein Arzt kommt gleich auf sie zu. Ich muss los" verabschiedet sich Sonja.

„Danke schön. Ich wünsche noch eine gute Nacht".

„Danke. Die Nacht ist nicht mehr lang" sagt sie und verlässt die Notaufnahme.

Sonja steigt zu Lukas in den Notarztwagen. „Ich hoffe dass wir jetzt noch etwas Schlaf finden werden, bevor der nervige Praktikant wiederkommt" erklärt Sonja ihn, während sie das Krankenhaus verlassen.

„Guck mal die ersten Leute sind wieder auf der Straße" stellt Lukas fest.

„Das sehe ich. Müssen wohl zur Arbeit" vermutet Sonja und gähnt.

„Am Samstagmorgen?"

„Klar. Zeitungszusteller, Bäckereien haben gleich Dienst" erklärt Sonja. Sie fahren zur Rettungsstation zurück.

Sie geht in ihrem Büro und schließt ihre Bürotür. Dann zieht sie ihre Jacke und Sicherheitsschuhe aus und legt sich auf das Bett. Kurz darauf schläft sie ein. Lukas legt sich auf das Bett in den Schlafraum hin. Er steht um halb sechs wieder auf und geht in den Aufenthaltsraum. Lukas kocht Kaffee und setzt sich an den Tisch. Er liest die Zeitung, als Herr Winter mit Kopfhörer in den Ohren in den Aufenthaltsraum kommt. „Guten Morgen. Wo sind den Holger und die Frau Doktor?" fragt Herr Winter Lukas und nimmt einer seiner Kopfhörer aus dem Ohr.

„Warum interessiert sie das? Wer sind sie überhaupt und was haben sie hier zu suchen?"

„Ich bin Herr Winter, der Praktikant. Mache seit gestern ein Praktikum bei der Frau Doktor" antwortet Herr Winter misstrauisch. „Wer sind sie bitte?" fragt er Lukas und setzt sich mit an den Tisch.

„Ich bin der Lukas, Rettungsassistent. Bin in Moment als Ersatz für Holger da".

„Wieso was ist denn mit Holger passiert?" fragt Herr Winter den Rettungsassistenten erschrocken.

„Wollen sie eine Tasse Kaffee?" fragt Lukas den Praktikanten. Herr Winter nickt. Lukas steht auf, geht zur Kaffeemaschine, holt einen Becher aus dem Glasschrank und schenkt Herrn Winter Kaffee in den Becher. Dann kommt Lukas auf ihn zu und gibt Herr Winter den Becher mit den Kaffee in die Hand.

„Danke".

„Milch und Zucker stehen auf den Tisch" erklärt Lukas ihn und setzt sich wieder auf den Stuhl. „Die Frau Doktor schläft wohl noch. Hatten bis vor kurzem noch Notfalleinsätze. Es sind zwei Patienten gestorben. Das hat die Frau Doktor und mich ziemlich fertig gemacht. Da können sie froh sein das sie nicht dabei waren. Das ging ziemlich an die Nieren" erzählt Lukas ihn, während Herr Winter Zucker in den Kaffee tut.

„Aber genauso welche Einsätze will ich doch sehen. Darum bin ich doch hier" erklärt Herr Winter ihn frech.

„Wie bitte?" fragt Lukas unglaublich und knallt den Kaffeebecher auf dem Tisch. „Sensationsgeil oder was?" „Mit so was macht man keinen Spaß. Die Einsätze sind pure Realität. Wenn ich so was noch mal von ihnen höre werde ich mit der Frau Doktor sprechen, dass sie Herr Winter bei den Einsätzen hier bleiben und für uns die Einsatzberichte in den PC tippen. Die Einsätze sind ziemlich ernst. Da macht man keinen Spaß mit".

„Ich habe es ja gar nicht so gemeint. Ich meine ja nur dass ich bis jetzt nur harmlose Einsätze hatte. Dafür aber bei einer berühmten Schlagersängerin Helene Fischer war" erklärt Herr Winter den Rettungsassistenten.

„Es gibt keine harmlosen Einsätze Herr Winter. Erleben sie erstmal einen sehr schlimmen Einsatz, dann werden sie anders denken".

„Was ist jetzt mit Holger?" fragt er Lukas.

„Holger liegt mit einen Nasenbeinbruch und gebrochenen Rippen im Krankenhaus" antwortet Lukas.

„Wie hat Holger das denn geschafft?"

„Der ist von einen Autofahrer gestern zusammengeschlagen worden, als sie zu einen Einsatz wollten" antwortet Lukas wieder etwas freundlicher.

„Aber warum ist Holger den zusammengeschlagen worden?" fragt Herr Winter ihn.

„Fragen sie nicht soviel okay. Das geht ihnen nichts an. Entweder erzählt es ihnen Holger selber, aber er kommt erstmal nicht wieder, weil er bestimmt weiter krankgeschrieben wird. Man kann ja nicht verletzt Rettungseinsätze fahren. Das würde auch nicht unsere Frau Doktor erlauben und außerdem hat er die nächsten vierzehn Tage wieso Urlaub. Sie sind wohl sehr neugierig wie. Nehmen sie sich eine Zeitschrift und blättern sie die durch. Ich möchte weiter meine Bildzeitung lesen" bittet Lukas ihn und blättert seine Bildzeitung um. Herr Winter nimmt sich eine Zeitung und blättert sie lustlos um. Um 10:00 Uhr kommt Bernhard mit Sabine in den Aufenthaltsraum.

„Einen schönen guten Morgen" wünscht Bernhard Lukas und Herrn Winter.

„Hallo Herr Knebel. Hallo Sabine" grüßt Lukas die Beiden, steht vom Stuhl auf, geht zu Sabinchen und beugt sich zu ihr runter.

„Hallo kleine Dame. Du kannst ja schon laufen" stellt Lukas fest und hält Sabinchens Hand.

„Ja das kann Sabinchen seit einer Woche nech Sabinchen meine Maus. Wo ist denn Holger?" fragt Bernhard den Rettungsassistenten. „Im Einsatz mit Sonja?"

„Nein. Holger liegt mit einem Nasenbeinbruch und gebrochenen Rippen im Krankenhaus" antwortet Lukas.

„Ach du Schande. Wie ist das denn passiert?" fragt Bernhard erschrocken.

„Holger ist gestern vom Autofahrer, während eines Einsatzes, zusammengeschlagen worden" erklärt Lukas ihn.

„Wer macht denn so was?" fragt Bernhard bestürzt.

„Das können nur Idioten sein" sagt Lukas zu Bernhard.

„Wo ist denn meine Frau?"

„Die Frau Doktor schläft glaube ich noch. Ihr sind zwei junge Menschen unter den Händen heute Nacht weggestorben. Sie war ziemlich fertig davon, weil das noch sehr junge Patienten waren" erklärt Lukas Sonjas Mann, während Bernhards kleine Tochter Mama ruft. „Wie geht es eigentlich euer Sohn Max?"

„Ihn geht es jeden Tag besser. Er hatte ja vorgestern Geburtstag gehabt. Da hat er ein großes Feuerwehrauto, Rettungswagen und Polizeiwagen bekommen, die leider mit Martinshorn ausgestattet sind. Da kannst du dir ja denken dass die Sirenen dauerhaft eingeschaltet sind. Das ist eine ziemliche Geduldsprobe für Sonja und mich" erzählt Bernhard ihn lächelnd. „Aber Kinder sind was schönes" schwärmt Bernhard ihn vor.

„Ist Max denn noch im Krankenhaus?" fragt Lukas ihn.

„Ja er muss auch noch paar Tage drin bleiben, aber er darf endlich wieder aufstehen und macht die Kinderstation unsicher".

„Mama" ruft Sabinchen.

„Ja wir klopfen jetzt bei Mama im Büro an Maus" sagt Bernhard, nimmt Sabinchen an die Hand, geht zu Sonjas Bürotür und klopft an die Zimmertür.

„Herein" bittet die Ärztin nach wenigen Minuten. Bernhard öffnet die Bürotür und geht mit Sabinchen in das Büro. „Hallo meine Süßen" grüßt Sonja ihre kleine Tochter und ihren Mann. Sie steht auf, geht auf Bernhard und Sabinchen zu, während Bernhard die Bürotür von innen schließt.

„Hallo Liebling. Wie geht es dir?" fragt Bernhard seine Frau, während Sonja ihre kleine Tochter auf dem Arm nimmt und Bernhard einen Kuss gibt.

„Es geht so. Bin immer noch ziemlich fertig. Mir sind zwei Patienten unter den Händen weggestorben und die waren noch jünger als wir" erklärt Sonja ihren Mann. „Schön dass ihr da seid" sagt Sonja zu ihren beiden Süßen, während sich Bernhard auf den Stuhl setzt. „Erzähle mal Schatz wie geht es Max?"

„Ihn geht es immer besser. Jeden Tag eine Ecke mehr. Max darf seit gestern Nachmittag ein bisschen aufstehen" antwortet Bernhard.

„Das ist schön. Für mich ist das eine große Erleichterung das es Max endlich besser geht".

„Da hast du Recht Liebling. Max macht die Kinderstation unsicher. Die Schwestern sind schon von dem Sirengeheul seiner Rettungsfahrzeuge genervt" berichtet Bernhard ihr lächelnd. „Wir werden noch viel Spaß mit den Rettungsfahrzeugen haben". Sonja beugt sich zu ihrer Tochter.

„Na Maus wie geht es dir?" fragt sie ihre kleine Tochter und küsst Sabinchen auf die Stirn.

„Sabine sage mal Mama" bittet Bernhard seine kleine Tochter.

„Mama" sagt die Kleine.

„Du kannst ja Mama sagen meine Maus. Ist das toll".

„Unsere Maus kann auch länger und sicherer laufen".

„Toll. Ich bekomme das nicht mit weil ich immer soviel arbeiten muss" erklärt Sonja traurig. „Jetzt fällt noch für unbestimmte Zeit Holger aus. Ich habe einen nervigen Praktikanten, der nur im Weg rum steht und auf uns Rettern glotzt" erzählt Sonja ihren Mann, als ihr Melder losgeht. „Mist Einsatz. Grüße ganz lieb meinen Schatz Max und sage ihn dass ich ihn Morgen besuchen komme" erklärt Sonja ihren Mann, zieht ihre Jacke über, verabschiedet sich von ihrem Mann und Tochter. Dann eilt sie aus dem Büro.

„Guten Morgen Herr Winter" grüßt Sonja ihren Praktikanten.

„Guten Morgen Frau Doktor".

„Kommen sie schnell. Wir haben einen Einsatz und vergessen sie nicht wieder ihre Jacke" bittet Sonja ihren Praktikanten. Dann rennt sie mit Herrn Winter zum Notarztwagen.

„Habe meinen Melder zuhause vergessen" beichtet Herr Winter Sonja kleinlaut.

„Das darf nicht wahr sein Herr Winter. Den Melder müssen sie immer bei sich haben" erklärt Sonja ihren Praktikanten sauer, während Bernhard und Sabinchen die Rettungsstation verlassen.

Lukas sitzt schon im Notarztwagen als Sonja und Herr Winter im Notarztwagen einsteigen. „Guten Morgen Sonja".

„Morgen Lukas. Na alles fit?" fragt Sonja ihren Rettungsassistenten, als Lukas das Blaulicht einschaltet.

„Geht so" antwortet Lukas. Dann nimmt Sonja Kontakt mit der Leitstelle auf. Lukas fährt vom Gelände runter.

„War das eben der Mann von der Notärztin?" fragt Herr Winter ihn neugierig.

„Ich habe ihnen das schon mal gesagt Herr Winter. Seien sie nicht immer so neugierig okay" bittet Lukas ihn genervt und fährt die Osterholzer Landstraße entlang. „Was haben wir Sonja?" fragt Lukas ihr, als sie das Funkgerät am Harken hängt.

„Schlimmes Unwohlsein eines männlichen Patienten am Frühstückstisch in der Robert Bunsen Straße 36. Rettungswagen ist schon da" antwortet Sonja und zieht Gummihandschuhe über, während sie mit Blaulicht und Sirene die Rockwinkeler Landstraße entlangfahren.

„Frau Doktor war das eben ihr Mann und Kind?" fragt Herr Winter Sonja neugierig. Sonja nickt.

„Ja eines meiner Kinder" antwortet sie. „Bitte haben sie ab Morgen immer ihr Melder dabei. Heute wird es nicht anders sein das sie immer in unserer Nähe bleiben müssen. Aber wenn ich noch mal erlebe dass sie ihr Melder zuhause vergessen dann war das mit ihr Praktikum. Das ist jetzt ihre letzte Chance. Haben sie mich verstanden Herr Winter?"

„Ja wie sie meinen" antwortet Herr Winter und gähnt.

„Ich meine es sehr ernst. Treiben sie es nicht auf die Spitze okay".

„Nein tue ich schon nicht Frau Doktor. Ich will mir ja nicht mein Praktikum versauen" erklärt Herr Winter ihr kleinlaut, während sie in die Wilhelm-Röntgen-Straße einbiegen. Lukas schaltet die Sirene aus und fährt die Wilhelm-Röntgen-Straße lang.

„Wo ist denn die Nummer 36?"

„Weiß ich auch nicht Lukas". Er fährt rechts in die Robert-Bunsen-Straße. Als sie an die Voltastraße ankommen wendet er den Notarztwagen.

„Hier sind wir falsch. Also ist das auf die andere Seite" vermutet Lukas, schaltet jetzt die Sirene ein weil ein Möbelwagen die Straße blockiert.

„Es vergehen wertvolle Minuten für den Patienten" sagt Herr Winter frech.

„Seien sie bloß still Herr Winter oder kennen sie sich hier aus? Große Klappe und nichts dahinter" sagt Lukas sauer und fährt an den Möbelwagen vorbei. Sie kommen wieder am Parkanfang vorbei und fahren geradeaus weiter.

„Schluss jetzt Leute. Wir haben gleich einen wichtigen Einsatz, da müssen wir konzentriert sein" bittet Sonja den Beiden, während Lukas das Martinshorn abstellt. Als sie auf die Höhe des Lidl Schildes kommen sehen sie den Rettungswagen mit Warnblinkanlage auf der Straße stehen. Lukas schaltet das

Blaulicht aus und hält hinter den Rettungswagen. Sonja, Herr Winter und Lukas steigen so schnell wie möglich aus dem Notarztwagen. Sie holen den Notfallkoffer aus dem Kofferraum, während Sonja schon an der Haustür klingelt.

Eine Frau öffnet die Haustür. „Guten Tag".

„Hallo ich bin Frau Dr. Sonja Knebel, die Notärztin. Wir wurden gerufen?"

„Ja kommen sie rein" bittet die Frau Sonja und den Rettungsteam. Sonja geht mit Lukas und Herr Winter in das Haus. „Die sind da hinten" sagt die Frau nur und deutet nach rechts. Die Notärztin geht mit Lukas und Herr Winter in den Wintergarten. Sie sieht zunächst nur zwei Rettungsassistenten. Ein Rettungsassistent tritt zur Seite, als er die Notärztin kommen sieht und gibt die Sicht auf einen älteren Mann frei, der am Frühstückstisch sitzt. Sonja geht zu dem Mann. Sie sieht das, dass Gesicht von dem Mann schweißgebadet ist. Seine Hand ballt sich über der Brust und stöhnt. Sonja kniet sich zu dem Mann.

„Hallo ich bin Frau Dr. Sonja Knebel, die Notärztin. Was haben wir denn hier?" fragt Sonja Jim, der Rettungsassistent.

„Angina Pectoris. Haben ihm zwei Sprühstöße Nitro gegeben hat aber nichts geholfen" schildert der Rettungsassistent ihr. Sonja wendet sich an ihren Patienten, der seine Faust öffnet und schließt.

„Guten Tag mein Name ist Frau Dr. Sonja Knebel. Ich bin Notärztin" stellt sich Sonja den Mann vor, während sich Herr Winter auf den Stuhl setzt. Der Patient atmet angestrengt, rollt mit den Augen und beißt die Zähne zusammen.

„Ich habe solche Brustschmerzen" klagt er gequält hervor.

„Bitte am Parameter anschließen und Sauerstoffgabe" bittet Sonja ihre Rettungskräfte, während die Rettungsassistenten sich darum bereits kümmern den Patienten Sauerstoff über eine Maske zu geben und ihm an das Parameter anschließen. Dirk der andere Rettungsassistent reicht Sonja einen Stauschlauch. „Ich werde ihnen jetzt einen Zugang legen" erklärt Sonja den Mann, schiebt den Ärmel hoch, um den Stauschlauch am Oberarm anzulegen. „Hatten sie schon mal einen Herzinfarkt?" fragt Sonja den Mann, während sie den Zugang legt.

„Nein" antwortet der Mann schwerfällig. Seine Frau springt ein.

„Er ist wegen Herzrhythmusstörungen bei Frau Stichweh in Behandlung. Dieses Medikament nimmt er" erklärt sie und reicht Sonja das Isoptin und die Nitrokapseln. „Heute hat er schon eine von den Nitrokapseln genommen" erklärt die Frau Sonja, während sie die Blutdruckmanschette um den Arm des Patienten legt.

„Plötzlich hat dann ihr Mann die Schmerzen und die Atemnot bekommen?" fragt Sonja die Frau und misst seinen Blutdruck.

„Ja" antwortet die Frau besorgt und sieht zu ihrem Mann. „Darf ich ihnen was anbieten?" fragt die Frau die Rettungscrew. Sonja, die Rettungsassistenten und Lukas verneinen.

„Ich nehme gerne ein Brötchen mit Salami und ein Glas Orangensaft" antwortet Herr Winter.

„Dann bedienen sie sich bitte" bittet Frau Winter freundlich.

„Das darf ja wohl nicht wahr sein" flucht Lukas laut.

„Nicht hier" bittet Sonja die Beiden sauer und kümmert sich weiter um ihren Patienten. Sie schließt eine Infusionsbeutel Sterofundin an die Kanüle und hält sie hoch. „Herr Winter halten sie bitte die Infusionsflasche hoch" bittet sie Herr Winter ernst.

„Ich esse aber doch gerade" antwortet Herr Winter frech, während er eine Brötchenhälfte mit Salami isst. Sonja ist kurz vorm ausflippen. „Ich dulde keine Widerrede Herr Winter. Bitte halten sie den Infusionsbeutel hoch".

„Meinetwegen" sagt Herr Winter kauend, steht auf, geht zu Sonja und hält den Infusionsbeutel hoch.

„Blutdruck 169 zu 100, Frequenz 140, Sättigung 97" schildert Dirk, der Rettungsassistent Sonja. Er guckt auf dem Monitor des Parameters und notiert sich die Werte im Notfallprotokoll. Sie wirft einen längeren Blick auf den Monitor. „Die Frequenz ist schnell aber regelmäßig. Wir brauchen Beloc 5 Milligramm, eine Ampulle Valium, 10 Milligramm Morphin und 5000 Einheiten Heparin. Zum Schluss bekommt er noch eine Ampulle Aspirin" ordnet Sonja den Rettungsassistenten an, während Dirk, der Rettungsassistent in Windeseile die Ampullen aufzieht und Sonja gibt.

„Ich habe so eine Angst" stöhnt der Patient. Sonja hält ihre handschuhüberzogene Hand auf seinen Arm.

„Das brauchen sie nicht. Die Schmerzen und das Engegefühl werden gleich besser werden".

„Ich habe so eine Angst" wiederholt der Patient und krampft seine Hand über seinen Herzen zusammen. „Es tut so weh".

„Raucht ihr Mann?" fragt Sonja die Ehefrau.

„Ja aber nicht viel".

„Was heißt nicht viel? Wie viel raucht er denn am Tag?" fragt Sonja ihr.

„Eine Schachtel am Tag" antwortet sie. Sonja verabreicht in kleinen Portionen die Hälfte Morphin der Ampulle intravenös. Dazwischen spritzt sie den Betablocker, das Heparin und Aspirin. Dann gibt sie den Rest des Morphins in die Kanüle.

„Ist es schon besser?" fragt Sonja ihren Patienten. Sie sieht dass es den Patienten immer noch nicht besser geht. Der Mann krümmt sich auf den Stuhl zusammen, während Sonja ihn Valium in die Kanüle spritzt. „Wir müssen jetzt schnell ins Krankenhaus fahren" erklärt Sonja ihren Patienten. „Sie haben vermutlich einen Herzinfarkt. Das ist ein Zustand, den man nur in einem Krankenhaus behandeln kann" erklärt Sonja ihren Patienten und deren Ehefrau, während die Rettungskräfte die Rettungstrage holen.

„Einen Herzinfarkt? Oh Gott" ruft die Ehefrau besorgt. Lukas beruhigt die Frau.

„Den Herzinfarkt wird man im Krankenhaus behandeln können. Sie können bei mir ausnahmsweise mitfahren. Ihr Mann wird im Rettungswagen transportiert. Beruhigen sie sich bitte".

„Wir kriegen die Trage hier nicht durch" erklärt Dirk ihr.

„Ich kann doch auch gehen" sagt der ältere Mann und erhebt sich.

„Stopp. Bitte bleiben sie sitzen" bittet Sonja energisch ihren Patienten. Jim und Dirk setzen die Trage im Wohnzimmer ab. Anschließend holt Dirk den Rettungsstuhl.

„Sie stehen auf keinen Fall alleine auf, weil sie ganz wackelig auf den Beinen sind" bittet Sonja ihren Patienten und drückt ihn auf seinen Stuhl zurück. „Bitte bleiben sie sitzen". Dirk schiebt den Rettungsstuhl auf die Terrasse. Gemeinsam heben sie den Patienten auf den Rettungsstuhl.

„Ich schnalle sie jetzt noch an nicht, dass sie uns weglaufen" erklärt Dirk, der Rettungsassistent den Patienten. Dirk schiebt den Rettungsstuhl. Jim ist damit beschäftigt die schwere Sauerstoffflasche und die Kabel zu tragen. Herr Winter hält immer noch den Infusionsbeutel hoch. Das Parameter stellt der Rettungssanitäter auf den Patientens Schoß.

„Wir bringen ihren Mann in Sankt Josef Stift" erklärt Sonja die Ehefrau und läuft mit der Frau zum Rettungswagen. Die Rettungsassistenten legen den Patienten auf die Rettungstrage um.

„So jetzt liegen sie endlich. Brauchen sie noch eine Decke?"

„Nein danke" antwortet der Patient schwer atmend. Jim schnallt den Patienten fest und sie schieben die Trage mit den Patienten zum Rettungswagen. Dort heben die Rettungskräfte den Patienten in den Rettungswagen. Sonja steigt mit Dirk und Herr Winter hinten in den Rettungswagen ein. Jim schließt die Türen vom Rettungswagen. Herr Winter hängt den Infusionsbeutel am Harken und setzt sich hin. Noch immer japst der Patient. „Ich habe so Angst. Die Brust tut so weh".

„Tut die Brust immer noch so weh?" fragt Sonja ihren Patienten besorgt. Mit glasigem Blick nickt der Patient. Sie nimmt den Patienten die Sauerstoffmaske ab und hängt sie an den Harken. Stattdessen steckt Sonja den Patienten einen Sauerstoffschlauch in die Nase.

„Dirk ziehe mir bitte noch eine Ampulle mit Morphin auf" bittet Sonja den Rettungsassistenten. Anschließend wendet sich Sonja an Jim, der den Rettungswagen fährt. „Jim sage die Leitstelle Bescheid. Die sollen in Sankt Josef Stift nachfragen ob ein Katheterplatz frei ist" bittet sie den Fahrer. Dann spritzt sie das Morphin in die Kanüle und ergänzt es mit Vomex, gegen Übelkeit. Als Jim mit der Leitstelle telefoniert hat ruft er Sonja zu.

„Katheterplatz ist frei".

„Dann gib mal Stoff" bittet Sonja den Fahrer, während Jim den Motor startet, Blaulicht und Sirene einschaltet. Dann wendet der Rettungswagen auf die Robert Bunsen Straße und fährt mit Blaulicht und Sirene die Robert Bunsen Straße zurück. Der Notarztwagen fährt hinten den Rettungswagen her, auch mit Blaulicht und Sirene. Unter Rumpeln und Schaukeln des Rettungswagens dröhnen sie mit Sirenengeheul über die Leher Heerstraße. Herr Winter schaut durch das Rückfenster. Die Leute draußen sehen den Rettungswagen und den Notarztwagen nach. Menschen versuchen einen Blick vom dem zu erhaschen, was im Inneren des Rettungswagens passiert. Der Patient beginnt wieder zu stöhnen. „Sind ihre Brustschmerzen und das Engegefühl immer noch nicht besser?" fragt Sonja ihren Patienten.

„Nein überhaupt nicht". Sonja zieht noch mal eine Ampulle mit Morphin auf und gibt sie den Patienten in die Kanüle.

„Gleich wird es bestimmt besser" beruhigt Sonja den Patienten. „Wir sind ja gleich im Krankenhaus". Nach zehn Minuten kommen der Rettungswagen und der Notarztwagen im Sankt Josef Stift an. Jim stellt das Blaulicht und die Sirene aus und fährt in die Halle. Der Notarztwagen hält vor der Halle. Lukas schaltet Blaulicht und Sirene ab, steigt mit der Frau des Patienten aus dem Notarztwagen und geht mit ihr zum Rettungswagen in die Halle, während die hinteren Türen des Rettungswagens von Jim aufgerissen werden. Dirk und Jim heben den Patienten aus dem Rettungswagen und schieben ihn in die Notaufnahme.

Herr Winter hält wieder den Infusionsbeutel hoch, während Sonja neben der Trage herläuft. Jim hält das Sauerstoffgerät. Das Parameter steht am Fußende des Patienten. Eilig laufen sie in die Notaufnahme. Ihnen kommt Frau Dr. Lehmann entgegen.

„Hallo Sonja. Na wenn bringst du uns?" fragt die junge Ärztin ihr.

„Hallo Lena. Wir bringen Herr Knaul. Vermutlich hat er einen Herzinfarkt. Habe ihn Morphin gegen seine starken Brustschmerzen gegeben" erklärt Sonja die junge Ärztin.

„Ab mit ihn auf die Überwachungsstation" bittet Frau Dr. Lehmann ihren Kollegen. Sonja und die Rettungskräfte schieben den Patienten mit Frau Dr. Lehmann auf die Überwachungsstation. Die Schwestern und Ärzte tragen blaue saubere Kleidung und empfangen den Patienten.

„Hallo" grüßt Schwester Margarita, als ein junger Arzt erscheint. Sonja erklärt kurz die Situation, während die Schwestern und die Ärzte den Patienten auf das Intensivbett umlagern. Weil der Patient weiter über Brustschmerzen und Engegefühl klagt holt die Schwester einen Perfusor mit Morphin. Außerdem bekommt er weiter Sauerstoff durch die Nasenbrille. Sonja überreicht Frau Dr. Lehmann das Einsatzprotokoll und verabschiedet sich.

„Tschüß Lena. Ich wünsche dir noch ein schönes Wochenende".

„Danke Sonja. Dir wünsche ich auch ein schönes Wochenende. Hast denn bald frei?" fragt Frau Dr. Lehmann ihr.

„Ja heute Abend aber erst. Tschau Lena" sagt Sonja und wendet sich an ihren Patienten. „Ich wünsche ihnen alles Gute Herr Knaul und gute Besserung. Sie werden jetzt ein bisschen auf der Überwachungsstation überwacht" erklärt Sonja ihren Patienten.

„Danke Frau Doktor. Darf jetzt meine Frau zu mir?" fragt der Mann ihr.

„Bestimmt" antwortet sie und verlässt den Raum. Sonja geht wieder zur Notaufnahme. Dort warten Lukas und Herr Winter auf sie.

„Na hat der Patient es geschafft?" fragt Lukas ihr.

„Ja. Er hat aber sehr heftige Brustschmerzen und ein Engegefühl. Er liegt auf der Überwachungsstation" antwortet Sonja müde und wendet sich an ihren Praktikanten. „Wir werden nachher mal ein ernstes Wort miteinander sprechen. Ihr Verhalten ist unmöglich".

„Was habe ich schon wieder gemacht?" beklagt sich Herr Winter bei Sonja. In den Moment gehen Sonjas und Lukas Melder los.

„Los schnell wir müssen zum nächsten Einsatz. Nehmen sie ihre Beine in die Hände und kommen sie" bittet Sonja ihn, während sie hinter Lukas her läuft.

Als Sonja beim Notarztwagen ankommt ist Lukas schon im Notarztwagen eingestiegen. Sie öffnet die Beifahrertür und steigt ein. Sie nimmt das Funkgerät aus der Halterung und spricht dort rein, während sie die Beifahrertür schließt. Herr Winter hat endlich den Notarztwagen erreicht. Außer Atem öffnet er die Hintertür. „Das ist ja richtig Sport der Job. Muss es so schnell gehen" meckert Herr Winter den Rettungsassistenten und die Notärztin an.

„Wir haben einen Einsatz und da muss es schnell gehen. Machen sie bitte die Hintertür zu" bittet Lukas Herr Winter, während er den Motor anlässt und das Blaulicht einschaltet.

„Was haben wir für einen Einsatz?" fragt Lukas sie als Sonja das Funkgerät am Harken gehangen hat, während Lukas auf die Straße fährt. Er schaltet die Sirene an und fährt verkehrt die Schubertstraße entlang.

„Schwerer Straßenbahnunfall am Brill" antwortet Sonja und setzt ihre Sonnenbrille auf. Lukas biegt auf die Schwachhauser Heerstraße. Schon stehen sie im Stau. Die Autos stehen bis zum Concordiatunnel in der Schlange.

„So ein Mist" flucht Lukas und fährt auf die Straßenbahnschienen rauf.

„Beeilung Lukas. Wir müssen schnell zum Unfallort".

„Ich tue doch schon alles, aber ich kann da auch nichts für das es sich hier staut" entschuldigt sich Lukas und schaltet die Sirene eine Stärke höher.

„Ich will jetzt endlich wissen was los ist?" fragt Herr Winter Sonja aggressive.

„Jetzt nicht. Wir müssen uns auf den Einsatz konzentrieren Herr Winter".

„Nein ich will es jetzt wissen. Was ist los? Warum sind sie so sauer auf mich?" fragt Herr Winter ihr. Sonja seufzt, während Lukas eine Straßenbahn überholt, die für den Notarztwagen stehen geblieben ist.

„Was los ist Herr Winter? Können sie es sich nicht denken?" fragt Sonja Herr Winter und dreht sich zu Herr Winter um. Er schüttelt den Kopf. „Gut ich helfe ihnen mal auf die Sprünge. Sie verhalten sich unmöglich".

„Was mache ich denn?" unterbricht er Sonja beim Wort.

„Lassen sie mich doch einfach mal ausreden. Man nimmt bei einem Einsatz nichts an, auch wenn einen was angeboten wird. Wir sind nur dafür da um den Patienten zu helfen" ermahnt Sonja Herr Winter verständlich.

„Aber sie haben doch auch von der Schlagertussi Konzertkarten und Geschenke angenommen und sie dürfen das?" rechtfertigt sich Herr Winter bei Sonja.

„Das war erstens nach dem Einsatz und zweitens bin ich ihre Chefin. Ich möchte so eine Unverschämtheit wie eben nicht mehr hören. Ist das verstanden Herr Winter".

„Ja ist okay" antwortet Herr Winter, während Lukas in die Hollerallee einbiegt. „Eine Frage hätte ich noch. Warum darf ich nichts anderes machen als eine Infusion zu halten?" beklagt sich Herr Winter bei Sonja.

„Was wollen sie denn machen?"

„Weiß ich auch nicht genau. Sie sind ja die Notärztin".

„Sie haben doch überhaupt keine medizinischen Kenntnisse. Sie wollen doch nur gucken, wie es im Rettungswagen zu geht. Sie sind sehr Sensationsgeil. Ich habe eine Verantwortung gegenüber meiner Patienten. Da kann ich sie nicht ranlassen. Sie haben überhaupt keine Ausbildung als Rettungssanitäter. Was sie vielleicht können ist die Notfallkoffer und das Sauerstoffgerät tragen, aber mehr geht nicht" erklärt Sonja ihn verständlich.

„Das ist ja schon was. Das tue ich aber schon Frau Doktor" sagt Herr Winter, während sie wieder im Stau geraten.

„Das gibt es doch nicht. Wir kommen nie pünktlich zum Einsatzort" regt sich Sonja auf.

„Da kann ich aber nichts für" antwortet Lukas und überholt auf die Gegenspur die Autoschlange.

„Das habe ich auch nicht gesagt. Pass auf Lukas sonst brauchen wir auch gleich Hilfe" bittet Sonja ihren Rettungsassistenten gereizt und abgespannt. Lukas schaltet die Sirene noch eine Stufe höher. Die Leute halten sich an den Haltestellen die Ohren zu. Er fährt auf den Stern und hupt die Autofahrer an, die im Weg stehen.

„Fahr du Idiot" meckert Lukas den Autofahrer an. Vor Schreck setzt der Autofahrer zurück und knallt leicht gegen den Notarztwagen. „Na super. Jetzt hat er uns auch noch getroffen" sagt Lukas aggressiv.

„Da haben wir jetzt keine Zeit zu. Wir müssen zum Einsatz. Ich werde noch wahnsinnig hier" regt sich Sonja auf.

„Kann ich nicht mal bei den Patienten Blutdruck messen? Bei meiner Oma habe ich das auch schon gemacht" fragt Herr Winter Sonja.

„Nein das kann ich nicht verantworten. Es muss gleich sehr schnell gehen. Da kommt es auf Sekunden an" antwortet Sonja gereizt, während Lukas endlich in die Hermann Böse Straße einbiegt.

„Aber sie und Lukas sind doch da. Ihr könnt mir das doch schnell zeigen wie man Blutdruck misst" schlägt Herr Winter ihr vor.

„Nein da ist keine Zeit zu. Es geht um Leben und Tod wenn wir gerufen werden. Tut mir Leid, aber ich kann ihnen das gerne mal zeigen wenn wir Pause haben wie man den Blutdruck misst" erklärt Sonja Herr Winter.

„Das ist nicht das gleiche. Ich finde das fies Frau Doktor" beschwert sich Herr Winter bei ihr.

„Ruhe jetzt. Wir haben gleich einen schweren Einsatz vor uns und da muss sich die Frau Doktor konzentrieren" bittet Lukas Herr Winter sauer, während sie am Hauptbahnhof vorbeifahren.

„Dann darf ich ja wieso nur zu gucken und vielleicht ja wieder die Infusion halten. Na toll" beklagt sich Herr Winter enttäuschend.

„Ruhe jetzt verdammt noch mal. Sie haben doch überhaupt keine medizinischen Kenntnisse. Entweder hören sie jetzt auf oder sie fliegen aus dem Notarztwagen" ermahnt Lukas Herr Winter genervt. „Wir müssen uns jetzt auf die verletzten Patienten konzentrieren" erklärt Lukas ihn, während Sonja Gummihandschuhe überzieht und einen dankbaren Blick auf Lukas wirft. Hinter Sonjas Stirn pocht es ziemlich. Sie fahren problemlos über die Bürgermeister Smith Straße. Lukas schaltet die Sirene wieder zwei Stufen zurück und guckt Sonja an. „Geht es dir nicht gut Sonja? Du siehst sehr blass aus".

„Geht schon. Habe nur ein bisschen Kopfschmerzen" antwortet Sonja.

„Nicht gut. Geht es denn?" fragt Lukas sie besorgt. Sonja nickt. Als sie an der Unfallstelle ankommen stehen auf der Haltesteleninsel ein Rettungswagen, ein Polizeiwagen und ein Feuerwehrauto mit eingeschaltetem Blaulicht. Lukas stellt den Notarztwagen hinter den Rettungswagen, lässt das Blaulicht an und steigt aus, während Sonja schon längst aus den Notarztwagen gesprungen ist.

Sie läuft auf die Straßenbahn zu, die ungefähr fünfzehn Meter von den Rettungsfahrzeugen steht. Die Scheibe ist auf der Fahrerseite der Straßenbahn eingedrückt. Ein spinnennetzartiges Muster durchzieht das Glas.

„Es muss ein größerer Stein aufgewirbelt worden sein, der die Scheibe beschädigt hat" erzählt ein Zeuge den Polizisten den Unfallhergang. Sonja erreicht die Front der Straßenbahn.

„Die Straßenbahn war vermutlich gerade angefahren, als irgendetwas passiert ist" vermutet ein anderer Zeuge. Sonjas Blick schweift ziellos umher, bis sie ein Mann aufmerksam macht.

„Eine Frau liegt unter der Straßenbahn" sagt ein Mann.

„Danke". Sonja kniet sich unter der Straßenbahn. Da sieht sie zwei rote Beine unter der Straßenbahn liegen. Es sind die Beine von Sonjas Praktikanten Herr Winter. „Ist der jetzt lebensmüde oder was?" denkt Sonja, nimmt ihre Sonnenbrille ab und steckt sie in die Jackentasche. Sie legt sich unter der Straßenbahn auf die Straße und klettert unter die Straßenbahn. „Sind sie wahnsinnig oder was Herr Winter?" pfeift sie ihren Praktikanten an.

„Kommen sie schnell Frau Doktor. Eine Frau liegt schwer verletzt unter der Straßenbahn" erklärt Herr Winter die Notärztin. Sonja krabbelt weiter unter der Straßenbahn, während sich viele Schaulustige um den Unfallort versammelt haben. Sonja krabbelt weiter unter die Straßenbahn entlang. Vor ihr liegt eine alte Frau. Sie liegt bewusstlos auf den Rücken. Mit den Kopf in Fahrtrichtung. Ihre Arme liegen dicht neben ihren Körper. Das Blut läuft ihr über die Stirn und Augen.

„Wir holen sie da jetzt raus" erklärt Sonja ruhig der alten Frau und greift nach ihrem Funkgerät. Als sie es an der Hand hält spricht sie rein. „Ich brauche sofort eine Trage. Ich habe hier eine schwerverletzte Frau unter der Straßenbahn liegen. Beeilt euch bitte" bittet sie und steckt das Funkgerät in ihre Tasche zurück. Die alte Frau stammelt etwas. Sie krabbelt rückwärts unter die Straßenbahn hervor und steht auf, während Herr Winter die Handtasche und einen weißen Stock aufsammelt. Lukas hat den Notfallkoffer aufgeklappt. Sonjas Blick streift die Front der Straßenbahn. „Es war kein Stein! Es war das Gesicht der alten Frau, das die dicke Scheibe der Straßenbahn eingedrückt hat" erklärt Sonja ihren Rettungsassistenten.

„Die Patienten ist gehbehindert. Ich habe den Stock gefunden" ruft Herr Winter sie zu. Sonja krabbelt wieder unter die Straßenbahn zu ihrer Patientin. Ein Feuerwehrmann beugt sich zu ihr runter.

„Sollen wir die Straßenbahn ein Stück zurückrollen?" fragt der Feuerwehrmann Sonja, während noch weitere Rettungswagen mit Blaulicht und Sirene am Unfallort eintreffen.

„Nein ich brauche sofort eine Schaufeltrage hier. Besorgen sie eine. Ich bleibe bei der Patientin" bittet Sonja ihn. Der Feuerwehrmann rennt zum Rettungswagen.

„Ihre Ärztin braucht dringend eine Schaufeltrage schnell". Unverzüglich nehmen die Rettungssanitäter die Schaufeltrage und rennen zur Straßenbahn. Der Feuerwehrmann fest mit an, um schnell die Schaufeltrage zur Straßenbahn zu tragen. Währenddessen läuft Norbert, der Rettungsassistent zu Sonja und beugt sich runter.

„Hallo Sonja".

„Hallo Norbert" grüßt sie zurück.

„Braucht du Hilfe?" fragt er sie.

„Nein ich kann hier nichts machen. Die Frau muss sofort in den Rettungswagen transportiert werden. Gucke bitte mal in die Straßenbahn, ob sich noch jemand verletzt hat und ärztliche Hilfe braucht" bittet Sonja den Rettungsassistenten, während die Rettungssanitäter und der Feuerwehrmann mit der Schaufeltrage kommen.

„Ja mache ich" antwortet Norbert, rennt zur Straßenbahn und steigt in die Straßenbahn ein. Herr Winter läuft mit der Handtasche und den Stock der Patientin zu einer Polizisten, die am Rand des Geschehens steht.

„Ich habe hier die Handtasche und den Gehstock der Verletzten. Wollen sie die Personalien aufnehmen?" fragt Herr Winter die Polizistin.

„Nein. Nehmen sie alles mit ins Krankenhaus. Wir kommen dort vorbei" antwortet die Polizistin, während die alte Frau behutsam mit der Schaufeltrage unter der Straßenbahn hervorgezogen wird. Der Rettungssanitäter, Lukas und der Feuerwehrmann tragen sie eilig zu den Rettungswagen, wo schon die Hintertüren aufstehen.

„Was ist mit den Straßenbahnfahrer?" fragt Sonja Hendrik, den anderen Rettungsassistenten.

„Er hat einen Schock. Ist schon auf den Weg ins Krankenhaus Mitte" antwortet Hendrik.

„Okay. Gibt es noch mehr Verletzte?"

„Ja sieben Leichtverletzte in der Straßenbahn".

„Okay. Ich kümmere mich erstmal um die Schwerverletzte dann gucke ich nach den Leichtverletzten" erklärt Sonja und rennt zum Rettungswagen. Sie steigt in den Rettungswagen ein. Herr Winter ist mit in den Rettungswagen gestiegen. Er legt den Gehstock und die Handtasche auf die Ablage und hilft die Schaufeltrage unter die schwerverletzte Patientin zu entfernen. Die Patientin stöhnt vor starken Schmerzen und fest sich an den Brustkorb.

„Das tut so weh" krächzt die alte Frau mühsam. An der Stirn zeichnet sich eine riesen große Platzwunde ab, aus der Blut läuft, während die Türen vom Rettungswagen geschlossen werden.

„Herr Winter machen sie bitte Platz und stehen sie mir nicht im Weg rum" bittet Sonja ihn und wendet sich an die alte Frau, während Hendrik schon das EKG angeschlossen hat. Der Praktikant steigt aus dem Rettungswagen und knallt die Seitentür vom Rettungswagen zu.

„Hallo ich bin Frau Dr. Sonja Knebel die Notärztin. Wie ist ihr Name?"

„Frau Maja Stein heiße ich" antwortet sie und stöhnt vor starken Schmerzen, während der andere Rettungsassistent die Blutdruckmanschette um den Arm bindet.

„Gut Frau Stein. Ich lege ihnen jetzt erstmal einen Zugang. Sie bekommen gleich was gegen ihre Schmerzen durch eine Infusion" erklärt Sonja ihre Patientin. Sonja legt der alten Frau eine Infusionskanüle in die Ellenbeuge und klebt die Kanüle fest. Dann schließt sie eine Infusion mit Ringer an die Kanüle und hängt die Infusion an den Harken, an die Decke, während Philipp der Rettungssanitäter den Blutzucker misst.

„Blutzucker ist 130" informiert er Sonja und guckt auf den Bildschirm des Parameters.

„Blutdruck ist 100 zu 40, Puls 60" schildert Hendrik der Rettungsassistent Sonja.

„Brauche Fentanyl und Hypno. Alles bereitstellen zur Intubation" bittet sie ihre Rettungscrew und wendet sich wieder an ihre Patientin. „Wo tut es ihnen weh Frau Stein?" Die Patientin keucht vor Anstrengung.

„Hier" antwortet sie kaum hörbar und zeigt mit ihrer zittrigen Hand auf die linke Seite des Brustkorbs und fest mit der anderen Hand an den Kopf. Sie bewegt etwas den Kopf und stöhnt. „Was habt ihr nur mit mir gemacht?" fragt sie Sonja verwirrt.

„Sie hatten einen schweren Unfall. Ich werde ihnen jetzt etwas zu schlafen und was gegen ihre Schmerzen geben" erklärt Sonja die Patientin. In den Moment kommt John, ein Rettungsassistent in den Rettungswagen.

„Frau Doktor ihr Praktikant ist nicht gut. Ihn ist total schlecht und musste sich übergeben".

„Ich muss mich erstmal um Frau Stein kümmern. Herr Winter soll sich auf den Bürgersteig setzen. Ich komme sobald ich die Patientin versorgt habe und sie stabil ist".

„Soll ich ihnen eine Infusion legen?" fragt der Rettungsassistent ihr.

„Nein das brauchst du nicht" antwortet Sonja und klebt drei Pflaster auf die Platzwunden im Gesicht von der alten Frau. Philipp hat der alten Frau einen Sauerstoffschlauch in die Nase gesteckt. John steigt wieder aus dem Rettungswagen und schließt die Tür vom Rettungswagen.

John geht zu Herr Winter. „Setz dich etwas auf den Bürgersteig und erhole dich. Ich muss wieder in die Straßenbahn. Da warten noch Patienten auf mich. Die Ärztin schaut gleich nach dir. Alles Gute".

„Danke". Herr Winter setzt sich auf den Bürgersteig. John rennt zur Straßenbahn und steigt dort ein. Im Rettungswagen spitzt sich die Situation dramatisch zu.

„Das EKG wird immer schlechter" informiert Hendrik Sonja, während sie langsam die Narkosemedikation in die Kanüle spritzt. Philipp steht mit dem Intubationsbesteck bereit. Als die Patientin eingeschlafen ist und Sonja die Tiefe der Narkose durch einfaches Streicheln der Wimpern mit ihren Finger geprüft hat, führt sie an der Patientin am Kopfende, stehend einen Tubus in die Luftröhre. Der Brustkorb der Patientin dehnt sich aus. Sie schließt den Tubus an die Beatmungsmaschine an und stellt den Regler auf einhundert Prozent Sauerstoff und zwölf Atemzüge pro Minute. Anschließend nimmt sie das Stethoskop und hört beide Lungenseiten ab.

„Hört sich nach lebensbedrohlichem Lufteinschluss im Brustkorb an. Beide Lungen sind nicht gleichmäßig belüftet. Wir fahren ins Krankenhaus Mitte. Melden sie eine polytraumatisierte Patientin, intubiert und beatmet an" bittet Sonja zu Karl, der Rettungssanitäter und überprüft die Stabilität der Patientin Brustkorb mit leichtem Druck auf beide Seiten. Sie beugt sich über die Brust und hört Knochenknirschen, als sie abermals drückt. „Rippenfrakturen" sagt sie zu Philipp. „Ich gehe mal eben zu meinen Praktikanten Herr Winter und dann in die Straßenbahn" erklärt Sonja den Rettungsassistenten, nimmt den Notfallrucksack, öffnet die Tür vom Rettungswagen, steigt aus und schließt die Tür vom Rettungswagen.

Sonja geht zum Praktikanten. „So Herr Winter. Wie geht es ihnen?" fragt Sonja ihren Schützling, öffnet den Notfallrucksack, holt das Blutdruckgerät raus und bindet ihren Praktikanten die Blutdruckmanschette um den Arm.

„Mir ist immer noch so schlecht" antwortet Herr Winter jammernd, während Sonja seinen Blutdruck misst.

„Wie kommst?" fragt sie Herr Winter.

„Das viele Blut Frau Doktor".

„Sie haben einen sehr niedrigen Blutdruck Herr Winter. Fühlen sie sich müde und schlapp?" fragt sie besorgt ihren Praktikanten. Herr Winter nickt. „Haben sie oft mit niedrigen Blutdruck zu tun?" fragt Sonja ihn und löst die Blutdruckmanschette von dem Arm von Herr Winter.

„Nein eigentlich nicht, aber das viele Blut" antwortet er kleinlaut.

„Sie gehen jetzt nach Hause, legen sich hin und Montag reden wir mal unter vier Augen miteinander" erklärt Sonja Herr Winter freundlich.

„Was habe ich jetzt wieder falsch gemacht Frau Doktor?"

„Wir werden Montag mal ganz in Ruhe zusammenreden Herr Winter. Jetzt gehen sie bitte nach Hause. Ich muss mich jetzt weiter um die Verletzten kümmern" bittet Sonja Herr Winter, packt das Blutdruckgerät wieder in den Notfallrucksack und zieht den Reißverschluss zu.

„Okay". Sonja hilft Herr Winter hoch.

„Legen sie sich ins Bett Herr Winter. Nicht das sie mir umkippen. Ich wünsche ihnen gute Besserung. Kommen sie am Montag um 11:00 Uhr in meinem Büro. Falls ich einen Einsatz habe warten sie im Aufenthaltsraum auf mich". Sonja bindet den Notfallrucksack um.

„Okay" sagt er und verlässt die Unfallstelle, während Sonja zur Straßenbahn eilt. Sie steigt in die Straßenbahn ein und will zum Rettungsassistenten Norbert, aber sie wird von einem Teenager aufgehalten.

„Können sie meiner Freundin helfen? Sie braucht was gegen ihre starken Kopfschmerzen".

„Ja natürlich" antwortet sie und begleitet den Jungen zum Viererplatz, wo ein Mädchen den Kopf mit den Händen stützt. Sonja kniet sich zu den Mädchen. „Hallo ich bin Sonja, die Notärztin. Was ist mit dir passiert?"

„Sonja ist voll mit dem Kopf gegen das Fenster bei der Vollbremsung der Straßenbahn gehauen. Jetzt hat sie höllische Kopfschmerzen" erklärt der Junge anstatt des verletzten Mädchens.

„Das kann ich mir vorstellen dass deine Freundin unter höllische Kopfschmerzen leidet" beruhigt Sonja den Jungen. Sie bindet den Notfallrucksack ab, öffnet den Notfallrucksack und holt das Blutdruckgerät raus. Dann wendet sich Sonja an das verletzte Mädchen. „Hallo Sonja. Gucke mich mal an. Du brauchst keine Angst haben. Ich will dir nur helfen" erklärt sie das Mädchen und bindet ihr die Blutdruckmanschette um den Arm. „Ich messe mal eben deinen Blutdruck Sonja" erklärt sie ihr und misst ihr Blutdruck, während der Junge die Hand von den Mädchen hält. Als Sonja den Blutdruck gemessen hat nimmt sie die Blutdruckmanschette wieder ab und legt sie auf den Notfallrucksack. „Dein Blutdruck ist sehr niedrig. Hast du starke Kopfschmerzen Sonja?" fragt Sonja das Mädchen. Sie holt die Diagnostiklampe aus ihrer Seitentasche der Hose. Das Mädchen nickt. „Das ist nicht schön. Ich gucke dir jetzt mal in die Augen Sonja" erklärt Sonja und prüft die Augenreflexe von den Mädchen.

„Was ist jetzt mit meiner Freundin?"

„Ich untersuche sie doch noch. Wie ist denn dein Name?" fragt Sonja den Jungen.

„Joey" antwortet der Junge, während Sonja den Puls von den Mädchen fühlt.

„Ist deine Freundin immer so ruhig?" fragt Sonja ihn.

„Nein eigentlich nicht. Sie redet sonst ununterbrochen" antwortet der Junge.

„Das gefällt mir gar nicht" sagt Sonja leise zu sich und sieht das dass Mädchen die Tränen runter laufen. „Hey Sonja. Was ist denn los?" fragt sie das Mädchen. Die Notärztin setzt sich neben den Mädchen und legt den Arm um die Schulter des weinenden Mädchens. Sie streicht sie über die Schulter.

„Was ist mit Sonja?" fragt Joe erschrocken.

„Lass mich mal alleine mit deiner Freundin" bittet Sonja Joe und wendet sich den Mädchen zu. Sie holt ein Taschentuch aus ihrer

Tasche und gibt es Sonja. „So Sonja erzähle mir mal warum du so weinst? Ich kann dir sonst nicht helfen oder tut dir dein Kopf so weh?"

„Ja heftig tut mir mein Kopf weh und übel ist mir auch. Ich wollte ja aufstehen aber es fängt sich dann alles zu drehen an" erklärt das Mädchen ihr leise.

„Das ist kein gutes Zeichen. Du bekommst gleich was gegen deine höllischen Kopfschmerzen. Wegen deiner Übelkeit bekommst du auch was und was für deinen Kreislauf. Wir bringen dich gleich ins Krankenhaus. Ich sage kurz meinen Kollegen Bescheid dass wir noch einen Rettungswagen und einen Notarzt brauchen" erklärt Sonja ihr und geht zu Norbert, den Rettungsassistenten, der gerade einen Arm von einen Fahrgast verbindet.

„Norbert wir brauchen noch einen weiteren Rettungswagen und einen Notarzt" bittet Sonja den Rettungsassistenten.

„Was ist denn los Sonja?"

„Weiter vorne links sitzt ein junges Mädchen mit heftigen Kopfschmerzen. Das gefällt mir nicht das sie so teilnahmslos ist. Ich müsste eigentlich auch zu meiner Patienten, die im Rettungswagen liegt zurück, aber ich traue den Frieden nicht" sagt Sonja zum Rettungsassistenten. Norbert fordert noch einen Rettungswagen und einen Notarzt nach. In den Moment ruft der Junge nach der Notärztin.

„Schnell Frau Doktor kommen sie schnell. Meine Freundin blutet aus der Nase und Ohr".

„Ich komme sofort" sagt Sonja und wendet sich an Norbert. „Habe ich das nicht gesagt dass sich der Zustand von den Mädchen verschlechtern wird. Ich kann hier jetzt nicht weg. Sage der Leitstelle bitte, dass sich der Rettungswagen und der Notarzt beeilen sollen" erklärt Sonja ihn und rennt wieder zu den Mädchen. Sonja sieht dass das Mädchen stark aus Nase und Ohr blutet. Joey tupft das Blut von Nase und Ohr ab. „Lässt du mich da bitte hin" bittet Sonja den Jungen und wendet sich an das Mädchen. Joey setzt sich gegenüber auf den Platz, während sich Sonja neue Gummihandschuhe überzieht. „Du musst ja ordentlich gegen die Scheibe geknallt sein" vermutet sie, während sie aus dem Notfallrucksack eine Kanüle und Stauband rausholt, während Norbert zu ihr kommt.

„Notarzt und Rettungswagen sind unterwegs hierher. Was ist mit den Mädchen?" fragt Norbert Sonja besorgt.

„Das Mädchen blutet sehr stark aus Nase und Ohr. Schwerer Verdacht auf Schädelbasisbruch und Schädelhirntrauma" erklärt Sonja leise den Rettungsassistent.

„Ich bin mit den Verletzten in der Straßenbahn fertig. Kann ich dir helfen Sonja?" fragt Norbert sie, während Sonja das Stauband um Sonjas Arm legt.

„Ja mache mir eine Infusion mit Kochsalzlösung fertig. Bereite mir eine Ampulle mit MCP und eine Ampulle mit Novalgin vor. Ich spritze dann die Ampullen hintereinander in die Infusion".

„Wo ist denn Lukas?" fragt Norbert ihr.

„Der kümmert sich um meine Patientin die im Rettungswagen liegt" antwortet Sonja und wendet sich an das weinende Mädchen. „Ich lege dir jetzt einen Zugang, dadurch bekommst du gleich eine Infusion mit Schmerzmittel. Es wird gleich ein bisschen pieksen" erklärt Sonja den Mädchen. Sie reibt die Stelle mit Desinfektionsmittel ein, packt die Kanüle aus und sticht sie in die Vene auf den linken Handrücken. „Nicht bewegen Sonja" bittet die Notärztin das teilnahmslose Mädchen. Norbert gibt ihr Pflaster, um die Kanüle zu befestigen. Sie klebt die Pflaster auf die Kanüle. „So Sonja sticht die Kanüle in der Vene?" fragt Sonja das Mädchen und wischt Blut aus dem Gesicht. Das Mädchen schüttelt ihren schmerzenden Kopf. „Gut. Jetzt kleben wir die Kanüle noch fest und dann sind wir erstmal damit fertig. Du bekommst sofort die Schmerzinfusion Sonja" erklärt sie den Mädchen und klebt weitere Pflaster auf die Kanüle. Norbert gibt Sonja die Infusion rüber. „So du bekommst jetzt die Infusion mit Schmerzmittel. Ich habe dir auch was gegen deine Übelkeit und was für deinen Kreislauf rein getan" erklärt Sonja das Mädchen, während sie die Infusion an die Kanüle anschließt. In den Moment ertönt Martinshorn. Kurze Zeit später erscheint der angeforderte Notarzt in der Straßenbahn. Er beugt sich zu Sonja.

„Hallo Frau Kollegin. Sie haben uns nachgefordert?"

„Hallo. Ja das habe ich" antwortet sie während sie das Blut vom Gesicht des Mädchens abwischt.

„Was soll ich tun?" fragt der junge Notarzt ihr..

„Bitte übernehmen sie meine Patientin im Rettungswagen. Es besteht der Verdacht auf Poliotrauma. Sie ist intubiert und beatmet. Außerdem hat sie eine Reihe von Rippenbrüchen. Sie ist unter die Straßenbahn gekommen" erklärt Sonja ihren Kollegen. „Sie muss unverzüglich ins Krankenhaus gebracht werden. Es besteht absolute Lebensgefahr".

„Okay ich übernehme deine Patientin".

„Wie heißt denn die Patientin?" fragt der junge Notarzt Sonja.

„Frau Maja Stein" antwortet sie, während sie weiter das Blut aus dem Gesicht des Mädchens wischt.

„Dann fahre ich sie jetzt unverzüglich ins Krankenhaus Mitte. Ich wünsche ihnen alles Gute Frau Kollegin".

„Danke kann ich gebrauchen" antwortet Sonja. Sie holt ihre Diagnostiklampe noch mal aus der Seitentasche, während der junge Notarzt aus der Straßenbahn steigt. Sonja wendet sich an ihre junge Patientin. „Ich muss noch mal in deine Augen gucken" erklärt Sonja ihr und prüft die Augenreflexe von den Mädchen. Das Mädchen ist kaum noch ansprechbar. Sie stellt fest dass die Pupillenreaktion nicht mehr gleichmäßig und verzögert reagiert, während sie wieder Martinshorn hören, das sich entfernt. „Was machen die Kopfschmerzen Sonja? Sind sie schon besser geworden?" fragt sie das teilnahmslose Mädchen. Das Mädchen schüttelt den schmerzenden Kopf. „Nicht besser geworden. Ich gebe dir jetzt etwas zum schlafen. Du wirst nichts mehr mitkriegen" erklärt Sonja den Mädchen und wendet sich an Norbert. „Wenn die Kleine schläft legen wir sie auf die Trage und intubieren sie. Ziehe mir mal Dormicum auf" bittet Sonja den Rettungsassistent, während wieder Martinshorn ertönt. „Das wird endlich der Rettungswagen sein".

„Steht es Ernst um meine Freundin?" fragt Joey Sonja.

„Wir haben alles unter Kontrolle. Du brauchst dir keine Sorgen machen Joey" beruhigt Sonja den Jungen.

„Warum wird meine Freundin in Narkose gelegt?"

„Die Narkose wird deiner Freundin helfen. Sie bekommt nichts von ihren starken Kopfschmerzen mit. Die Schmerzen werden von deiner Freundin nämlich immer schlimmer werden. Wir müssen uns aber jetzt beeilen" erklärt sie den Jungen, während zwei Rettungskräfte mit Notfallkoffern in die Straßenbahn steigen. „Wir brauchen hier sofort die Trage" bittet Sonja die Rettungskräfte. Joey hält die Hand von den Mädchen. Das Mädchen guckt ängstlich und ihr laufen Tränen über das Gesicht. Sie blutet immer noch heftig aus Nase und Ohr.

„Ich kann gar nicht so schnell das Blut wegwischen wie es kommt" sagt Norbert zu Sonja.

„Frau Doktor darf ich mitfahren ins Krankenhaus?"

„Ja aber du fährst im Notarztwagen mit. Wir brauchen nämlich hinten genug Platz zum arbeiten" erklärt Sonja den Jungen, während die Rettungssanitäter mit der Trage in die Straßenbahn kommen. Sie gehen auf das Mädchen zu und stellen die Trage auf den Boden ab. „So Sonja wir heben dich jetzt auf die Trage und tragen dich in den Rettungswagen. Du brauchst keine Angst haben" beruhigt die Notärztin das Mädchen. Sonja packt die Sachen im Notfallrucksack und gibt ihn Lukas rüber, der auch in die Straßenbahn gestiegen ist, während die Rettungskräfte das Mädchen auf die Trage legen.

„Lege dich gemütlich hin" sagt Frank, der Rettungssanitäter den Teenager. Das Mädchen legt sich hin und hält ihren schmerzenden Kopf.

„So ist gut. Jetzt decke ich dich noch zu und dann geht es ab in den Rettungswagen" erklärt Frank das weinende Mädchen. Sonja wischt weiter das Blut aus dem Gesicht von den Mädchen, während die Rettungskräfte die Trage mit den Mädchen aus der Straßenbahn tragen.

Dann verlässt der Rettungsassistent mit den Jungen die Straßenbahn. Lukas ist auch aus der Straßenbahn gestiegen. „Es sieht nicht gut aus mit der alten Frau" erzählt er leise Sonja.

„Nicht gut. Den Mädchen geht es auch nicht gerade gut. Kannst du bitte den Jungen mitnehmen?" fragt Sonja Lukas, während die Rettungskräfte die Trage mit den Mädchen aus der Straßenbahn tragen.

„Ja natürlich".

„Gebe mir mal eben neue Tücher und ein paar neue Gummihandschuhe" bittet Sonja ihren Rettungsassistenten. Lukas öffnet den Rucksack und gibt Sonja ein paar neue Gummihandschuhe und Tücher, während Sonja sich ihre Gummihandschuhe abstreift.

„Das Mädchen blutet ja ganz schön" stellt Lukas fest.

„Ja da hast du Recht. Das sickert richtig aus der Nase und aus dem Ohr" erzählt Sonja ihn und zieht neue Gummihandschuhe über. Dann nimmt sie die Tücher und geht zu den Mädchen, die teilnahmslos auf die Trage liegt. Sonja wischt erneut Blut aus dem Gesicht von den Mädchen.

„Die braucht doch bestimmt Blutkonserven" vermutet Lukas.

„Ja das kann sein" antwortet Sonja, während die Rettungssanitäter die Trage mit den verletzten Mädchen in den Rettungswagen schieben. Frank schließt die Türen von den Rettungswagen. Überall stehen Leute um die Rettungsfahrzeuge.

„So Joey du steigst jetzt zu meinen Kollegen in den Notarztwagen" erklärt Sonja und begleitet den Jungen zum Notarztwagen, der noch Blaulicht eingeschaltet hat. Sie öffnet die Beifahrertür, während Lukas auf die Fahrerseite einsteigt. „Das ist Joey. Seine Freundin liegt im Rettungswagen. Er wird mit dir ins Krankenhaus fahren" erklärt Sonja Lukas, während Joey sich auf den Beifahrersitz setzt.

„Hallo Joey. Ich bin Lukas. Wo ist denn unser Praktikant?" fragt Lukas Sonja.

„Krank".

„He!" wundert sich Lukas.

„Erkläre ich dir später. Wir sehen uns im Krankenhaus" sagt Sonja zu den Jungen und haut die Beifahrertür zu. Sie läuft zum Rettungswagen und öffnet die Seitentür vom Rettungswagen. Sonja steigt ein und schließt die Tür hinter sich. „Da bin ich wieder" sagt sie und wendet sich ihrer jungen Patientin zu. „Na werden die Schmerzen ein bisschen besser?" fragt Sonja das Mädchen und steckt ihr ein Pulsmesser am Finger. Das Mädchen schüttelt den Kopf, während Norbert das Blut aus dem Gesicht von den Mädchen wischt.

„Es hört einfach nicht auf zu bluten".

„Ja ich weiß. Sie muss eine sehr schwere Kopfverletzung haben" vermutet Sonja und wendet sich an ihre Patientin. „Nicht gut Sonja das deine Schmerzen nicht besser werden. Ich ziehe jetzt mal deine Jacke aus und ziehe dein Shirt hoch. Ich klebe jetzt Elektroden auf deine Brust, so dass wir dich überwachen können" erklärt Sonja das teilnahmslose Mädchen und zieht vorsichtig die Jacke von den Mädchen aus. Dann schiebt sie das Shirt hoch, klebt drei Elektroden auf die Brust des Mädchens, schließt die Kabel an die Elektroden und schließt das Parameter an. Anschließend schaltet sie das Parameter an. Es fängt sofort an zu piepen. „So Sonja das hätten wir. Jetzt lege ich dir noch die Blutdruckmanschette an" erklärt sie ihr und zieht das Shirt wieder runter und bindet Sonja die Blutdruckmanschette um den Arm.

„Sonja der Blutdruck wird immer schlechter. Jetzt liegt er nur noch bei 90 zu 60" informiert Norbert, der Rettungsassistent Sonja.

„Ich sehe es. Wir werden sie jetzt in Narkose setzen dann lege ich ihr noch einen zweiten Zugang. Du kannst ja schon mal eine Infusion mit Fenter vorbereiten".

„Ja mache ich" antwortet er, während sich Sonja an ihre junge Patientin wendet.

„Du wirst gleich ein bisschen schlafen" erklärt Sonja das Mädchen. Norbert gibt Sonja die Spritze mit Dormicum. Sie spritzt langsam das Dormicum in die Kanüle von den Mädchen. „Dir wird gleich etwas schummerig werden und dann schläfst du schon ein. Dann gehen auch ganz schnell deine starken Kopfschmerzen weg. Wie alt bist du denn Sonja?" fragt sie das Mädchen interessiert.

„Zwölf" antwortet das Mädchen matt, während Frank ihr weiter das Blut aus dem Gesicht wischt.

„Ich habe dich etwas älter eingeschätzt. Dann schlafe mal ein bisschen". Nach kurzer Zeit ist sie eingeschlafen.

„Der Blutdruck sinkt weiter. Jetzt nur noch auf 70 zu 50" informiert Norbert sie und gibt Sonja die Infusion rüber.

„Das ist kein Wunder das der Blutdruck sinkt. Sie blutet heftig aus Nase und Ohr" sagt Sonja und legt ihr noch einen Zugang in der linken Ellenbeuge. Nachdem sie die Kanüle mit Pflaster befestigt hat schließt sie die Infusion mit Fenter an die Kanüle und hängt sie an den Harken an die Decke.

„Der Blutdruck steigt wieder etwas an" informiert Norbert Sonja, während sie die Tiefe der Narkose prüft.

„So wir können intubieren" erklärt Sonja den Rettungsassistenten. Norbert reicht Sonja den Tubus rüber. „Melde uns bitte im Krankenhaus Bremen Ost an". Sonja legt einen Tubus in die Luftröhre von den Mädchen. Dann schließt Sonja den Tubus an das Beatmungsgerät an. Sie schaltet das Beatmungsgerät ein. „Wie sind die Werte?" fragt sie Frank, den Rettungssanitäter.

„Alle Werte sind erstmal stabil" antwortet der Rettungssanitäter.

„Dann fahren wir jetzt unverzüglich ins Krankenhaus wenn Norbert uns angemeldet hat" erklärt Sonja den Rettungssanitäter.

„So die Patientin ist im Krankenhaus Bremen Ost angemeldet" erklärt Norbert, der Rettungsassistent ihr.

„Gut dann fahren wir so schnell es geht mit Sonderrechte ins Krankenhaus" bittet Sonja ihr Team. Frank öffnet die Seitentür vom Rettungswagen steigt aus und haut die Tür zu. Der Rettungssanitäter geht um den Rettungswagen und öffnet die Fahrertür. Er steigt ein und schließt die Fahrertür. Frank startet den Motor, schaltet das Martinshorn an und fährt los. Der Notarztwagen fährt mit Blaulicht und Sirene hinter den Rettungswagen her. Sie müssen durch die ganze Menschenmenge durch, was wertvolle Zeit kostet. Die Leute machen einfach keinen Platz. Die Polizei versucht zwar die Massen zu räumen aber es gelingt ihn nicht richtig. Der Rettungswagen und der Notarztwagen kommen kaum durch. Nach zehn Minuten haben sie es endlich geschafft.

„Steht es ernst um meine Freundin?" fragt Joey Lukas.

„Du meinst weil wir mit Blaulicht und Sirene fahren? Nein das ist nur zur Vorsicht. Man darf eine schwere Kopfverletzung nie unterschätzen. Außerdem ist der Verkehr ganz schön dicht" beruhigt der Rettungsassistent den Jungen.

„Dann ist ja gut" atmet der Junge auf.

„Seit wann seit ihr ein Paar?" fragt Lukas den Jungen und lächelt den Jungen an.

„Seit drei Jahren sind wir jetzt zusammen. Unsere Beziehung läuft bestens".

„Das ist ja schön. Wie alt seit ihr?" fragt Lukas den Jungen.

„Sonja ist zwölf Jahre und ich bin vierzehn Jahre alt" antwortet der Junge.

„Da seit ihr ja noch ganz jung".

„Wo ist denn die Notärztin?"

„Die Notärztin fährt vor uns im Rettungswagen mit".

„In welchem Krankenhaus fahren wir?"

„Nach Bremen Ost. Dort sind sie auf Kopfverletzungen spezialisiert".

„Wird meine Freundin wieder gesund?"

„Bestimmt". Nach zwanzig Minuten kommen sie im Krankenhaus Bremen Ost an. Das Mädchen wird aus dem Rettungswagen getragen als Joey angelaufen kommt.

„Warum wird meine Freundin beatmet Frau Doktor?"

„Es ist nichts schlimmes Joey. Deine Freundin liegt in Narkose, dann ist die eigenständige Beatmung ausgeschaltet. Darum müssen wir sie beatmen" erklärt Sonja den Jungen, während die Rettungskräfte die Trage mit der Patientin aus dem Rettungswagen schieben.

Dann laufen sie eilig mit der Patientin in die Notaufnahme. Dr. Beckert kommt ihnen entgegen. „Kommen sie schnell hier herein" sagt er und zeigt auf den Schockraum. Die Rettungskräfte schieben die Patienten in den Schockraum.

„Du muss leider draußen bleiben Junge" erklärt Sonja den Jungen und geht in den Schockraum. Hinter Sonja geht die Tür vom Schockraum zu. Im Schockraum erklärt Sonja Dr. Beckert die Situation und gibt ihn das Einsatzprotokoll, während die anderen Ärzte, Pfleger und Schwester die Patientin umbetten. Sie hängen die Infusionen an den Harken und schließen sie an das Beatmungsgerät des Krankenhauses an. Der Pfleger schließt sie an das EKG-Gerät und Überwachungsgeräte an, während die Schwester ihr einen Pulsmesser am Finger steckt und ihr die Blutdruckmanschette umlegt. Es fängt sofort an zu piepen. „Ich habe Sonja in Narkose gelegt, weil sie solche starken Kopfschmerzen hatte. Sie blutet immer noch sehr heftig aus Nase und Ohr" erzählt Sonja den Oberarzt und gibt ihn drei Ampullen mit Blut.

„Sie haben tolle Arbeit geleistet Frau Kollegin". Dr. Beckert wendet sich an die Schwester. „Bringen sie das sofort ins Labor. Wir müssen sehen welche Blutgruppe sie hat. Sie muss dringend Blut zugeführt werden. Ihr Blutdruck ist sehr katastrophal" erklärt der Oberarzt die Schwester und Sonja. „Außerdem muss sie für ein CT angemeldet werden und der OP muss bereit sein. Wenn der Hirndruck zu hoch ist müssen wir im OP eine Sonde legen dass wir den Hirndruck wieder senken können" erklärt der Oberarzt die Schwester die Situation. „Schicke mir ganz schnell einen Neurochirurgen" bittet er die Schwester, während die Rettungssanitäter die leere Trage aus dem Schockraum schieben.

„Bis zum nächsten Mal" verabschiedet sich Norbert und Frank.

„Ja ich wünsche euch noch einen schönen Samstag" wünscht Sonja die Rettungskräfte.

„Gleichfalls" sagen sie und gehen den Flur entlang. Hinter ihnen geht die Tür wieder zu.

„Hat die Patientin einen Nachnamen?" fragt der Oberarzt Sonja.

„Das weiß ich nicht, aber ihr Freund wartet vor den Schockraum auf Nachricht" antwortet Sonja.

„Sind die Eltern, Familie schon verständigt?" fragt Dr. Beckert sie.

„Nein das glaube ich nicht. Der Junge hat auch einen ziemlichen Schock weg".

„Gut ich kümmere mich später um ihren Freund. Erstmal ist die junge Patientin hier dran" erklärt Dr. Beckert Sonja. In den Moment piept Sonjas Melder los.

„Ich habe leider wieder einen Einsatz. Tut mir Leid. Gebt ihr mir Bescheid was mit den Mädchen wird" bittet Sonja den Oberarzt.

„Klar" antwortet der Oberarzt, während die junge Patientin zum CT geschoben wird.

„Dann wünsche ich noch einen schönen Samstag".

„Ebenfalls" antwortet er. Sonja läuft aus dem Schockraum. Sie läuft zu den Jungen und setzt sich neben ihn hin.

„Wird noch etwas dauern bis du zu ihr kannst. Sie ist aber stabil. Ich muss leider zum nächsten Einsatz. Ich wünsche euch alles erdenkliche Gute".

„Danke" sagt Joey. Sonja rennt aus der Notaufnahme, als ein Rettungswagen mit Blaulicht ankommt. Sonja winkt kurz die Rettungsassistenten zu und läuft den Flur entlang.

Nach wenigen Minuten kommt sie am Notarztwagen an. Sonja öffnet die Beifahrertür und steigt ein.

„Man bin ich geschafft Lukas". Sonja haut die Beifahrertür zu, während Lukas wieder den Motor gestartet hat und das Blaulicht einschaltet.

„Das glaube ich dir. Wie geht es denn den Mädchen?"

„Nicht sehr gut. Sie ist zwar stabil aber hat sich wohl eine schwere Kopfverletzung geholt. Dr. Beckert sagt mir Bescheid was mit den Mädchen wird. Auf jeden Fall muss sie lange im Krankenhaus bleiben" erzählt Sonja ihn und schnallt sich an. Dann nimmt sie das Funkgerät und spricht da rein. „Was haben wir?" fragt sie den Mann aus der Leitstelle müde, während sie das Krankenhausgelände verlassen.

„Unwohlsein bei einer Sechsundzwanzigjährigen Frau in der Ansgarikirche. Es wurde nur der Notarzt verständigt".

„Müssen wir mit Sondersignal fahren?" fragt Sonja.

„Nein das braucht ihr nicht" antwortet der Mann aus der Leitstelle.

„Gut bis später" verabschiedet sich Sonja, während Lukas das Blaulicht ausschaltet. Sie hängt das Funkgerät wieder am Harken und setzt ihre Sonnenbrille auf. „Wir können gemütlich zur Ansgarikirche fahren" erklärt Sonja ihn und holt ihr Smartphone aus der Hosentasche.

„Was ist jetzt mit unseren Praktikanten. Ist er echt krank?" fragt Lukas ihr.

„Nein ihn war auf einmal schlecht, weil er das viele Blut gesehen hat. Das hat sein Kreislauf nicht mitgemacht. Dann habe ich Herr Winter nach Hause geschickt. Am Montag werde ich mit Herr Winter reden, dass der Rettungsdienst nichts für ihn ist. Außerdem hat er sich ziemlich in Gefahr gebracht als er unter die Straßenbahn gekrabbelt ist, obwohl die Unfallstelle noch nicht richt abgesichert war. Da hätte sonst was passieren können. So geht es nicht weiter mit Herrn Winter. Ich kann mich nicht um meine Patienten kümmern wenn ich weiß das Herr Winter in der Nähe ist und wieder eine Dummheit macht" erklärt Sonja ihn.

„Willst du heute mit unseren Vorgesetzten Herr Brunau über unseren Praktikanten sprechen Sonja?" fragt Lukas ihr.

„Ja wenn er heute da ist" antwortet Sonja und guckt auf ihrem Smartphone. „Meine Freundin Ruth hat ja angerufen. Habe ich noch Zeit sie kurz zurückzurufen?"

„Mache es doch. Es ist kein lebensbedrohlicher Einsatz, wo wir uns beeilen müssen. Außerdem sind wir erst in Schwachhausen" antwortet Lukas, während sie auf der Kurfürstenallee fahren.

„Okay". Sonja, wählt die Handynummer von ihrer Freundin Ruth und hält das Smartphone an ihrem Ohr. Nach wenigen Sekunden meldet sich Ruth.

„Ruth Darmstedt".

„Hallo Ruth. Ich bin es Sonja".

„Hallo Süße. Wie geht es dir?"

„Es geht. Bin ziemlich im Stress. Du hast mich vorn angerufen Süße?"

„Ja habe ich. Tom muss Montag ins Krankenhaus Mitte. Sein Kreuzband ist ja im Knie gerissen. Er muss sich eine komplizierte Knieoperation unterziehen und hinterher fährt er zur Reha nach Bad Eisen" erzählt Ruth ihre Freundin.

„Ach der Arme. Das wird schon gut gehen Süße" beruhigt Sonja ihre Freundin.

„Ich hoffe es. Wie geht es Max?" fragt Ruth ihre Freundin.

„Ganz gut. Er macht seit gestern Abend das Krankenhaus unsicher" antwortet Sonja lächelnd.

„Wann sehen wir uns mal wieder Sonja?" Lukas hält vor der Ansgarikirche.

„Süße wir sind am Einsatzort angekommen. Ich melde mich später noch mal" verspricht Sonja ihre Freundin, schnallt sich ab, öffnet die Beifahrertür und steigt aus.

„Okay Süße bis später".

„Ja bis dann" erwidert Sonja, drückt auf die Auflegetaste, steckt das Smartphone in die Hosentasche und knallt die Beifahrertür zu, während Lukas den Notfallkoffer aus dem Kofferraum geholt hat.

Sonja und Lukas gehen zur Eingangstür der Kirche und öffnen sie. Lukas trägt den Notfallkoffer. Vor ihn geht sie in die Kirche und schließt die schwere Tür. Es ist proppevoll in der Kirche. Sonja und Lukas gehen weiter nach vorne und sehen in der dritten Sitzreihe dass sich eine junge Frau an die Sitzreihe festhält und schwankt. Sonja und Lukas eilen zu ihr hin. „Hallo ich bin Frau Dr. Sonja Knebel, die Notärztin. Was ist mit ihnen?" fragt sie behutsam die junge Frau, während Lukas den Notfallkoffer öffnet.

„Verzeihung ich hatte nur einen kleinen Schwindelanfall" erklärt die junge Frau und greift sich an die Stirn. Sonja kann sie kaum verstehen was sie sagt. Dann geht sie plötzlich in die Knie und hockt hilflos auf den Boden.

„Setzen sie sich mal auf den Stuhl. Wie ist ihr Name?" fragt Sonja die junge Frau und hilft der jungen Frau auf den Stuhl rauf. Sonja kniet sich zu ihr hin. Die junge Frau hat Schweißperlen auf die nasse Stirn.

„Cornelia Kummer" antwortet sie schwach.

„Frau Kummer. Hören sie mich?" fragt Sonja sie. Die junge Frau nickt. „Gut. Bleiben sie ganz ruhig. Ihnen passiert nichts. Gleich wird es ihnen besser gehen" verspricht Sonja Frau Kummer. Die junge Frau nickt und verzieht ihr Gesicht. „Haben sie Schmerzen?" Die junge Frau nickt erneut. Wortlos greift sie sich mit ihrer Hand an die Stirn. „Haben sie Kopfschmerzen Frau Kummer?" fragt

Sonja die junge Frau erneut. Sie nickt abermals. „Kopfschmerzen sind es also die sie quälen. Ist ihnen auch übel?" fragt sie Frau Kummer. Die junge Frau zuckt die Schultern und schließt die Augen. „Offenbar hat sie ein Kreislaufkollaps" vermutet Sonja und sagt die Diagnose Lukas.

„Sie scheint ziemlich starke Kopfschmerzen zu haben" vermutet Lukas.

„Vielleicht hatte sie die Schmerzen schon den ganzen Tag lang und nun sind sie schlimmer geworden. Natürlich kommt ein Migräneanfall in Betracht" vermutet Sonja und bindet der jungen Frau die Blutdruckmanschette um den Arm. „Leiden sie an Migräne?"

„Nicht das ich es wüsste" antwortet sie, während Sonja den Blutdruck misst.

„Ihr Blutdruck ist sehr hoch. Er liegt bei 190 zu 100. Kein Wunder das sie Kopfschmerzen haben. Ich muss ihnen was dagegen geben" erklärt Sonja die junge Frau. Sie zieht eine Spritze mit einen blutdrucksenkendes und beruhigendes Mittel auf. „Haben sie öfters hohen Blutdruck?"

„Weiß ich nicht. Bin sehr selten beim Arzt. Nur wenn es nicht mehr geht" antwortet sie kurz angebunden, während Sonja die junge Frau in die Vene die Spritze gibt. Dann misst sie noch den Blutzucker von der jungen Frau.

„Wollen wir einen Zugang legen?" fragt Lukas sie.

„Nein das brauchen wir nicht Lukas". Während sich der krampfartige Zustand löst zittert Frau Kummer an allen Gliedern und fröstelt. Ihre Stimme wird wieder lauter und kräftiger.

„Es tut mir so Leid das sie extra kommen mussten Frau Doktor" bringt Frau Kummer hervor. „Vielleicht kann ich gleich weiter das schöne Konzert zuhören".

„Das ist nicht schlimm dass sie uns geholt haben. Dafür sind wir schließlich da. Sie können das Konzert weiter zuhören wenn es ihnen wieder besser geht und ich sie im Rettungswagen untersucht habe" verspricht Sonja die junge Frau. „Das Konzert läuft ihnen nicht davon".

„Ich will keinen Rettungswagen. Mir geht es wieder besser. Die Kopfschmerzen sind wieder weg" erklärt die junge Frau Sonja.

„Das glaube ich ihnen aber trotzdem möchte ich sie gerne noch mal im Rettungswagen durchchecken. Sie brauchen ja nicht ins Krankenhaus fahren" verspricht Sonja die junge Frau.

„Na gut wenn sie dann endlich Ruhe geben". Sonja besteht doch für Frau Kummer einen Rettungswagen zu rufen, um sie dort zu untersuchen, obwohl sich nach der schnell wirkenden Injektion der Blutdruck normalisiert hat. Zwar sind die Werte immer noch etwas zu hoch, aber die Gefahr eines Kreislaufzusammenbruches oder einen Schlaganfall besteht nicht mehr.

„Lukas rufe einen Rettungswagen" bittet Sonja ihn.

„Ja mache ich" sagt er und läuft eilig aus der Kirche, während sich Sonja wieder an ihre Patientin wendet.

„Können sie aufstehen?" fragt Sonja die junge Frau. Frau Kummer nickt. Als Lukas wieder in die Kirche kommt eilt er zu Sonja.

„Rettungswagen habe ich gerufen". Frau Kummer steht auf. Sie ist noch ziemlich wackelig auf den Beinen. Lukas hält sie fest, während Sonja die Sachen in den Notfallkoffer packt und schließt. Anschließend trägt er den Notfallkoffer und unterstützt mit Sonja Frau Kummer beim Gehen aus der Kirche.

„Geht es Frau Kummer?" fragt Sonja die junge Frau besorgt..

„Ja" antwortet sie, während sie Martinshorn hören, was näher kommt. Nach wenigen Minuten fährt der Rettungswagen auf den Fußweg und hält vor den Notarztwagen. Der Fahrer stellt das Blaulicht und die Sirene ab, während Dirk, der Rettungsassistent die Tür vom Rettungswagen öffnet und aussteigt.

„Hallo Sonja. Ihr habt uns gerufen?" fragt Dirk die Notärztin.

„Hallo Dirk. Ja haben wir. Das ist Frau Kummer. Sie ist eben in der Kirche kollabiert. Außerdem hatte sie einen sehr hohen Blutdruck und leidet unter sehr starken Kopfschmerzen" erklärt Sonja ihn, während sie mit der jungen Frau in den Rettungswagen einsteigt. Dirk schließt die Seitentür vom Rettungswagen und schaltet das Licht an. „Ziehen sie bitte ihre Jacke aus und legen sich auf die Liege Frau Kummer" bittet Sonja die junge Frau. Frau Kummer zieht ihre Jacke aus und legt sich auf die Trage. „Ich möchte gerne bei ihnen ein EKG aufzeichnen, ob alles in Ordnung ist. Dafür müssen sie den Pullover hochschieben, dass ich die Elektroden auf ihre Brust kleben kann" erklärt Sonja die junge Frau, während Frau Kummer den Pullover auszieht. Sonja klebt die Elektroden auf die Brust der Patientin. „Bisschen kalt gell" meint Sonja zu ihrer Patientin und lächelt sie an.

„Geht so" sagt die junge Frau leise. Sonja schließt die Kabel an die Elektroden an. Dirk, der Rettungsassistent steckt ein Pulsmesser am Finger der jungen Frau und bindet ihr eine Blutdruckmanschette um den Arm.

„Das Blutdruckgerät pumpt automatisch kurz auf. Kann ein bisschen weh tun" erklärt Dirk die junge Frau, während Sonja Frau Kummer an das Parameter anschließt und es einschaltet. Es fängt sofort an zu piepen.

„Wird ein paar Minuten dauern bis der Streifen ausgedruckt wird. Bitte nicht reden" bittet Sonja ihre Patientin. Anschließend nimmt sie noch Blut aus dem anderen Finger, tut es auf den Teststreifen und schiebt es in das Blutzuckergerät. Nach wenigen Minuten hat Sonja den Blutzuckerwert. „65 ist in Ordnung" erklärt sie die junge Frau. „Dirk wie ist der Blutdruck von Frau Kummer?"

„Der ist wieder ganz in Ordnung. Er liegt bei 110 zu 80" informiert Dirk ihr.

„Ihr Blutdruck hat sich wieder normalisiert" erklärt Sonja ihre Patientin und guckt sich den EKG-Streifen an. „Das EKG ist unauffällig. Ihr Herz ist also gesund".

„Kann ich mich wieder anziehen?" fragt Frau Kummer Sonja, während Dirk die Blutdruckmanschette entfernt und den Pulsmesser vom Finger nimmt. Sie entfernt die Kabel vom Parameter.

„Ja klar können sie sich wieder anziehen" antwortet Sonja und setzt sich auf den Stuhl neben der Patientin.

„Warum hatte ich solche starken Kopfschmerzen Frau Doktor?" fragt die junge Frau Sonja.

„Das war wohl der hohe Blutdruck der ihnen Kopfschmerzen verursacht hat. Um zu sehen was mit ihren Kopf vorgeht, müsste man sie zu einer Computertumorgrafie ins Krankenhaus schicken" erklärt Sonja die junge Frau, während sich Frau Kummer anzieht. „Die neuen Apparate im Krankenhaus sind so genau, dass man kleinste, minimale Veränderungen feststellen kann" erklärt Sonja die Patientin.

„Das muss nicht sein Frau Doktor. Ich habe nur ein bisschen mit dem Kreislauf und die Kopfschmerzen die ich habe hängen bestimmt mit dem Wetter zusammen" murmelt Frau Kummer.

„Ihre Symptome sollte man nicht auf die leichte Schulter nehmen Frau Kummer. Bitte tun sie mir den Gefallen das sie zu ihrem Hausarzt gehen wenn sie sich matt und schlapp fühlen oder wenn ihre Kopfschmerzen erneut auftreten" bittet Sonja ihre Patientin ernst. „Was machen in Moment ihre Schmerzen Frau Kummer?"

„Die sind fast weg und auch die anderen Symptome sind weg" antwortet Frau Kummer erleichtert. „Darf ich jetzt gehen?" fragt sie Sonja, während sich die Rettungssanitäter und Lukas vor dem Rettungswagen unterhalten.

„Warten sie. Ich begleite sie" sagt Sonja zu der jungen Frau, steht auf und öffnet die Seitentür vom Rettungswagen. Nachdem sie das Licht ausgeschaltet hat, steigt Sonja mit Frau Kummer aus dem Rettungswagen und schließt die Seitentür vom Rettungswagen.

„So Frau Kummer ich wünsche ihnen alles Gute" verabschiedet sich Sonja von der jungen Frau.

„Danke. Darf ich noch ins Konzert Frau Doktor?"

„Meinetwegen". Sonja lächelt sie an.

„Danke für alles Frau Doktor". Frau Kummer öffnet die Kirchentür, geht rein und schließt die schwere Tür hinter sich.

„Wir sind dann mal weg" sagt Lukas zu den Rettungssanitäter geht zur Fahrertür, öffnet sie und steigt ein, während Sonja schon vorne im Notarztwagen eingestiegen ist.

„Wir fahren jetzt auch. Vielleicht bis später" verabschiedet sich Dirk der Rettungsassistent und steigt in den Rettungswagen. Lukas und Sonja verlassen den Platz vor der Ansgarikirche. Kurz darauf fährt auch der Rettungswagen weg. Sonja und Lukas fahren zur Rettungsstation zurück.

Sie gehen in den Aufenthaltsraum, um etwas zu essen. „Hast du Morgen frei Sonja?"

„Ja ich will meinen Sohn im Krankenhaus besuchen" antwortet Sonja und beißt in ihr Brötchen. Sie nimmt ihr Smartphone aus der Hosentasche, wählt Ruths Nummer und hält das Smartphone an ihrem Ohr. Nach wenigen Minuten meldet sich Ruth.

„Ruth Darmstedt".

„Hallo Ruth. Hier ist Sonja".

„Hallo Süße. Na Einsatz beendet?"

„Ja. Wir sitzen im Aufenthaltsraum und warten auf einen neuen Einsatz. Du wolltest fragen wann wir uns sehen?" fragt Sonja ihre Freundin.

„Ja das wäre mal wieder schön wenn wir uns sehen könnten".

„Wie wäre es am Mittwochvormittag?" Da habe ich mal frei".

„Ja das wäre schon. Soll ich zu dir kommen oder willst du zu mir kommen?" fragt Ruth Sonja.

„Du kannst ja zum Frühstück kommen. Ich mache uns ein super Frühstück. Komme mal so um halb zehn zu mir" bittet Sonja ihre Freundin.

„Ja das mache ich doch gerne. Wie geht es eigentlich deinen Kopf?"

„Es geht. Mein Kopf tut noch ziemlich weh, aber es ist schon besser als die letzten Tage" antwortet Sonja.

„Trotzdem hast du immer noch Kopfschmerzen das gefällt mir nicht. Wann musst du zum CT?"

„Am Montag um 9:00 Uhr muss ich in der Radiologie sein".

„Wann bekommst du dann die Ergebnisse?" fragt Ruth ihr.

„Ich denke mal nach der CT oder Frau Stichweh sagt mir Dienstag das Ergebnis".

„Du Arme" sagt Ruth, als Lukas und Sonjas Melder losgehen.

„Mist. Ruth ich muss leider Schluss machen. Wir haben einen Einsatz".

„Ist okay dann sehen wir uns am Mittwochmorgen".

„Ist okay. Ich rufe dich sonst noch mal an. Bis dann" verabschiedet sich Sonja.

„Okay. Pass auf dich auf Süße" bittet Ruth ihre Freundin.

„Ja mache ich. Bis dann" sagt Sonja zu Ruth und drückt auf die Auflegetaste. Dann steckt sie ihr Smartphone in die Hosentasche, steht vom Stuhl auf und nimmt ihre Jacke vom Stuhl. Beim Laufen zieht sie sich ihre Jacke über. Sonja rennt die Treppen runter und stößt die Eingangstür auf. Sie läuft aus dem Gebäude. Hinter ihr geht die Eingangstür automatisch zu.

Als Sonja am Notarztwagen ankommt öffnet sie die Beifahrertür, während Lukas mit der Leitstelle spricht. Sie setzt sich ihre Sonnenbrille auf und steigt in den Notarztwagen.

Sonja schließt die Autotür und schnallt sich an. „Wo geht es hin?" fragt sie, als Lukas das Funkgerät einhängt.

„Otto Brenner Allee" antwortet er und lässt den Motor an. Sonja schaltet das Blaulicht und die Sirene an, während Lukas vom Gelände fährt.

„Einen Studenten ist wohl ein Billy-Regal auf den Kopf gefallen" vermutet Sonja lächelnd. Sie fahren auf den schnellsten Weg zur Otto Brenner Allee. Aus der Ferne ist das Hochhaus schon zu erkennen. „Das Wetter wird wieder schöner" stellt Sonja fest und zieht Gummihandschuhe über.

„Da hast du Recht Sonja. Draußen sind es schon 27 Grad". Sie treffen nach weiteren zehn Minuten auf den Parkplatz an der Otto Brenner Allee ein. Lukas schaltet das Blaulicht und die Sirene aus. Der Rettungswagen ist noch nicht da. Sonja setzt ihre Sonnenbrille ab, zieht ihre Jacke aus und steigt aus dem Notarztwagen, während Lukas den Notfallkoffer aus dem Kofferraum holt.

Dann gehen sie zum Eingang. Nach wenigen Stufen stehen sie vor einem Pförtnerhäuschen. Der Pförtner öffnet die Haustür. Lukas drückt die Tür auf und lässt Sonja durch. Ihnen kommt der Pförtner entgegen. „Hallo" grüßt er die beiden Rettungskräfte.

„Hallo. Ein Herr Braun hat uns gerufen?" fragt Lukas ruhig aber bestimmt den Pförtner. Der Pförtner sieht Lukas und Sonja an und kramt in einem Buch herum.

„Moment" bittet er und setzt seine Lesebrille auf. „Herr Braun wohnt in Appartement 83. Etage 23. Sie müssen einfach den lila Gang entlang laufen" schildert der Pförtner Sonja und den Rettungsassistenten.

„Vielen Dank" bedankt sich Sonja, während Lukas den Fahrstuhl holt. Die Fahrstuhltüren öffnen sich. Ein junger Mann will mit in den Fahrstuhl einsteigen, aber Lukas verwehrt ihn dem Eintritt.

„Warten sie bitte auf den nächsten Fahrstuhl. Wir haben einen Rettungseinsatz" erklärt Lukas den jungen Mann.

„Wenn es unbedingt sein muss" antwortet der junge Mann.

„Ja muss es" sagt Lukas bestimmt und drückt den Knopf der 23 Etage. Die Fahrstuhltür geht zu. Sonja und Lukas fahren auf die 23 Etage rauf.

„Unheimlich das Haus" bemerkt Sonja.

„Da hast du Recht. Dass auch keiner runterkommt um uns zu empfangen das wundert mich" sagt Lukas zu Sonja.

„Da hast du Recht. In dem Haus ist schon lange nicht gestrichen worden" sagt Sonja. Dann geht endlich wieder die Fahrstuhltür auf. Sonja und Lukas treten aus dem Fahrstuhl. Sie treten in einen finsteren Flur.

„Hier ist der lila Gang. Hier müssen wir entlang Sonja" sagt Lukas und drückt die Glastür auf. Lukas hält Sonja die Tür auf. Lukas und Sonja gehen den dunklen Gang entlang. Sie suchen die Wohnungen ab, aber sie finden nicht das Appartement mit der Nr. 83. „Wir müssen wahrscheinlich auf die andere Seite rüber" meint Lukas. Sonja wird langsam unruhig und sauer.

„Das gibt es doch nicht das wir das Appartement nicht finden. Ich werde langsam unruhig weil wir durch das suchen zu viel Zeit verschwenden. Es sind Minuten die wir verlieren den Patienten helfen zu können. Wir laufen jetzt schon zehn Minuten den dunklen Gang von Tür zu Tür und kontrollieren die Appartements" erklärt Sonja ihn aufgebracht. Er geht vor Sonja.

„Ich kann da auch nichts für das man uns nicht gesagt hat wo es genau ist" antwortet Lukas und stößt die andere Glastür auf. Er hält Sonja die Glastür auf. Sie und Lukas gehen durch die Glastür. „Gucke mal da ist das Appartement mit der Nr. 83".

„Endlich" atmet Sonja auf. Lukas klopft an die Wohnungstür. Kurz darauf wird die Wohnungstür aufgerissen. Vor Sonja und Lukas steht ein junger Mann.

„Kommen sie rein" bittet er Sonja und Lukas und macht eine fahrige Handbewegung. Sie treten in den kleinen Vorraum, der direkt in ein kleines Zimmer führt. Auf dem Bett liegt schlapp ein junger Mann mit ausgestreckten Armen und hebt nur schwach seinen Kopf. Sonja geht zum jungen Mann und beugt sich zu ihnen runter.

„Hallo. Ich bin Frau Dr. Sonja Knebel, die Notärztin. Wie ist ihr Name?" fragt Sonja den Patienten, während Lukas den Notfallkoffer aufklappt.

„Lukas Braun" antwortet der junge Mann schwach. Der Rettungsassistent gibt Sonja das Blutdruckgerät. Sie bindet den jungen Mann die Blutdruckmanschette um den Arm. „Was ist passiert?" Sie pumpt die Blutdruckmanschette auf.

„Ich habe letzte Woche die Mandeln herausoperiert bekommen" erzählt er schwach.

„Ich piekse ihnen mal eben in den Finger" erklärt Lukas den jungen Mann und sticht ihn in den Finger. Dann tut er die Blutprobe auf den Teststreifen und schiebt ihn in das Blutzuckergerät. Lukas nimmt ein kleines Tuch und drückt auf den Finger. „Drücken sie mal ganz fest darauf". Lukas drückt auf das Tuch.

„Es blutet seit heute Nacht im Rachen" klagt der Patient und lässt seinen Kopf schlaff auf das Kissen zurücksinken.

„Lukas hat es eben erst gemerkt, als er ins Bad gegangen ist" ergänzt der junge Mann an die Tür den Satz und guckt besorgt seinen Freund an.

„Ihr Blutdruck ist ein bisschen zu hoch. Er liegt bei 140 zu 80. Puls ist 104" erklärt Sonja ihn die Werte. Der Rettungsassistent schreibt es ins Einsatzprotokoll. „Wie wollen sie das denn wissen das sie seit heute Nacht schon bluten wenn sie es eben erst gemerkt haben wo sie im Badezimmer waren, wie ihr Freund es eben erzählt hat?" fragt Sonja den jungen Mann.

„Frank hat es mir doch erzählt das ich seit heute Nacht blute" antwortet der Patient.

„Der Blutzuckerwert ist 72. Also ganz in Ordnung" schildert Lukas Sonja den Blutzuckerwert und trägt den Wert in das Einsatzprotokoll ein. Hinter Sonja und Lukas kommen die Rettungssanitäter ins Zimmer gelaufen.

„Hallo. Sorry das wir erst so spät kommen aber wir haben das Appartement nicht gefunden" erklärt John, der Rettungssanitäter Sonja.

„Wir hatten das gleiche Problem" erzählt Lukas die Rettungssanitäter.

„Öffnen sie mal den Mund" bittet Sonja den jungen Mann. Sie greift sich die Diagnostiklampe aus dem Notfallkoffer und leuchtet den Patienten in den Mund. „Hmm. In Moment blutet da nix mehr" sagt sie den jungen Mann, schaltet die Diagnostiklampe aus und nimmt die Blutdruckmanschette ab. Sonja wendet sich an ihren Patienten. „Okay. In Moment kann ich nichts finden warum es im Rachen geblutet hat. Wo sind sie denn operiert worden?" Der Patient hält seinen Handrücken auf seine Stirn und spricht mit gepresster Stimme.

„Sankt Josef Stift".

„Gut. Dann fahren wir sie da gleich wieder hin. Die Ärzte sollen sich noch mal die Operationswunde ansehen. Ich denke heute Abend sind sie wieder zuhause" erklärt Sonja den Patienten. Herr Braun seufzt schwach. Sonja füllt das Einsatzprotokoll aus, während Lukas den Notfallkoffer schließt. In den Moment kommen die Rettungssanitäter mit dem Rettungsstuhl.

„Setzen sie sich bitte in den Rettungsstuhl" bittet Felix, der andere Rettungssanitäter, den Patienten. Theatralisch hievt sich der junge Mann unter Stöhnen aus dem Bett und setzt sich in den Rettungsstuhl. „Geht es?" fragt Felix den jungen Mann. Herr Braun nickt.

„Kommst du mit Frank?" fragt Herr Braun seinen Freund.

„Nein ich bleibe hier. Du kommst doch heute Abend wieso wieder her".

„Das weiß man nie. Vielleicht behalten sie mich ja in der Klinik".

„Das glaube ich nicht. Wenn es aber so ist das du in der Klinik bleiben muss rufe mich bitte an. Ich bringe dir dann Zeug vorbei" verspricht Frank seinen Freund.

„Können wir los?" fragt Felix den jungen Mann.

„Ja können wir" antwortet Lukas und wendet sich an seinen Freund. „Ich finde das so fies von dir Frank, dass du mich nicht ins Krankenhaus begleitest" regt sich Lukas auf, während Felix den Rettungsstuhl aus der Wohnung schiebt.

„Ich habe noch einiges zu tun Lukas. Bis später" verabschiedet sich Frank von seinen Kumpel und schließt die Wohnungstür hinter den Rettungskräften und Sonja.

„Beruhigen sie sich bitte Herr Braun. Sie wollen doch nicht das die Blutung im Rachen wieder auftritt oder?" fragt Sonja den Patienten.

„Nein natürlich nicht. Ich finde das trotzdem unfair, dass mein Kumpel nicht mit ins Krankenhaus kommt" beschwert sich der junge Mann bei Sonja. „Ich bin schließlich krank". Sie laufen zum Fahrstuhl.

„Sie sind bestimmt heute Abend wieder zuhause. Ihre Werte sind ja stabil. Im Krankenhaus wird nur mal geguckt woher die Blutung gekommen ist" beruhigt Sonja ihn. Lukas drückt auf den Knopf des Fahrstuhls.

„Es kann doch auch sein das sie mich zur Beobachtung im Krankenhaus behalten wollen" verspricht sich der junge Mann.

„Unwahrscheinlich Herr Braun. Ihn geht es sonst doch gut oder?"

„Na ja geht so. Ich fühle mich kaputt und ausgelaugt. Mir ist auch ein bisschen schwindelig. Kopf- und Bauchschmerzen habe ich auch" jammert er Sonja voll.

„Das haben sie mir aber eben nicht gesagt Herr Braun".

„Ich habe gedacht das es nicht wichtig ist Frau Doktor" rechtfertigt sich der junge Mann. In den Moment kommt der Fahrstuhl. Die Fahrstuhltüren öffnen sich. Lukas nimmt den Notfallkoffer und geht in den Fahrstuhl. Sonja und die Rettungssanitäter schieben den Rettungsstuhl mit den Patienten in den Fahrstuhl. Dann schließen sich wieder die Fahrstuhltüren.

„Wo haben sie denn die Bauchschmerzen Herr Braun?" fragt Sonja den jungen Mann leicht gereizt.

„So schlimm sind wieder nicht die Bauchschmerzen das sie gucken müssen Frau Doktor. Außerdem sind wir hier im Fahrstuhl. Hier kann jederzeit jemand zusteigen. Dem wollte ich nicht meinen bloßen Bauch zeigen".

„Das verstehe ich. Ich werde sie gleich noch mal im Rettungswagen untersuchen und mir ihren Bauch angucken" verspricht Sonja ihn.

„Das brauchen sie nicht Frau Doktor. Das werden sie schon im Krankenhaus machen".

„Nein das werden sie nicht, den im Einsatzbericht steht nichts von Bauch und Kopfschmerzen" erklärt Sonja den jungen Mann.

„Dann tragen sie es bitte im Einsatzbericht ein, dass ich Kopf- und Bauchschmerzen habe" bittet er sie.

„Ich kann nichts im Einsatzbericht schreiben ohne das ich sie untersucht habe Herr Braun" erklärt Sonja Herr Braun.

„Meinetwegen dann untersuchen sie mich halt" sagt Herr Braun aggressiv zu Sonja. Die Fahrstuhltüren öffnen sich und Jack ein alter Kumpel von den Patienten steigt in den Fahrstuhl.

„Sie können hier nicht einsteigen. Wir haben hier einen Rettungseinsatz" bittet Lukas den jungen Mann.

„Lassen sie ihn ruhig rein. Ist ein alter Kumpel von mir" erklärt Herr Braun den Rettungsassistenten und wendet sich seinen Kumpel zu. „Hi Jack. Was geht ab?" fragt Lukas seinen Kumpel, während der junge Mann in den Fahrstuhl steigt. Lukas und Sonja schütteln vor Fassungslosigkeit mit den Köpfen.

„Alles bestens Lukas" antwortet Jack und klatscht mit Lukas ab.
„Nanu Lukas was ist passiert?" fragt Jack seinen Kumpel erschrocken.

„Bin zusammengeklappt. Mir geht es nicht besonders gut. Habe Kopf und Bauchschmerzen. Außerdem ist die Operationswunde wieder aufgeplatzt" schildert Lukas seinen Kumpel.

„Warum bist du zusammengeklappt Alter? Du machst mir ja Sorgen. Wo ist Frankiboy?"

„Der hat mich sitzen lassen der Idiot. Der will mich einfach nicht ins Krankenhaus begleiten. Kannst du mich begleiten Jack?" Jetzt mischt sich Sonja ein.

„Es kann keiner mit ihnen ins Krankenhaus fahren Herr Braun".

„Warum das denn nicht Frau Doktor?"

„Es geht versicherungstechnisch nicht. Wenn was auf der Fahrt passiert ist ihr Freund nicht versichert Herr Braun" erklärt Sonja gereizt, während sich die Fahrstuhltüren öffnen. Der Rettungssanitäter schiebt Herr Braun mit dem Rettungsstuhl aus dem Fahrstuhl. Lukas, John und Sonja kommen hinter ihnen her. Jack läuft neben Lukas her.

„Infusion hast du noch nicht".

„Das wird gleich im Rettungswagen gemacht. Anschließend fahren sie mit mir mit Blaulicht und Sirene ins Krankenhaus" erhofft sich Lukas.

„Dann melde dich mal wenn du wieder zuhause bist. Ich muss los. Tschau Lukas". Die Jungs klatschen sich ab. Der Pförtner hält den Rettungskräften die Tür auf.

„Vielen Dank" bedankt sich Sonja bei dem Pförtner, während die Rettungssanitäter den Rettungsstuhl die wenigen Stufen runter tragen. Der Rettungssanitäter schiebt ihn zum Rettungswagen. Lukas und Sonja kommen hinter ihnen her.

„Ich verstaue schon mal den Notfallkoffer. Fährst du mit im Rettungswagen?"

„Nein das brauche ich nicht. Ich gucke mir den Patienten kurz noch an dann komme ich" erklärt Sonja ihn, während Herr Braun theatralisch gestützt von den Rettungssanitäter in den Rettungswagen steigt. Sie steigt in den Rettungswagen. Felix schließt hinter ihr die Türen vom Rettungswagen. John ist auch im Rettungswagen gestiegen. „So Herr Braun legen sie sich bitte auf die Trage". Herr Braun steht theatralisch auf, hält seinen Magen und geht zur Trage. Dann setzt er sich auf die Trage und legt sich anschließend auf die Trage. John bindet ihn die Blutdruckmanschette um den Arm und steckt ein Pulsmesser an Lukas Finger.

„So die Blutdruckmanschette pumpt sich gleich automatisch auf. Das kann ein bisschen stramm werden" erklärt der Rettungssanitäter den jungen Mann, während Sonja das Stethoskop aus der Schublade holt. Sie kommt auf Herr Braun zu.

„So ziehen sie mal ihr Hemd hoch. Ich möchte sie gerne abhorchen. Können sie sich aufsetzen?" fragt Sonja den jungen Mann. Herr Braun setzt sich stöhnend auf. Sie horcht seine Lungen ab. „Sie können sich wieder hinlegen" bittet sie ihren Patienten. Herr Braun legt sich wieder hin. Dann horcht Sonja den Bauch des Patienten ab. „Wo haben sie denn die Bauchschmerzen?" fragt sie den jungen Mann. Herr Braun zeigt auf seinen ganzen Bauch. Sonja tastet den Bauch von dem jungen Mann ab. „Ich taste nichts auffälliges. Seit wann haben sie die Bauchschmerzen Herr Braun?"

„Seit zwei Stunden".

„Sie können wieder das Hemd runterziehen" bittet Sonja ihren Patienten. „Warum haben sie eigentlich eben ihren Freund erzählt dass sie zusammengeklappt sind? Das sind sie doch gar nicht".

„Ach ja. Meine Kumpels nehmen mich sonst nicht ernst. Da muss immer was besonderes sein sonst reagieren sie nicht auf mich".

„Verstehe ich zwar nicht, aber muss ich ja auch nicht. Wo haben sie denn ihre Kopfschmerzen? Zeigen sie mir mal wo ihn der Kopf weh tut?" fragt Sonja den jungen Mann. Herr Braun zieht sein Hemd runter und zeigt auf seine Stirn.

„Hier Frau Doktor. Die ganze Stirn tut mir höllisch weh" antwortet er. Sonja tastet mit ihren Finger die Stirn ihres Patienten ab. „Da tut so weh. Au" klagt er.

„Sie sind ganz schön wehleidig Herr Braun" sagt Sonja zum jungen Mann und geht an die Schublade.

„Wann legen sie mir einen Zugang Frau Doktor?" fragt Herr Braun Sonja lächelnd.

„Sie brauchen keinen Zugang Herr Braun" antwortet Sonja. Sie holt das Fieberthermometer aus der Schublade und geht zu ihren Patienten. Sie steckt das Thermometer in Herr Brauns Ohr.

„Was ist jetzt Frau Doktor?" fragt Herr Braun sie. In den Moment piept das Thermometer. Sonja holt das Thermometer aus dem Ohr und guckt auf das Display.

„Sie haben kein Fieber. Ihre Temperatur ist 36,2 Grad. Völlig normal" stellt Sonja fest und legt das Fieberthermometer auf das Regal drauf. Dann wendet sie sich an John den Rettungssanitäter. „Wie ist der Blutdruck?"

„Alles normal Frau Doktor. Der Blutdruck liegt bei 125 zu 85 und der Puls ist 66". Sonja trägt es im Einsatzprotokoll ein.

„So ich wünsche ihnen alles Gute Herr Braun. Die Rettungssanitäter fahren sie jetzt ins Krankenhaus Sankt Josef Stift. Ich denke mal, dass sie heute Abend wieder zuhause sind" erklärt sie den jungen Mann.

„Haben sie denn jetzt im Einsatzbericht geschrieben dass ich Kopf und Bauchschmerzen habe?" fragt er sie. Sonja nickt. „Danke Frau Doktor. Dann werden sie mich bestimmt im Krankenhaus behalten" vermutet der junge Mann. Sonja steigt aus dem Rettungswagen und schließt die Seitentür. Sie streift sich die Gummihandschuhe ab, wirft sie in den Mülleimer und geht zum Notarztwagen.

Sonja öffnet die Beifahrertür und steigt in den Notarztwagen. „Ich fasse es einfach nicht. Der junge Mann denkt sich die Beschwerden aus um im Krankenhaus zu bleiben. Ich komme mir so verarscht vor Lukas das glaubst du nicht" erzählt Sonja Lukas aufgebracht, während der Rettungswagen ohne Sonderrechte vom Parkplatz fährt. „Wie kann man sich nur freiwillig ins Krankenhaus einweisen lassen?"

„Er will seinen Freunden beweisen dass es ihn auch noch gibt. Ich denke mal das es was mit Aufmerksamkeit zu tun hat. Er erzählt doch nicht umsonst dass er zusammengeklappt ist" vermutet Lukas.

„Für mich würde so eine Freundschaft schnell erledigt sein wenn ich rauskriegen würde das er die Beschwerden nur spielt um Aufmerksamkeit zu bekommen" regt sich Sonja auf und haut die Beifahrertür zu. „Lass uns endlich fahren Lukas". Er lässt den Motor an und fährt vom Parkplatz. Sonja setzt sich ihre Sonnenbrille auf und guckt aus dem Fenster. „Der Patient war der sterbende Schwan. So wehleidig habe ich schon lange keinen Patienten mehr gesehen".

„Ich möchte mal wissen warum er uns überhaupt gerufen hat".

„Um uns wohl das Hochhaus zu zeigen" vermutet Sonja und lächelt, während sie auf der Osterholzer Heerstraße fahren. In den Moment meldet sich die Leitstelle. Sie geht an das Funkgerät. „Ja Wagen 23. Wir wurden angefunkt. Was gibt es?"

Ende

Sind Sie gespannt wie es weitergeht?

Wie geht es weiter mit der Familie Knebel?

Wie lange hält die Notärztin noch durch?

Feiert Max seine Geburtstagsparty?

Dann lesen Sie den zweiten Roman von den Retter des Alltags Teil zwei, der Anfang des neuen Jahres im Verlag erscheint. Es geht spannend weiter.

Frau Dr. Sonja Knebel ist eine sehr beliebte Notärztin und fürsorgliche Mutter von zwei kleinen Kindern und wohnt in Bremen. Sie erlebt viel trauriges aber auch Lustiges in ihren Rettungseinsätzen. Sie hat es mit netten Patienten, aber auch mit nervigen Patienten zu tun. Nebenbei führt sie mit ihren Mann und ihren Kindern ein Privatleben, wo es auch sehr turbulent zugeht. Sie erlebt Höhen und Tiefen mit ihrer Familie und Freunden, aber einer Notärztin kann auch mal alles zu viel sein und kurz vor einen Burnout stehen. Mehr wird aber nicht verraten. Also lassen sie sich überraschen in meinen ersten Roman Retter des Alltags.

Herzlich Grüßt

Alexandra Evers

Herstellung und Verlag:
BoD - Books on Demand, Norderstedt
ISBN 978-3-7392-0004-0